二十八分前

上

이십팔분전

二十八分前

완전해독 격암유록
完全解讀 格菴遺綠

上

역자·工夫 나원모

개정
증보판

생각나눔

『격암유록』은 총 60장으로 구성되어 있다. 각 장에는 함축적인 의미의 제목과 함께 여러 종류의 한시(漢詩)들이 수록되어 있으며, 그 대부분은 너무 난해해서 의미 없는 단어들을 조합해 놓은 것처럼 보일 지경이다. 그럼에도 이 난해한 책이 세상에 알려진 뒤로 수많은 번역서가 출간되었고, 여전히 새로운 책이 출판되고 있다. 또 인터넷에 들어가서 보면 격암유록과 관련된 블로그나 해설문이 수도 없이 떠오른다. 많은 사람이 해독하기 어려운 격암유록에 호기심을 느끼고 그 내용을 알고자 하는 것이다. 그러나 아무리 찾아보아도 격암유록의 난해한 한시를 올바르게 해석했다고 말할 수 있는 내용은 별로 없어 보인다. 종교와 연관된 황당한 주장이거나 신빙성 없는 내용을 이 사람, 저 사람이 비슷비슷하게 설명하고 있을 뿐이다. 따라서 그런 연유로 인해서 격암유록의 진위에 대한 논쟁이 일게 되었고, 요즘은 이 예언서가 가짜라는 억지 논리를 펴는 사람이 점점 많아지는 것 같다.

필자는 문외한이기 때문에 그런 논쟁에 끼어들고 싶지 않다. 하지만 450여 년 전의 한 조상의 필생의 역작일지도 모를 이 고서를 두고 진위를 따지는 것 자체가 아주 몰상식한 일로 보이고, 안타깝게 느껴진다는 점만은 말하고 싶다.

필자가 격암유록을 처음 접한 것은 약 20여 년 전이다. 물론 번역서였다. 종교적인 색채가 없이 올바르게 해석하고자 노력한 흔적이 보이는 순수한 번역서였다. 당시에 필자는 그 번역서에서 격암유록 안에 성경의 말씀과 일치하는 구절들이 있다는 사실을 알게 되었다. 그것은 이 예언서와 성서 사이의 어떤 연관성을 지닌 증거들로 보였다. 필자의 입장에서 매우 관심 있는 일이어서 원문을 통해 그런 내용을 확인해 보고 싶었지만, 다른 책을 쓰고 있던 중인 데다가 바쁜 생활에 쫓겨서 오랫동안 잊고 지냈다. 2016년 늦은 봄에 필자는 문득 그동안 생각만 하고 있던 격암유록과 성경의 연관성을 알아보는 일을 더 늦기 전에 해야 한다는 생각이 들어서, 번역서는 배제하기로 하고 인터넷에 떠도는 원문만을 구해서 읽기 시작했다. 필자의 한문 이해력이 턱없이 부족했기 때문에 많은 어려움을 겪지 않을 수 없었지만, 쉬지 않고 열심히 노력한 결과 점차 원문의 뜻을 이해하게 되면서 번역을 시작했다. 올바른 번역을 위해 수정을 거듭하며 원문에 가까운 문장이 되도록 노력했다.

그런 가운데서 한시(漢詩) 속에 감추어진 상징어들의 의미와 그것을 이용한 비유적인 문장의 뜻을 깨닫기 시작했고, 하나님의 은혜로 그것들이 놀랍게도 하나님께서 세상을 경영하시는 비밀임을 알게 되었다. 그 비밀이란 성경에 분명하게 기록되어 있는 이 세계의 종말과 인류의 구원에 관해서 구체적으로 밝힌 계시들이다. 곧 이 세계의 멸망의 날이 언제 어떻게 시작되고, 그리고 어떤 과정을 겪으면서 세상 종말과 인류 구원이 어떻게 이루어진다는 것, 또 그 이후에 나타나는 새로운 세계, 즉 이른바 성경의 천년시대가 언제 어떻게 오는 것과 그 시대의 상상조차 하기 어려운 자연환경의 변화와 새로운 인류의 삶에 대한 것 등이다.

격암유록은 말세의 그 모든 사건이 하나님께서 정해놓으신 이 세계의 운명임을 설명하고, 한 선지자에 의해서 이 땅의 백성들이 하나님의 뜻을 이루는 도구로서 쓰인다는 사실을 계속해서 말하고 있다. 그것은 우리 민족이 이스라엘 민족과 같이 하나님의 택하심을 받은 민족임을 의미하는 것이며, 이것이 격암유록을 하나님께서 남사고 선생을 통해서 오늘 이 시대의 이 땅의 사람들에게 전하신 이유이다.

독자는 이 해설서의 첫 장을 여는 그 순간부터 그 난해한 한시들의 뜻이 열리면서, 이 혼란스러운 격동의 시대에 이 나라에서 지금까지 일어났고, 또 일어나는 모든 사건이 이미 격암유록 안에 기록되어 있는 사실을 보게 되고, 또 앞에서 말한 바와 같이 세상의 운명이 어떻게 이루어지게 되는지도 보게 될 것이다. 그리고 격암유록이 아래에 기술한 아모스 3장 7절에서 하나님께서 언약하신 말씀을 기록한 책이라는 사실도 깨닫게 될 것이다.

> "주 여호와께서는 자기의 비밀을 그 종 선지자에게 보이지 아니 하시고는 결코 행하심이 없으리라."

그러나 먼저 그 내용들은 독자들에게 놀라움과 충격으로 다가올 것이다. 이 시대가 이미 종말의 날이 시작된 지 오래인 상태이고, 갑작스럽게 마지막 날이 눈앞에 닥친 현실로 다가오기 때문이다. 많은 사람들은 그런 내용을 믿지 않을 뿐만 아니라 오히려 그런 내용을 혐오하게 될 것이다. 그러나 지혜로운 사람은 그 안에서 살아계신 참 하나님을 만날 것이며, 하나님께서 준비하신 구원의 길을 발견하고, 그 길을 가고자 하며, 하나님의 도구로 쓰임 받고자 하는 소망을 품을 것이다.

이 해설서가 열어서 보여주는 그런 하나님의 계시들은 필자의 창작이 아님을 분명히 밝혀둔다. 예언은 인간의 지식으로 만들어진 것이 아니기 때문에 인간의 머리로 해석할 수 없다. 그래서 저자 격암선생은 이 책의 5장 말운론 p49에서 自古豫言秘藏之文(자고예언비장지문; 예로부터 예언의 말씀이 비밀히 감추어진 글이라)고 했고, 隱頭藏尾不覺書(은두장미불각서; 머리를 감추고 꼬리가 보이지 않는 이해할 수 없는 책)라고 했다. 성경에도 같은 의미의 다음과 같은 말씀들이 있다.

> "그러므로 모든 묵시가 너희에게는 마치 봉한 책의 말이라." 사 29:11(상반절)

> "예언은 언제든지 사람의 뜻으로 낸 것이 아니요, 오직 성령의 감동하심을 입은 사람들이 하나님께 받아 말한 것임이라." 벧후2:21

모두 다 인간의 머리로 예언의 비밀을 풀 수 없다는 의미의 말씀이고, 함부로 해석해서는 안 된다는 뜻이다.

필자는 앞에서 말한 것처럼 격암유록과 성경의 말씀이 연관성이 있다는 사실을 격암유록의 원문을 읽으면서 더욱 분명하게 깨닫게 되었고, 따라서 격암유록의 그 난해한 한시들을 성경을 바탕으로 분석하기 위해 노력하게 되었다. 격암유록의 한시를 이해하는 데 있어서 가장 중요한 문제는 그 한시 속에 나타나는 수많은 상징어와 비유적인 문장을 이해하고 해석하는 방법론이다. 필자는 그런 난제를 성경의 말씀을 통해서 이해하고 해석함으로써 해결할 수 있었다. 그러므로 이 해설서가 밝히는 격암유록의 모든 예언의 말씀들이 성경의 말씀과 연관되어 그 뜻을 나타내고 있음을 독자들은 보게 될 것이다.

아마 그런 내용이 자신의 지식으로는 이해되지 않는다고 하여 무시하거나 폄하하는 말을 하는 사람이 많이 있을 것이다. 그런 유식한 분들의 분별없는 언행은 하나님 보시기에 교만한 태도이고, 자신의 어리석음을 드러내는 것이다. 저자는 그런 사람들을 경계하여 此書不信英雄自亡(차서불신영웅자망; 이 책을 믿지 않으면 영웅도 스스로 망하리라) 하고 말씀하셨다. 이 말씀은 격암유록의 비밀이 다 밝혀졌을 때 그 내용을 믿지 않는 사람을 경계하신 것이다. 지혜로운 사람이라면 이 말씀을 마음속 깊이 받아드릴 것이다.

또 만약, 어떤 사람이 격암유록을 하나님의 말씀으로 볼 수 없다고 주장하며, 그 이유를 하나님의 예언은 성경 안에만 기록되어 있다고 주장한다면, 그것은 하나님을 성경 안에 가두어 두겠다고 말하는 것과 같다. 하나님은 시간과 공간을 초월하시는 전능하신 분이며, 언제든지 어느 곳에서든지 예언의 말씀을 전하실 수 있다. 그러므로 이 예언서가 성령이 감동하심을 입은 사람이 하나님께 받은 말씀이 아니라고 어느 누구도 감히 주장할 수 없다. 성경을 조금이라도 이해하고 깨닫는 사람 같으면 결코 그런 주장을 하지 못할 것이다.

격암유록은 많은 곳에서 세상의 장래의 일과 인류의 운명을 주역(周易)의 하도낙서(河圖洛書)와 후천낙서(後天), 그리고 오행(五行)과 천간지지(天干地支)를 이용해서 표현하고 있다. 그러나 그런 내용도 성경에 바탕을 두고 이해하지 않을 수 없으며, 인류의 미래에 대한 계시의 의미와 시기를 밝히기 위한 수단으로 이용되고 있다. 그러므로 주역의 논리마저 하나님께서 정하신 것임을 깨닫지 않을 수 없다.

끝으로 이 예언서를 올바로 이해할 수 있도록 은혜를 베푸신 주 예수 그리스도께 나의 모든 것을 다 바쳐서 감사드리며, 이 책을 읽는 모든 독자 제위께 주님의 한없이 크신 은총과 가호가 있기를 진심으로 기원한다.

[참고: 본문 속 참조의 p는 단락을 지칭한다.]

❶

남사고비결
(南師古秘訣)

師古號格菴 又號敬菴 英陽人 明廟朝 官社稷參奉 拜天文學敎授
(사고호격암 우호경암 영양인 명묘조 관사직참봉 배천문학교수)

少時逢神人受秘訣 風水天文俱得通曉 公以正德四年己巳生 隆慶五
年辛未卒壽 六十三歲.
(소시봉신인수비결 풍수천문구득통효 공이정덕사년기사생 융경오년
신미졸수 육십삼세.)

머리말에서 말한 것처럼 격암유록은 여러 형식의 한시들을 이용해
서 계시적인 내용을 표현하고 있다. 그러나 저자는 아무나 쉽게 그

내용을 깨닫지 못하도록 여러 가지 상징어와 비유적인 문장 구성을 통해서 그 뜻을 감추어 놓았다. 대부분의 중요한 상징어가 제1장 남 사고비결에 집중되어 있으며, 비유적인 문장의 의미를 나타내며 이 예언서의 서론과 같은 역할을 하고 있다. 그러므로 이 예언서 속에 담긴 전체적인 계시를 올바르게 이해하기 위해서는 제1장의 문장에 대한 정확한 이해가 무엇보다 중요하다.

(1) 1兩弓雙乙知牛馬. 2田兮從金槿花宮. 3精脫其右米盤字. 4落盤四乳十重山. 5八力十月二人尋.

(양궁쌍을지우마. 전혜종금근화궁. 정탈기우미반자. 낙반사유십중산. 팔력십월이인심.)

해석문: ①양궁과 쌍을은 소와 말을 아네. ②밭이 하나님을 아는 지식을 좇는 무궁화 꽃이 피는 궁전이구나. ③깨끗이 벗긴 그 귀한 쌀을 반석이 기르네. ④반석이 하늘에서 떨어지고 우유가 사방에 있는 십자가의 무거운 산이라. ⑤여덟 번 노력 끝에 시월에 두 사람이 찾아나섰네.

참고주해: 1절 兩弓雙乙知牛馬(양궁쌍을지우마)를 "양궁(兩弓)과 쌍을(雙乙)은 소와 말을 아네."라고 직역했다. 생명체가 아닌 명사 활 궁르과 굽힐 을乙이 무엇인가를 지각한다는 것은 말이 되지 않는다. 따라서 이 원문은 사실적인 표현으로 볼 수 없고, 각 단어가 상징적인 의미를 나타내면서 무엇인가를 비유적으로 표현하고 있다고 보지 않을 수 없다. 이런 기본적인 이해의 바탕 위에서 각 단어들의 의미를 살펴보겠다.

양궁(兩弓)의 활 궁르은 궁사(弓師)가 화살을 날려 보내기 위해서 사용하는 도구이다. 즉, 활 궁르은 궁사가 적과 싸우기 위해 소유한 무기이다. 본문에서 이런 궁르이 무엇인가 지각하는 존재를 상징한다는 것은 궁사가 자신의 그 사용물에게 그런 능력을 부여했다는 것을 의미한다. 그러므로 궁사는 지혜와 지식과 능력을 지닌 특별한 존재임을 뜻하며, 궁사와 궁이 일체(一體)를 이루고 있음을 의미한다. 성경은 이 궁르을 지닌 궁사를 하나님이라고 말씀한다. 아래의 성경 말씀이 이런 사실을 증거하고 있다.

"여호와께서 그 위에 나타나서 그 살을 번개같이 쏘아내실 것이며," 슼9:14 상반절

그러므로 궁르은 하나님의 도구로 일을 하는 천사나 선지자나 그리고 제자나 사도와 같은 사람에 대한 상징이다. [아래 19. 궁으론 p20 3절 長弓射矢萬人求活(장궁사시만인구활)도 같은 의미의 말씀이다. 이 말씀 중의 장궁(長弓)은 그리스도이고 사시(射矢)는 하나님의 말씀 즉, 복음을 의미한다. 그리스도께서 복음을 전하여 만인을 구하고 살게 했다는 의미이다.]

쌍을(雙乙)의 굽힐 을乙은 자신을 낮출 줄 아는 사람을 의미한다. 하나님을 아는 사람은 자신을 굽힌 사람이다. 자신을 굽히지 않는 사람은 교만한 사람이며, 하나님께서는 그런 사람에게는 하나님을 아는 지혜를 허락지 아니 하신다. 그러므로 을乙은 세상에 속해 있던 사람이 하나님의 은혜를 입어 하나님을 아는 성도로 거듭난 사람을 상징한다.

소와 말도 단순 짐승이 아니라 특별한 의미를 나타내며, 앞에서 궁르으로 계시한 하나님의 종인 선지자를 상징한다. 그를 이 두 짐승

들로 표현한 이유는 그가 마지막 때의 세상의 죄를 짊어지는 또 하나의 속죄의 제물이 되고(레1:2), 또 세상 사람들의 구원을 위해 일하는 하나님의 종이기 때문이다. (슥6:1~8 및 계19:11)

본문을 다시 의역하면, '양 하나님의 종들과 쌍 하나님의 백성들은 소와 말이 누구인지 아네.'라는 비유적인 말씀이 된다. 그러므로 이하서부터는 궁은 하나님의 종 또는 선지자로 표현하고, 을은 하나님의 백성 또는 성도로 표현하도록 하겠다.

2절 田兮從金槿花宮(전혜종금근화궁)의 밭 전田은 네 개의 입 구口가 모인 형상이다. 여기서 밭 전田은 하나님께서 하나님의 말씀의 씨를 뿌리신 세상 안의 선택된 장소를 의미한다. 그러므로 밭 전田은 하나님의 말씀을 좇는 성도들의 모임을 의미하며[참조; 같은 장 p.5], 각 입 구口는 그 모임의 구성원인 성도를 나타내는 성도의 입 구라는 의미이다. 금金은 성경의 다니엘서 2장 38절에 따르면 바벨론의 느브갓네살 왕을 상징하며(단2:38), 하나님을 아는 지식이 있는 사람이라는 의미이다. [참조; 『묵시의 인류사 제1권』, 도서출판 생각나눔, 178 page] 이와 같은 이유로 그리스도께서 다음과 같이 말씀하셨다.

"내가 너를 권하노니 내게서 불로 연단한 금을 사서," 계3:18(상반절)

이하서부터 전田은 '성도들의 모임'으로 또, 금金은 '하나님을 아는 지식'으로 표현하겠다.

③절의 "깨끗이 벗긴 그 귀한 쌀을 반석이 기르네."에서 '깨끗이 벗긴 그 귀한 쌀'은 앞에서 말한 밭에서 거둔 곡식이며, 거듭난 하나님의 백성들을 상징한다. (레2:14, 15) 이와 같은 이유로 그리스도께

서 비유로 다음과 같이 말씀하셨다.

"대답하여 가라사대 좋은 씨를 뿌리는 이는 인자요." 마13:37

'반석이 기르네'의 반석은 하나님의 종인 선지자를 상징하며, 그가 하나님의 밭에서 성도들을 기르고 있다는 뜻이다. 그리스도께서 자신을 가리켜 모퉁이 돌이라고 하셨다. (사28:16)

"예수께서 가라사대, 너희가 성경에 건축자들이 버린 돌이 모퉁이의 머릿돌이 되었나니 이것은 주로 말미암아 된 것이요, 우리 눈에 기이하도다 함을 읽어 본 일이 없느냐?" 마21:42

그러므로 여기서 말하는 반석은 그리스도이시다.
④"반석이 하늘에서 떨어지고 우유가 사방에 있는 십자가의 무거운 산"의 '반석이 하늘에서 떨어지고'는 하늘에서 내려온 큰 하나님의 종을 의미한다. 즉, 그리스도의 재림을 가리키는 것이다. 그러므로 ③절에서 반석이 곡식을 기르고 있다는 것은 그리스도께서 그 산에 이미 임하셨고, 성도들을 기르시고 있기 때문이다. "우유가 사방에" 있다는 것은 그곳에 하나님의 권능이 나타나고 있다는 뜻이며, 그래서 사람들이 스스로 양식을 마련하지 않아도 하나님께서 주시는 생명의 양식만을 먹으면서 살아가고 있다는 의미이다. 또 "십자가"는 그리스도의 희생의 제사를 상징한다. 그러므로 그리스도의 죄 사함이 무겁게 그 산에 임하고 있다는 뜻이다.
십十은 숫자가 아니며 십자가를 상징적으로 표현한 것이다. 즉 그리스도의 순교에 의한 속죄의 제사를 의미한다. 따라서 이하서부터 십十을 특별히 숫자를 의미하는 경우가 아니면 전부 "십자가"로 칭하겠다.

(2) 1人言一大十八寸. 2玉燈秋夜三八日. 3南北相和太平歌. 4欲識蒼生保命處. 5吉星照臨眞十勝.

(인언일대십팔촌. 옥등추야삼팔일. 남북상화태평가. 욕식창생보명처. 길성조림진십승.)

해석문: ①이 사람이 중요한 말을 하니, 선지자의 가르침을 헤아려야 하리라. ②옥등불이 켜진 가을밤 삼팔일에, ③남북이 서로 화해하며 태평가를 부르리라. ④배우고자 하는 욕심이 많은 백성들의 생명을 보존하는 집이라. ⑤좋은 소식을 알리는 별이 비추는 진정한 십자가의 승리라.

참고주해: 1절 人言一大十八寸(인언일대십팔촌)의 첫 번째 단어 '인언(人言)'은 사람이 말하다 또는 사람의 말이라고 해석할 수 있다. 여기서 '사람'은 이 예언서의 저자인 격암선생 자신을 가리키고, '말'은 그가 쓴 이 예언서의 내용을 가리킨다. 그다음 '일대(一大)'는 '중요한' 또는 '특별한'이라는 뜻이다. 그러므로 이 단어들을 한 문장으로 연결하면 '이 사람이 중요한 말을 하니'가 된다.

'십팔촌(十八寸)'의 십팔(十八)은 주역의 팔괘육십사효수(八卦六十四爻數)에서 손巽과 간艮이 만나는 산풍고(山風蠱)의 자리로 미혹하는 산바람이라는 뜻이고, 촌寸은 헤아릴 촌寸이다. 그러므로 이 두 단어를 연결하면, '미혹하는 산바람으로 헤아린다'가 된다. 여기서 '미혹하는 산바람'은 p1 1절 兩弓雙乙知牛馬(양궁쌍을지우마)에서 계시된 선지자의 가르침을 의미한다. 왜냐하면, 그가 남해 섬의 산에서 변화되어 그리스도의 종으로서 복음을 전파하기 때문이다. 그가 전하는 복음이 미혹하는 바람인 것은 세상 사람들을 죄의 길에서 떠나게 하는 변화의 바람이 되기 때문이다. 여기서 본문을 다시 의역하면, '이 사람이 중요한 말을 하니, 선지자의 가르침을 헤아려야 하리라.'가 된다.

2절 玉燈秋夜三八日(옥등추야삼팔일)을 직역하면 "옥등(玉燈)이 켜진 가을밤 삼팔일에"가 된다. '옥등(玉燈)'은 아름다운 등불이라는 뜻이며, 아름다운 등불이 켜진 가을밤의 삼팔일이라는 의미의 말씀이다. 이 말씀도 앞에서와 마찬가지로 비유적인 표현으로 보지 않을 수 없는데, 왜냐하면 등불이 가을밤에 켜졌다는 특별한 의미가 없을 것 같은 말씀에 이어서 '삼팔일(三八日)'라는 오행의 숫자와 날 일 日을 통해 무엇인가를 암시하고 있기 때문이다. 삼팔(三八)은 오행(五行)에서 동쪽 방위에 속하고, 날 일日은 하루라는 뜻이다. 여기서 이 원문을 다시 해석하면 '아름다운 등불이 켜진 동방의 한 날'이라는 말씀이 된다. 그러므로 이 말씀에서의 아름다운 등불이 일반적인 등불을 의미하지 않는다는 것을 알 수 있다. 이 해석문을 사실적인 표현으로 본다면, 그래서 정말 한 등불이 동방을 다 밝힐 정도로 아름답게 켜졌다면, 그것은 거대한 불이 하늘로 치솟아 올랐다는 의미이다. 따라서 원문 '옥등(玉燈)'은 강력한 폭탄이 터질 때 무서운 섬광과 함께 발생한 버섯 모양의 운무가 하늘 높이 떠오르면서, 어두운 밤하늘을 밝히며, 넓게 비춘다는 비유적인 표현인 것이다. [참조; 19. 궁을론 p19 및 p40. 삼팔가 p4 참고주해] 이와 같은 각 단어들의 뜻풀이로 원문을 의역하면 '강력한 폭탄이 폭발하여 가을밤을 밝힌 한 날 동방이라'는 의미의 말씀이 된다. 그러므로 무시무시한 전쟁 상황을 시적인 언어로 표현한 계시라는 것을 알 수 있다. (시적인 언어로 모든 미래의 사건을 표현한 것이 격암유록의 특징이다) ③절의 "남북이 서로 화해하며 태평가를 부르리라."는 앞에서 암시한 전쟁이 일어난 뒤에 남과 북이 통일을 이루고 평화의 시대를 맞게 된다는 뜻이다. [참조; 40. 삼팔가 p4]

④절의 "배우고자 하는 욕심이 많은 백성들의 생명을 보존하는 집"은 앞의 단락 ③절에서 말한 '우유가 사방'에 있는 곳을 가리키며, 그곳이 하나님의 백성들이 모여 진리를 배움으로써 구원을 이루는 장소가 되었다는 뜻이다.

⑤절의 '좋은 소식을 알리는 별'은 그리스도의 별을 가리키고(계3:1), '진정한 십자가의 승리'는 그리스도가 세상의 죄를 짊어지고 속죄의 제물이 되었다는 뜻이며, 그런 후 그의 별이 성도들에게 좋은 소식을 알린다는 뜻이다.

(3) 1兩白三豊眞理也. 2眼赤紙貨人不睹. 3九宮加一十勝理. 4春滿乾坤福滿歌. 5龍龜河洛兩白理.

(양백삼풍진리야. 안적지화인부도. 구궁가일십승리. 춘만건곤복만가. 용귀하락양백리.)

해석문: ①양백(兩白)과 삼풍(三豊)이 진정한 진리임에도, ②돈에 눈이 어두운 사람은 보지 못하리라, ③아홉 궁이 더해지는 십자가 승리의 이치는 ④봄이 충만한 하늘과 땅의 복이 가득 찬 노래라. ⑤용과 거북이는 하도(河圖)와 락서(洛書)로 양 선지자의 치스림이라.

참고주해: 1절 兩白三豊眞理也(양백삼풍진리야)의 백(白)은 흰옷을 의미하며, 아래에 인용한 예수 그리스도의 말씀을 통해서 그 의미를 이해할 수 있다.

"내가 너를 권하노니 내게서 … 흰옷을 사서 입어 벌거벗은 수치를 보이지 않게 하고," 계3:18

이 말씀에서 그리스도께서 스스로를 죄인의 수치를 드러나지 않게 하는 흰옷을 파는 분이라고 표현하셨다. 여기서 흰옷은 죄가 없으신 그분 자신을 가리키는 상징이며, 자신과 같은 사람이 되어 수치를 당하지 말라는 의미의 말씀이다. 본문의 백白도 똑같은 의미로 예수 그리스도를 상징한다. 그런데 여기서 백白이 한 분이 아니고 두 분인 '양백(兩白)'인 것은 말세에 그리스도와 함께 세상에 나오는 또 다른 하나님의 종을 가리키는 표현이다. (마17:2 및 28:3) 그러므로 이후서부터는 양백을 양 선지자 또는 두 선지자로 의역해서 표현하겠다. 그다음 삼풍(三豊)의 풍년 풍豊은 밭(田)에 뿌린 곡식의 씨가 결실을 이루었다는 뜻이다. 앞에서 밭 전田이 성도들의 모임이고, 곡식은 성도를 상징한다고 설명했다. 그러므로 이 풍豊은 밭에 뿌린 씨인 하나님의 말씀이(마13:18~23) 곡식인 성도를 자라게 한 것이므로 복음을 의미한다. 삼풍(三豊)은 곧 세 가지 복음이라는 뜻이고, 아버지 하나님과 아들이신 그리스도와 말세의 선지자가 전한 세 번에 걸친 구원의 복음을 가리키는 것이다. 이 삼풍에 대한 의미는 하나님의 구원의 계획이 무엇인지 알아야 이해가 가능하다. 성경에 따르면 태초에 마귀가 인간을 유혹하여 죄에 빠지게 했고, 그런 뒤에 인간은 마귀의 종과 같은 존재로 타락하게 되었다. 하나님께서는 그런 인간을 마귀로부터 구원하시기 위해서 세 번의 복음을 전하셨는데, 첫 번째는 노아의 방주 이전서부터 성경의 구약시대까지 하나님 아버지께서 전하신 복음이고, 두 번째는 그리스도께서 복음을 전하신 신약시대이며, 마지막 세 번째는 이제 다가오는 종말의 때에 이 땅에서 나오는 그리스도의 종에 의해서 전해지는 새로운 복음의 시대이다. 이하서부터 삼풍(三豊)을 '세 가지 복음'으로 표현하겠다.

⑤절의 "용과 거북이는 하도(河圖)와 락서(洛書)"는 주역(周易)을 의미하며, '용龍'은 복희씨의 하도(河圖)이고, 거북이(龜)는 중국(中國)의 하(夏) 나라 우왕(禹王)의 낙서(洛書)라는 것이며[참조; 35. 양백가 p1], 세상의 운명이 그것들에 의해서 표현되었다는 것이다. 용(龍)은 마귀의 상징이다(계20:2). 그러므로 주역에서 표현된 세상의 운명이 마귀의 뜻이라는 것이다. "양 선지자의 치스림"은 주역에 정해진 그 세상의 운명이 양 선지자에 의해서 다스려진다는 뜻이다. 이하서부터는 용을 마귀로 의역해서 표현하겠다.

(4) 1心淸身安化生人. 2世人不知雙弓理. 3天下萬民解寃世. 4渡海移山海印理. 5天下人民神判機.

(심청신안화생인. 세인부지쌍궁리. 천하만민해원세. 도해이산해인리. 천하인민신판기.)

해석문: ①깨끗한 마음과 안정된 몸으로 변화한 생명의 사람이니, ②세상 사람들이 알지 못하는 두 선지자의 이치라. ③천하 만민의 세상의 원통함을 풀게 하고, ④바다를 건너고 산을 옮기는 해인(海印)의 치스림이며, ⑤천하 인민을 향한 하나님의 판단 기계이네.

참고주해: ④절의 "해인(海印)"은 바다에 나타난 하나님의 능력이라는 뜻이며, 그것은 성도의 믿음으로 나타난다. "바다를 건너고 산을 옮기는 해인의 치스림"은 성도의 믿음으로 나타난 그 결과이다. 그리스도께서 다음과 같이 말씀하셨다.

"예수께서 대답하여 가라사대, 내가 진실로 너희에게 이르노니 만일 너희가 믿음이 있고 의심치 아니하면 이 무화과나무에게 된 이런

일만 할 뿐 아니라 이 산더러 들려 바다에 던지우라 하여도 될 것이요." 마21:21

이런 믿음을 지닌 성도는 "천하 인민을 향한 하나님의 판단 기계"가 된다. 즉, 세상을 심판하시는 하나님의 판단 기준이 된다는 뜻이다. 다시 말하건대, 하나님께서 세상을 심판하실 때 성도의 믿음을 기준으로 세상 사람들에 대한 구원과 심판을 판단하신다. 그러므로 하나님께서 세상을 심판하시는 것은 성도와 같은 하나님을 아는 지식이 세상 사람들에게 없는 것이 그 원인이다. 하나님을 알지 못하는 세상 사람들은 성도와 함께할 수 없는 악의 품성을 지닌 존재들이다. 그렇기 때문에 성도를 미워하고 핍박함으로써 그들을 향한 하나님의 질투와 진노를 일으키게 하는 것이다. 성도를 대적하는 그런 행위는 하나님의 적이 된 마귀의 뜻에 동조하는 것이므로 하나님께서 마귀를 멸망의 지옥불에 던지실 때 그 사람들도 함께 던지신다. (계20:15) 그런 심판의 기준이 성도들이 지닌 해인(海印), 곧 믿음인 것이다. 그러므로 해인(海印)은 성도의 믿음으로 나타나는 하나님의 능력이다.

(5) 1四口合體全田利. 2黃庭經讀丹心田. 3四方中正從金理. 4日月無光不夜城. 5落盤四乳十字理.
(사구합체전전리. 황정경독단심전. 사방중정종금리. 일월무광불야성. 낙반사유십자리.)

해석문: ①네 개의 성도의 입 구(口)가 한몸으로 합하니 온전한 성도들의 모임(田)의 이로움이라. ②곡식이 정원에서 성경을 낭독하며 정성을 다하는 마음의 성도들의 모임이네. ③온 세상의 가운데서 올

바르게 하나님을 아는 지식을 따르는 이치네. ④해와 달이 없어도 불야성인 성이네. ⑤큰 선지자가 하늘에서 내려오고 사방에 우유가 있는 십자가의 이치이고,

참고주해: 1절의 四口合體全田利(사구합체전전리)를 직역하면 "네 개의 입 구(口) 자가 한 몸으로 합하니 온전한 밭 전의 이로움이라." 가 된다. 입 구口는 한 식구(食口) 즉, 개체로서의 가족이라는 의미이며, 이 격암유록에서는 성도를 상징한다. 앞에서 말한 것처럼 "밭 전(田)"은 그 성도들이 모인 상태를 나타낸다. [참조; 19. 궁을론 p4 참고주해] 그러므로 이하서부터 "입 구口"는 성도의 입구로 밭 전(田)은 성도들의 모임 또는 교회로 표현하겠다.

2절 黃庭經讀丹心田(황정경독단심전)의 황(黃)은 곡식을 뜻한다. 그리고 성경에서 이 곡식은 거듭난 성도를 의미한다. (p1 ③절에서 설명한 것처럼 곡식은 거듭난 성도를 상징한다.) 그리스도께서 아래와 같이 말씀하셨다.

"내가 진실로 진실로 너희에게 이르노니, 한 알의 밀이 땅에 떨어져 죽지 아니하면 한 알이 그대로 있고 죽으면 많은 열매를 맺느니라." 요 12:24

여기서 한 알의 밀은 성도를 의미한다. 거듭난 성도만이 죽음으로 많은 열매를 맺을 수 있다. 이와 같은 곡식의 상징적 의미에 따라서 해석문 ②절의 '곡식'이 '거듭난 성도'라는 것을 이해할 수 있다.

④"해와 달이 없어도 불야성인 성"인 것은 앞에서 설명한 것처럼 그리스도께서 그들과 함께 계시기 때문이다.

⑤"큰 선지자가 하늘에서 내려오고 사방에 우유가 있는 십자가의 이

치"는 앞의 p1의 ④절에서 설명한 내용과 같다.

(6) 1死中求生完然覺. 2水昇火降病却理. 3不老不死甘雨露. 4三人一夕修字

理. 5眞心不變篤信天.

(사중구생완연각. 수승화강병각리. 불로불사감우로. 삼인일석수자리. 진

심불변독신천.)

해석문: ①죽음 가운데서 인생들이 구원받는 완전한 깨달음이며, ②

물이 하늘로 오르고 불이 쏟아져 일어난 병을 물리치는 이치네. ③

늙지도 않고 죽지도 않는 맛 좋은 비 이슬이 내리네.

④세 사람이 한 날 저녁에 몸을 올바르게 하는 글의 이치는, ⑤진실

한 마음과 절대로 변치 않는 하나님을 향한 믿음이며,

참고주해: ①"죽음 가운데서 인생들이 구원받는 완전한 깨달음이며"

는 선지자가 전하는 복음을 깨달으면 세상을 이기고 구원을 이룬다

는 뜻이다.

②"물이 하늘로 오르고 불이 쏟아져 일어난 병을 물리치는 이치"에

서 '물이 하늘로 오른다'는 것은 물리적으로 가능하지 않다. 이 말씀

은 주역의 오행(五行)에서 북北의 성질은 물이고 남南의 성질은 불

로, 둘의 관계가 수승화강(水昇火降)의 상생(相生)하는 관계로 표

현되는 것을 인용한 것이다. 그런데 본문 중의 "불이 쏟아져 일어난

병"이라고 하며, 그 병을 일으킨 원인이 불에 있다고 한 사실에 주

의할 필요가 있다. 여기서 '불이 쏟아져'라고 해석한 원문 화강(火

降)은 같은 장 p33의 6절 飛火落地混沌世(비화낙지혼돈세; 하늘에

서 불이 떨어져 세상이 혼란에 빠져)와 5. 말운론 p1의 3절 小頭無

足飛火落地(소두무족비화낙지; 작은 머리에 다리가 없는 나는 불

이 땅에 떨어져)와 똑같이 불이 하늘에서 떨어진다는 표현이지만, 그 불의 성격이 다르다. 본문에는 내릴 강(降)을 사용했고, 그 두 구절에서는 낙지(落地; 땅에 떨어지다)라고 표현했다. 낙지(落地)는 자연 발생적 현상이고, 내릴 강은 인위적인 현상이다. 본문에서는 이 인위적인 불이 어떻게 떨어진다는 설명이 없이, 그로 인해서 '일어난 병을'이라고 했다. 불이 땅에 떨어졌는데, 그것으로 인해 사람들이 병을 얻었다면, 그것은 화생방 무기가 탑재된 미사일이 폭발했을 때에나 일어날 수 있는 일이다. 이렇게 '불이 땅에 쏟아져' 병을 일으켰다는 것은 많은 불이 비가 쏟아지듯 떨어졌다는 것이고, 그러므로 이 쏟아진 불이 현대전의 개념으로는 화생방 무기를 실은 다연장포나 미사일과 같은 무기라는 것을 알 수 있다. 이 본문의 내용을 5. 말운론 p3의 3절 黑霧漲天秋風如落(흑무창천추풍낙엽; 검은 연기가 온 하늘을 덮은 가운데 가을바람의 낙엽처럼 떨어지네)와 연관시켜 보면, 두 구절이 전쟁의 상황을 표현하고 있음을 알 수 있다.

그러므로 앞에서 말한 비자연적인 현상인 "물이 하늘로 오르고"는 불이 땅에 쏟아지는 것을 막기 위한 무기 즉, 공격 미사일을 요격하는 방어 미사일을 의미함을 알 수 있다. 방어 미사일이 화학무기가 탑재된 공격 미사일을 다 떨어뜨리지 못했기 때문에 '불이 땅에 쏟아져 사람들이 병을 얻은 것이다. 오행에서 상생 관계를 의미하는 수승화강(水昇·火降)이라는 이 멋진 문장 속에 이런 무서운 의미가 숨겨진 것이다. 이 전쟁에 대한 계시는 5. 말운론 p3에서 다시 설명하겠다.

③"늙지도 않고 죽지도 않는 맛 좋은 비 이슬이 내리네."는 성도들이 모인 곳을 설명한 말씀이다. 그곳에서 전쟁으로 말미암아 얻게 된

질병을 치유 받을 뿐만 아니라 그곳에 내리는 '비 이슬'을 마시면 늙지도 않고 죽지도 않는다.

(7) 1六角八人天火利. 2活人滅魔神判機. 3似人不人天虛無理. 4天神下降
分明知. 5八王八口善字理.

(육각팔인천화리. 활인멸마신판기. 사인불인천허무리. 천신하강분명지.
팔왕팔구선자리.)

해석문: ①여섯 뿔나팔과 여덟 사람은 하늘의 이로운 불이네. ②소생
한 사람이 마귀를 멸망시키는 하나님의 심판 기계이네. ③바쳐지는
사람이 사람이 아니라면 하늘은 헛되고 도리가 아니라, ④하나님께
서 세상에 임하심은 분명한 일이네. ⑤여덟 왕과 여덟 성도들의 입
구(口)는 착할 선(善) 자의 이치이며,

참고주해: 1절 六角八人天火利(육각팔인천화리)를 "여섯 뿔나팔과 여
덟 사람은 하늘의 이로운 불이네."라고 해석했다. 여기서 원문의 육
각(六角)은 여섯 뿔나팔이라는 뜻이며, 계시록 10:7의 일곱 나팔 중
의 여섯 나팔을 가리키는 것이다. 왜 여섯 나팔만을 말씀하고 있을
까? 마지막 일곱 나팔은 세상에 나타나는 일을 하지 않기 때문이
다. "여덟 사람"은 계시록의 여섯 나팔을 담당한 여섯 천사와 두 선
지자(예수그리스도와 격암유록의 선지자)를 가리킨다. 이 여덟 사람
들에 의해서 세상의 종말과 마귀의 멸망이 이루어진다. 앞에서 말
한 불은 많은 사람을 병들게 하고 죽음을 일으키지만, 이 여덟 사
람은 마귀를 멸망시키고 인간을 구원하는 불을 일으킨다.

②"소생한 사람이 마귀를 멸망시키는 하나님의 심판 기계이네."의 '소
생한 사람'은 격암유록의 선지자이고, 그가 하나님께서 세상을 심판

하시는 일을 행하는 사람이라는 뜻이다.

③"바쳐지는 것이 사람이 아니라면 하늘은 헛되고 도리가 아니라." 는 그리스도께서 구약시대의 짐승에 의한 속죄의 제사를 대신해서 속죄의 제물이 되셨다는 의미이다. 즉, 하나님의 아들이신 그분이 완전한 한 사람으로서 바친 그 희생의 제사가 하늘의 뜻에 합당하지 않을 수 없다는 뜻이다.

⑤"여덟 왕(王)"과 "여덟 구(口)"도 앞에서 말한 여덟 사람을 가리킨다. 그들이 하늘나라의 왕들이고 또, 성도의 입구라는 뜻이다.

(8) 1天眞化心不變心. 2乾牛坤馬牛聲理. 3和氣東風眞人出. 4時好時好不再來. 5開目聽耳疾足入.

(천진화심불변심. 건우곤마우성리. 화기동풍진인출. 시호시호부재래. 개목청이질족입.)

해석문: ①하나님의 참된 마음으로 변화된 변치 않는 마음이네. ②하늘의 소와 땅의 말이 소의 소리의 이치라네. ③좋은 기운의 동풍이 불며 진인이 나오니, ④좋고도 좋은 이 시기는 다시 오지 않으리라. ⑤눈을 떠서 보고, 귀를 열어서 듣고, 병든 발로 들어가라!

참고주해: 2절 "乾牛坤馬牛聲理(건우곤마우성리)"의 건우(乾牛)는 하늘의 소라는 뜻이고 곤마(坤馬)는 땅의 말이라는 뜻이다. 땅의 말은 앞의 p1의 참조 2에서 제시한 슥6:1~8과 계19:11의 말씀에서 볼 수 있는 것처럼 선지자가 땅을 위한 하나님의 종이라는 뜻이다. 우성리(牛聲理)는 '소의 소리의 이치'라'는 뜻이며, 선지자가 그의 운명에 따라서 사람들을 향해 복음을 외친다는 의미이다.

'하늘의 소'는 하늘을 위한 속죄의 제물임을 뜻한다. 왜냐하면, 성경에 따르면 하나님께서 양과 소와 염소와 새(집비둘기와 산비둘기)를 인간의 죄를 담당하는 속죄 제물로 또는 하나님과의 관계를 화목하게 하는 번제 제물로 정하여 두셨기 때문이다. [성경에 따르면 이 짐승들은 각각 정해진 인물을 상징한다. 즉, 어린 양과 수양은 그리스도와 이스라엘 백성들을, 붉은 암송아지와 수소는 이방의 선지자와 이방의 하나님 백성들을, 염소는 마귀와 그에게 속한 세상 나라와 그 백성들을, 그리고 새(집 비둘기와 산비둘기)는 성령과 악한 영인 귀신들을 상징한다.] 성경의 민19:2~10의 말씀을 보면 하나님께서 이스라엘 백성들에게 붉은 암송아지를 잡아서 불로 태우고, 그 재로 속죄제를 위한 부정을 씻는 물을 만들게 하는 영원한 율례를 주셨다. 붉은 암송아지가 제사장의 손에 의해 죽임을 당하고 불로 태워지지 않으면 이스라엘 백성들은 하나님과의 화목을 위한 속죄제를 올릴 수 없다. 이 붉은 암송아지는 말세의 세상에 나오는 선지자에 대한 예표이다. 붉은 송아지가 제사장의 손에 죽임을 당해 이스라엘 백성들의 속죄 제사를 위한 정결케 하는 물이 된 것과 같이 선지자도 이방 사람들의 손에 죽임을 당해 이방 사람들이 예수그리스도의 대속의 제사를 통해서 하나님께 속죄 제사를 올릴 수 있게 하는 세상 사람들을 위한 정결케 하는 물이 된다. 이런 그의 죽음의 참뜻을 깨닫는 세상 사람들이 그리스도의 대속의 제사를 믿음으로써 하나님께 진정한 속죄 제사를 올릴 수 있게 되는 것이다.

⑤"눈을 떠서 보고 귀를 열어서 듣고' 병든 발로 들어가라." 앞에서 설명한 전쟁으로 인해서 병을 얻은 사람들에게 선지자에게로 가서 그의 가르침을 받고 병든 몸을 치유받으라는 뜻이다.

(9) 1中入此時今和日. 2出死入生不知亡. 3牛聲牛聲和牛聲. 4和氣東風萬邦
吹. 5隱惡陽善君子日.

(중입차시금화일. 출사입생부지망. 우성우성화우성. 화기동풍만방취. 은
악양선군자일.)

해석문: ①중간에 들어옴이 좋은 이때는 화합의 날이라. ②나가면 죽
고 들어오면 사는 것을 알지 못하면 망하리라. ③소가 우네, 소가
우네, 화목의 소가 우네. ④화목하는 기운의 동풍을 세상 만방에
불어대네. ⑤악은 숨고 선이 잘되는 군자의 날이라.

참고주해: ①"중간에 들어옴이 좋은 이때는 화합의 날이라."의 '중간
에 들어옴'은 하나님께서 정하신 세상 사람들이 세상의 길에서 떠나
성도들의 모임으로 들어오는 세 번의 시기 중 두 번째 시기를 의미
한다. 이 시기는 병오(丙午; 2026)년과 정미(丁未; 2027)년이다. [참
조; 5. 말운론 p29] '좋은 이때는 화합의 날이라'는 것은 선지자가
정결케 하는 물로서 세상 사람들의 손에 죽임을 당한 것을 깨달은
세상 사람들이 성도들의 모임으로 들어와 죄의 길에서 떠남으로써
하나님과의 원수지간의 관계가 청산이 되는 화합이 이루어지는 때
라는 뜻이다.

③"소가 우네, 소가 우네, 화목의 소가 우네."의 '소가 우네'란 앞의
p8에서 설명한 것처럼 이 땅에서 나오는 선지자가 정결케 하는 물의
역할로서 그리스도께서 이룬 대속의 제사의 참뜻을 사람들에게 전
파한다는 의미이고, '화목의 소가 우네.'는 그가 하나님과 인간의 관
계를 다시 화목하게 하는 일을 전파하고 있다는 뜻이다. 다시 말하자
면 선지자가 그리스도의 대속의 제사를 말세의 세상 사람들에게 다
시 알리고, 사람들의 죄를 깨닫게 하는 정결케 하는 물의 역할을 하

고 있다는 의미이다. 따라서 이 예언서에서 소가 운다는 표현은 말세의 하나님의 종이 그리스도께서 행하셨던 것과 같이 세상 사람들에게 하나님과의 화목을 위한 천국 복음을 전파하는 일을 한다는 의미이다. 그의 이 화목의 기운이 이 땅에서만이 아니라 온 세상에 퍼지게 될 것이다.

(10) 1不知春日何望生. 2一釣三餌左右中. 3避亂之本都在心. 4雲霧漲天昏衢中. 5欲死死走永不得.

(부지춘일하망생. 일조삼이좌우중. 피란지본도재심. 운무창천혼구중. 욕사사주영부득.)

해석문: ①봄날을 알지 못하면 기다리던 생명(구원)은 어찌하나? ②낚시 침 하나에 먹이 셋이 좌우에 있는 중이라. ③피난지인 본래의 도시에 마음을 두고 있네. ④구름과 안개로 가득 찬 하늘의 사방이 어둡고 혼돈한 중이라. ⑤죽고 싶어서 죽음으로 달아나도 아무것도 얻지 못할 것이라.

참고주해: ②"낚시 침 하나에 먹이 셋이 좌우에 있는 중"은 진리를 가리는 유혹들이 온통 널려있는 이 세태를 가리키는 비유적인 표현이다.
③"피난지인 본래의 도시에 마음을 두고 있"다는 것은 선지자가 마음을 항상 자신이 살던 옛 피난지였던 도시에 두고 있다는 뜻이다.
④"구름과 안개로 가득한 하늘의 사방이 어둡고 혼돈한 중이라."는 환난이 시작됐을 때의 세상의 모습을 표현한 것이다. 금방 천지개벽이 일어날 것 같은 상황이라 땅의 모든 사람들이 공포에 휩싸이게 된다. 그때 사람들은 어찌할 바를 모르고 그런 상황에서 벗어나려 할 것이다.

⑤"사람들이 죽고 싶어서 죽음으로 달아나도" 죽을 수가 없다는 말씀인데, 계시록 9장 6절과 일치한다.

"그 날에는 사람들이 죽기를 구하여도 얻지 못하고 죽고 싶으나 죽음이 저희를 피하리로다"

(11) 1前無後無初樂道. 2不可思議不忘春. 3天根月窟寒往來. 4三十六宮都春也. 5無雲雨眞甘露飛.

(전무후무초락도. 불가사의불망춘. 천근월굴한왕래. 삼십육궁도춘야. 무운우진감로비.)

해석문: ①전에도 없었고 후에도 없을 처음 있는 즐거운 이치라. ②이것을 생각하고 알지 못하면 봄을 기다리지 못하리라. ③하늘의 근원에서 한파의 굴혈이 한 달 동안 왕래하리라. ④서른여섯 궁전의 도시는 봄이네. ⑤구름도 비도 없는데 참으로 맛있는 감로(생명)의 이슬이 내리네.

참고주해: ③"하늘의 근원에서 한파의 굴혈이 한 달 동안 왕래하리라."는 마지막 환란의 때에 하늘에서 내려온 재앙으로 인해 온 세상이 비정상적인 자연환경에 빠져 무서운 한파가 몰려오는 모습을 표현한 것이다. (이 문제는 5. 말운론 p1에서 다시 자세하게 설명하겠다.)
④"서른여섯 궁전의 도시는 봄이네."의 '서른여섯 궁전'은 주역(周易)에서 인간의 행복한 삶에 필요한 모든 조건을 갖춘 완전한 세계를 의미한다. 성도들이 모여 있는 도시가 바로 그런 곳이어서 온 세상이 혹독한 이상 기후로 고통을 받고 있는 데 반하여, 성도들이 있는 도시는 따뜻한 봄날과 같다. 성도들이 있는 그곳은 환란의 때에 아

무런 해를 당하지 않는 안전한 피난처이고, 완전한 세계이다.

그곳에는 "구름도 비도 없는데 참으로 맛있는 감로(생명)의 이슬이 내리"며, 그것을 마시는 성도들은 영생을 하게 된다.

(12) 1天香得數田田理. 2十二門開大和門. 3日月明朗光輝線. 4美哉此運弓乙世. 5白日昇天比比有.

(천향득수전전리. 십이문개대화문. 일월명랑광휘선. 미재차운궁을세. 백일승천비비유.)

해석문: ①천국의 향기를 얻는 숫자인 성도들의 모임과 모임의 이치라. ②열두 문이 열리니 대 화평의 문이라. ③낮과 밤의 기분 좋은 빛줄기, ④아름다운 다가오는 운명은 하나님의 종들과 성도들의 세계라, ⑤선지자(白)의 한 날의 승천은 이전과 똑같이 있을 것이라.

참고주해: ①"천국의 향기를 얻는 숫자인 성도들의 모임과 모임의 이치라."는 성도들이 많이 모일수록 천국의 아름다운 향기를 더 갖게 된다는 뜻이다.

②"열두 문이 열리니 대 화평의 문"은 천국의 문들을 가리키는 것이다. 이 문들 위에 이스라엘의 열두 지파의 이름들이 각각 새겨져 있고, 열두 기초석에는 그리스도의 열두 사도들의 이름이 각각 쓰여 있다. [참조: 계21:12~14] 이 문들이 열리는 것은 하나님과 인간의 관계가 다시 아버지와 자녀의 관계로 회복되어 죄 사함을 통한 구원이 이루어진다는 뜻이다.

⑤"선지자(白)의 한 날의 승천은 이전과 똑같이 있"다는 것은 선지자가 그리스도와 똑같이 속죄의 제물로서 세상 사람들에 의해 죽임을 당한 후 그리스도처럼 부활하여 승천한다는 뜻이다.

(13) 1田中生涯雅清曲. 2不知歲月何甲子. 3欲識雙弓脫劫理. 4血脈貫通喜樂歌. 5欲識蒼生安心處.

(전중생애아청곡. 부지세월하갑자. 욕식쌍궁탈겁리. 혈맥관통희락가. 욕식창생안심처.)

해석문: ①성도들의 모임 속의 삶은 아름답고, 맑은 음악이라. ②세월의 흐름을 알지 못하니 어찌, 갑자(甲子)를 알겠는가? ③두 하나님의 종들을 배우고자 하는 욕심이 두려움에서 벗어나는 이치니라. ④혈맥을 관통하는 즐거운 노래를 부르고. ⑤백성들이 지식에 대한 욕심만으로 안심하고 사는 곳이라.

참고주해: 앞의 p11과 p12에 이어서 성도들의 아름다운 미래의 삶에 대한 표현이 이어지고 있다. ②"세월의 흐름을 알지 못하니 어찌, 갑자(甲子)를 알겠는가?"는 성도들의 모임의 생활은 갑자 세월이 기억에 없을 만큼 아름답다고 행복하여 세월이 가는 줄도 모를 정도라는 것이다.

③"두 하나님의 종들을 배우고자 하는 욕심이 두려움에서 벗어나는 이치"의 '두 하나님의 종'은 그리스도와 선지자이다. 성도들이 두 하나님의 종들에 대해서 배우면 배울수록 두려움이 없어지는데, 그 이유는 하나님의 은혜를 더욱더 깨닫게 되기 때문이다. 그들은 몸과 마음이 완전한 일체를 이루는 아름다운 노래를 부르고, 오직 진리를 배우고자 하는 지식에 대한 욕심만으로 안심하고 살아간다.

(14) 1三豊兩伯有人處. 2錦城錦城何錦城. 3金白土城漢水邊. 4鷄鳴龍叫何處地. 5邑者溪邊是錦城.

(삼풍양백유인처. 금성금성하금성. 금백토성한수변. 계명용규하처지. 읍

자계변시금성.)

해석문: ①세 가지 복음의 양 선지자(兩伯)가 사람들과 함께 있는 거처가, ②아름다운 성 아름다운 성이라 하는데 어디가 아름다운 성인가? ③하나님을 아는 선지자(金白)의 고향 한강 주변이라. ④귀신(鷄)이 울고 마귀(龍)가 울부짖는 땅의 처소가 어디인가? ⑤사람들이 사는 작은 마을의 시냇가 옆 아름다운 성이라.

참고주해: 1절의 삼풍(三豊)은 앞에서 말한 것처럼 세 가지 복음이고, "양 백(兩伯)"은 양 백(兩白)과 마찬가지로 양 선지자를 의미한다. 백(白)은 흰옷을 입은 상태를 의미하고, 백(伯)은 하늘나라에서 별슬한 하나님의 종이라는 뜻이다. 계11:3의 두 증인이 곧 이 양 백(兩伯)이다.

"내가 나의 두 증인에게 권세를 주리니 저희가 굵은 베옷을 입고 일천이백육십 일을 예언하리라."

그러므로 양백(兩伯)도 이후서부터 "양 선지자"로 표현하겠다.

3절 金白土城漢水邊(금백토성한수변)의 금(金)은 하나님을 아는 지식을 백(白)은 앞에서 말한 것처럼 선지자를 의미한다. 그러므로 하나님을 아는 선지자의 고향이 한강 주변이라는 뜻이다.

4절 계명용규하처지(鷄鳴龍叫何處地)를 "귀신(鷄)이 울고 마귀(龍)가 울부짖는 땅의 처소가 어디인가?"라고 해석했다. 여기서 닭(鷄)을 귀신으로 해석한 이유는 앞의 참조 17에서 설명한 것처럼 날짐승은 귀신을 상징하기 때문이다. 성경의 마태복음 13장의 그리스도께서 말씀하신 씨뿌리는 비유 중에서 4절을 보면,

"뿌릴새 더러는 길가에 떨어지매 새들이 와서 먹어버렸고,"

라고 말씀을 하셨고, 이 비유에 대한 풀이를 같은 장 19절에서 다음과 같이 말씀하셨다.

"아무나 그 천국의 말씀을 듣고 깨닫지 못할 때는 악한 자가 와서 그 마음에 뿌리운 것을 빼앗나니 이는 곧 길가에 뿌리운 자요."

이 말씀 중의 "악한 자"가 앞서 말씀하신 '새들'이고, 곧 마귀를 따르는 귀신을 상징적으로 표현한 것이다. 따라서 본문의 닭은 마귀의 종노릇 하는 귀신인 것이다.
닭이 울었다는 것은 여명이 트는 새벽임을 의미하고, 또 그것은 새로운 것을 알리는 의미도 된다.

"너 아침의 아들 계명성이여 어찌 그리 하늘에서 떨어졌으며 너 열국을 엎은 자여 어찌 그리 땅에 찍혔는고," 사14:12

이 말씀 중의 '계명성(啓明星)'은 아침을 여는 별이라는 뜻이며, 영역본에서도 샛별, 아침의 아들(Daystar, Son of Dawn)로 표현되어 있어, 본문의 새벽을 알린다는 의미를 나타내는 '닭이 울다'와 같은 뜻이다. '너 아침의 아들'은 마귀를 가리키는 말씀이다.
용규(龍叫)를 '마귀가 울부짖'다 라고 해석했다. 이 말씀의 의미를 설명해 주는 성경의 말씀이 계12:3~5에 기록되어 있다.

"하늘에 또 다른 이적이 보이니 보라 한 큰 붉은 용이 있어 머리가 일곱이요 뿔이 열이라. 그 여러 머리에 일곱 면류관이 있는데, 그 꼬리가 하늘 별 삼 분의 일을 끌어다가 땅에 던지더라 용이 해산

하는 여자 앞에서 그가 해산하면 그 아이를 삼키고자 하더니,

　여자가 아이를 낳으니 이는 장차 철장으로 만국을 다스릴 남자라

그 아이를 하나님 앞과 보좌 앞으로 올라가더라.”

이 계시록의 말씀 중의 '붉은 용'은 마귀를 상징한다. 여자는 이스라엘을 상징하고, 그 여자가 낳은 아이는 예수 그리스도를 가리킨다. 마귀가 '해산하는 여자 앞에서 그가 해산하면 그 아이를 삼키고자 하더니'는 마귀가 그리스도가 탄생하지 못하게 하려고 극렬하게 활동했다는 뜻이다.

그러므로 본문의 계명용규(鷄鳴龍叫)는 이 성경의 말씀을 가리키며, 귀신과 마귀가 세상에 태어난 선지자를 죽이기 위해 극렬히 활동했다는 비유적인 말씀이다. 이하서부터는 계(鷄)를 모두 귀신으로 표현하겠다.

(15) 1鷄龍鷄龍何鷄龍. 2紫霞仙中金鷄龍. 3非山非野吉星地. 4鷄龍白石眞 鷄龍. 5十勝十勝何十勝.

(계룡계룡하계룡. 자하선중금계룡. 비산비야길성지. 계룡백석진계룡. 십 승십승하십승.)

해석문: ①계룡 계룡이라고 하는데 계룡이 누구인가? ②자줏빛 노을 속의 그리스도인들 가운데 있는 하나님을 아는 귀신 마귀(金鷄龍)라. ③산도 아니고 들도 아닌 길운의 별이 있는 땅이라. ④귀신 마귀인 선지자는 돌(石)이고, 진짜 귀신이고 마귀라, ⑤십(十)자가가 이겼다, 십자가가 이겼다 하니 십자가가 어떻게 이겼는가?

참고주해: 2절 紫霞仙中金鷄龍(자하선중금계룡)의 금(金)은 앞에서 설

명한 금백(金白)의 금과 마찬가지로 하나님을 아는 사람이다. 그리고 계룡(鷄龍)은 귀신과 마귀를 가리킨다. 따라서 '하나님을 아는 귀신 마귀'라는 의미의 말씀이 된다. 이 은유(隱喻)적인 말씀은 세상 사람들이 세상의 죄를 지적하는 선지자를 악마와 같은 존재로 여기면서 그렇게 부른다는 뜻이다. 다시 말해서 선지자에 대한 세상의 호칭이며, 또 다른 의미로 죄인 중의 상 죄인이었던 선지자가 하나님을 아는 사람으로 거듭났다는 뜻이다. 그러므로 이하서부터 선지자를 지칭하는 계룡(鷄龍)은 귀신 마귀로 의역해서 표현하겠다.

④'귀신 마귀인 선지자는 돌(石)이고'는 선지자가 돌(石)이라는 말씀이다. 성경의 다니엘서에도 말세에 나오는 한 사람을 돌로 표현한다.

"왕이 사람의 손으로 아니 하고 산에서 뜨인 돌이 철과 놋과 진흙과 은과 금을 부서뜨린 것을 보신 것은 크신 하나님이 장래의 일을 왕께 알게 하신 것이라 이 꿈이 참되고 이 해석이 확실하니이다" 단2:45

이 말씀 중의 '뜨인 돌이' 부서뜨린 '철과 놋과 진흙과 은과 금'은 문명을 발전시킨 역사 속의 세상 나라들을 상징한다. 그러므로 이 말씀은 한 사람이 세상에서 나와 인류의 문명을 다 파괴한다는 계시이다. [참조: 『묵시의 인류사 제2권』, 제10장 미래의 시작, 도서출판 생각나눔.] 본문의 '선지자는 돌(石)이고'는 이 다니엘서의 '뜨인 돌'을 가리켜 말씀한 것이다. 그래서 세상 사람들이 그를 귀신 마귀라고 부른다.

⑤"십(十)자가가 이겼다, 십자가가 이겼다 하니 십자가가 어떻게 이겼는가?"는 앞에서 말한 것처럼 그리스도의 대속의 제사(순교)가 마귀를 이겼음을 의미한다.

(16) 1勝利臺上眞十勝. 2兩白兩白何兩白. 3先後天地是兩白. 4河圖洛書靈
龜數. 5心靈衣白眞兩白.

(승리대상진십승. 양백양백하양백. 선후천지시양백. 하도낙서영귀수. 심
령의백진양백.)

해석문: ①이긴 대의 높은 곳이 진정한 십자가의 승리라. ②양 선지자
(兩白) 양 선지자 하니 누가 양 선지자인가? ③먼저와 나중 그리고
땅과 하늘처럼 양 선지자가 그러하니라. ④선천 하도(河圖)와 후천
낙서(洛書)의 신령하게 헤아리는 책이니, ⑤마음에 신령한 흰옷을
입은 선지자가 진정한 양 선지자라.

참고주해: "이긴 대의 높은 곳"은 십자가에서 못 박혀 죽은 그리스도
를 암시한 표현이다. "먼저"는 그리스도이고, "나중"은 말세의 선지
자이다. 말세의 선지자는 그리스도를 믿음으로써 하나님의 종인 선
지자가 되었다. 그렇기 때문에 그리스도는 하늘과 같고 선지자는 땅
과 같다.

④"선천 하도(河圖)와 후천 낙서(洛書)의 신령하게 헤아리는 책이니"
는 주역(周易)을 가리킨다. 양 선지자의 관계를 주역을 구성하고 있
는 두 책을 인용해서 표현한 것이다. 앞에서 말한 먼저인 그리스도
는 선천 하도이고, 또 나중인 선지자는 후천 낙서와 같다는 뜻이다.
⑤"마음에 신령한 흰옷을 입은 선지자가 진정한 양 선지자"는 하나
님을 사모하고 진리를 좇고자 하는 마음을 가진 사람이 진정한 양
선지자라는 뜻이다.

(17) 1三豊三豊何三豊. 2非山非野是三豊. 3世人不知火雨露. 4無穀大豊是三
豊. 5弓乙弓乙何弓乙.

(삼풍삼풍하삼풍. 비산비야시삼풍. 세인부지화우로. 무곡대풍시삼풍. 궁을궁을하궁을.)

해석문: ①세 가지 복음(삼풍三豊)이라 세 가지 복음이라 하니 어찌 세 가지 복음인가? ②산도 아니고 들도 아닌 곳에 이 세 가지 복음이 있네. ③세상 사람들은 불의 비와 이슬을 알지 못하리니. ④곡식이 없어도 대풍인 이 세 가지 복음이라. ⑤하나님의 종(궁弓)과 성도(을乙) 하나님의 종과 성도라 하니 어찌 하나님의 종과 성도인가?

참고주해: ①'세 가지 복음(삼풍三豊)'은 앞에서 말한 것처럼 아버지 하나님과 그리스도와 선지자의 복음이다. 세 가지 복음은 산도 아니고 들도 아닌 곳에 있다. 그러므로 사람들이 모여서 사는 도시에 있다는 뜻이다.

⑤'하나님의 종(궁弓)과 성도(을乙)'는 p1에서 설명한 것처럼 궁(弓)은 하늘에 속한 천사와 사도와 제자들이고, 을(乙)은 궁의 가르침으로 진리를 깨닫고 구원받게 된 하나님의 성도들을 의미한다.

(18) 1天弓地乙是弓乙. 2一陽一陰亦弓乙. 3紫霞仙人眞弓乙. 4牛性牛性何牛性. 5天道耕田是牛性.

(천궁지을시궁을. 일양일음역궁을. 자하선인진궁을. 우성우성하우성. 천도경전시우성.)

해석문: ①하늘의 하나님 종들과 땅의 하나님 백성들이 바로 궁을(弓乙)이라네. ②하나는 양(陽)이고 하나는 음(陰)인 하나님 종과 백성(弓乙)이라. ③자줏빛 노을 속의 그리스도인들이 진정한 하나님 종이고 백성(弓乙)이라네. ④소의 성품(牛性), 소의 성품이라 하니 어찌 소의 성품인가? ⑤하늘의 도道의 밭을 가는 이 사람이 소의 성

품이라.

참고주해: 하나님이 종들은 양(陽)이고 성도들은 음(陰)이다. 즉, 하늘과 땅인 것이다.

3절 자하선인(紫霞仙人)을 직역하면 '자줏빛 노을의 신선인'인데, 여기서 신선 선(仙) 자는 세상을 초월한 사람을 의미한다. 이 예언서에서는 이 단어를 세상을 이긴 그리스도인의 상징어로 이용되고 있다. 따라서 이하서부터는 그리스도인 또는 기독교로 의역해서 표현하겠다.

④절의 '소의 성품(牛性)'은 선지자가 지닌 운명을 의미한다. 앞에서 말한 것처럼 성경에 기록된 소의 운명을 지닌 사람이라는 뜻이다. 그는 땅에서 성도들의 모임을 만드는 사람이다. 다시 말해서 하나님의 밭을 가는 농부이다.

(19) 1牛性在野牛鳴聲. 2天牛地馬眞牛性. 3鄭氏鄭氏何鄭氏. 4滿七加三是鄭氏. 5何姓不知無裔後.

(우성재야우명성. 천우지마진우성. 정씨정씨하정씨. 만칠가삼시정씨. 하성부지무예후.)

해석문: ①소의 성품인 사람이 세상에서 소의 울음소리를 내네. ②하늘에서는 소이고 땅에서는 말인 이가 진정한 우성(牛性)이라네. ③정씨 정씨라 하는데 누가 정씨인가? ④일곱이 꽉 찬 데서 셋이 더해지는 이가 정씨라. ⑤무슨 성씨인지 모르고, 누구의 후예도 아니니,

참고주해: ②"하늘에서는 소이고 땅에서는 말인 이가 진정한 우성(牛性)이라네."의 "하늘에서는 소"는 속죄의 제물로서 죽임을 당하는 선지자의 운명을 의미하고, "땅에서는 말인" 이유는 선지자가 그렇게 죽임을 당하지만, 부활해서 하늘로 승천하여 하나님의 명을 받

고 다시 땅으로 내려온 하나님의 종이기 때문이다. 말은 그가 받은 직분을 상징한다. 그러므로 진정한 소의 성품은 속죄의 제물인 동시에 하나님의 권능을 나타나는 하나님의 종의 신분도 함께 갖고 있다는 뜻이다.

④"일곱이 꽉 찬 데서 셋이 더해지는 이가 정씨라"에서 '일곱이 꽉 찬 데'는 인간의 구원을 위해서 하나님께서 정하신 7년 환난을 의미하고, '셋이 더해'지는 것은 세 가지 복음(삼풍三豊)을 의미한다. '정씨'는 정감록(鄭鑑錄)을 인용한 선지자의 가상의 성씨이다. 그러므로 선지자가 이 두 가지 수의 일들을 다 이루는 사람이라는 뜻이다.

⑤"무슨 성씨인지 모르고, 누구의 후예도 아니니"는 사람들이 그의 이름을 알 수 없고, 세상의 어느 누구에게도 속해있지 않다는 의미이다.

(20) 1一字縱橫眞鄭氏. 2海印海印何海印. 3見不知而火雨露. 4化字化字何化印. 5無窮造化是海印.

(일자종횡진정씨. 해인해인하해인. 견부지이화우로. 화자화자하화인. 무궁조화시해인.)

해석문: ①일자가 가로와 세로인 이가 진정한 정씨라네. ②해인(海印) 해인이라 하니 무엇이 해인인가? ③눈으로 보지 않고는 불이 섞인 비와 이슬을 알 수 없으리라. ④변할 化(화)자, 변할 化(화)자 하니 어찌 변화한 인印인가? ⑤끝도 없이 조화를 부리는 그것이 해인(海印)이라.

참고주해: ①"일자가 가로와 세로"는 선지자의 이름을 암시하는 것이고, 그 이름의 사람이 진정한 정씨"라는 뜻이다.

②절의 '해인(海印)'은 앞의 p4에서 설명한 것처럼 성도의 믿음으로 나타나는 하나님의 능력이다. 이것으로 구원받는 성도와 멸망하는 인간을 구별시킨다. 해인은 말로서는 표현이 안 된다. 왜냐하면, 한 사람의 품성이고, 그것이 하나님의 능력을 나타내기 때문이다. 그래서 "끝도 없이 조화를 부리는 그것이 해인(海印)"인 것이다.

(21) 1田意田意何田意. 2四面方正是田意. 3田之又田變化田. 4妙術無窮眞田意. 5從金從金何從金.

(전의전의하전의. 사면방정시전의. 전지우전변화전. 묘술무궁진전의. 종금종금하종금.)

해석문: ①밭 전(田)자의 뜻 밭 전(田)자의 뜻이라 하니 무엇이 밭 전(田)자의 뜻인가? ②사면과 올바른 방향으로 바르게 함이 밭 전(田)자의 뜻이라네. ③성도의 모임의 또, 변화하는 성도의 모임이 성도의 모임이라, ④묘술이 무궁함이 진정한 성도의 모임의 뜻이네. ⑤하나님을 아는 지식을 따르라 하나님을 아는 지식을 따르라 하니 어찌 하나님을 아는 지식을 따르는가?

참고주해: ①'밭 전田 자의 뜻'을 ②절에서 '사면과 올바른 방향으로 바르게 함이 밭 전(田)자의 뜻'이라 했다. 모든 것이 올바르게 지켜지고 행하는 곳이라는 말씀이다. 즉, 성도들의 모임을 가리키는 것이다. 그곳에는 굽은 것이 없다. 오직 진리만을 따르므로 올바름만이 있고, 의를 지키고, 착한 마음과 선한 행실로 서로 사랑하여, 하나님의 나라를 땅 위에서 이루는 곳이 성도들의 모임이다. 밭 전田 자는 그런 성도들의 모임을 나타낸다는 뜻이다.

성도들의 모임은 정체된 곳이 아니며, 매일매일 변화하여 새로워지는 곳이 또한 성도들의 모임이고, 하나님의 능력이 무궁무진하게 나타나는 곳이 성도들의 모임이다. 곧, 하나님을 아는 지식이 충만하여 악이 숨는 곳이다.

(22) 1光彩玲瓏從是金. 2日月無光光輝城. 3邪不犯正眞從金. 4眞經眞經何眞經. 5妖魔不侵是經眞.

(광채영롱종시금. 일월무광광휘성. 사불범정진종금. 진경진경하진경. 요마불침시경진.)

해석문: ①광채가 영롱하게 이 하나님을 아는 지식을 따름이네. ②낮과 밤의 빛이 없어도 휘황한 빛이 나오는 성이라. ③사악한 자가 침범하지 못하도록 올바르고 진실하게 하나님을 아는 지식을 따르네. ④진경 진경하니 어찌 진실한 경전인가? ⑤요귀와 마귀가 침입할 수 없는 이 경전만이 진실하다네,

참고주해: 앞의 단락 ⑤절에서 "어찌 하나님을 아는 지식을 따르는가?" 하고 질문한 다음에 ①절에서 "광채가 영롱하게 이 하나님을 아는 지식을 따름이네."라고 말씀했다. 하나님을 아는 지식을 좇는 것은 세상에 빛을 내는 존재가 되는 것이라는 뜻이다.

②"낮과 밤의 빛이 없어도 휘황한 빛이 나오는 성"이란 낮과 밤의 빛이 없는 환난의 때에도 성도들이 모여 있는 그 도시는 하나님의 영광의 빛이 감싸고 있기 때문에 휘황찬란한 빛을 발하며, 어둠에 싸인 세상을 비추고 있다는 것이다.

그래서 사악한 자가 침범하지 못하도록 올바르고 진실하게 하나님의 말씀을 따라야 하는 것이며, 그것이 바로 하나님을 아는 지식이다.

그 하나님을 아는 지식은 마귀와 요귀가 침범하지 못하는 성경을 통

해서만 얻을 수 있다. 그래서 성경만이 진실하고 올바른 경전이다.

(23) 1上帝預言聖經說. 2毫釐不差眞眞經. 3吉地吉地何吉地. 4多會仙中是
吉地. 5三神山下牛鳴地.
(상제예언성경설. 호리불차진진경. 길지길지하길지. 다회선중시길지. 삼
신산하우명지.)

해석문: ①하나님의 예언의 말씀들을 성경이 말하네. ②아주 작은 것
이라도 잘못된 것이 없는 진실하고 진실한 경전이라네. ③길지(吉地)
라 길지라 하는데 어디가 좋은 땅인가? ④많은 모임이 있는 그리스
도인(仙)의 중앙 그곳이 좋은 땅이고, ⑤세 하나님의 산 아래에서
소가 울고 있는 땅이라네.

참고주해: ①"하나님의 예언의 말씀들을 성경이 말하네." 성경은 하나
님의 말씀을 기록한 책이다. 성경을 읽으면 하나님의 말씀을 듣게
된다. 그것은 일점일획도 잘못된 것이 없는 진실한 하나님의 말씀이
다. [참조; 5. 말운론 p51 3절 및 4절] 그래서 성경에 이렇게 기록되
어 있다.

"너희는 여호와의 책을 자세히 읽어보라. 이것들이 하나도 빠진 것
이 없으리니 이는 여호와의 입이 이를 명하셨고 그의 신이 이들을 모
으셨음이라.
여호와께서 이것들을 위하여 제비를 뽑으시며 친수로 줄을 띄어 그
땅을 그것들에게 나눠주셨으니 그것들이 영영히 차지하여 대대로 거
기 거하리라." 사34:16, 17

④"많은 모임이 있는 그리스도인(仙)"은 세상의 길에서 떠난 그리스
도인들이 이룬 성도들의 모임이 많은 수를 이루고 있다는 의미이고,

그 모임들의 "중앙"인 선지가 머무는 곳이 ③절에서 질문했던 "좋은 땅"이라는 것이다.

⑤"세 하나님의 산 아래에서 소가 울고 있는 땅이라네."의 '세 하나님의 산'은 선지자가 머무는 장소를 가리킨다. '그 산 아래에서 소가 울고 있는'은 선지자가 성도들을 가르치고 있다는 뜻이다.

(24) 1桂樹範朴是吉地. 2眞人眞人何眞人. 3眞木化生是眞人. 4天下一氣再生人. 5海印用使是眞人.

(계수범박시길지. 진인진인하진인. 진목화생시진인. 천하일기재생인. 해인용사시진인.)

해석문: ①계수나무 박씨 본래의 땅이 바로 좋은 땅이라네. ②진인(眞人) 진인이라 하니 누가 진인인가? ③진짜 나무가 변화하여 생명이 된 그가 진실한 진인이라네. ④온 세상 가운데서 한 번뿐인 거듭 태어난 사람이고, ⑤해인을 이용하고 사용하는 올바른 진인이라네.

참고주해: ①"계수나무 박씨 본래의 땅이 바로 좋은 땅이라."는 것은 앞 단락에서 말한 길지의 장소를 밝히는 말씀이다. '계수나무 박씨 본래의 땅'은 박혁거세가 태어난 경상남도 남쪽의 옛 신라가 발생한 지역을 가리키는 것이다.

②절의 '진인(眞人)'은 하나님을 아는 올바른 사람이라는 뜻이며, 선지자를 부르는 상징적인 이름이다.

3절 "眞木化生是眞人(진목화생시진인)"을 "진짜 나무가 변화하여 생명이 된 그가 진실한 진인이라네."라고 해석했다. 나무와 같이 영이 없는 사람이 영이 있는 생명의 사람으로 변화해서 진실하게 하나님을 아는 사람이 되었다는 뜻이다. 진목(眞木)의 목木은 오행(五行)의

육기방위(六氣方位)에서 동방에 속하고, 계절은 봄이므로 봄에 동쪽에서 거듭나서 나오는 정해진 사람이라는 뜻이며, 그렇게 세상에 나오는 '그가 진실한 진인이라'는 뜻이다.

그는 "온 세상 가운데서 단 한 번밖에 없었던 거듭난 사람"이고, 또 해인(믿음)을 이용하고 사용할 수 있는 올바른 진인이다.

(25) 1眞木化生變化人. 2玉無瑕不變理. 3東方春生金花發. 4列邦蝴蝶歌舞
來. 5執衡按察變心靈.

(진목화생변화인. 옥무하체불변리. 동방춘생금화발. 열방호접가무래.
집형안찰변심령.)

해석문: ①진짜 나무(眞木)가 생명으로 변화하고 사람으로 변화됐네, ②옥에 티가 없어 변하지 않는 성품이라네. ③동방의 봄에 생명의 하나님을 아는 지식의 꽃이 피었네. ④열방의 들나비들이 노래하고 춤을 추며 찾아오네. ⑤굽은 것을 펴고 안정되도록 쳐서 심령을 변화시키니,

참고주해: 1절 眞木化生變化人(진목화생변화인)의 변화인(變化人)은 앞의 단락 3절에는 시진인(是眞人)으로 표현되었다. 진실하게 하나님을 아는 그 사람이 '진짜 나무(眞木)'로서 생명이 되어 사람으로 변화됐다는 뜻이다.

③"동방의 봄에 생명의 하나님을 아는 지식의 꽃이 피었네." 중의 '동방'은 한국 땅에서 일어나는 새로운 하나님의 나라를 가리킨다. [참조; 5. 말운론 p76의 東國回生四方立礎 (동국회생사방입초)] '봄'은 새 시대가 시작되었다는 뜻이며, 그 동방이 하나님을 아는 지식이 충만한 땅이 되었다는 의미이다. 그런 동방국을 보고 "열방의 들

나비들이 노래하고 춤을 추며 찾아"온다. 즉, 세상 나라들의 백성들이 들나비가 꽃을 찾아 날아오듯이 찾아온다는 뜻이다.

⑤"굽은 것을 펴고 안정되도록 쳐서 심령을 변화"시킨다는 것은 선지자가 세상의 잘못된 것들을 고치고 정상화해서 사람들의 심령을 새롭게 변화시킨다는 것이다.

(26) 1天下人民大呼聲. 2如狂如醉牛鳴聲. 3世人不知嘲笑時. 4專無天心何處生. 5牛鳴十勝尋吉地.

(천하인민대호성. 여광여취우명성. 세인부지조소시. 전무천심하처생. 우명십승심길지.)

해석문: ①천하 인민이 대 환호성을 지르리라, ②미친 듯하고 취한 듯한 소의 울음소리가 나네. ③세상 사람들이 알아듣지 못하고 조소할 때에, ④하늘의 마음이 전혀 없으니 어찌 처신하여 살 수 있을까? ⑤소가 울며 십자가 승리의 좋은 땅을 찾네.

참고주해: ②"미친 듯하고 취한 듯한 소의 울음소리가 나"는 것은 선지자가 사람들을 향해서 하나님의 심판의 날이 이르렀음을 경고하면서 회개하고 죄의 길에서 떠나 멸망을 피하라고 외치고 있는 상황을 비유적으로 표현한 것이다. [참조; p9 참고주해]

그러나 세상 사람들은 그런 선지자의 말을 듣지 못할 뿐만 아니라 그를 비난하고 놀려대기까지 한다. 그러므로 하나님의 뜻을 알 수 없는 세상 사람들에게는 살 수 있는 방도가 없다.

(27) 1先覺之人預言世. 2昏衢長夜眼赤貨. 3人皆不思眞不眞. 4好事多魔此是日. 5雙犬言爭艸十口.

(선각지인예언세. 혼구장야안적화. 인개불사진불진. 호사다마차시일. 쌍견언쟁초십구.)

해석문: ①선각자가 세상을 예언했으니, ②혼란스러운 네거리의 긴 밤에 돈에만 혈안이고, ③사람들이 다 생각이 없어서 옳고 그름을 모른다 했느니라. ④좋은 일이 있으면 어려움이 많으니 이날이 그러하리라. ⑤개띠의 두 사람이 시초의 십자가 성도의 입구에서 다투리라,

참고주해: ①절부터 ③절은 이 시대의 불안정한 사회상황과 사람들의 어리석음을 지적한 말씀이다. ②'혼란스러운 네거리의 긴 밤'은 이 시대의 한 치 앞도 알 수 없는 어지러운 사회의 상태에 대한 비유적인 표현이다. 이런 상황 속에서도 사람들은 오직 돈에만 혈안이 되어 옳고 그름을 판단할 줄 모르는 어리석음에 빠져 있다는 뜻이다. ④"좋은 일이 있으면 어려움이 많으니 이날이 그러하리라."는 것은 앞에서 말한 그런 혼란스러운 시절에 하나님의 구원의 복음이 전파되는 좋은 일이 있게 된다는 의미이다.

5절 "雙犬言爭艸十口(쌍견언쟁초십구)"의 쌍견언쟁(雙犬言爭)은 두 마리 개가 말다툼을 한다는 뜻이다. 개가 말다툼을 한다는 것은 말이 되지 않는다. 그러므로 쌍견이 집에서 키우는 동물이 아닌 무엇인가를 상징한다는 것을 알 수 있다. 격암유록의 모든 동물은 성경과 마찬가지로 어떤 특정한 인물이나 국가를 상징적으로 표현한다. 성경에 등장하는 동물 중 양과 숫양과 소와 비둘기를 제외한 모든 동물은 하나님을 알지 못하는 왕이나 국가를 의미한다. 본문의 쌍견도 하나님을 알지 못하는 어떤 국가나 힘을 지닌 개띠의 두 사람을 가리킨다고 이해할 수 있다. 그러면 어떤 인물을 가리키는 것일까? 아래 21. 은비가 p27 "畵狗顧簷 物名卽犬(화구고첨 물명즉견)"

을 보면 개 구狗는 북한 또는 그 국민을 상징하고, 개 견犬은 그 나라의 지도자를 상징한다. 그러므로 본문의 두 마리 큰 개는 북한의 지도자들을 상징한다는 것을 알 수 있다. "초십구(艸十口)"의 풀 초(艸) 또는 새 초(艸)는 시초(始初)를 의미하고, 또 시작이라는 뜻이 있다. 따라서 복음의 씨가 막 싹이 터서 나온 시초(始初)라는 의미이다. 그리고 앞에서 말한 것처럼 열 십十은 십자가이고, 입 구口는 성도의 입구이다. 즉, '시초의 십자가 성도의 입구'라는 뜻이다. 그러므로 본문은 북한의 두 권력자들이 선지자 복음을 남쪽 땅에 전파하여 초신자가 막 나오기 시작할 때 성도들의 모임을 두고 언쟁을 한다는 뜻이다.

(28) 1暫時暫時不免厄. 2九之加一線無形. 3十勝兩白知口人. 4不顧左右前前進. 5死中求生元眞理.

(잠시잠시불면액. 구지가일선무형. 십승양백지구인. 불고좌우전전진. 사중구생원진리.)

해석문: ①잠시 잠시 액운을 피하지 못하리라. ②숫자 구(九)에 일(一)자 선을 덧붙이면 형태가 없느니라. ③십자가 승리의 양 선지자가 성도의 입구를 사람들에게 알게 하네. ④좌우를 돌아보지 말고 앞으로 전진 또 전진하라. ⑤죽음에 처한 사람들을 구원하는 것이 최고의 진리니라.

참고주해: ①"잠시 잠시 액운을 피하지 못하리라."는 앞 단락에서 말한 시초의 성도들에게 잠시 잠시 어려운 일들이 따르게 된다는 의미이다. ②"숫자 구(九)에 일(一)자 선을 덧붙이면 형태가 없느니라." 아홉에 하나를 더했을 때 나타나는 완전 수인 십은 십자가라는 뜻이다. 즉,

아홉 번의 시험을 이기고 변화해, 마지막 한 번을 더하면 십자가 승리에 이른다는 의미이다.

③절의 "양 선지자"는 그리스도와 선지자이며, 두 분이 함께 십자가 승리의 시작인 "성도의 입구를 사람들에게 알게" 한다는 뜻이다.

④절과 ⑤절은 격암선생이 시초의 성도에게 전하신 권면으로, 죽음에 처한 세상 사람들을 구원의 길로 인도하는 복음 전도의 일이 최고의 선이니 열심을 다하라는 뜻이다.

(29) 1出死入生信天村. 2造次不離架上臺. 3坦坦大路永不變. 4有形無形兩大中. 5道通天地無形外.

(출사입생신천촌. 조차불리가상대. 탄탄대로영불변. 유형무형양대중. 도통천지무형외.)

해석문: ①나가면 죽고 들어가면 사는 하나님을 믿는 마을이니, ②시작서부터 십자가의 높은 곳과의 연결이 분리되지 않으리라. ③탄탄한 대로는 영원토록 변하지 않으리니, ④보이고 또 보이지 않는 양쪽의 큰 분들의 중앙이라. ⑤도(道)가 통하면 하늘과 땅은 외면의 형태가 없다네.

참고주해: ②절의 '시작서부터'란 시초의 성도가 시작되면서부터라는 의미이며, '십자가의 높은 곳과의 연결이 분리되지 않으리라'는 것은 시초의 성도가 나오는 것은 아버지 하나님의 뜻이고, 아버지 하나님과 인간의 관계가 회복되는 시작이기 때문에 그 관계가 절대 분리되지 않는다는 의미다.

③"탄탄한 대로는 영원토록 변하지 않으리라."는 하나님께서 정하신 성도들의 승리의 길이 절대 변하지 않는다는 뜻이다.

④"보이고 또 보이지 않는 양쪽의 큰 분들"은 두 분 선지자를 가리키는 말씀으로 한 분은 사람들의 눈에 보이고, 다른 분은 보이지 않는다는 뜻이다. 보이는 분은 이 땅의 선지자이고, 보이지 않는 분은 그리스도이시다. 왜냐하면, 말세의 세상에 임하신 그리스도를 사람들의 눈으로 볼 수 없기 때문이다. 이런 사실을 마24:26, 27에서 그리스도께서 미리 말씀하셨다.

"그러면 사람들이 너희에게 말하되 보라 그리스도가 광야에 있다 하여도 나가지 말고 보라 골방에 있다 하여도 믿지 말라.
 번개가 동편에서 나서 서쪽까지 번쩍임 같이 인자의 임함도 그러하리라."

"양쪽"이란 서양과 동양에서 나온 하나님의 종들이라는 의미이고, "큰 분들의 중앙"이란 그 두 분이 함께 성도들을 보호하고 계신다는 뜻이다.

(30) 1肇乙矢口眞覺人. 2祈天禱神時不休. 3惡罪滿天判端日.
　　(조을시구진각인. 기천도신시불휴. 악죄만천판단일.)

해석문: ①초기의 성도가 말씀의 입구로 들어가니 진정한 깨달음의 사람이라. ②하나님께 기도를 올리는 일을 쉴 수 없느니, ③악과 죄가 하늘에 가득 차서 심판하는 날이라.

참고주해: 1절 "肇乙矢口眞覺人(조을시구진각인)"의 조을시구(肇乙矢口)는 마치 장단 맞출 때의 소리처럼 들린다. 그러나 이 구절도 각 문자의 뜻을 분석해서 보면 비유적인 문장의 계시임을 알 수 있다. 조(肇)는 비로소, 창시하다, 시초, 기원 등의 뜻이 있다. 그리고 을

(乙)은 이미 설명한 것처럼 하나님의 백성을 의미한다. 그러므로 두 단어의 뜻을 연결하면 '초기의 성도'가 된다. 활 시(矢)는 궁사가 적을 쓰러뜨리기 위해서 날려 보내는 무기이다. 앞에서 말한 것처럼 궁사는 하나님이므로 그 화살은 하나님의 말씀이고 능력을 의미한다. 입 구(口)는 앞에서 말한 것처럼 성도의 입구를 의미하므로 '하나님의 말씀의 입구'라는 의미가 된다. 그러므로 앞의 두 단어 조을(肇乙)과 함께 의역하면 '말씀의 입구로 들어간 초기의 성도'라고 할 수 있다. 진각인(眞覺人)은 진정한 깨달음의 사람이다. 그러므로 하나님의 말씀으로 변화된 초기의 성도가 진정한 깨달음의 사람이라는 뜻이다.

(31) 1咸陽三月家安在. 2靑槐滿庭之月矣. 3白楊無芽之日也.
(함양삼월가안재. 청괴만정지월의. 백양무아지일야.)

해석문: ①양지가 가득 찬 삼월에 집에서 편안히 있으리라, ②푸른 괴목나무가 정원에 가득 찬 달이고, ③흰버드나무가 싹을 트지 않은 날이라.

참고주해: ②절의 "푸른 괴목나무가 정원에 가득 찬 달이고"의 원문의 회화나무 괴(槐)는 삼공(三公), 태위(太尉), 사도(司徒) 등 사람과 지위를 뜻한다. 여기서는 삼공(三公)이라는 의미로 해석할 수 있다. (이 구절에 대한 보다 자세한 주해는 59. 말중운(末中運) p21을 참조.) 그러므로 원문 청괴(靑槐)는 삼공이 상징하는 어떤 인물들을 가리키는 것이고, 만정지월의(滿庭之月矣)는 그 인물들이 다 함께 모여 정원에 가득 찬 달이라는 뜻이 된다. 그렇다면 이 인물들은 누구를 가리키는 것일까? 삼공은 다스리는 위치에 있는 제상들이

다. 여기서 삼공은 세상 나라의 제상이 아닌 하나님의 나라의 다스리는 분들을 가리킨다. 그러므로 하나님 아버지와 그리스도와 선지자를 가리키는 상징이며, 아버지 하나님과 그리스도께서 선지자가 있는 섬의 산 위에 임하신 사건을 비유적으로 표현한 것이다. 이분들이 모인 것은 계19:6~9에 기록된 어린양의 혼인 잔치를 위해서이며, 원문 청괴만정(靑槐滿庭)은 그 혼인 잔치에 참여한 하늘나라의 백성들과 땅의 백성들이 함께 모여 있는 모습을 비유적으로 표현한 것이다.

③"흰버드나무가 싹을 트지 않은 날이라."는 그때가 이른 봄이라는 뜻이다.

(32) 1地鼠女隱日. 2三床後臥. 3十勝十處論. 4未卜定穴不可生. 5地理天理十勝.

(지서녀은일. 삼상후와. 십승십처론. 미복정혈불가생. 지리천리십승.)

해석문: ①땅의 쥐처럼 부정한 여자가 은밀히 숨는 날에, ②세 개의 상에 임금이 엎드리니라. ③십자가 승리와 십자가 처소를 말하는 데도, ④아무것도 못하는 복술이 정해 준 굴혈로 가니 살기가 불가능하니라, ⑤땅의 이치와 하늘의 진리로 십자가가 승리하니,

참고주해: 1절 地鼠女隱日(지서녀은일)은 이해하기가 매우 어렵다. 마치 은어(隱語)처럼 보인다. 직역하면 '땅의 쥐 여자가 숨은 날'이다. 이 원문의 뜻을 이해하기 위해서는 이 문장의 주어 계집 녀(女)를 수식하고 있는 '땅의 쥐(地鼠)'가 나타내는 의미를 이해해야 한다. 지금까지 이 격암유록의 난해한 문장들을 이해하기 위해 성경의 말씀에서 그 뜻을 찾아온 것처럼 이 단어도 성경에서 그 의미를 찾아

보지 않을 수 없다. 아래의 레11:29이 그 답을 주고 있다.

 "땅에 기는 바 기는 것 중에 네게 부정한 것은 이러하니 곧 족제비
와 쥐와 도마뱀 종류와"

이 성경의 말씀에 따르면 하나님께서는 쥐를 부정한 동물로 규정하
셨다. 부정하다는 것은 하나님께서 보시기에 깨끗지 않고 순결하지
않은 죄의 상태에 있다는 뜻이다. 이런 성경적인 의미로 원문의 지
서녀(地鼠女)를 해석하면 '땅의 쥐처럼 부정한 여자'가 된다. 그래서
해석문을 "땅의 쥐처럼 부정한 여자가 은밀히 숨는 날에"라고 했다.
2절 "三床後臥(삼상후와)"의 '상(床)'은 일반적으로 한 가정이나 문중
(門中)에서 조상을 섬길 때 차리는 제사상 또는 무당이 주술을 행할
때 차리는 제사상을 가리키는 줄임말이다. 그러므로 삼상(三床)은
세 개의 제사상이라는 뜻이다. 그리고 후(後)는 임금이고, 와(臥)는 엎
드렸다는 뜻이다. 따라서 후와(後臥)는 임금이 상에 엎드렸다는 뜻이
된다. 여기서 이 구절을 함께 이어서 보면 "세 개의 상에 임금이 엎드
리니"가 된다.
따라서 1절과 2절을 연결해서 보게 되면, 땅의 쥐처럼 부정한 여자
가 은밀히 숨는 날에, 세 개의 상에 임금이 엎드렸다는 의미가 된
다. 즉 임금인 여자가 세 개의 상에 엎드려 귀신을 섬기는 부정한
짓을 했다는 뜻이다.
앞의 p27에서 말한 바와 같이 이 예언서에 나오는 모든 인물들은
그 시대의 역사의 흐름을 결정하는 매우 중요한 위치에 있는 사람들
이다. 여기에 등장하는 여자 또한 마찬가지로 그렇다. 이 구절은 뒤
에서도 반복해서 나온다. 그만큼 이 여자가 말세의 중요한 인물이라

는 뜻인데, 그 이유는 그가 하나님께서 보시는 가운데서 이스라엘의 아합왕[참조; 왕상 16:30~33]과 같은 악을 행함으로써 이 나라가 하나님의 심판을 피할 수 없는 죄에 빠졌기 때문이다. 그러므로 하나님께서 이스라엘을 징벌하신 것처럼 이 나라 또한 멀지 않은 장래에 징벌하실 것이다.

③절의 '십자가 승리'는 믿음을 통한 구원을 의미하고, '십자가가 머무는 곳'은 그리스도께서 재림하신 이 땅의 정해진 장소를 가리키는 것이다. 그래서 사람들에게 그 '곳을 말하는 데도' 알아듣지 못하고, 그리고 그곳이 환난을 피하는 구원의 방주임을 가르쳐 주는데도 사람들은 믿지 않는다.

오히려 '아무것도 못 하는 복술'하는 자들에게 찾아가고, 어리석은 자들이 '정해 준 굴혈로' 들어감으로써 살기가 불가능한 상태에 빠지고 만다.

(33) 1弓弓地. 2萬無一失入者生. 3有智無智分別時. 4禍因惡積不免獄. 5人獸分別兩端日. 6飛火落地混沌世.

(궁궁지. 만무일실입자생. 유지무지분별시. 화인악적불면옥. 인수분별양단일. 비화락지혼돈세.)

해석문: ①땅의 하나님의 종들은, ②성도의 모임에 들어와서 생명을 얻은 자들을 만에 하나라도 잃지 않네. ③지혜가 있는 자와 지혜가 없는 자를 분별할 때, ④화(禍)의 원인인 악을 쌓은 자는 지옥을 면치 못하리라, ⑤인간과 짐승을 양쪽으로 분별시키는 날, ⑥하늘에서 땅에 불이 떨어져 혼돈에 빠지는 세상이 되리라.

참고주해: ⑤"인간과 짐승을 양쪽으로 분별" 시킨다는 말씀을 세상

속에 존재하는 모든 짐승들과 사람들을 구별해 놓는다는 의미로 이해할 사람은 아마 없을 것이다. 이 말씀은 당연히 하나님 백성과 마귀의 백성을 분별시켜 놓는다는 뜻이다. 본문의 "인간"은 하나님을 아는 사람을 가리키고, '짐승'은 하나님을 모르는 사람을 상징한다. 짐승이 상징하는 인간은 그가 비록 인간일지라도 하나님을 알지 못하는 짐승과 같다는 것이다. 창1:27말씀에 따르면 인간은 하나님과 같은 형상으로 창조되었다.

"하나님이 자기 형상 곧 하나님의 형상대로 사람을 창조하시되 남자와 여자를 창조하시고,"

여기서 '하나님의 형상대로 사람'이 창조되었다는 것은 겉모습만이 아니라 품성(品性)까지도 하나님과 같다는 뜻이며, 따라서 태초의 인간은 악을 전혀 모르는 존재였다. 그러나 인간은 그런 본래의 품성을 잃어버렸는데(롬5:21), 왜냐하면, 선과 악을 함께 알아야지만, 하나님과 같은 존재가 된다고(창3:5) 유혹하는 마귀의 말을 좇아서 그가 가르쳐 주는 악을 함께 행했기 때문이다. (창3:6) 이것이 태초의 원죄의 본질이다. 마귀는 하나님을 대적하는 최초의 짐승이며(창3:1, 5. 말운론 p70 참고주해 참조), 인간이 그런 사악한 자를 좇아 그와 함께 죄를 범함으로써 하나님을 알지 못하는 짐승으로 타락하고 만 것이다. 죄의 삯은 사망이다. (롬6:23) 그러므로 마귀는 그의 죄로 말미암아 반드시 멸망한다. 그리고 그 마귀와 같은 죄 아래 있는 인간 또한 그와 함께 멸망한다. (롬5:12)

그러나 하나님께서는 그렇게 죽음 앞에 직면한 인간에게 구원의 길을 열어 주셨는데, 그것이 가죽옷이 상징하는 속죄의 제사이다. (창

3:21) 죄를 범한 인간이 자신의 죽음을 대신해서 짐승을 잡아 그 피를 하나님께 바침으로써 죽음을 피할 수 있게 한 것이다. 그러나 인간이 속죄 제사를 통해서도 자신의 죄를 이기지 못하여 또다시 멸망의 심판을 피할 수 없게 되었을 때 아버지 하나님께서 독생자이신 예수 그리스도를 세상에 보내시어 인류의 모든 죄를 짊어진 속죄의 제물로 그분의 육신을 아버지 하나님께 바치도록 하셨다. 그리고 그것을 믿는 자마다 죄 사함을 받아 구원을 이루는 새로운 구속(救贖)의 길을 열어 주셨다. 그 한 분의 죽음이 모든 인류를 죽음으로부터 살린 것이다. [이스라엘의 속죄 제사를 통한 구속은 실패했다. 따라서 하나님께서 이스라엘을 멸망시키시지 않을 수 없게 되었고, 이스라엘의 멸망은 곧 모든 인류의 멸망이 따를 수밖에 없었기 때문에 죄가 없는 예수 그리스도의 대속의 제사를 통해서 하나님의 백성들이 세상 가운데서 나오게 하심으로써 인류의 멸망을 피할 수 있게 하신 것이다. 왜냐하면, 하나님께서 열 사람의 죄 없는 자가 있어도 인류를 멸망시키지 않으신다는 언약을 하셨기 때문이다. (창 18:22~32)]

본문의 "인간과 짐승을 양쪽으로 분별"된다는 것은 이 구속의 길을 통해서 하나님을 아는 사람과 하나님을 모르는 인간이 분별되는 것을 가리키는 것이다. 성경의 말세에 대한 모든 예언은 이 일을 위해서 기록되었다. 홍수로 멸망한 노아 이전의 세대와 같이 멸망의 죄에 빠진 말세의 인류의 구원을 위해서 하나님께서 한 사람을 세상 가운데서 부르시고, 그를 통해서 그리스도의 대속의 제사에 의한 하나님의 구원의 언약을 이루신다. [참조; 요14:16~15과 요16:13~14] 이 일을 가리켜 예수 그리스도께서 마24:14에서 다음과 같이 말씀하셨다.

"이 천국 복음이 모든 민족에게 증거되기 위하여 온 세상에 전파되리니 그제야 끝이 오리라."

그리스도께서 전한 "이 천국 복음이" 짐승과 인간을 구분 짓는 잣대가 되는 것이다. 그러면 이 천국 복음이란 무엇인가? 그것은 하나님의 나라가 세상 안에 이루어지는 것을 의미하며, 곧 이스라엘의 완전한 회복을 가리킨다. 이스라엘의 완전한 회복은 예루살렘성과 성전이 다시 세워질 때 이루어지는 것이다. 다니엘서의 칠십이레는 이 일에 대한 계시이다. 이 칠십이레 안에 정해져 있는 이 일들을 통해서 온 세상에 참 천국 복음이 전파되고, 세상 사람들은 하나님의 자녀와 마귀의 자식인 짐승으로 분별된다. 그러므로 앞에서 말한 하나님의 부르심을 받은 그 사람은 이 칠십이레의 일을 이루는 사람이다. 그러면 인간과 짐승으로 분별된 이후의 세상은 어찌 될까?
본문 ⑥절에서 그 해답을 "하늘에서 땅에 불이 떨어져 혼돈에 빠지는 세상이" 된다고 했다. 오늘의 문명사회가 가장 두려워하고 있는 별과 지구의 충돌을 계시한 말씀이다. 이 불의 재앙은 5. 말운론 p1에 나오는 소두무족비화낙지(小頭無足飛火落地)와 같은 사건이므로 뒤에서 다시 설명하겠다.

(34) 1西方庚辛四九金. 2從金妙數大運也.

(서방경신사구금. 종금묘수대운야.)

해석문: ①서방의 경신(庚辛) 49가 하나님을 아느니라. ②하나님을 아는 지식을 좇는 기묘한 수가 가장 큰 운이 되리라.

참고주해: ①"서방의 경신(庚辛) 49"의 서방(西方)은 오행의 서쪽 방위이고 49는 그 서쪽 방위에 속한 수이다. 경신(庚辛)도 서쪽 방위에 속한 간지(干支)이고, 금金 또한 오행의 서쪽 방위에 속한다. 그러므로 이 구절은 오행을 이용해서 서력(西曆)을 가리키며, 서력의 "49"가 하나님을 안다는 의미이다. 즉, 선지자 출생이 서력의 49년이라는 것이며, 따라서 그의 출생이 오행으로 정해져 있는 운명이라는 것이다.

그가 '하나님을 아는 지식을 좇'음으로써 그것이 '기묘한 수'로 작용하여 그의 가장 큰 운이 된다.

②

세 론 시
(世 論 視)

(1) 1西學大熾天運也. 2天道者生無道者死. 3量者誰聽者誰. 4世人何知. 5
智者能知矣.

(서학대치천운야. 천도자생무도자사. 양자수청자수. 세인하지.   지자능
지의.)

해석문: ①서양 학문의 크게 타오름은 하늘에서 정한 운이라. ②하늘
의 도를 행하는 자는 살고, 도가 없는 자는 죽으리라. ③헤아릴 줄
아는 자가 누구이고, 듣는 자가 누구인가? ④세상 사람들이 어찌
알겠는가? ⑤지혜로운 자는 능히 알 수 있느니라.

참고주해: ①"서양 학문의 크게 타오름은 하늘에서 정한 운이라."는
현대문명의 발달이 서구 문명에 의해서 이루어진 것을 가리키는 것

이며, 그것이 하나님께서 정하신 뜻이라는 것이다.

②"하늘의 도를 행하는 자는 살고, 도가 없는 자는 죽으리라."의 '하
늘의 도'는 하나님의 뜻을 의미하며, 곧 성경의 가르침을 행하라는
뜻이다. 그러므로 '도가 없는 자는 죽으리라'는 것은 성경의 말씀을
따르지 않는 자가 죽는다는 뜻이다.

(2) 1積德之人活人如此. 2自生正道不願積穀. 3嗟我後生不忘血遺. 4智默
天運朝暮變化

(적덕지인활인여차. 자생정도불원적곡. 차아후생불망혈유. 지묵천운조
모변화.)

해석문: ①덕을 쌓는 사람이라, 이와 같으면 사람을 살리리니 ②스스
로 올바르게 살아가고, 곡식을 쌓아 놓기를 원치 말라. ③나의 후대
의 사람들아. 혈서로 쓴 이 유서를 잊지 말라. ④지혜가 어두워짐은
하늘의 뜻이며, 아침이 다르고 저녁이 다르게 변화할 것이라.

참고주해: ③"나의 후대의 사람들아. 혈서로 쓴 이 유서를 잊지 말아
라."고 말씀하신 격암선생의 이 비통한 심정을 독자는 이해할 수 있
겠는가? 남사고 선생의 이런 심정을 이해하는 사람이 이 시대에 과
연 있을까? 이 예언서에 기록된 환난의 일들을 겪지 않고는 어느
누구도 그의 심정을 이해하기 쉽지 않을 것이다.

왜냐하면 ④절에서 "지혜가 어두워짐은 하늘의 뜻"이라고 밝혔기 때
문이다. 같은 의미의 성경의 말씀을 사29:10~12에서 볼 수 있다.
(아래 5. 말운론 p49 참고주해에 기술함.)

그러므로 지금 세상 사람들이 예언의 말씀을 이해할 수 없는 것은
정해진 운명이다. 그러나 "아침이 다르고 저녁이 다르게 변화"하는

세상을 겪으면서 많은 사람들이 이 예언서의 내용을 조금씩 이해하게 되고, 세상의 악한 길에서 떠나 진리를 찾는 지혜로운 사람으로 변화할 것이다.

그런 사람들을 위해서 하나님께서 이 놀라운 예언서를 이 땅에 남겨 주신 것이다. 아멘! 주 예수 그리스도이시여! 주의 그 크신 은혜를 깨닫고 감사드리며, 주의 이름을 영원토록 찬양하나이다. 주여! 이 땅의 백성들에게 남사고 선생의 이 혈서로 쓴 유서를 깨닫는 지혜를 허락하옵시고, 저들이 죄의 길에서 떠날 수 있도록 인도하여 주옵소서, 아멘.

(3) 1信外刺文國外法官. 2假夷賣官小人能大. 3無量旺運有量來運. 4勿念儒書意外出盡.

(신외랄문국외법관. 가이매관소인능대. 무량왕운유량내운. 물념유서의외출진.)

해석문: ①외국의 어지러운 글과 국외 법관의 판결을 신뢰하리라. ②가짜 동이가 관직을 팔고, 소인배가 더 크게 되니, ③능력이 없어도 운이 왕성해 보이나, 한정된 운이 온 것이라. ④유학(儒學)의 글을 생각하지 말 것이니 의외로 죽는 길로 나갈 것이라.

참고주해: 이 단락의 구절들은 오늘 이 시대의 사회의 현상들을 정확하게 짚어서 설명하고 있다. 이 글을 읽고 있으면, 마치 이 시대의 양심 있는 사람이 개탄하는 목소리처럼 들린다. 지금의 한국 사회는 시정잡배보다 못한 사람들이 잘나가고, 의로운 사람을 찾아볼 수 없는 말세의 세태를 드러내고 있다. 이 예언서를 읽고, 또 올바르게 그 뜻을 이해한다면 이 사회가 불원간에 어찌 될 것인지 분명

하게 보게 될 것이다.

④절에서 격암선생은 유학의 가르침을 물리치라고 권하며, 그것이 의외로 죽는 길이 될 것이라고 경고한다. 유학의 가르침은 한국 사회의 모든 곳에 아주 깊게 뿌리를 내리고 있는 주춧돌과 같다. 아무리 한국 사회가 서구화되었다고 해도 한국인의 정신세계와 생활관습(生活慣習) 속에 여전히 유학의 가치가 높이 존중되고 있는 사실을 아무도 부정할 수 없다. 이런 유학의 가르침이 우리를 죽는 길로 가게 할 수 있다는 것이 남사고 선생의 가르침이다. 왜 그럴까? 독자는 이 책을 읽어 가면서 그 이유를 발견하게 될 것이다. 만약 독자가 그 이유를 알게 되었다면, 격암선생의 이 경고의 말씀을 마음 깊이 받아드리고 유학의 가르침에서 벗어나기 바란다.

(4) 1伯夷採薇由父洗耳. 2莫貪富貴非命橫死. 3久陰不晴下必謀上. 4誰爲父母竭孝誰作.

(백이채미유부세이. 막탐부귀비명횡사. 구음불청하필모상. 수위부모갈효수작.)

해석문: ①옛날 백이와 숙제는 고사리를 뜯고 허유와 소부는 귀를 씻었느니, ②부귀를 탐하지 말라. 비명횡사하느니라. ③오랫동안 음란하고 깨끗하지 않으니, 아랫사람이 반드시 윗사람을 모함(謀陷)하리라. ④누가 부모 노릇 하려 하고, 그 부모에게 효를 다 하기 위해 누가 받드는가?

참고주해: ①절의 "백이(伯夷)와 숙제(叔齊)"는 BC 1100년경 중국 주(周)나라의 전설적인 형제성인(兄弟聖人)이다. 주나라 무왕이 은나라 주왕을 멸하자 신하가 천자를 토벌한다고 반대하며 주나라의 곡

식을 먹기를 거부하고, 수양산에서 고사리만 먹고 지내다 굶어 죽은 선비다. 허유소부(許由巢父)는 부귀영화를 마다하는 사람을 비유적으로 이르는 말이다. 성천자(聖天子)라고 추앙받는 중국의 요임금이 허유에게 천하를 주겠다고 하자 허유는 더러운 말을 들었다고 하여 기산영수(箕山潁水) 강물에 귀를 씻었으며, 소부는 허유가 귀를 씻은 더러운 물을 소에게 먹일 수 없다고 하여 소를 끌고 돌아갔다는 데서 유래하였다.

②"부귀를 탐하지 말라. 비명횡사하느니라." 이 시대의 사람들이 물질만을 탐하는 데 대한 경고의 말씀이다.

③"오랫동안 음란하고 깨끗하지 않으니"는 사람들이 온갖 음란한 죄에 빠져 이 사회가 윤리와 도덕이 무너진 지 이미 오래라는 말씀이고, "아랫사람이 반드시 윗사람을 모함하리라."는 윗사람을 모함해서 출세하고 잘 나가는 불의한 사람들이 득실거리는 세상이라는 말씀이다.

④"누가 부모 노릇 하려 하고, 그 부모에게 효를 다 하기 위해 누가 받드는가?" 이 시대에서는 아무도 올바른 부모의 도리를 다하는 사람도 없고, 또 부모에게 효를 다하는 사람도 없다. 부모와 자식 간에 재산을 두고 다투고, 부모가 자기가 낳은 자식을 죽이고, 자식이 자기를 낳고 기른 부모를 참혹하게 죽이는 강포한 세상이다. 그러므로 성경의 소돔과 고모라의 사람들과 전혀 다르지 않은 이 시대의 사람들이다.

(5) 1生死判端飛龍弄珠. 2世有其人公察萬物. 3其姓爲誰不知也. 4橫二爲柱左右雙三. 5勿恨其數.

(생사판단비룡농주. 세유기인공찰만물. 기성위수부지야. 횡이위주좌우 쌍삼. 물한기수.)

해석문: ①생명과 죽음의 판단은 하늘을 나는 마귀의 농주니라, ②세 상에 있는 그 사람은 만물을 공정하게 관찰하니라. ③그의 성씨가 무엇인지 누구도 알지를 못하니라. ④가로로 두 개의 기둥이 세워 있고, 좌우에 세 개가 쌍으로 놓여 있네. ⑤그 수를 모름을 한하지 말라.

참고주해: ①"생명과 죽음의 판단은 하늘을 나는 마귀의 농주니라."는 마귀가 자기의 거짓 능력으로 세상 사람들을 죄악에 빠뜨려 죽음에 이르게 한다는 뜻이다. 지금의 이 세계는 그런 마귀의 능력으로 만 들어진 것이며, 그 능력으로 마귀가 자기 마음대로 사람들을 죽이 기도 하고 살리기도 한다. 그의 이런 악행을 끝을 내기 위해서 하나 님께서 세상에 대한 심판과 구원의 사업을 행하시는 것이다.

②"세상에 있는 그 사람"은 선지자이며, "만물을 공정하게 관찰하니 라."는 그가 올바른 것을 알고자 주의 깊게 세상을 살펴본다는 뜻이다.

③"그의 성씨가 무엇인지 누구도 알지를 못하니라."의 '그의 성씨'는 선지자의 성씨를 가리킨다. 선지자가 세상 사람들에게 알려진 사람 이 아니라는 뜻이다. 따라서 그가 세상에 나타나도 사람들은 그를 알아보지 못한다.

④절의 '가로로 두 개의 기둥이 세워 있고, 좌우에 세 개가 쌍으로 놓여 있다'는 것은 어떤 물체의 형상을 표현한 것이다.

⑤"그 수를 모름을 한하지 말라."는 앞에서 설명한 그 두 개의 기둥 과 좌우에 쌍으로 세 개가 놓여 있는 것들이 더 많이 있다는 암시이 며, 그 수를 상상해 보라는 뜻이다.

(6) 1勿上追衣又爲其誰. 2如短如長種德半百. 3久粧弓揣磨大小白之石. 4大小白何爲. 5河洛之數.

(물상추의우위기수. 여단여장종덕반백. 구장궁췌마대소백지석. 대소백하위. 하락지수.)

해석문: ①더 높은 의복을 좇으려 말며, 누구든 위하고 용서하라. ②똑같이 작고 똑같이 크니, 반백이 되도록 덕의 씨를 뿌려라. ③오래 단장한 하나님의 종을 마귀가 시험하겠으나 큰 선지자와 작은 선지자는 돌이라. ④큰 선지자와 작은 선지자는 어찌 활동하는가? ⑤비가 내리는 것을 조절하리라.

참고주해: ①절의 "더 높은 의복을 좇으려 말며"는 출세를 위해 살지 말라는 뜻이다.

2절의 如短如長(여단여장)은 다 똑같다는 뜻이다. 세상 사람들의 행동이 다 똑같아서 똑같은 죄에 빠져 있다는 의미이다. 그러니 "반백이 되도록 덕의 씨를 뿌려라." 즉, 그런 죄의 세상 속에서 덕을 쌓는 일에만 전념하라는 뜻이다.

③"오래 단장한 하나님의 종"은 선지자를 가리키는 것이며, 그가 오랜 세월에 걸쳐서 하나님의 말씀으로 변화된 사람이라는 뜻이다. 그에게 마귀의 시험이 따르나 '큰 선지자와 작은 선지자는 돌이라'고 하셨다. 여기서 큰 선지자는 그리스도를 가리키고, '작은 선지자'는 이 땅에서 나오는 말세의 선지자를 가리키는 것이다. 돌은 그 두 분을 상징한다. 돌은 하나님께서 세우시는 집의 주춧돌이 되고, 또 변함이 없다는 뜻이다. 즉 마귀가 시험을 해도 아무 소용이 없다는 뜻이다.

⑤절의 "비가 내리는 것을 조절하리라."는 두 분이 함께 하늘의 문

을 닫아 비가 내리지 않게 하는 재앙으로 세상을 칠 것이라는 뜻이다. 아래의 계11:6의 말씀을 지적하는 것이다.

"저희가 권세를 가지고 하늘을 닫아 그 예언을 하는 날 동안 비 오지 못하게 하고, 또 권세를 가지고 물을 변하여 피 되게 하고, 아무 때든지 원하는 대로 여러 가지 재앙으로 땅을 치리로다."

(7) 1白字彎山工字之出. 2兩山之間十字. 3無瑕出於兩白. 4人種求於兩白. 5白木雙絲門月寸土.

(백자만산공자지출. 양산지간십자. 무하출어양백. 인종구어양백. 백목쌍사문월촌토.)

해석문: ①선지자라는 이름이 해안의 산에 기술자라는 이름으로 나타나리니, ②양 산과 산은 십자가로 이어져 있느니라. ③아무런 흠결이 없이 나타나는 이들은 양 선지자라네, ④각 인종들이 양 선지자를 구하여 구원받을 것이라. ⑤백양나무와 쌍사가 한 달 동안 작은 농토에 문을 세우리라.

참고주해: ①절의 "선지자라는 이름이 해안의 산에 기술자라는 이름으로 나타나리니" 선지자가 처음으로 세상에 나타날 때 기술자라는 이름으로 해안의 산에서 나올 것이라는 뜻이다.

②"양 산과 산은 십자가로 이어져 있느니라"의 '양 산과 산은' 이스라엘과 한국을 가리키고, '십자가로 이어져 있느니라' 그리스도와 선지자 두 분이 함께 세상의 죄를 짊어진 속죄의 제물이 되어 구원의 도를 이루고 있다는 뜻이다.

⑤절의 '백양나무와 쌍사'는 제사장임을 상징(출39:1)하고, 희생의

제물(민수기19:6)로 바쳐짐을 의미한다. "작은 농토에 문을 세우리라."는 마지막 때에 세워지는 새로운 하나님의 나라를 의미한다. 성경에도 같은 예언의 말씀이 기록되어 있다. 아래의 단2:44이 그 말씀이다.

"이 열왕의 때에 하늘의 하나님이 한 나라를 세우시리니 이것은 영원히 망하지도 아니할 것이요, 그 국권이 다른 백성들에게 돌아가지도 아니할 것이요, 도리어 이 모든 나라를 쳐서 멸하고 영원히 설 것이라."

성경은 장차 이 땅에 세워지는 이 작은 나라가 절대로 망하지도 않을 뿐만 아니라 이 나라가 대적하는 세상의 모든 나라들을 쳐서 멸하고 영원한 나라로 존속해 있을 것이라고 말씀하고 있다. 즉, 이 나라가 세상 안의 영원한 하나님의 나라가 될 것이라는 뜻이다.

(8) 1白木靈木雙絲人. 2姓負合之弓弓人. 3辰巳之生統一天下. 4復何在洲江. 5兩合白一如亡.

(백목영목쌍사인. 성부합지궁궁인. 진사지생통일천하. 복하재주강. 양합백일여망.)

해석문: ①백양나무는 신령한 나무이고, 쌍사는 사람이라. ②성품이 부합한 하나님의 종과 종은 사람이라. ③진사(辰巳)년의 생명이 천하를 통일하리라. ④강가의 큰 모래밭에서 머물다가 돌아올 것이라. ⑤두 선지자가 합하면 한 번에 망할 것이라.

참고주해: ①절의 "백양나무는 신령한 나무"라는 것은 두 선지자에게 조각목으로 만든 하나님의 증거궤(출25:10)와 같이 하나님의 영이 임하고 있다는 뜻이다. '쌍사(雙絲)'는 두 가닥의 실이다. 이 두 가닥

의 실이 사람이라는 것은 두 분이 제사장의 옷을 만드는 사람이 된다는 것이다. 즉, 하나님의 성전을 회복하는 사람들이라는 뜻이다(출 28:3).

②절의 "성품이 부합한 하나님의 종과 좋은 사람이"라는 것은 그리스도와 선지자가 한 동아리와 같은 관계의 하나님을 아는 사람이라는 뜻이다.

③"진사(辰巳)년의 생명이 천하를 통일하리라."의 진사(辰巳)는 갑진(甲辰; 2024)년과 을사(乙巳; 2025)년이고, '생명'은 살아서 나온 사람이라는 뜻이다. 즉, 1. 남사고비결 p31의 靑槐滿庭之月矣(청계만정지월의)에서 계시한 그리스도의 재림이 있은 뒤에 선지자가 그리스도와 하나가 됨을 통해서 새로운 생명으로 세상에 나오는 사람이라는 의미이고, 그때 그가 세상의 통일을 이룬다는 것이다.

⑤절의 "두 선지자가 합하면"이란 그리스도와 선지자가 함께 세상에 나오신다는 의미이다. 이렇게 할 때 "한 번에 망할 것이"라고 했다. 그리스도께서 하나님의 뜻을 이루시지 못할 뿐만 아니라 온 세상이 한 번에 다 망하게 된다는 뜻이다. 그 이유는 세상 사람들이 재림하신 그리스도를 영접하지 않았을 때, 그것이 더 이상 돌이킬 수 없는 세상 사람들의 죄가 되어 마지막 멸망의 심판을 피할 수 없는 상황이 되기 때문이다.

(9) 1一人日比. 2世事何然不變仙源. 3活萬非衣活千弓長. 4此我後生. 5勿慮徐曹呂金. 6非運愛國.

(일인일비. 세사하연불변선원. 활만비의활천궁장. 차아후생. 물려서조여김. 비운애국.)

해석문: ①사람마다 매일 칼을 지니니, ②세상사가 어찌하여 이러한 가? 그리스도인들의 근원에는 변함이 없네. ③수많은 사람들이 옷을 안 입고 활동하므로 천 명의 천사(弓長)가 활동하리라. ④나의 후대에 태어나는 사람들아! ⑤서씨와 조씨와 여씨와 김씨를 생각하지 말라. ⑥비운의 애국을 했으니,

참고주해: ①"사람마다 매일 칼을 지니니" 선지자가 세상에 나오는 시점의 세상은 흉악한 일들이 많이 벌어지게 된다. 그래서 ②절에서 "세상이 어찌하여 이러한가"하고 탄식하신 것이다. 그때의 이 사회는 무정부 상태에서 온갖 범죄가 창궐하고, 약육강식의 동물의 세계와 같은 무법천지가 되어, 세상 사람들이 자신을 보호하기 위한 칼을 몸에 지니고 다니지 않을 수 없게 된다. 그러나 그리스도인들의 근원에는 아무런 변화도 없이 평화롭기만 할 것이다.

③"수많은 사람들이 옷을 안 입고 활동"한다는 본문은 3. 계룡론 p6의 천지진동조화석(天地震動花朝夕; 하늘과 땅이 진동하니 꽃피는 조선(朝鮮)이 저물어가네)과 p7의 강산열탕귀부지(江山熱蕩鬼不知; 강산이 뜨거운 열탕이 되어도 귀신이 알지 못하리라)와 함께 연관해서 보아야 한다. 이 두 구절은 본문에서 사람들이 옷을 입지 않고 활동한다는 그 이유를 설명해주고 있다. "천지진동"은 강력한 수소폭탄이 폭발한 상황에 대한 표현이고, "강산열탕"은 수소폭탄이 폭발한 이후에 대기 온도가 비정상적으로 높아진 상황에 대한 표현이다. 따라서 본문은 수소폭탄이 폭발한 이후까지 살아남은 모든 사람이 옷을 입지 않고 활동할 수밖에 없다는 표현인 것이다.

그러면 "천 명의 천사(弓長)가 활동"한다는 말씀은 무슨 의미일까? 강력한 수소폭탄이 폭발하게 되면 이 온 땅의 모든 사람들이 다 멸

절할 수 있을 정도의 위험한 상황에 빠지게 될 것이다. 하나님께서 보내신 천 명의 천사들이 멸절의 위기에 처한 이 땅의 백성들의 생명을 구하는 활동을 한다는 뜻이다. 이때서부터 이 땅 위에 하나님의 놀라운 권능과 성령의 역사가 나타나기 시작할 것이다.

⑤"서씨와 조씨와 여씨와 김씨"는 근현대사에 등장했던 애국지사와 정치인들을 가리키는 것이며, 그들을 "생각하지 말라"는 것은 그들과 같은 사람이 나와서 앞서 말한 환난에 빠진 이 나라를 구하는 일을 해주기를 바라지 말라는 뜻이다. 왜 그럴까? 그들이 행한 일들이 하늘의 뜻에 따른 것이 아니기 때문이다.

(10) 1天運違逆必亡當害. 2守從聖說所願成就. 3此書不信英雄自亡. 4二十九日走者之人. 5頭尾出田.

(천운위역필망당해. 수종성설소원성취. 차서불신영웅자망. 이십구일주자지인. 두미출전.)

해석문: ①하늘이 정한 운을 거스르면 반드시 망하고 해를 입고, ②성경 말씀을 따르고 지키면 소원 성취하리라. ③이 책을 믿지 않으면 영웅이라 하는 자도 스스로 망하리라. ④29일을 빨리 달려온 자는 하나님을 아는 사람이라. ⑤앞에서 뒤에서 성도들의 모임이 나타나네.

참고주해: ④"29일을 빨리 달려온 자는 하나님을 아는 사람이라." 핵폭탄이 폭발한 후에 바다 건너 어느 곳엔가 머물고 있던 선지자가 급히 이 땅으로 다시 돌아오는 기간이 29일이라는 의미이다.

⑤"앞에서 뒤에서 성도들의 모임이 나타나네."는 선지자가 사람들에게 나타나자 그가 가는 곳마다 성도들의 모임이 만들어진다는 뜻이다.

(11) 1亂世英雄不免項事. 2天運奈何 若不解得. 3無量肉眼 俗離之世. 4不離俗離. 5積德之人. 6不失俗離.

(난세영웅불면항사. 천운내하 약불해득. 무량육안 속리지세.　　불리속리. 적덕지인. 불실속리.)

해석문: ①어지러운 세상의 영웅이라. 큰일을 면하지 못하니, ②하늘의 운을 어찌하겠는가? 알 수가 없네. ③눈으로 보면 끝이 없어 속세로부터 떠나는 세상이라. ④속세로부터 떠나지 말고 덕을 쌓는 사람이 돼라. ⑤속세로부터 잘못 떠나면,

참고주해: ①절의 "어지러운 세상의 영웅"은 앞에서 말한 "29일을 빨리 달려온 자"인 선지자이다.

③절의 "눈으로 보면 끝이 없어"란 처참할 정도의 상황을 눈으로 다 볼 수 없을 지경이라는 뜻이고, "속세로부터 떠나는 세상이라"는 사람들이 너도나도 살길을 찾아 자기 땅에서 떠난다는 의미이다.

④ "속세로부터 떠나지 말고"는 살기가 난망하다고 해서 자기 땅을 떠나서는 안 된다는 말씀이고, "덕을 쌓는 사람이 돼라"는 어려움에 빠진 사람들을 구제하는 선한 일을 행하라는 말씀이다. 심판 날에는 어느 곳으로 가든 재앙을 피할 수 없다는 뜻이다.

(12) 1不尋俗離 2難免塗炭黃金之世 3愚者何辨. 4入於俗離尋於智異　5尋山鷄龍 6愚哉!

(불심속리. 난면도탄황금지세. 우자하변. 입어속리심어지리. 심산계룡 우재!)

해석문: ①속세로부터 떠날 곳을 찾을 수 없으리라. ②도탄을 면치 못하리니, 황금의 세상이라. ③어리석은 자들의 하는 말을 어찌하겠는가? ④속리산으로 들어가고 지리산을 찾아, ⑤산의 귀신과 마귀를

찾으면 ⑥어리석은 일이라.

참고주해: 앞의 단락 ⑤절과 이 단락의 ①절은 연결된 한 문장이다. "속세로부터 잘못 떠나면" "속세로부터 떠날 곳을 찾을 수 없으리라." 환난에 빠진 세상을 떠나 피난지를 잘못 찾아가면, 모든 곳이 다 위험한 상황에 빠져 있기 때문에 살 곳을 찾을 수 없다는 뜻이다.

② "도탄을 면치 못하리라" 도탄(塗炭)은 생활이 몹시 곤궁하고 고통스러운 지경에 이른다는 말이다. 이 말씀은 앞의 단락에서 계시한 속세로부터 사람들이 떠나는 이유를 설명해주고 있다. 예로부터 백성들이 도탄에 빠지는 원인은 정치를 잘못 하는 권력자에게 있다. 그런데 여기서는 그 원인을 "황금의 세상이라"고 했다. 황금은 부를 상징한다. "황금의 세상"이면 부유한 세상이라는 의미인데, 왜 부유한 세상의 백성들이 도탄에 빠진다는 것일까? 번역자는 이 말씀을 막연히 전쟁 이후의 상황에 대한 계시라고 생각했었다. 그러던 중에 작년 어느 날 한 You Tube 방송에서 정충제 작가라는 분이 부산 문현동 금 도굴 사건의 내막을 폭로하는 방송을 했다. 그의 말에 따르면 자신이 일본군이 패망하면서 부산 문현동 지하 어뢰기지에 숨겨 놓은 수백 톤이나 되는 금괴를 사비를 털어 직접 찾아냈으나, 김대중 정권과 노무현 정권의 권력자들이 은밀히 가담한 도굴단에게 빼앗겼고, 그들로부터 사법적인 핍박과 생명의 위협까지 받았다는 내용이었다. 또 그 도굴단을 조종하던 배후의 핵심 인물이 현 대통령 문재인이었고, 그가 금 도굴로 취득한 천문학적인 액수의 검은 돈을 사회의 곳곳에 뿌려 대통령 자리를 찬탈했다고 주장했다. 번역자는 그가 말한 내용의 진위를 확인할 길은 없다. 그러나 그의 말을 들으면서 본문 難免塗炭黃金之世(난면도탄황금지세)가 바로 이 금 도굴사건에 대한 계시라는 생

각이 들었다. 만약 정충재 씨의 주장이 사실이라면, 지금의 이 나라는 본문의 말씀 그대로 "황금의 세상"인 것이다. 문재인이 주장하는 촛불혁명의 촛불은 촛불이 아니라 황금이었고, 황금에 도취된 인간들의 선동질에 의한 대중의 난동이었던 것이다. 그리고 문재인은 이런 황금의 힘을 빌러 무소불위(無所不爲)의 권력을 휘둘러 두 전직 대통령과 수많은 사람을 감방에 처넣고, 온갖 불법과 반칙과 불의를 거리낌 없이 자행하며, 초법적인 권력을 휘둘러 온 것이다. 이런 권력자에 대한 계시가 19. 궁을론 p19의 鷄龍太祖登位飛上(계룡태조등위비상; 귀신 마귀가 태조 대왕의 위에 올라 날아오르네.)이다. 여기서 계룡(鷄龍)은 말세의 권력자이고, 태조등위(太祖登位)는 그가 이성계와 같이 권력을 찬탈했다는 뜻이다. 그리고 비상(飛上)이란 하늘 높이 날아오르듯 잘 나간다는 뜻이다. 문재인 대통령도 지금까지 아주 잘 나가고 있는 중이다. 너무 잘 나가서인지 거짓말과 사실 오도를 습관처럼 하고, 역사까지 왜곡하며, 이 사회를 이념적으로 갈라놓고, 대립과 반목을 일삼게 만들었다. 또 온갖 포퓰리즘 정책을 쏟아내면서 나라 경제를 불황의 깊은 늪에 빠뜨리고 있다. 9. 생초지락 p31의 다음과 같은 구절들은 이제 곧 다가올 이 나라의 미래에 대한 계시이다.

土價如糞是何說. 穀貴錢奈且何.(토가여분시하설. 곡귀전내차하) 토지가가 똥값이라고 어찌 이리 말하는가? 곡식은 귀해지고 돈값은 떨어진다니 또한 언제인가?

이 두 구절은 누구나 쉽게 이해할 수 있는 사실적 표현이다. 이 나라의 경제가 폭망한다는 뜻임은 누구나 알 수 있다. 그러므로 "도탄을 면치 못하"게 된다는 본문은 장차 이 나라 백성들이 겪게 될 고난의 시절에 대한 경고성 계시인 것이다. 어쩌면 성공한 부유한 나라에서 실패한 가난한 나라로의 비극적인 전락을 본문은 문재인의 불의한 황금의 권력이 만들어낸다고 계시하고 있는지도 모른다. 성경에도 이런 불의한 권력자에 대한 예언의 말씀이 있다.

"그때에 불법한 자가 나타나리니 주 예수께서 그의 입의 기운으로 저를 죽이시고 강림하여
　나타나심으로 폐하시리라" 살후2: 8

③절 "어리석은 자들의 하는 말을 어찌하겠는가" 백성들이 도탄에 빠져 있는데도 혹세무민하는 말로 사람들을 죄의 길로 가게 만드는 이 사회의 권력자들과 지식인들과 종교인들의 어리석음을 어찌할 수 없다는 뜻이다.

④ "속리산으로 들어가고 지리산을 찾아" ⑤ "산의 귀신과 마귀를 찾으면 어리석은 일이라"는 살길을 찾는다면서 우상숭배 종교를 찾아서는 안 된다는 뜻이다. 즉, 귀신과 마귀를 찾지 말라는 뜻이다.

(13) 1深量白轉必死. 2盡力追人追人. 3其誰弓弓之朴也. 4朴固之鄕村村瑞色. 5未逢其人難求生門.

（심량백전필사. 진력추인추인. 기수궁궁지박야. 박고지향촌촌서색. 미봉기인난구생문.）

해석문: ①깊이를 잴 수 없는 선지자 앞에 반드시 죽으리라. ②온 힘을 다해서 사람을 따르고 사람을 따르라. ③그 사람이 누군가 하면, 하나님의 종들인 박씨니라. ④박씨가 뿌리내린 고향이라. 마을마다 상스러운 붉은 빛이 감도네. ⑤아직 만나지 않은 그 사람이 어렵게 구하여 생명의 문을 여니,

참고주해: 앞에서 말한 그런 어리석은 사람들은 '깊이를 잴 수 없는 선지자 앞에서 반드시 죽'는다. 자신들의 죄로 말미암아 이 땅에 환난이 일어났음을 깨달아서 그 죄의 길에서 돌이켜야 함에도, 오히려 전쟁의 원흉인 귀신과 마귀를 좇으며, 더 많은 죄를 쌓기 때문이다. ②"온 힘을 다해서 사람을 따르고 사람을 따르라."고 한 것은 귀신과 마귀를 좇지 말고 하나님을 아는 사람을 좇으라는 뜻이다. "그 사람이 누군가 하면, 하나님의 종들인 박씨"라고 했는데, 이 박씨는 선지자가 아니고 그의 제자나 사도들이다.

④"박씨가 뿌리내린 고향이라."는 앞에서 말한 박씨들이 있는 곳이 박씨의 조상인 박혁거세가 태어난 땅이라는 뜻이다. 그러므로 경상남도 남쪽의 땅을 가리킨다. 앞에서 말한 환난 때에 피신할 곳은 지리산 같은 깊은 산 속이 아니라 경상남도 남쪽에 있는 박씨가 뿌리를 내린 땅이다. 그곳의 '마을마다 상스러운 붉은 빛이 감도'는 것은 그 땅에 하나님의 성령이 임하신 가운데서 세상으로부터 나온 백성들이 살고 있기 때문이다. 또, 그곳이 마지막 때에 하나님께서 하나님의 백성들을 부르시기 위해서 선택하신 땅이기 때문이다.

⑤절의 "아직 만나지 않은 그 사람"은 사람들이 아직 알지 못하는 사람이라는 것이고, "어렵게 생명의 문을 여니"는 그가 오랜 세월을 고난을 겪으며 진리를 좇아 하나님의 구원의 진리를 깨닫게 된 후 하나님께 이 땅 위에 구원의 문을 열어 주실 것을 간구하여 그 뜻을 이루게 되었다는 뜻이다.

(14) 1生門何在白石泉井. 2白石何在尋於鷄龍. 3鷄龍何在非山非野. 4非山非野何在. 5二人橫三十二月綠.

(생문하재백석천정. 백석하재심어계룡. 계룡하재비산비야. 비산비야하
재. 이인횡삼십이월록.)

해석문: ①생명의 문은 어느 곳에 있는가? 선지자 돌의 샘물이 솟는
우물이네. ②선지자 돌은 어느 곳에 있는가? 귀신 마귀(鷄龍)를 찾
으라. ③귀신 마귀는 어느 곳에 있는가? 산도 아니고 들도 아닌 곳
이라. ④산도 아니고 들도 아닌 곳은 어디인가? ⑤두 사람 세 사람
이 서로 횡단하는 12월에 녹색인 곳이라.

참고주해: ①"생명의 문은 어느 곳에 있는가?" 하고 묻는 질문에 대한
답변이 "선지자 돌의 샘물이 솟는 우물이"라고 했다. 선지자가 복음
을 전하며 머물고 있는 곳을 가리키는 것이며, 그에게 구원의 문이
있고, 또 그곳에 생명 수가 있다는 뜻이다. 이 문제는 아래 p15의 3
是亦石井(시역석정)에서 다시 설명하겠다.

②"선지자의 돌은 어디에 있는가?"라고 묻고, 그 질문에 대한 답을
"귀신 마귀(鷄龍)를 찾으라"고 했다. 앞의 1. 남사고비결 p15에서 설
명한 것처럼 세상 사람들은 선지자를 악평하며 귀신이고 마귀라고
호칭한다. 그러므로 사람들이 귀신이고 마귀라고 욕하는 그 사람을
찾아가라는 뜻이다.

③"귀신 마귀는 어느 곳에 있는가?" 하고 묻고, "그곳은 산도 아니
고 들도 아닌 곳이"라고 답했다. 산도 아니고 들도 아니라는 것은
도시라는 뜻이다. 즉, 귀신이고 마귀인 선지자가 도시에 있다는 것
이다.

④"산도 아니고 들도 아닌 그 도시는 어느 곳인가?" 하는 질문에 대
한 답은 "두 사람 세 사람이 서로 횡단하는 12월에 녹색인 곳"이라
고 했다. 앞에서 먼저 '박씨가 뿌리를 내린 곳'이라 했기 때문에 이

막연하게 표현된 한 도시의 장소가 경상남도의 어느 도시에 있다는 의미이다. 살펴보도록 하자. "두 사람 세 사람이 서로 횡단"에서 "횡단"이라는 말은 다리를 건너다니는 듯한 표현이 분명하다. 그런데 "12월에 녹색인 곳"은 무슨 뜻일까? 12월이면 한겨울이다. "녹색인 곳"이라고 했으니 나뭇잎이 무성한 여름철의 푸른 숲을 가리키는 것 같은데, 어찌 된 일인지 그 시기가 12월이라고 했다. 한겨울에 나뭇잎이 무성하다니 이 땅에는 어디에도 그런 곳은 없다. 그러므로 본문의 녹색은 푸른 숲이 아니라 녹색의 불빛이 빛을 내고 있는 도시의 한 곳을 의미한다. 즉, 도시의 번화한 불빛을 가리킨다는 것이다. 이 정도면 이 책을 읽는 독자는 아마 떠오르는 곳이 있지 않을까? 그런 독자는 때가 늦기 전에 그곳에 찾아가기 바란다. 그곳이 이제 곧 하나님께서 이 땅의 백성들에게 마련해 주시는 구원의 방주로 변화되는 곳이다. 아직 모르겠다면 이 책을 좀 더 읽고 나면 그곳을 발견하게 될 것이다.

(15) 1小石之生枝朴. 2堯日大亭之下. 3是亦石井. 4欲飮者促生. 5所願成就上慕劍旗. 6下察走馬吉運不離.

(소석지생지박. 요일대정지하. 시역석정. 욕음자촉생. 소원성취상모검기. 하찰주마길운불리.)

해석문: ①작은 돌의 생명이 박혁거세의 후손에서 살아나니, ②태양이 높이 뜬 날 큰 정자의 아래이니. ③그 역시 돌 샘물이라. ④욕심을 내서 마시는 자는 생명이 촉진되어 살리라. ⑤소원성취하여 하나님을 사모하는 검과 기를 세우고, ⑥땅 아래를 관찰하며 달리는 말에게 좋은 운이 떠나지 않으리라.

참고주해: 1절 小石之生枝朴(소석지생지박)의 소석(小石)은 '작은 돌'이라는 뜻이다. 이미 설명한 것처럼 선지자를 상징한다. 지생(之生)은 직역하면 '의 생명'으로 그에게 생명이 들어가서 무생명인 그가 생명이 있는 존재로 변화되었다는 뜻이며, 곧 하나님의 종으로 변화되었다는 의미이다. 지박(枝朴)의 가지 지枝는 줄기라는 뜻이고, 박朴은 박씨의 조상 박혁거세를 가리키므로 앞의 '작은 돌의 생명이 박혁거세의 줄기에서 살아'났다는 의미가 된다. 그러므로 선지자가 박혁거세의 후손들 가운데서 하나님의 종으로 변화되었다는 뜻이다.

2절 堯日大亭之下(요일대정지하)의 요임금 요堯는 높다 또는 멀다는 뜻이 있다. 또 날 일日은 하루 또는 해, 태양을 뜻한다. 그러므로 요일(堯日)을 태양이 높이 뜬 날이라고 해석할 수 있으므로 "태양이 높이 뜬 날 큰 정자의 아래"라고 해석했다. 이 말씀은 선지자가 머물고 있는 곳을 가리키며, 그가 요임금이나 태양과 같다는 뜻이다.

③"그 역시 돌 샘물"이란 선지자가 아버지 하나님과 아들이신 그리스도와 같은 생명의 물이 되었다는 뜻이다. 성경의 출애굽기를 보면 아버지 하나님께서 돌 가운데서 물이 쏟아져 나오게 하셔서 이스라엘 백성들의 생명을 살리셨고, 또 그리스도가 그 물과 같이 죽지 않는 생명의 물이 되신 것처럼 돌 선지자 역시 사람들에게 생명의 물이 되었다는 뜻이다. [참조; 출17:1-7] 아래의 성경의 말씀들을 보자.

"명절 끝날 곧 큰 날에 예수께서 서서 외쳐 가라사대, 누구든지 목마르거든 내게로 와서 마시라.
나를 믿는 자는 성경에 이름과 같이 그 배에서 생수의 강이 흘러나리라 하시니라." 요7:37, 38
"다 같이 신령한 음료를 마셨으니 이는 저희를 따르는 신령한 반석

으로부터 마셨으매, 그 반석은 곧 그리스도이시라." 고전10:4

⑤"하나님을 사모하는 검과 기를 세우고" 선지자가 충성된 하나님의 종으로서 하나님으로부터 직분을 받았음을 의미하고 "땅 아래를 관찰하며 달리는 말이"라는 것은 하늘에서도 땅을 위해서 일하는 하나님의 종이라는 뜻이다.

(16) 1深探其地天旺之近. 2水唐之廣野. 3鷄龍創業曉星照臨. 4草魚禾萊之山. 5天下名山老姑相望.

(심탐기지천왕지근. 수당지광야. 계룡창업효성조림. 초어화래지산. 천하명산노고상망.)

해석문: ①깊이 그 땅을 탐색하라 하늘의 기운이 왕성한 곳의 근처이고, ②물과 제방이 있는 광야니라. ③귀신 마귀가 새 사업을 여니 새벽 별이 밝게 비추리라. ④초목과 물고기와 곡식이 찾아오는 산은, ⑤천하의 명산인 늙은 여자가 서로 바라만 보니라.

참고주해: ①절의 "깊이 그 땅을 탐색하라."는 p14에서 설명한 박씨의 고향 땅을 가리키는 것이다. "그 땅은 하늘의 기운이 왕성한 곳의 근처"이고, "물과 제방이 있는 광야"이다. 그곳은 앞에서 말한 "두 사람 세 사람이 서로 횡단"하는 다리가 있고, "12월의 녹색인 땅"이다. ③"귀신 마귀가 새 사업을 여니" 이미 설명한 것처럼 귀신 마귀는 세상 사람들에 의해 불리는 선지자의 다른 이름이다. 그러므로 선지자가 그 땅 위에 새로운 사업을 열었다는 뜻이다. 그리고 그곳에 "새벽 별이 밝게" 비춘다. 하나님의 권능이 그 땅에 나타나게 된다는 뜻이다. 그리스도의 나라를 이루고, 마귀의 세상을 멸하는 일이 시

작되었음을 의미하는 것이다. "새벽 별"은 그리스도를 가리킨다. 그리스도께서 다음과 같이 말씀하셨다.

"이기는 자와 끝까지 내 일을 지키는 그에게 만국을 다스리는 권세를 주리니,

그가 철장을 가지고 저희를 다스려 질그릇 깨뜨리는 것같이 하리라. 나도 내 아버지께 받은 것이 그러하니라.

내가 또 그에게 새벽 별을 주리라." 계2:26~28

위에 기술한 말씀 중의 '그에게'는 선지자이다. 그리스도께서 이 언약의 말씀대로 선지자에게 주신 그의 새벽 별이 하나님께서 택하신 땅을 비추게 된다는 것이다.

④"초목과 물고기와 곡식이 찾아오는 산"이란 멸망한 세상에서 새로운 생명들이 하나님께서 택하신 그 산으로 찾아온다는 뜻이다. 즉, 재앙으로 지구가 황폐해진 후에 인간의 생명이 새롭게 변화되어 그 하나님의 산으로 찾아오게 된다는 뜻이다. 그래서 그 "산은 천하의 명산이"다.

⑤절의 "늙은 여자가 서로 바라만 보니"는 사람들이 부르는 그 산의 이름을 암시한 말씀이다.

(17) 1三神役活非山十勝. 2牛聲弓弓. 3三豊白兩有人處. 4人子勝人勝人神人. 5別天是亦武陵之處.

(삼신역활비산십승. 우성궁궁. 삼풍백양유인처. 인자승인승인신인. 별천시역무능지처.)

해석문: ①세 분 하나님의 역할은 산이 아닌 십자가의 승리라. ②소가

제자와 사도들을 부르네. ③세 복음의 선지자 양쪽 분이 사람들이 거하는 처소에 있네. ④사람 인ㅅ 자는 인간을 이긴 것이요. 승리한 인간은 하나님이 된 인간이라. ⑤별천지가 된 이곳 역시 무사들의 언덕 위의 처소니라.

참고주해: ①"세 분 하나님의 역할은 산이 아닌 십자가의 승리라." 무슨 의미일까? 산은 나라를 의미한다. 그러므로 '하나님의 역할이 사람들이 원하는 나라가 아닌 십자가의 승리'라는 의미의 말씀이 된다. 다시 말해서 하나님의 역할은 인간이 바라는 하나님의 나라나 종교적인 대상으로서의 산이 아니라 "십자가의 승리"를 이루는 것이다. 그리스도께서 십자가에서 그분의 생명을 세상을 위한 속죄의 제물로 바치신 것과 같이 그리스도를 좇는 나도 그리스도와 함께 십자가에서 죽는 죽음을 통해서 죄를 멸하는 일을 이루게 하는 것이라는 뜻이다. (롬6:4~16) 이것을 다시 설명하면, 그리스도를 믿는 믿음을 통해 죄에 속한 나의 옛사람을 속죄의 제물이 되신 그리스도와 함께 십자가에 매달리게 함으로써 그리스도 안에서 새로운 생명으로 거듭나는 것을 의미한다. 이렇게 나의 옛사람이 그리스도 안에서 끊임없이 죽지 않으면 나는 거듭난 생명으로 변화될 수 없다. 이것이 십자가 승리의 참뜻이다. 주 예수께서 말씀하셨다.

"아무든지 나를 따라오려거든 자기를 부인하고 자기 십자가를 지고 나를 좇을 것이니라.
누구든지 제 목숨을 구원코자 하면 잃을 것이요, 누구든지 나를 위하여 제 목숨을 잃으면 찾을 것이라." 마16:24, 25

②"소가 제자와 사도들을 부르네."의 '소'는 선지자를 상징한다. (출

29:10) 그러므로 선지자가 사도들을 부른다는 뜻이다. 하나님의 복음을 전하는 일꾼들인 제자와 사도들을 찾는다는 것이다.

③"세 복음의 선지자 양쪽 분"의 "세 복음"은 이미 설명한 것처럼 하나님께서 세상에 전하신 세 번의 복음을 의미하고, "선지자 양쪽 분"은 그리스도와 선지자를 가리킨다. "사람들이 거하는 처소에 있네."는 그 두 분이 사람들의 처소에서 많은 사람들과 함께 계신다는 뜻이다.

④절의 "사람 인자는 인간을 이긴" 것이란 올바른 사람은 자신의 죄의 본성을 이긴다는 의미이다. 그렇게 '승리한 인간은 하나님이 된 인간이'다. 즉, 인간이 신이 된다는 뜻이다.

⑤"별천지가 된 이곳 역시 무사들의 언덕 위의 처소"는 성도들이 있는 언덕이 신선들의 무릉도원과 같은 곳이 되었다는 뜻이다. 무릉도원은 속세의 인간들이 범접할 수 없는 곳을 가리킨다. 이 언덕이 바로 그런 곳이다. 왜냐하면, 이미 그 언덕 위에 하나님의 나라가 세워지고, 그리스도와 선지자가 성도들과 함께 계시며, 하나님의 천사들이 그 나라를 지키고 있기 때문이다.

(18) 1世願十勝聖山聖地. 2嗟我後生. 3勿離此間. 4弓弓之間. 5天香得數. 6三神山下牛鳴地.

(세원십승성산성지. 차아후생. 물리차간. 궁궁지간. 천향득수. 삼신산하우명지.)

해석문: ①세상이 원하는 십자가의 승리의 거룩한 산과 거룩한 땅이라. ②나의 뒤에 태어나는 사람들아! ③이곳으로부터 절대로 떠나지 말라. ④하나님의 종과 종 사이에서 ⑤하늘의 향기를 수없이 얻네.

⑥세 분 하나님의 산 아래가 소가 우는 땅이네.

참고주해: 앞에서 말한 그 땅은 "세상이 원하는 십자가의 승리의 거룩한 산과 거룩한 땅"다.

그래서 남사고 선생은 이렇게 외치신다. "나의 뒤에 태어나는 사람들아! 이곳으로부터 절대로 떠나지 말라!" 그곳의 하나님 종과 종 사이에서 수없이 나누는 하늘의 향기는 하나님의 참사랑이고, 진정한 평화이고, 영원한 생명의 진리이기 때문이다.

⑥"세 분 하나님의 산 아래가 소가 우는 땅이네."의 '세 분 하나님의 산'은 그리스도께서 재림하시는 앞에서 말한 언덕 위의 산이다. 그곳이 세 분 하나님의 산인 이유는 어린양의 혼인 잔치(계19:6~9)를 위해서 이미 하늘의 택함을 받은 곳이기 때문이다. 이와 같은 이유로 그리스도께서 그 산 위에 아버지 하나님과 천국의 백성들과 함께 재림하시는 것이다. [1. 남사고비결 p31의 청괴만정만정지월의(靑槐滿庭之月矣)에 계시된 내용이다.] 그 산 아래에서 소가 울고 있다. 그 소는 선지자이다. 만약 선지자가 나타나서 천국 복음을 외치고 있다면 그곳이 곧 천국의 문이다. 독자가 그곳을 발견한다면 늦지 않게 뒤도 돌아보지 말고 남사고 선생의 외침을 기억하고 들어가기 바란다.

(19) 1牛聲浪藉始出天民. 2人皆成就弓弓矢口. 3入於極樂乙乙矢口. 4無文道通人人得地.

(우성낭자시출천민. 인개성취궁궁시구. 입어극락을을시구. 무문도통인인득지.)

해석문: ①소의 울음이 끊이지 않으니, 하늘의 백성이 처음으로 나타

나기 시작하네. ②사람됨이 성취된 하나님의 종들의 말씀의 입구이고, ③천국으로 들어가는 하나님 백성들의 말씀의 입구라. ④글을 몰라도 도가 통해서 어진 사람이 얻는 땅이네.

참고주해: ①"소의 울음이 끊이지 않으니"는 선지자가 끊임없이 천국 복음을 사람들을 향해서 외친다는 뜻이다. [참조; 1. 남사고비결 p9 참고주해] 그럼으로써 그때서부터 "하늘의 백성이 처음으로 나타나기 시작"한다.

선지자가 천국 복음을 전하는 그 산 아래 언덕은 "사람됨이 성취된 하나님의 종들이 들어가는 성도의 입구이고, 천국으로 들어가는 백성들이 들어가는 성도의 입구"이다. 다시 말해 천국으로 들어가는 문이다.

그리고 그곳은 "글을 몰라도 도가 통해서 어진 사람이 얻는 땅"이다.

(20) 1近獸不參其庫何處. 2紫霞南之朝鮮. 3秘藏之文出於鄭氏. 4自出於南.
(근수불참기고하처. 자하남지조선. 비장지문출어정씨. 자출어남.)

해석문: ①짐승에 가까운 자는 참여할 수 없는 그 곡간은 어느 곳에 있는가? ②자줏빛 노을의 남쪽 조선이니, ③비결의 감추어진 글에 나오는 이는 정씨라. ④스스로 남쪽에서 나오리라.

참고주해: ①절의 "짐승에 가까운 자"란 사람이지만 사람 같지 않다는 뜻이다. 1. 남사고비결 p33에서 설명한 것처럼 짐승은 하나님을 알지 못하는 사람들을 상징한다. 하나님을 알지 못하면 마귀가 씌운 죄의 굴레를 지고 육신의 세계에서 영혼이 없는 짐승과 같이 살 수밖에 없기 때문이다. "참여할 수 없는 그 곡간"은 하나님의 말씀이 있는 곳, 즉 세 가지 복음이 전파되는 선지자의 거룩한 땅을 가

리키는 것이며, 짐승에 가까운 사람은 그곳에 접근하지 못한다.

"그 곡간은 어느 곳에 있는가?"하고 묻는 질문에 ②"그곳은 자줏빛 노을의 남쪽의 조선이"라고 밝혔다.

③"비결의 감추어진 글에 나오는 이"는 예언서에 나오는 사람이라는 뜻이고, 그가 "정씨라"는 것은 바로 이 예언서에서 설명하는 그 선지자라는 뜻이다. 그가 스스로 남쪽에서 아무도 모르게 홀로 나온다.

(21) 1秘文曰. 2海島眞人. 3自出紫霞島. 4眞主赤黃之馬. 5龍蛇之人柿木扶人. 6皆之柿木之林.

(비문왈. 해도진인. 자출자하도. 진주적황지마. 용사지인시목부인. 개지시목지림.)

해석문: ①비결의 책이 말하기를 ②바다의 섬에 있는 진인(眞人)이라. ③스스로 자줏빛 노을의 섬에 나타나네. ④진실한 주이신 붉은 황색의 말이네. ⑤미국과 중국(龍蛇)인들을 감람나무가 사람이 되게 도우리라. ⑥모두가 다 감람나무인 숲이라.

참고주해: ①"비결의 책이 말하기를"은 이 예언서를 가리키는 것이고, "바다의 섬에 있는 진인(眞人)"의 '바다의 섬'은 p18의 ⑥"세 분 하나님의 산 아래"를 가리키고, '진인(眞人)'은 1. 남사고비결 p24에서 설명한 바와 같이 진실히 하나님을 아는 사람이라는 뜻이며, 선지자의 또 다른 이름이다.

③"스스로 자줏빛 노을의 섬에 나타나네."는 앞에서 말한 섬에 자줏빛 노을이 있고, 그곳에 진인(眞人)인 선지자가 스스로 나타난다는 뜻이다.

그 선지자는 땅 위의 "진실한 주"이고, 하늘에서는 "붉은 황색의 말"

이다. 이 "붉은 황색의 말"은 선지자가 지닌 하늘에서의 직분을 가리킨다. [참조; 슥6:1~8]

⑤"미국과 중국(龍蛇)인들을 감람나무가 사람이 되게 도우리라." 원문의 용龍은 미국을, 사蛇는 중국을 상징하는 짐승들이다. [龍蛇(용사)에 대한 해석은 5. 말운론(末運論) p3 참고주해 참조] "감람나무"는 땅에서 거룩하게 구별된 하나님의 종을 의미하며, 선지자를 상징한다. 슥4:11, 12, 14에 기록된 말씀을 보겠다.

"내가 그에게 물어 가로되, 등대 좌우의 두 감람나무는 무슨 뜻이니이까 하고,
다시 그에게 물어 가로되, 금 기름을 흘려내는 두 금관 옆에 있는 이 감람나무 두 가지는 무슨 뜻이니이까
가로되, 이는 기름 발리운 자 둘이니 온 세상의 주 앞에 모셔 섰는 자니라 하더라."

이 말씀의 두 감람나무가 바로 그리스도와 선지자를 가리키는 것이다. 그러므로 본문은 그리스도와 선지자가 미국과 중국에 복음을 전해서 하나님을 모르는 그 땅의 백성들을 하나님을 아는 사람이 되도록 돕는다는 뜻이다. 이 예언서에는 미국과 중국의 복음화를 여러 곳에서 말씀하고 있다. [참조; 50. 십승론(十勝論) p6; 54. 송가전 p16 그리고 5. 말운론(末運論) p27과 p84의 참고주해]
말세에 이 두 분의 노력으로 미국과 중국인들이 변화되어 "모두가 다 감람나무"인 사람들로 숲을 이룬다.

(22) 1何得高立. 2多人往來之邊. 3一水二水鶯迴地. 4鷄龍創業始此地.
(하득고립. 다인왕래지변. 일수이수앵회지. 계룡창업시차지.)

해석문: ①어찌해야 그 높은 곳에 설 수 있는가? ②많은 사람들이 왕래하는 길옆에 있고, ③물이 한 번 두 번 돌아서 흐르는 땅이라. ④귀신 마귀가 새 사업을 열어 시작한 땅이니라.

참고주해: ①"어찌해야 그 높은 곳에 설 수 있는가?"는 앞에서 말한 산 아래의 언덕이 특별한 곳인데, 그곳에 어떻게 이를 수 있는가 하고 묻는 말씀이고, 그 질문에 대한 답을,

②"많은 사람들이 왕래하는 길옆에 있고, 물이 한 번 두 번 돌아서 흐르는 땅"이라고 했다. 그 언덕이 있는 주변 장소를 표현한 말씀이다. 그 표현 중의 물이 한 번 두 번 돌아서 흐른다는 것은 밀물과 썰물의 흐름을 가리키는 것이며, 따라서 바다가 있는 곳이라는 뜻이다.

⑤"귀신 마귀가 새 사업을 열어 시작한 땅이라."는 그곳이 세상 사람들이 귀신이고 마귀라고 욕하는 선지자가 새로운 일을 시작한 땅이라는 뜻이다. 그곳이 천국의 문이 있는 자줏빛 노을의 섬이고, 또 어느 날 전능하신 하나님께서 임하시는 거룩히 구별된 산이 있다. 그곳에는 "두 사람 세 사람이 서로 횡단하는" 다리가 있고, "12월이면 녹색인 곳"이다. "물이 한 번 두 번 돌아서 흐르는", 그곳은 그 제방과 다리 아래임이 분명하고, 자연 그대로인 넓고 넓은 광야가 있다.

⑥"어리석은 사람은 찾지 못할 것이라." 이렇게 아무리 설명을 해도 알아듣지를 못하니, 그곳을 찾지 못하는 것은 사람들이 어리석기 때문이다.

(23) 1愚人不尋. 2不入此地之人. 怨無心. 3嗚呼後人勿持世事. 4蜉蝣乾坤
勿離此間. 5祈天禱神活方何處.
(우인불심. 불입차지지인. 원무심. 오호후인물지세사. 부유건곤물리차

간. 기천도신활방하처.)

해석문: ①어리석은 사람들은 찾지 못하리라. ②이 땅에 들어가지 못한 사람은, 원망조차 할 수 없구나. ③오호라! 후대의 사람들아 세상일에 매달리지 말라. ④하루살이처럼 하늘과 땅에서 떠돌 듯이 이곳을 떠나지 말라. ⑤하나님께 기도하라. 살 수 있는 방향을 찾아 어디로 가야 하는가?

참고주해: ②"이 땅에 들어가지 않는 사람은"의 '이 땅'은 앞의 p22 4절의 鷄龍創業始此地(계룡창업시차지)를 가리키는 것이고, 그 땅에 들어가지 못한 사람은, "원망조차 할 수 없이 다 죽"게 된다는 경고의 말씀이다. 그래서 격암선생은 이 시대의 사람들을 향해서 이렇게 외치신다.

③"오호라! 후대의 사람들아! 세상일에 매달리지 말라."는 격암선생이 말세의 사람들을 바라보며 애가 타는 심정으로 탄식하면서 하신 말씀이다. 잘못된 길로 가는 자식을 타이르듯이 세상의 일에 매달리지 말라고 당부하는 선생의 이 말씀을 지금 이 세대의 사람들 가운데서 누가 올바르게 받아드릴 수 있을까? 아마 찾아보기 어려울 것이다. 하지만 종말의 재앙을 당하고 난 뒤에는 이 당부의 말씀이 새삼스럽게 떠오를 것이다. 그리고 그때 지금 이 시대가 이미 환난에 빠진 상태였다는 것도 깨닫게 될 것이다.

(24) 1非東非西不離南鮮. 2南北相望可憐寒心. 3地卽十處吉地. 4誰福謂地. 5未卜定穴各處不利.

(비동비서불리남선. 남북상망가련한심. 지즉십처길지. 수복위지. 미복정혈각처불리.)

해석문: ①동쪽도 아니고 서쪽도 아니니 남조선을 떠나지 말라. ②남과 북이 서로 바라만 보니 가련하고 한심하구나. ③땅에는 이제 십자가의 처소가 길한 땅이라. ④누가 복을 말하는 땅인가? ⑤점술이 못하니 굴혈로 정했으나 모든 곳이 안전하지 않으리라.

참고주해: ①"동쪽도 아니고 서쪽도 아니니 남조선을 떠나지 말라." 우리가 가야 할 곳은 동쪽도 서쪽도 아니니 이 남한 땅에서 떠나지 말라는 경고의 말씀이다.

②"남과 북이 서로 바라만 보니 가련하고 한심하구나." 금방 전쟁이 터질 것 같은 지금의 남북 간의 대치 상황을 두고 탄식한 말씀이다. 그러나 이 남한 땅을 떠나지 말라고 했다. 왜냐하면 ③"땅에는 이제 십자가의 처소가 길한 땅이"기 때문이다. 즉, 이 남한 땅에 십자가의 처소가 있기 때문이라는 뜻이다.

⑤"점술이 못하니 굴혈로 정했으나" 사람들은 무슨 일만 있으면 귀신 섬기는 자들을 찾아가 점괘를 묻는다. 이 나라의 멸망을 일으키는 전쟁이 일어났을 때도 이 땅의 많은 사람들이 귀신에게 의존해서 살길을 찾으려 하지만, 아무런 해답을 얻지 못하고 굴속을 피신처로 정한다는 것이다. "모든 곳이 안전하지 않으리라." 했으니, 그 날에는 세상 어느 곳에도 안전한 곳이 없다.

마지막 때의 이 땅의 사람들은 귀신을 섬기는 자신들의 악행이 환난의 원인이 되었음에도, 그들의 죄의 길에서 돌이키려 하지 않는다. 오히려 그 환난을 막지 못한 귀신에게 살길을 묻고 다닌다는 것이다. 이 얼마나 어리석은 일인가? 남사고 선생이 전해주는 이 하나님의 예언서가 살길을 분명하게 알려주고 있음에도 마지막 때의 이 땅의 사람들이 계속해서 귀신을 찾는다니 참으로 통탄할 일이다.

(25) 1勿思十勝. 2只尋木人新幕. 3肉眼不開不覺此句. 4若不解得不變時勢. 5鷄龍開國達於此日.

(물사십승. 지심목인신막. 육안불개불각차구. 약불해득불변시세. 계룡개국달어차일.)

해석문: ①십자가의 승리를 생각하지 말고 ②다만 나무 사람이 세운 새집을 찾으라. ③육신의 눈이 열리지 않으니, 이 구절을 깨닫지 못하리라. ④이 비결을 깨닫지 못하면, 때가 돼도 형세를 깨닫지 못하리라. ⑤귀신 마귀가 나라를 열어, 그 날이 다 차면,

참고주해: ①"십자가의 승리를 생각하지 말고" 십자가의 승리란 순교하는 믿음으로 세상을 이긴다는 의미이다. 그러나 단순히 자신의 종교적인 믿음을 지키기 위해서 목숨까지 바치기를 마다하지 않는 경우도 있다. 일반적으로 기독교인들은 마지막 때에 기독교가 세상으로부터 핍박을 받으면서 많은 성도가 순교하는 일이 있게 된다고 믿고 있다. 그러나 격암선생은 그렇게 하지 말라고 당부한다. 본문은 그런 죽음이 잘못된 죽음임을 경고하는 것이며, 격암선생이 제시하는 길은 "다만 나무 사람이 세운 새집을 찾으"라는 것이다. 여기서 나무 사람은 동방에서 나오는 감람나무인 선지자를 가리키고, '나무 사람이 세운 새집'은 그가 일으키는 새 하나님의 나라를 의미한다. 그러므로 죽는 길을 택하지 말고 선지자가 세우는 새 나라에 들어가서 생명을 얻는 길을 택하라는 것이다. 독자들은 어떤 길을 선택하겠는가?

③"육신의 눈이 열리지 않으니, 이 구절을 깨닫지 못하리라." 앞의 구절에서 말한 그 격암선생의 경고를 말세의 사람들이 듣기는 들어도 그 뜻을 깨닫지 못한다는 것이다. 왜 이렇게 말씀하셨을까? 이

책의 내용은 반드시 온 세상 사람들에게 전해진다. 그러나 이 땅의 백성들은 이 책의 내용을 믿지 않을 것이다. 만약 사람들이 이 책이 하나님의 말씀임을 믿고, 성경의 니느웨 백성들처럼 그들의 죄의 길에서 돌이킨다면, 단언컨대 이 땅에는 어떤 환난도 일어나지 않는다. 그러나 사람들은 이 책의 내용을 믿지 않을 것이며, 오히려 이 책의 내용을 미친 소리라며 무시할 것이다. 그것이 이 땅의 사람들의 운명이기 때문이다. 잘못된 것임을 알면서도 올바른 것을 따르기를 싫어하고, 자신의 것을 고집스럽게 지키려 하는 이 백성들의 완고함이 육신의 눈이 열리지 않게 하고, 그런 자신의 운명을 만드는 것을 격암선생께서 미리 보셨던 것이다. 그러나 지혜로운 사람은 이 책을 통해서 그 운명을 깨닫고 자신의 삶을 바꿈으로써 이 책에서 말하는 그대로 하나님의 영광스러운 나라가 이 땅 위에 이루어짐을 보게 될 것이다.

④"이 비결을 깨닫지 못하면, 때가 돼도 형세를 깨닫지 못하리라." 이 예언서의 말씀들을 깨닫지 못하면, 세상의 형세가 예언서에서 말씀한 그대로 되어도 그것이 종말의 징조임을 깨닫지 못하게 된다는 것이다.

"귀신 마귀가 나라를 열어"는 앞의 p16에서는 계룡창업(鷄龍創業; 귀신 마귀가 새 사업을)이라고 했고, 또 p22에서도 계룡창업(鷄龍創業; 귀신 마귀가 새 사업을)이라고 두 번 새 사업(創業)을 말씀한 뒤에 본문에서 그 사업이 새로운 나라를 여는 일이었음을 밝힌 것이다. "날이 다 차면"이라고 했는데 그때가 언제인가?

(26) 1辰巳聖人儀兵十年. 2當此世苦盡甘來. 3天降救主馬頭牛角. 4眞主之

幻. 5柿榮字何意.

(진사성인의병십년. 당차세고진감래. 천강구주마두우각. 진주지환. 시영자하의.)

해석문: ①진사(辰巳)년 성인이 의병을 십 년간 일으키리라. ②마땅히 이 세상은 고생 끝에 좋은 날이 오리라. ③하늘에서 임하신 구세주는 말의 머리와 소의 뿔을 지닌 ④진정한 주로 환영이 됐네. ⑤감람나무의 영화로움이라는 글의 뜻은 무슨 의미인가?

참고주해: ①"진사(辰巳)년 성인이 의병을 십 년간 일으키리라."의 진사(辰巳)년은 갑진(甲辰; 2024)년과 을사(乙巳; 2025)년이다. 같은 장 p8의 辰巳之生統一天下(진사지생통일천하; 진사년의 생명이 천하를 통일하리라)의 '진사(辰巳)년의 생명이' 이 구절에서는 '진사년 성인'이라고 표현했다. 모두 선지자를 가리키는 말씀이다. 선지자가 세상에 나타나는 것은 진사년에 갑작스럽게 이루어지는 것은 아니다. '의병을 십 년간 일으킨다'고 했으니 진사년 이전에 이미 세상에 나와서 활동하고 있었다는 것이다. 즉, 그때 환난에 빠진 이 땅의 백성들을 하나님의 백성들로 부르심을 받게 하고, 그들 가운데서 택함을 받은 자들로 하나님을 대적하는 세상 나라들을 쳐서 멸하는 의병을 일으켜 강력한 세력을 이루고 있었다는 것이다.

앞의 단락 ⑤절의 "귀신 마귀가 나라를 열어, 그 날이 다 차면"이라고 한 말씀에 주목하자. 이 말씀은 앞에서 말한 것처럼 선지자가 새로운 나라를 개국했다는 계시이므로 '그 날이 다 차면'이라는 말씀은 개국의 시작은 진사년 이전이고, 진사년에 이르면 그 나라가 완전히 이루어진다는 의미가 되는 것이다. 왜냐하면, 선지자가 진사년에 성인으로 세상에 나와서 십 년간 의병을 일으킨다고 한 본문이 그가 세운 나라가 이미 이루어진 상태에 있다는 결론이 되기 때문이다. [이 나라를 10. 새삼오 p7에서 我國東方(아국동방)이라고 칭했다.]

②"마땅히 이 세상은 고생 끝에 좋은 날이 오리라."의 '이 세상'은 지금의 이 세상을 가리키고, '고생 끝에'란 진사년이 오기 이전까지의 세상이다. 즉, 전쟁이 일어나면서 이 사회의 모든 것이 파괴되고, 무너져 내린 후에 환난 가운데서 나온 성도들이 새로운 나라를 이루기 위해서 끊임없이 생명의 위협을 받으면서, 모든 장애를 극복하고, 진사년을 맞아 소원성취를 하게 되었다는 뜻이다.

③"하늘에서 임하신 구세주는" 선지자를 가리킨다. 왜냐하면 "말의 머리와 소의 뿔"은 선지자를 가리키는 상징어들이기 때문이다. 그것은 그가 하나님으로부터 받은 능력과 권세를 의미한다. 그래서 그는 하늘에서 내려온 "진정한 주로 환영이" 된 것이다. 앞에서는 선지자가 자줏빛 노을의 섬에 있다고 했는데, 여기서는 어찌해서 그가 하늘에서 임한 구세주가 된 것일까? 그것은 선지자의 활동이 세 단계의 시기로 나뉘어 있기 때문인데, 구세주로 임하는 여기서의 상황은 마지막 단계이다.

⑤"감람나무의 영화로움이라는 글의 뜻은 무슨 의미인가?"는 감람나무인 그리스도와 선지자가 하나님의 뜻을 이룬 것을 하나님께서 기뻐하시고 그 두 분을 영화롭게 하셨다는 뜻이다.

(27) 1世人解冤天受大福. 2永遠無窮矣. 3訪道君子. 4不失中入哉. 5辰巳落地辰巳出世. 6辰巳堯之受禪.

(세인해원천수대복. 영원무궁의. 방도군자. 불실중입재. 진사낙지진사

출세. 진사요지수선.)

해석문: ①세상 사람들이 원한을 풀어 해결하고, 하늘로부터 큰 복을 받아서, ②영원무궁하리라. ③도를 찾는 군자는, ④중간에 들어가는 것을 놓치지 말라. ⑤진사(辰巳)년에 땅에 떨어지고, 진사(辰巳)년에 세상에 나타나니, ⑥진사(辰巳)년에 요 임금의 위를 물려받으리라.

참고주해: ④"중간에 들어가는 것을 놓치지 말라."고 했다. 그러면 중간은 어느 때를 가리키는 것일까? 앞에서 말한 세 단계의 시기에서 두 번째 시기를 말한다. 즉, 진사년에 두 번째로 변화되어 세상에 나와서 활동하는 시기가 초입이고, 활동이 끝난 뒤에 세상 사람들에 의해 죽임을 당한 이후가 중입이다. "도를 찾는 군자는" 중간에 들어가는 때를 놓치지 말라고 했다. 왜냐하면, 이 시기가 그리 길지가 않은 가운데서 마태복음 24장에서 그리스도께서 말씀하신 많은 종말의 징조들이 세상에 나타나기 때문이다. 지혜로운 사람이라면, 그 징조들을 보고 하나님께서 정하신 뜻을 깨닫고, 선지자와 성도들의 땅으로 찾아 들어가야 할 것이다.

⑤"진사(辰巳)년에 땅에 떨어지고, 진사(辰巳)년에 세상에 나타나니"와 ⑥"진사(辰巳)년에 요 임금의 위를 물려받으리라." 이 두 구절 안에 진사(辰巳)가 세 번 반복해서 기술되어 있다. 이 진사(辰巳)들은 갑진(甲辰; 2024)년과 을사(乙巳; 2025)년을 가리키는데, 여기서 같은 시기를 세 번 반복한 것은 이때 일어나는 세 가지의 일들을 함축적인 문장으로 표현하면서 그 일들이 반드시 성취되는 중요한 일이고, 하나님의 언약임을 강조한 것이다.

첫 번째 "진사(辰巳)년에 땅에 떨어지고"는 그리스도의 재림에 대한 비유적인 표현으로 이해할 수 있고, 또 선지자에게 땅이 주워졌다는 의미로도 이해할 수 있다.

두 번째 "진사(辰巳)년에 세상에 나타나니"는 한 인간인 선지자가 어린양의 혼인 잔치를 통해 그리스도 안에서 그리스도와 같은 성품의 하나님으로 변화하여 세상을 심판하고, 성도들을 구원하기 위해 세상에 나타나는 것을 의미한다.

세 번째 "진사(辰巳)년에 요 임금의 위를 물려받으리라."는 하나님께서 선지자를 땅의 임금으로 세우시고, 한 나라를 세우게 하셨다는 계시이다.

이렇게 함축적인 의미의 짧은 문장들로 진사년에 변화되는 선지자의 운명을 계시한 것이다.

(28) 1上辰巳自手成家. 2中辰巳求婚. 3仲婚十年. 4下辰巳成德握手. 5華燭東方琴瑟之樂.

(상진사자수성가. 중진사구혼. 중혼십년. 하진사성덕악수. 화촉동방금슬지락.)

참고주해: 이 단락의 내용은 앞의 p27과 같이 진사년의 일들을 말하고 있는데, 앞의 내용들과 너무 동떨어진 어떤 한 사람의 혼인에 대한 내용이다. 앞뒤가 맞지 않는 문맥인 것이다. 무엇보다도 이 구절의 상진사(上辰巳), 중진사(中辰巳), 하진사(下辰巳)라는 단어들은 간지(干支) 표기에서는 사용할 수 없는데, 왜냐하면 간지(干支)가 60년 단위로 조합될 때 진사(辰巳)가 다섯 번 반복되기 때문이다. 따라서 필자는 이 내용은 해석하지 않고 남겨두겠다.

어떤 특정한 사람의 혼사가 마치 세상의 특별한 문제인 것처럼 말하고 있는 이 단락의 한시들은 이 예언서의 계시적인 문제와는 전혀 상관이 없다. 이런 한시들은 분명 누군가 가필했을 것이다. 그러나 누가 어떻게 무슨 목적으로 이 문장들을 가필했는지를 두고 논하고 싶지 않다. 이런 엉뚱한 구절들이 가필되어 있다고 해서 이 책이 쓰인 목적을 가릴 수는 없기 때문이다. 이 책이 쓰인 목적은 하나님께서 택하신 한 선지자를 통해서 하나님의 구원과 심판의 때가 이르렀다는 사실을 세상에 알리는 것이다. 그러므로 이 예언서의 말씀은, 분명히 말하지만, 성경이 쓰인 것과 똑같은 방법으로 하나님께서 직접 쓰신 계시이다. 그럼에도 이 예언서를 사사로운 목적으로 이용하는 자들이 수없이 많다. 그들은 이제 곧 자신들의 어리석은 행위를 깨닫고 후회하며, 가슴을 치면서 멸망의 길로 가게 된다. 그러나 이 땅의 지혜로운 백성들은 이 예언서가 하나님께서 자신들에게 주신 너무나도 크나큰 은혜의 선물이라는 사실을 깨닫게 될 것이다. 그리고 그 날에 모든 사람이 주 예수 그리스도의 이름을 찬양하며 그분께 모든 영광을 돌릴 것이다.

주 예수 그리스도이시여! 이 땅이 주께서 세상 가운데서 택하신 오직 한 곳임을 이 예언서를 통해서 계시하시고, 또 성경에 기록된 주의 언약의 말씀과 같이 주께서 이 땅 위에 다시 임하심을 분명하게 알게 하시니 진실로 감사드립니다. 주여! 주께서 임하실 그 날이 이제 가까이 이르렀사오니 이 백성들로 이 책이 밝히는 장래의 일들을 깨닫는 지혜로운 자들이 되게 하소서. 또 주의 한없이 큰 은혜를 이 땅의 백성들에게 베푸시어 귀신을 좇는 그들의 죄의 길에서 돌이키게 하옵시고, 니느웨 백성들과 같이 회개하며, 주의 성도들로 거듭나게 하옵소서. 속히 주의 영광을 이 백성들에게 나타내소서. 그리하면 이 백성들이 주의 이름을 영원토록 찬양하리이다. 아멘.

(29) 1天地配合山擇通氣. 2木火通明 3坤上乾下地天泰卦. 4知易理恩. 5三
變成道義用正大.

(천지배합산택통기. 목화통명. 곤상건하지천태괘. 지역리은. 삼변성도의
용정대.)

해석문: ①하늘과 땅이 잘 배합되고, 산과 못이 공기가 통하며, ②나
무와 불이 통성명을 하리라. ③땅이 위이고 하늘이 아래인 지천태괘
(地天泰卦)가 이루어지니. ④주역을 알면 은혜를 이해하리라. ⑤세
번을 변해야 도를 이루게 되고, 의롭고 올바르면 크게 쓰임 받을 것
이라.

참고주해: ①"하늘과 땅이 잘 배합되고"라는 것은 멸망한 이전 세상
의 땅이 하늘의 뜻을 거역하여 땅과 하늘이 원수지간이었으나 이제
그런 관계가 다 청산이 되었고, 한 몸과 같은 사이가 되었다는 뜻이
고, "산과 못이 공기가 통하며"란 환난의 때에 땅과 물의 모든 생명
이 죽었으나 하늘과 땅이 한 몸을 이루면서 생명이 다시 살아나기
시작했다는 의미다.

②"나무와 불이 통성명을 하리라."는 주역의 오행을 인용해서 환난
후의 세상 사람들을 설명한 것이다. "나무"는 오행에서 목(木)으로
선지자를 통해서 하나님 백성으로 거듭난 사람들을 의미하고, "불"
은 오행에서 화(火)로서 마지막 환난의 때에 불의 심판을 받고 세상
이 멸망한 뒤에까지 살아남아 있는 사람들을 의미한다. 즉, 하나님
의 백성들과 마지막 심판 이후까지 살아남은 세상 사람들이 세상이
멸망한 뒤에 서로 만나서 인사하게 된다는 뜻이다.

③"땅이 위이고 하늘이 아래인 지천태괘(地天泰卦)가 이루어"졌다는 것은 땅이 위로 올라가고 하늘이 밑으로 내려온다는 주역의 마지막 결론이며, 땅과 하늘이 화합하여 완전한 세상이 이루어졌다는 뜻이다.

④"주역을 알면 은혜를 이해"한다는 것은 이런 주역의 뜻을 올바르게 안다면 하나님의 은혜가 무엇인지 이해할 수 있다는 것이다. 하나님께서 주역을 통해서도 세상을 위한 하나님의 뜻이 무엇인지를 미리 밝혀 두셨다는 의미이다. 이 얼마나 놀랍고도 놀라운 하나님의 큰 은혜인가? 이제 독자는 땅의 미물과 같은 존재에서 하늘과 같이 높은 존재로 변화할 것이다. 그러나 이런 하늘의 뜻을 거스르는 자는 반드시 망한다.

⑤"세 번을 변해야 도를 이루게 되고"는 앞의 p27에서 설명한 선지자의 운명인 '삼진사(三辰巳)'의 변화를 상기시키는 것이고, "의롭고 올바르면 크게 쓰임 받을 것이라." 그 과정에서 의롭고 올바르게 행해야지만, 선지자가 하나님으로부터 크게 쓰임 받게 된다는 말씀이다.

(30) 1木人飛去后待人. 2山鳥飛來后待人 3逆千者亡順天者興. 4不違天命矣.
(목인비거후대인. 산조비래후대인 역천자망순천자흥. 불위천명의.)

해석문: ①나무 사람이 하늘로 오른 후 그 뒤를 잇는 사람이 있으리라, ②산의 귀신이 찾아오고 그 후에 사람이 대를 이으리라. ③하늘을 거스르는 자는 망하고, 하늘에 순종하는 자는 흥하리라. ④하늘의 명령을 거스르지 말라.

참고주해: ①절의 "나무 사람"은 앞에서 말한 바와 같이 오행(五行)의 목(木)에 속한 선지자를 가리키는 것이다. "하늘로 오른 후"라는 것

은 그가 세상 사람들에 의해 죽임을 당한 뒤에 그리스도처럼 부활한 후 승천하는 사건을 가리킨다. 그때 땅에 남아 있는 성도들 가운데서 그의 뒤를 잇는 하나님의 종이 나오게 된다.

2절 山鳥飛來后待人(산조비래후대인)의 산조(山鳥)는 산비둘기이며, 산의 귀신을 상징한다. 그래서 "산의 귀신이 찾아오고 그 후에 사람이 대를 이으리라."라고 해석했다. 선지자가 떠난 후에 귀신들이 성도들에게 찾아와서 시험을 한다는 뜻이다. 그런 어려움이 있은 뒤에 성도들 가운데서 나온 한 사람이 선지자의 뒤를 잇는다.

계 룡 론
(鷄 龍 論)

(1) 1天下列邦回運矣. 2槿花朝鮮鷄龍地. 3天縱之聖合德宮. 4背弓之間兩
白仙. 5血遺島中四海通.

(천하열방회운의. 근화조선계룡지. 천종지성합덕궁. 배궁지간양백선. 혈
유도중사해통.)

해석문: ①온 세상 나라들의 운이 다시 돌아오리라. ②무궁화 꽃피는
조선은 귀신 마귀의 땅이나, ③하늘을 좇는 성인이 있어, 합덕한 궁
전이 되리라. ④등을 진 하나님 종의 사이는 양 선지자가 그리스도
라. ⑤피로 유전된 섬의 중심은 사해를 통하니라.

참고주해: 지난 장 p29의 ①"하늘과 땅이 잘 배합되고, 산과 못이 공
기가 통하며", ②"나무와 불이 통성명을 하리라."고 했다. 그리고 이

장의 p1 ①절은 "온 세상 나라들의 운이 다시 돌아오리라."고 했는데, 지금의 이 세계가 멸망한 후에 시작되는 새로운 세계에 대한 계시의 말씀이다. 본문은 성경에 기록된 천년시대가 시작되면서 멸망한 이 전의 세상으로부터 살아남은 사람들에 의해서 세상 나라들이 다시 나타나기 시작한다는 계시이다.

②"무궁화 꽃피는 조선은 귀신 마귀의 땅이냐" 이 말씀 중의 "무궁화 꽃피는 조선"은 지금 이 나라가 단군 이래 가장 융성한 국가가 되었다는 의미이고, "귀신 마귀의 땅이냐"는 그런 이 땅이 귀신과 마귀의 세상이라는 것이다. 즉 죄의 땅, 소돔과 고모라와 같은 땅이라는 뜻이다.

③"하늘을 좇는 한 성인이 있어"는 그때 선지자가 있었기 때문에 그런 멸망의 땅에서 사람들이 살아남아 새로운 나라를 이루게 되었다는 뜻이고, "합덕한 궁전이 되리라."는 그 나라가 새천년시대에서는 하늘의 뜻에 합당한 나라가 된다는 말씀이다.

4절 背弓之間兩白仙(배궁지간양백선)을 "등을 진 하나님 종의 사이는 양 선지자가 그리스도라."고 해석했다. "등을 진 하나님 종의 사이"란 한쪽의 종과 다른 한쪽의 종이라는 의미이다. 즉, 한 분은 서양을 향해 또, 한 분은 동양을 향해 계신다는 뜻이다. 양백선(兩白仙)의 '양백(兩白)'은 그 양쪽의 선지자이고, 세상을 초월한 존재를 가리키는 신선 선(仙) 자는 격암유록에서 세상을 초월한 그리스도를 상징한다. 예수 그리스도는 세상을 초월하신 분일 뿐만 아니라 세상 사람들도 자신과 같이 세상을 초월할 수 있게 하기 위해서 세상에 오신 아버지 하나님의 아들이시고, 또 그분의 종이다. 본문의 '양 선지자가 그리스도라'는 것은 이 땅에서 나온 선지자가 그런 그리스도를 믿음으로써 그리스도인이 되어 그리스도와 같이 세상을 초월한 하나님의 종이 되었다는 뜻이다. 그러므로 본문의 말씀은 두 분이 세상을 구원하는 성경의 스가랴서에 기록된 두 감람나무라는 뜻이다. [참조; 2. 세론시 p21 참고주해]

⑤"피로 유전된 섬의 중심은 사해를 통하리라."에서 "피로 유전"되었다는 것은 그리스도께서 속죄의 제물이 되셨던 것처럼 이 땅의 선지자 또한 그분의 뒤를 이어서 속죄의 제물이 되었고, 많은 성도들이 그들을 따라서 순교의 믿음으로 세상을 이겼다는 뜻이다. 여기서 '섬'은 2. 세론시에서 밝힌 선지자가 나오고 그리스도께서 임하시는 그 섬의 산을 말하는 것이다. 그 섬이 '사해를 통한다'는 것은 온 세상의 중심이 된다는 뜻이다.

(2) 1無后裔之何來鄭. 2鄭本天上雲中王. 3再來今日鄭氏王. 4不知何姓鄭道令. 5鷄龍石白鄭運王.

(무후예지하래정. 정본천상운중왕. 재래금일정씨왕. 부지하성정도령. 계룡석백정운왕.)

해석문: ①후손도 두지 않았던 정씨가 어떻게 오는 건가? ②정씨는 본래 하늘의 구름 중의 왕이라. ③다시 오는 지금은 정씨 왕이라. ④무슨 성씨인지 알 수 없는 정도령이라. ⑤귀신이고 마귀인 돌 선지자 정씨의 운수는 왕이라.

참고주해: ①"후손도 두지 않았던 정씨가(포은(圃隱) 정몽주(鄭夢周)를 가리킴. 정씨가 아니라는 뜻이다.) 어떻게 오는 건가?"는 사람들이 절개가 곧은 선지자를 정씨로 부르느니 포은 정몽주의 후예도 아닌데 어떻게 선지자가 정씨인가 하고 묻는 말씀이다. 즉, 선지자

의 곧은 절개를 포은 정몽주를 빗대어서 표현하며, 사람들이 선지자를 정씨라고 부르는데, 실은 정씨가 아니라는 의미이다.

그래서 "무슨 성씨인지 알 수 없는 정도령"다. 그의 성씨는 아무도 모른다. 그도 성씨가 있는 사람이지만, 그를 알아보는 사람이 없다는 의미이다.

"귀신이고 마귀인 돌 선지자 정씨"는 1. 남사고비결 p15에서 설명한 것처럼 선지자는 본래 귀신과 마귀와 같은 죄인인 사람인데, 지금은 믿음을 지키는 돌 선지자가 되었다는 의미이고, 그의 "운수는 왕이"다.

(3) 1鄭趙千年鄭鑑說. 2世不知而神人知. 3好事多魔不免獄. 4不忍出世百祖一孫. 5終忍之出三年間.

(정조천년정감설. 세부지이신인지. 호사다마불면옥. 불인출세백조일손. 종인지출삼년간.)

해석문: ①정씨와 조씨 천 년의 정감록이 말하기를 ②세상은 알지 못하나 하나님의 사람은 안다 했으니. ③좋은 일에는 어려움이 많기 마련이므로 옥고를 면할 수 없으리라. ④인내하지 않고 세상에 나오면 백 조상에 한 후손만이 살리라. ⑤인내를 끝내고 나오면 삼 년간에,

참고주해: "좋은 일에는 어려움이 많기 마련이므로 옥고를 면할 수 없으리라." 선지자가 당하게 될 고난을 가리킨다.

그런 고난을 '인내하지 않고 세상에 나오면'이란 선지자가 자신의 정해진 운명을 따르지 않고 스스로 세상에 나오게 되면이라는 의미이고, 그럴 때 세상이 멸망하면서 백조상에 한 후손만 살아남게 된다. 즉, 온 세상이 다 멸망한다는 뜻이다.

(4) 1不死永生出於十勝. 2不入死又次運出現. 3四面如是十勝. 4百祖十孫好
運矣. 5南來鄭氏誰可知.

(불사영생출어십승. 불입사우차운출현. 사면여시십승. 백조십손호운의.
남래정씨수가지.)

해석문: ①죽지 않고 영생하는 십자가의 승리로 나오리라. ②죽음에
들어가지 않는다면 다시 이후의 운이 출현하리라. ③사면(四面)이
그렇게 십자가가 승리하리라. ④백 조상에 열 자손이 남으면 좋은
운이리라. ⑤남쪽으로 내려온 정씨를 누가 알 수 있겠는가?

참고주해: 앞의 p3 마지막 구절의 "인내를 끝내고 나오면 삼 년간에"
는 이 단락의 ①'죽지 않고 영생하는 십자가의 승리로 나온다'와 이
어지는 한 문장이다. 앞의 '인내를 끝내고 나오면'은 선지자가 오랜
인내의 시간을 끝내고, 정해진 때가 되었을 때 세상에 나온다는 뜻
이고, '삼 년간에'란 그런 뒤 3년 동안에 '십자가의 승리'를 이루게 된
다는 뜻이다. '십자가 승리'란 그도 그리스도와 같이 자신을 속죄의
제물로서 하나님께 바친다는 뜻이다.

③"사면(四面)이 그렇게 십자가의 승리라."는 그때 많은 성도들이 그
와 같이 사방에서 순교한다는 은유적인 표현이다. 이런 일이 전 세
계에서 있을 것이라는 뜻이다.

(5) 1弓乙合德眞人來. 2南渡蛇龍今安在. 3須從白鳩走靑林. 4一鷄四角邦無
手. 5鄭趙之變一人鄭矣.

(궁을합덕진인래. 남도사룡금안재. 수종백구주청림. 일계사각방무수. 정
조지변일인정의.)

해석문: ①하늘의 사람과 땅의 사람이 합덕을 이룬 진실한 사람이 오

리라. ②남쪽으로 건너 온 중국과 미국이 지금 편안하게 머물러 있네. ③반드시 선지자를 따르라 성령이 푸른 숲으로 달려가리라. ④한 귀신이 사방에서 난리를 일으키니 나라도 어찌할 수 없으리라. ⑤정씨와 조씨의 변란이 한 사람 정씨네.

참고주해: ①"하늘의 사람과 땅의 사람이 합덕을 이룬"은 땅의 사람인 선지자가 하늘의 사람인 그리스도와 하나가 됨으로써 주역의 지천태괘(地天泰卦)가 이루어졌다는 뜻이고, '진실한 사람이 오리라'는 선지자가 그것을 이루는 진실하게 하나님을 아는 사람으로서 세상에 나온다는 뜻이다.

②"남쪽으로 건너온 중국과 미국(사룡(蛇龍)도 중국과 미국을 상징한다. 참조; 5. 말운론 p3 참고주해)이 지금 편안하게 머물러 있네." 환난이 시작되기 직전의 미 중(美中) 양국과 남한과의 관계를 설명한 것이다. 두 나라가 다 같이 남한과의 관계를 유지하고 있다는 뜻이다.

3절 須從白鳩走靑林(수종백구주청림)의 수종백(須從白)의 백은 선지자를 상징하므로 '반드시 선지자를 좇으라'는 뜻이고, 구(鳩; 비둘기)는 성령을 상징하고(마3:16), 주청림(走靑林)의 청림(靑林)은 푸른 숲, 즉 성도들에 대한 상징이므로 '성령이 성도들에게 달려간다'는 뜻이 된다.

4절 一鷄四角邦無手(일계사각방무수)의 닭은 귀신을 상징하므로 일계(一鷄)는 한 마리 귀신이라는 뜻이다. 사각(四角)은 각이 있는 네 모퉁이므로, 사방을 뜻한다. 여기서 뿔 각角은 짐승이 싸울 때 사용하는 무기이므로 사각은 사방에서 싸운다는 비유적인 의미가 되고[참조;『묵시의 인류사 제1권』, 제6장 짐승의 인류사, page 322],

방무수(邦無手)는 나라가 손을 쓸 수가 없다는 뜻이다. 그래서 "한 귀신이 사방에서 난리를 일으키니 나라도 어찌할 수 없으리라."고 해석했다. 이 구절은 나라와 나라가 민족과 민족이 대결하겠다고 한 마태복음 24장의 그리스도의 말씀을 가리키는 것이며, 이 말씀과 같이 세상 곳곳에서 여러 가지 테러사건이 계속해서 발생하고, 나라와 나라 간의 분쟁과 전쟁도 끊임없이 일어나고 있다. 요즘 이 나라의 헌법재판소가 국회에서 탄핵한 대통령을 파면시켰고, 검찰은 쫓겨난 그 대통령을 비리혐의를 씌워 구속하는 사태에까지 이르렀다. 백성은 양쪽으로 갈라져서 서로 상대를 비난해 대고, 무엇이 옳으니 그르니 하면서 연일 데모에 나서서 수많은 사람들이 도시의 대로와 광장을 메우고 있다. 본문은 지금 이 땅에서 일어나고 있는 나라도 어찌하지 못하는 이런 일들을 계시한 것이며, 이것이 그리스도께서 말씀하신 그 종말의 징조임을 부정할 수 없다.

⑤ "정씨와 조씨의 변란이 한 사람 정씨"는 조씨와 정씨가 일으킨 변란의 주동자는 정씨라는 뜻이다. 격암유록에서 이렇게 한국인의 실제의 성씨를 이용해서 어떤 인물과 사건을 표현한 것은 19. 궁을론 p20 1절 李鄭爭鬪各守一鎭(이정쟁투각수일진)의 이씨와 정씨 이외에는 눈에 띄지 않는다. 격암유록에 등장하는 많은 인물들에 대한 표현은 지금까지 보아 온 것처럼 대부분 지지(地支)의 동물이나 상징적인 뜻을 지닌 명사를 이용하고 있는데, 오직 이 두 구절의 인물들만 성씨들을 사용하고 있는 것이다. 그 이유는 무엇일까? 이 성씨들이 실제의 성씨인지 여부를 떠나서 이 두 문장에서만 함께 성씨들을 사용한 것은 두 구절의 사건들이 연관성을 지니고 있다는 것을 암시한 것이다. 즉 본문의 정씨와 조씨의 변란이 있은 뒤에 이씨와 정씨

의 쟁투가 나중에 일어나게 된다는 것을 나타내고 있다는 것이다.

(6) 1無父之子鄭道令. 2天地合運出柿木. 3弓乙兩白十勝出. 4十八姓人鄭眞
人. 5天地震動花朝夕.

(무부지자정도령. 천지합운출시목. 궁을양백십승출. 십팔성인정진인. 천
지진동화조석.)

해석문: ①부모 없는 자식인 정도령이라. ②하늘과 땅이 합한 운으로
나오는 감람나무라. ③하나님의 종들과 백성들은 양 선지자의 십자
가 승리를 통해서 나올 것이라. ④열여덟 가지 성씨의 사람인 정씨
가 진정으로 하나님을 아는 사람이라. ⑤하늘과 땅이 진동하니 꽃
피는 조선(朝鮮)이 저물어가네.

참고주해: ①"부모 없는 자식인 정도령이라."고 한 말씀은 정도령이 신이
라는 의미도, 또 부모 없는 사생아라는 뜻도 아니며, 수많은 사람들
이 서로 자신이 정도령이라고 주장하므로 그의 이름이 여러 가지로
불리고 있는 현실을 지적하며, 세상 사람들을 조롱하는 비유의 말씀
이다.

②"하늘과 땅이 합한 운으로 나오는 감람나무"는 선지자가 하늘과
땅의 화합을 위한 운명으로 세상에 나오는 사람이라는 뜻이다. [참
조; 2. 세론시의 p21 참고주해]

③"하나님의 종들과 백성들은 두 선지자의 십자가 승리를 통해서"
나온다. 즉, 그 두 분의 희생(犧牲)의 제사를 통해서 하나님의 종들
과 백성들이 나온다는 뜻이다.

④절의 "열여덟 성씨의 사람"이란 앞의 ①절에서 말한 것처럼 수많
은 거짓된 자들이 스스로 자신을 예언서의 선지자라고 주장하고 있

다는 뜻이다.

⑤"하늘과 땅이 진동하니 꽃피는 조선(朝鮮)이 저물어가네."의 '하늘과 땅이 진동'한다는 것은 강력한 무기의 폭발을 의미하며, 그렇게 하늘과 땅을 진동시킬 정도의 무기라면 앞의 1. 남사고비결 p6의 수승화강병각리(水昇火降病却理)에서 설명한 것처럼 수소폭탄이 폭발할 때에나 가능할 것이다. 이 본문의 말씀을 1. 남사고비결의 p2의 옥등추야삼팔일(玉燈秋夜三八日)과 연계해서 보면 핵폭탄이 폭발한 상황을 비유적 표현하고 있음을 알 수 있다. '꽃피는 조선(朝鮮)'은 조선의 유산을 그대로 이어오고 있는 지금의 한국을 가리키는 것이며, 조선이 세워진 이후 지금이 국력이 가장 융성한 시절이라는 뜻이다. '저물어가네'는 하늘과 땅이 진동하고 난 뒤에 이 나라가 꽃이 저물듯이 멸망의 날을 향해 간다는 뜻이다.

(7) 1江山熱蕩鬼不知. 2鷄龍石白鄭道令. 3牛天馬伯時事知. 4美哉此運神明界. 5長安大道正道令.

(강산열탕귀부지. 계룡석백정도령. 우천마백시사지. 미재차운신명계. 장안대도정도령.)

해석문: ①강산이 뜨거운 열탕이 되어도 귀신은 알지 못하네. ②귀신이고 마귀인 돌 선지자가 정도령이라네. ③ 소가 하늘에서는 말의 벼슬이니 때와 일을 알리라. ④오호! 아름다워라. 차후의 운명은, 하나님의 세계가 분명히 나타나리라. ⑤도시의 큰길에서 올바른 도를 명하네.

참고주해: 앞의 p6의 5절 天地震動花朝夕(천지진동화조석)과 p7의 1절 江山熱蕩鬼不知(강산열탕귀부지)를 연결해서 한 문장으로 함께

읽어보면 그 의미가 더욱 명확해진다. "하늘과 땅이 진동하니 꽃피는 조선(朝鮮)이 저물어가네, 강산이 뜨거운 열탕이 되어도 귀신이 알지 못하리라." 이렇게 두 구절을 함께 읽으니 비유적인 문장이지만, 앞에서 말한 것처럼 핵무기가 폭발한 상황에 대한 표현임을 매우 사실적으로 느낄 수 있다. '강산이 뜨거운 열탕이 되어도'는 온 나라 안이 뜨거운 열탕처럼 높은 고온의 상태에 빠졌다는 뜻이다. 이 고온의 상태는 먼저 '꽃피는 조선(朝鮮)이 저물어가'게 하는 결과를 가져온 '하늘과 땅이 진동하'는 사건이 일어난 뒤에 발생한 것이다. 이렇게 하늘과 땅을 진동시키고, 그런 후 온 나라 안의 대기를 열탕처럼 뜨겁게 달굴 수 있는 상황은 수소폭탄이 폭발했을 때에만 가능한 일이다. 수소폭탄의 그 가공할 폭발력은 히로시마에서 폭발한 원자탄은 비교도 되지 않을 정도로 강력한 것이다. 미국이 히로시마에서 폭발시킨 핵폭탄 리틀보이는 지름 71cm, 길이 3.05m, 무게 4t이었다. 이 무기가 지상 580m에서 폭발했을 때 반경 2km의 모든 건물은 거의 다 파괴되었고, 당시 34만 2천의 도시 60%가 새카맣게 다 타버렸으며, 폭심에서 1.2km 내의 사람 중 50%가 즉사했고, 그해 말까지 모두 14만 명이 죽었다(Daily NK 인용). 미국 미들버리 국제학연구소의 제프리 루이스는 인터뷰를 통해 북한의 5차 핵실험 위력이 최소 20~30kt으로 지금까지 북한의 핵실험 중 최고라고 했다. 문제는 북한이 핵융합탄이라고 불리는 수소폭탄을 개발했다고 선언한 것이다. 수소폭탄의 폭발력은 핵폭탄보다 50에서 100배 이상 더 강하다. 한 전문가가 YTN 뉴스와의 인터뷰에서 설명한 바에 따르면 만약에 히로시마 원자폭탄이 서울 용산구 삼각지에서 폭발한다고 가정했을 때 용산구 전체가 다 폭파되면서 70만

명 정도의 인명피해가 발생할 수 있지만, 그것이 수소폭탄일 경우에는 서울 전체와 경기도 일부까지 다 폭파되고, 그 인명피해는 상상을 초월하게 된다고 했다. 수소폭탄은 작은 원자탄에 의해 고온고압 상태가 만들어지면 중수소와 삼중수소가 핵융합반응을 일으켜서 에너지와 중성자를 발생시키고, 그러면서 핵분열(Fission)과 핵융합(Fussion)과 핵분열(Fission) 반응을 계속해서 일으켜, 엄청난 에너지를 방출시키게 하는 폭탄이다. 그래서 이것을 3F 폭탄이라고 부르기도 한다. 폭발이 후에도 핵융합반응은 미세하지만 공기 중에서 계속되므로 주변의 대기 온도를 비정상적인 고온의 상태로 만들고, 넓게 퍼지며 오랫동안 지속한다. 따라서 직접 피해반경으로부터 멀리 떨어진 지역의 자연환경까지 심각하게 파괴하고 모든 식물을 고사시키는 2차 피해가 발생하게 된다.

그러므로 본문 ①"강산이 뜨거운 열탕이 되어도 귀신은 알지 못하네."는 이런 상황에 대한 표현임을 어렵지 않게 짐작할 수 있다.

②'귀신이고 마귀인 돌'이 진정한 정도령이다. 사람들이 악마라고 부르는 그 사람이 돌이 된 진정한 선지자이고 정도령이다.

③"소가 하늘에서는 말의 벼슬이니 때와 일을 알리라."의 '소'는 선지자를 상징하며, 그가 "하늘에서는 말의 벼슬"을 한 사람으로 스스로 그의 "때와 일을 알게" 된다는 뜻이다.

⑤"도시의 큰길에서 올바른 도를 명하네."는 선지자가 "도시의 큰길에서 온갖 사술로 미혹되어 있는 사람들에게 올바른 천국 복음을 전한다는 뜻이다.

(8) 1投鞭四海滅魔田. 2四海太平樂樂哉.

(투편사해멸마전. 사해태평낙락재.)

해석문: ①채찍을 사해에 던져 마귀의 세계를 멸하리라. 사해가 태평
하고 즐겁고 즐거우리라.

참고주해: "채찍을 사해에 던져 마귀의 세계를 멸하리라."는 선지자가
재앙을 온 세상에 내려 마귀의 세계(田)를 멸망시킨다는 의미이다.
그러므로 선지자가 하나님의 권능을 행하는 세 분 하나님 중의 한
분으로 변화되었음을 의미한다. 그런 뒤에 온 세상은 태평하고 즐겁
고 즐거운 세계가 된다.

4

내패예언육십재
(來貝預言六十才)

(1) 1列邦之中高立鮮. 2列邦蝴蝶歌舞來. 3海中豊富貨歸來. 4六大九月海運
開. 5送舊迎新好時節.

(열방지중고립선. 열방호접가무래. 해중풍부화귀래. 육대구월해운개. 송
구영신호시절.)

해석문: ①열방 가운데 조선이 높이 설 것이며, ②열방이 나비와 같이
노래하고 춤추며 찾아오리라. ③바다에서 풍부한 재물이 들어 올 것
이라. ④60(六十)의 첫 갑자(甲子)년 구九월에 바다의 운송길이 열리
네. ⑤옛것은 떠나고 새로운 시대를 맞는 좋은 시절이라.

참고주해: 이전 장의 마지막 단락 p8에서 마귀의 세상인 지금의 세계
가 멸망한 뒤에 "사해가 태평하고 즐겁고 즐거우리라."고 했는데, 이

장의 ①절은 그 새로운 세계에서 조선이 열방 중에 높이 설 것이라고 했다.

육대구월해운개(六大九月海運開)의 육대(六大)는 천간(天干)과 지지(地支)가 순서대로 결합해서 만들어지는 60년 주기를 의미하며, 새로운 주기가 시작되는 갑자(甲子)년을 가리킨다. 따라서 구월(九月)은 그 첫 갑자(甲子)년의 9월을 의미한다. 그래서 "60(六十)의 첫 갑자(甲子)년 구九월에 바다의 운송길이 열리네."라고 해석했다. 새로운 주기가 시작되는 갑자(甲子)년은 2044년이며, 그 해 '구九월에 바다의 운송길이 열린다는 뜻이다.

(2) 1如雲如雨鶴飛來. 2諸邦島歟屈伏鮮. 3無論大小邦船艦. 4聖山聖地望遠來. 5引率歸來列邦民.

(여운여우학비래. 제방도여굴복선. 무론대소방선함. 성산성지망원래. 인솔귀래열방민.)

해석문: ①구름처럼 비처럼 학이 날아서 찾아올 것이며, ②모든 열방과 섬들이 조선에 굴복할 것이라. ③논의도 하지 않고 크고 작은 함선들이 찾아오고. ④성산과 성지를 그리워하여 먼 곳에서 찾아올 것이며, ⑤인솔을 받으며 열방의 민족들이 들어 올 것이라.

참고주해: ①"구름처럼 비처럼 학이 날아서 찾아올 것이며"의 '학'은 하나님의 성령을 상징한다. 그러므로 본문은 성령이 강력하게, 그리고 쉼없이 조선 땅에 찾아온다는 뜻이며, 하나님께서 직접 조선 땅을 보호하시고 이적과 기사를 베푸시며 그 땅을 영화롭게 하신다는 것을 알 수 있다.

(3) 1鷄龍都城尋壁民. 2金石尋墻眞珠門. 3無罪人生永居宮. 4有罪人生不入城. 5背天之國永破滅.

(계룡도성심벽민. 금석심장진주문. 무죄인생영거궁. 유죄인생불입성. 배천지국영파멸.)

해석문: ①귀신과 마귀의 도시들을 백인 민족이 찾아다닐 것이나, ②하나님을 아는 지식의 돌은 진주문의 장소를 찾을 것이라. ③죄 없는 사람들이 영원토록 사는 궁전이라. ④죄 있는 사람들은 들어갈 수 없는 성이니, ⑤하늘을 배신하는 나라는 영원토록 멸망할 것이라.

참고주해: ①"귀신과 마귀의 도시들을 백인 민족이 찾아"다닌다는 것은 무슨 의미일까? 환난이 끝난 뒤에까지 살아남은 백인 민족이 천년시대로 들어가서 다른 민족들과 함께 어울려 평화롭게 살아간다. 그들도 다른 민족들처럼 세상의 중심이 된 조선 땅에 찾아와서 조선의 영광스러운 모습을 눈으로 보고 확인하게 된다. 그러나 그들은 다른 민족들과 다르게 성지나 성소를 찾는 데는 관심이 없고, 그들의 옛 문명이 남아 있는 유적들을 돌아보는데 더 큰 관심을 둔다는 뜻이다. 그것은 그들이 여전히 그들의 옛 영광의 시절에 대한 향수를 갖고 있다는 의미이다.

②"하나님을 아는 지식의 돌은 진주문의 장소를 찾을 것이라."에서 금(金)은 하나님을 아는 지식을 "돌(石)"은 그리스도를 믿는 믿음을 의미한다. 따라서 여기서 금과 돌은 선지자를 통해서 선지자와 똑같은 믿음을 갖게 된 성도들을 의미하고, "진주문의 장소"는 성도들이 환난을 피하여 하늘나라로 승천한 장소를 의미한다. 즉, 환난 직전에 성도들의 들림 받은 장소를 가리키는 것이다.

⑷ 1富貴貧賤反覆日. 2弓乙聖産無祈不通. 3金銀寶貨用剩餘. 4和平用官正義立. 5爲鑑督更無强.

(부귀빈천반복일. 궁을성산무기불통. 금은보화용잉여. 화평용관정의립. 위감독갱무강.)

해석문: ①부귀함과 가난함이 다시 반복되는 날에는 ②하나님 백성들의 거룩한 산에서의 기도도 아무 소용이 없으리라. ③금은보화가 쓰고도 남을 것이며, ④화평을 관리로 쓰고, 정의를 세워, ⑤감독케 하리니 다시는 강포함이 없으리라.

참고주해: 새로운 세계에서는 가난한 자가 있을 수 없다. 만약에 그런 일이 있다면 "거룩한 산에서" 기도를 한다고 해도 죄 사함을 받을 수가 없다. 금은보화는 쓰고도 남을 정도로 많으며, 전설 속의 요순(堯舜)의 시대와 같이 평화롭고 정의가 바로 선 사회가 되어 다시는 강포함으로 백성들이 고통을 당하는 일이 없다.

⑸ 1日光晝更無月光之極. 2七日色寶石照. 3列邦望色福地來. 4更無月虧不夜光明. 5當代千年人人覺.

(일광주갱무월광지극. 칠일색보석조. 열방망색복지래. 갱무월휴불야광명. 당대천년인인각.)

해석문: ①낮의 빛이 반복되지 않고, 달은 빛이 없이 극지에서 있으리라. ②칠 일을 색깔이 있는 보석의 돌이 빛을 비출 것이며, ③열방이 갈망하며 그 복된 색의 땅을 찾아오리라. ④바뀜이 없이 달은 그대로 있고 밤이 없는 광명이라. ⑤당대의 천 년을 사는 사람들은 사람마다 깨닫네.

참고주해: 새로운 세계의 이 지구는 지금의 자연환경과 전혀 다른 상

태가 된다. 우선 낮과 밤이 없고, 온종일 밝은 대낮인 상태로 있게 되며, 달도 지구를 돌던 궤도에서 벗어나서 극지에서 고정된 상태에서 머물러 있을 것이다.

이 한국 땅에는 칠 일을 색깔이 있는 보석의 돌이 빛을 비추어 천국과 같이 아름다운 세상이 된다. 그리고 열방의 사람들이 그것을 보기 위해서 찾아온다. 정말 상상하기 어려운 자연환경의 큰 변화를 겪게 되는 것이다. 인간의 육신도 그 새로운 자연환경 속에서 변화를 일으켜 죽음이 없는 가운데서 살아간다. 성경은 이 시대를 천년시대라고 부른다. 왜냐하면, 마귀가 일천 년 동안 무저갱 속에 갇혀 있기 때문이다(계20:2, 3). 그리고 이 시대에 사는 사람들이 나무와 같이 오래 산다고 말씀하셨다.

"이는 내 백성의 수한이 나무의 수한과 같겠고" 사65:22

(6) 1柿謀人生世謀人死. 2一當千千當萬. 3人弱當强一喜一悲. 4興盡悲來苦盡甘來. 5人人解寃好時節.
(시모인생세모인사. 일당천천당만. 인약당강일희일비. 흥진비래고진감래. 인인해원호시절.)

해석문: ①감람나무를 사모하는 사람들은 살았고, 세상을 사모한 인간들은 죽었음을, ②하나당 천이 되고 천당 만이 되면, ③약한 사람이 강한 자를 당하여 일희일비하리라. ④흥함이 다하면 비극이 찾아오고, 고생이 다하면 좋은 날이 찾아오리라. ⑤사람과 사람의 원한이 해결되는 좋은 시절이네.

참고주해: 지난 p5의 ⑤"당대의 천 년을 사는 사람들은 사람마다 깨

닫네."와 p6의 ①"감람나무를 사모하는 사람들은 살았고, 세상을 사모한 인간들은 죽었음을"은 연결된 한 문장이다. 멸망한 지난 세상에서 그리스도와 선지자를 사모하던 사람은 새 생명을 얻어 천년 시대에서 살고 있고, 세상을 좇던 사람들은 다 죽었다는 사실을 당시의 사람들이 다 깨닫게 된다는 의미이다.

"하나당 천이 되고, 천당 만이 되면 약한 사람이 강한 자를 당하여"는 강한 자가 약자를 섬기는 세상이 되어 평화롭게 살게 되는 뜻이다.

(7) 1永春無窮福樂也. 2出死入生朴活人. 3不知歲月何甲子. 4年月日時甲子運. 5陰陽合日三十定.

(영춘무궁복락야. 출사입생박활인. 부지세월하갑자. 연월일시갑자운. 음양합일삼십정.)

해석문: ①영원한 봄의 무궁한 복과 즐거움이라. ②죽음으로부터 나와 생명으로 들어간 박혁거세로 활동한 사람이네. ③세월이 가는지 모르니 어찌 갑자(甲子)를 알랴? ④몇 년 몇 월 며칠의 갑자 운수는 ⑤음력과 양력을 합한 삼십 일로 정해졌느니라.

참고주해: ①"영원한 봄의 무궁한 복과 즐거움이라." 천 년 시대의 자연환경은 언제나 봄날이 지속되고, 풍요로움과 즐거움이 넘치는 끝없이 행복하기만 한 세계이다.

③절의 '갑자(甲子)'는 음력을 의미한다. 갑자를 모르리라는 것은 날짜조차 의식하지 않으며 살게 된다는 뜻이다. 그리고 일력도 양력과 음력이 없어지고 30일로 고정된다.

(8) 1不耕田而食之. 2不拜祭而祭之. 3不麻皮而衣之. 4不埋葬而葬之. 5有

形無形神化日.

(불경전이식지. 불배제이제지. 불마피이의지. 불매장이장지. 유형무형신
화일.)

해석문: ①밭에서 경작하지 않아도 먹을 음식이 있고, ②경배하지 않
는 제사를 지내도 제사가 되며, ③배로 옷을 만들지 않아도 옷을 입
으니, 매장하는 ④장례를 지내지 않아도 장사 지낼 것이라. ⑤유형
무형의 하나님이 된 날이라.

참고주해: 천년시대에 사는 사람들은 일을 하지 않아도 먹을 것이 있
고, 제사를 지내지 않아도 되며, 옷을 만들 필요도 없고, 장례를 지
내지 않아도 돼 얽매이는 것이 없으므로 언제나 완전한 자유를 누
리며 살아간다.

⑤"유형무형의 하나님이 된 날이라." 즉, 사람들이 모두가 다 하나님
과 같은 존재가 되었다는 뜻이다.

(9) 1求人兩白求穀三豊. 2世人不知可哀可哀. 3心覺知心覺知. 4愼之愼之哉.
(구인양백구곡삼풍. 세인부지가애가애. 심각지심각지. 신지신지재.)

해석문: ①양 선지자를 찾는 사람은 세 가지 복음의 곡식을 구할 것이
라. ②세상 사람들이 모르니 불쌍하고 불쌍하구나. ③마음으로 깨
달아 알고, 마음으로 깨달아서 알라. ④신중하고 신중하라.

참고주해: ①절의 "양 선지자"는 그리스도와 선지자를 가리킨다. 그
두 분을 좇는 사람은 '세 가지 복음의 곡식을 구'하게 된다. 이 세
가지 복음의 곡식은 이 마귀의 세상을 이기고 천 년 시대로 들어가
게 하는 양식이다.

②"세상 사람들이 모르니 불쌍하고 불쌍하구나."의 '세상 사람들이

모르니'는 앞에서 말한 그 사실을 세상 사람들은 모른다는 뜻이다. 격암선생은 이런 사람들을 바라보며 이렇게 탄식한다. '불쌍하고 불쌍하구나.'

그리고 다시 이렇게 권면한다. '마음으로 깨달아 알고, 마음으로 깨달아서 알라. 신중하고 신중하라', 대중을 좇아서 함부로 말하고 행동하지 말라는 뜻이다.

5

말운론
(末運論)

(1) 1嗚呼悲哉聖壽何短. 2林出之人怨無心. 3小頭無足飛火落地. 4混沌之
世. 5天下聚合此世界.

(오호비재성수하단. 임출지인원무심. 소두무족비화락지. 혼돈지세. 천하
취합차세계.)

해석문: ①오호라! 비통하구나! 성인의 수명이 어찌 그리 짧단 말인
가? ②숲에서 나온 인간들의 원한이 무심하게 그리했구나. ③작은
머리에 발이 없는 날으는 불이 땅에 떨어지고, ④세상은 혼돈에 빠
지리라. ⑤천하를 한 곳에 모으는 이 세계라.

참고주해: ①"오호라! 비통하구나! 성인의 수명이 어찌 그리 짧단 말
인가?" 선지자가 세상에 나온 지 얼마 지나지 않아서 죽게 된다는

사실을 지적하며 탄식하신 말씀이다.

②"숲에서 나온 인간들의 원한이 무심하게 그리했구나."는 선지자의 죽음의 원인을 계시한 말씀이다 '숲'은 성도들을 의미한다. 따라서 그 곳에서 '나온 인간들'이란 성도들 가운데서 나온 선지자를 배신한 자들이라는 뜻이며, 그들에 의해서 선지자가 죽게 될 것이라는 뜻이다.

③"작은 머리에 발이 없는 불이 날아와서 땅에 떨어지고" 에서 '작은 머리에 발이 없는 불'은 외계에서 지구로 날아 들어오는 별을 가리키는 것이다. 별이 지구와 충돌하면서 일으키는 폭발력은 상상을 초월하는 것이다. 소행성이나 혜성이 대기권에 들어오게 되면 공기의 저항을 받기 때문에 불덩어리로 돌변한다. 그리고 땅에 떨어질 때 엄청난 충격과 함께 상상을 초월하는 폭발을 일으켜 주변의 모든 것을 태우는 화재와 동시에 땅 위의 흙먼지와 연기가 하늘로 치솟아 오르게 하면서 온 세상의 하늘을 뒤덮어 어두움에 휩싸이게 한다. 과학자들은 1.6km의 소행성이 지구와 충돌하면 2만 7천 km의 돌진속도로 지구와 충돌하게 되며, 히로시마 원폭의 2백만 배의 위력을 갖게 된다고 말한다. 그뿐만 아니라 이산화황과 이산화탄소가 분출되어 흙먼지와 함께 온 세상을 가득 덮어 낮에도 깜깜한 밤처럼 어두워지며, 태양의 빛이 차단된 가운데 온갖 유해물질을 동반한 폭우가 쏟아지고, 큰 우박과 함께 긴 겨울이 찾아온다. 이런 상황 속에서 인간은 어찌 살까? 그래서 성경은 다음과 같이 말씀하고 있다.

"그 날은 분노의 날이요, 환난과 고난의 날이요 황무와 패괴의 날이요, 구름과 흑암의 날이요, 나팔을 불어 경고하며 견고한 성읍을 치며 높은 망대를 치는 날이로다. 내가 사람에게 고난을 내려 소경 같이 행

하게 하리니, 이는 그들이 나 여호와께 범죄하였음이라." 습1:15~17

"내가 또 온역과 피로 그들을 국문하며 쏟아지는 폭우와 큰 우박 덩이와 불과 유황으로 그와 그 모든 때와 그와 함께 한 많은 백성에게 비를 내리 듯하리라." 겔38:22

성경의 이 계시의 말씀들은 앞에서 설명한 과학자들의 예측과 전혀 다르지 않다. 그래서

④"세상은 혼돈에 빠지리라."고 말씀했다. 이 말씀과 같이 온 세상은 크나큰 혼돈에 빠지게 되고, 뼈저린 고통을 당하면서 멸망의 길로 가게 될 것이다. 그럼에도 세상 사람들은 자신들의 죄를 회개하지 않는다. 오히려 선지자와 하나님의 나라를 대적해서 온 세상 나라들이 일어난다.

⑤"천하를 한곳에 모으는 이 세계라"고 한 본문의 이 말씀이 바로 그런 세상 사람들의 태도를 설명한 말씀이다. 마귀를 좇으며 세상의 권세를 잡은 자들은 그리스도와 선지자의 참 복음을 미워하고, 자신들의 세계를 지켜야 한다면서 하나님의 백성들과 싸우기 위해 온 세상 사람들을 한 곳으로 모은다. 다음은 계시록 16:13, 14, 16의 말씀이다.

"또 내가 보매 개구리 같은 세 더러운 영이 용의 입과 짐승의 입과 거짓 선지자의 입에서 나오니,
저희는 귀신의 영이라 이적을 행하여 온 천하 임금들에게 가서 하나님 곧 전능하신 이의 큰 날에 전쟁을 위하여 그들을 모으더라.
세 영이 히브리 음으로 아마겟돈이라 하는 곳으로 왕들을 모으더라."

본문은 이 계시록의 말씀을 가리키는 것이다. 곧 마지막 아마겟돈

에서의 큰 전쟁을 준비한다는 계시인 것이다. [이 전쟁에 대한 계시는 성경의 많은 곳에서 찾아볼 수 있다. 참조; 겔38:15~23, 사 36:7~9, 학2:22, 슥12:3, 9, 과14:2 등.] 또 다른 말씀을 보겠다.

"나 여호와가 말하노라. 그러므로 내가 일어나 벌할 날까지 너희는 나를 기다리라. 내가 뜻을 정하고 나의 분함과 모든 진노를 쏟으려고 나라들을 소집하고 모든 열국을 모으리라. 온 땅이 나의 질투의 불에 소멸하리라." 습3:8

그러므로 상기한 성경의 말씀들을 통해서 본문 "천하를 한곳에 모으는 이 세계라."가 마지막 때에 이스라엘을 침략한 세상 나라들이 이 땅에서 일어난 하나님의 나라 동방국과의 최후의 전쟁을 위해 온 세상 나라 군대를 한곳에 모으고 있는 상황에 대한 계시인 것을 알 수 있다. (격암유록은 이 땅에서 일어나는 새로운 나라의 국명을 동방이라고 부른다. 이 국명은 성경과 일치한다. 참조; 사24:14 및 41:2, 격암유록 10. 새삼오 2절) 동방국 군대는 이스라엘의 십사만 사천의 군대와 함께 하늘에서 허락하신 강력한 능력으로 하나님을 대적하는 땅 위의 모든 나라를 멸망시키고, 마귀의 가증스러운 잔재들을 땅 위에서 다 쓸어 버리는 사명을 성취한 후 하나님께 영광을 돌릴 것이다.

(2) 1千祖一孫哀嗟呼. 2柿謀者生衆謀者死. 3隱居密室生活計. 4弓弓乙乙避亂國. 5隨時大變.
(천조일손애차호. 시모자생중모자사. 은거밀실생활계. 궁궁을을피란국. 수시대변.)

해석문: ①천명의 조상에 한 명의 후손이 슬퍼해도 잘된 일이라. ②감람나무를 꾀하는 자는 살고 대중을 도모하는 자는 죽으리라. ③밀실에 은밀히 숨어서 살아남을 수 있는 일을 계획하라. ④하나님의 종들과 성도들이 있는 곳이 피난하는 나라니라. ⑤수시로 크게 변하리니,

참고주해: ①"천 명의 조상에 한 명의 후손이 슬퍼해도 잘된 일이라." 앞에서 말한 최후의 전쟁 이후에 세상 가운데 살아남을 사람의 수가 극히 적어 천 명의 조상의 후손들 중 한 명만이 살아 있어도 잘된 일이라고 할 정도이다.

②"감람나무를 꾀하는 자는 살고 대중을 도모하는 자는 죽으리라." 앞에서 말한 것처럼 감람나무는 선지자를 상징한다. '감람나무를 꾀'한다는 것은 그의 가르침을 따르는 것을 의미한다. 이런 사람은 재앙의 때에 아무런 해를 당하지 않고 구원을 이룬다는 것이고, "대중을 도모하는 자"는 세상 사람들의 여론을 좇아서 선지자를 대적하는 사람이다. 이런 사람은 하나님의 심판을 받아 세상과 함께 멸망하게 된다.

③"밀실에 은밀히 숨어서 살아남을 수 있는 일을 계획하라."고 한 이 말씀은 이 사회 전체가 안전하지 않은 상태에 빠져들었다는 것을 암시한 것이다. 그러므로 핵무기가 폭발한 이후의 남쪽 사회의 상황을 말하는 것이다. 정부의 기능이 완전히 무너진 뒤에 남쪽 사회는 무장집단들에 의한 내란이 여기저기서 일어나고, 무장한 강도와 도적들이 들끓으면서 항상 생명의 위협을 느끼지 않을 수 없는 상황에 빠진다. 이렇게 위험한 상황 속에서 살아남을 수 있는 방도를 찾아보라는 뜻이다.

④"하나님의 종들과 성도들이 있는 곳이 피난하는 나라니라." 그때 살 수 있는 유일한 길은 하나님의 백성들이 모여 있는 장소로 피난 하는 것이다.

(3) 1彼枝此枝鳥不離枝. 2龍蛇魔動三八相隔. 3黑霧漲天秋風如落. 4彼克 此負十室混沌.

(피지처지조불리지. 용사마동삼팔상격. 흑무창천추풍여락. 피극차부십 실혼돈.)

해석문: ①저 가지이고 이 가지이고 새는 가지에서 안 떠나네. ②미국 과 중국의 마귀가 움직이니 삼팔선이 더 멀어지니라. ③검은 연기 가 하늘에 가득 찬 가운데 가을바람의 낙엽처럼 떨어지니라. ④적 이 이기고 그런 후 짐을 지우니 십자가 성도들의 집도 혼돈에 빠지 리라.

참고주해: ①"저 가지이고 이 가지이고 새는 가지에서 안 떠나네."의 '새'는 귀신을 상징하고, 가지는 하나님의 말씀으로 변화되어 예수 그리스 도의 종으로 일하는 사람을 상징한다. 아래의 말씀이 이와 같은 사 실을 증거한다.

"나는 포도나무요, 너희는 가지니 저가 내 안에 내가 저 안에 있으 면 이 사람은 과실을 많이 맺나니 나를 떠나서는 너희가 아무것도 할 수 없음이라." 요15:5

따라서 귀신이 그리스도의 종으로 일하는 이 사람 저 사람으로부터 안 떠난다는 말씀이며, 그것은 곧 귀신이 그 사람들을 죄에 빠뜨리 고자 끊임없이 시험한다는 비유의 말씀이다. 그러므로 본문은 마지막 때에 귀신의 활동이 더욱 극심해진다는 의미이다.

2절 龍蛇魔動三八相隔(용사마동삼팔상격)을 "미국과 중국의 마귀가 움직이니 삼팔선이 더 멀어지느니라."고 해석했다. 남북한 간의 사이가 더 벌어지는 원인이 미국과 중국 마귀의 다툼 때문이라는 뜻이다. 본문 중의 용사(龍蛇)는 앞의 1. 남사고비결(南師古秘訣) p21과 3. 계룡론 p5에 이어서 또다시 사용되고 있다. 1. 남사고비결 p1 참고주해에서 설명한 것처럼 이 예언서에 등장하는 모든 짐승들은 성경과 똑같은 방법에 의해 어떤 실존하는 존재를 상징한다. 성경에서 양이 그리스도를 상징하고, 염소가 마귀와 그리스(헬라)를 상징(단8:21)하는 것처럼 이 예언서에서는 소가 선지자를 상징하고, 다른 짐승들도 마찬가지로 각각 사람이나 나라를 상징한다. 용(龍)은 앞에서 설명한 것처럼 마귀와 미국을 상징한다. 그것은 성경의 "용처럼 말하는 짐승"(계13:11)이 미국을 상징하는 것과 같다. 용(龍)을 미국으로 보는 것처럼 뱀 사(蛇)를 중국으로 해석하는 것 또한 성경의 말씀에 근거한 것이다. 아래에 기술한 이사야 27:1이 중국과 미국을 함께 상징과 비유로 표현한 계시이다.

"그 날에 여호와께서 그 견고하고 크고 강한 칼로 날랜 뱀 리워야단 곧 꼬불꼬불한 뱀 리워야단을 벌하시며 바다에 있는 용을 죽이시리라."

위에 기술한 말씀 중의 '날랜 뱀'은 공격성이 강해 싸우기를 잘하는 이 짐승의 성품을 나타낸다. 그런데 이 뱀에게는 이름까지 있다. '날랜 뱀 리워야단'이라고 불린다. 이놈도 또한 한 나라를 상징한다. 그러므로 이 짐승은 싸움하기를 잘하는 나라가 분명하다. 그렇다면 어떤 나라인가? 그다음의 말씀 '곧 꼬불꼬불한 뱀 리워야단'이 그 해답이다. 먼저 '리워야단'이라는 말씀을 분석해 보자. '리워'는 중국인의 성씨(姓氏)를 가리키는 것이고, 중국어로 '야단(惹端)'은 야단맞는다, 난리를 친다는 의미이다. 즉, 중국인이 세상 안에서 난리를 치고 있다는 뜻이 된다. 만리장성은 중국을 상징하는데, 그 만리장성을 하늘에서 내려다보면 그야말로 '꼬불꼬불한 뱀'의 형상을 하고 있으므로 이 말씀 또한 중국을 비유한 말씀이라고 해석할 수 있다. 또 중국은 본래부터 용을 숭배하는 전통을 지니고 있는 사회이고, 전쟁을 일삼아 왔다. 지금은 미국을 따라서 강대국으로 부상하고 있지만, 실제로는 미국과 같은 힘을 지니지 못한 채 여전히 용이 되지 못한 뱀에 머물러 있다. 즉 아직도 땅에서 기어다니는 '꼬불꼬불한 뱀' 인 것이다. 그리고 이 성경의 말씀 중의 '바다에 있는 용'은 계시록의 '용처럼 말하는 짐승'과 마찬가지로 미국을 의미한다.

이와 같은 성경의 말씀을 근거로 본문의 용사(龍蛇)를 미국과 중국의 상징으로 본 것이다. 그러므로 본문의 마동(魔動) 즉, '마귀가 움직이니'는 미국과 중국이 대립한다는 의미이고, '삼팔선이 더 멀어지니'는 그로 인해서 남북한의 관계가 더 멀어졌다는 뜻이다. 그러므로 남북한의 관계가 갈수록 더 멀어지는 원인이 그 두 나라가 자국의 이익에 따라 남북한 문제를 두고 대립하기 때문이라는 것이다. 지금 미국의 행정부가 그 어느 때보다 더 강력하게 북한에게 핵을 포기하라며 무력시위를 하고 있고, 중국은 북한의 위협에 대처하기 위해서 미국의 사드 미사일을 반입을 허용하는 남한에게 부당한 경제제재를 취하면서 북한의 핵 문제를 해결하려는 적극적인 의지를 보이지 않고 있다. 이런 불협화음이 곧 전쟁의 상황으로 빠져드는 결과를 일으키게 될 것이다.

그다음 ③"검은 연기가 하늘에 가득한 가운데 가을바람의 낙엽처럼 떨어지니라."는 이미 1. 남사고비결 p6의 "물이 하늘로 오르고 불이 땅에 쏟아져"와 함께 연관해서 보면 남북한 간의 전쟁에 대한 계시임을 알 수 있다고 설명했다. 여기서 '가을바람의 낙엽처럼 떨어'진다는 표현은 수없이 많은 사람들이 죽어가는 상황에 대한 비유임이 분명하다. 사람들이 '가을바람의 낙엽처럼' 떨어져 죽는 상황이라면 그것은 엄청난 파괴력을 지닌 무기의 폭발 때문일 것이다. 그러므로 3. 계룡론 p6 5절의 天地震動花朝夕(천지진동화조석)과 p7 1절의 江山熱蕩鬼不知(강산열탕귀부지)에서 암시한 수소폭탄의 폭발로 인한 상황임을 한 번 더 분명하게 암시한 것임을 알 수 있다. (이 예언서의 마지막 장 60. 갑을가 p47의 마지막 소절에서 이 무기가 원자탄임을 밝히고 있다.)

④"적이 이기고 그런 후 짐을 지우니"는 앞에서 말한 전쟁의 결과처럼 보인다. 즉, 남북한 전쟁에서 핵무기를 사용한 북한군이 남한의 군대를 완전히 괴멸시키고, 남쪽 땅을 다 점령한 것이 아닌가 하고 생각할 수 있다. 그러나 그것은 예언문을 너무 단순하게 이해하는 것이다. 이어지는 '십자가 성도들의 집도 혼돈에 빠지리라.'는 말씀은 이 전쟁이 남북한 간의 전쟁이 아님을 보여주고 있다. 그 이유는 이 말씀 중의 '성도들의 집'은 남북한 간의 전쟁이 일어나는 시점에 세상 어느 곳에도 존재하지 않으며, 핵폭탄이 폭발한 뒤에 이 땅이 환란에 빠진 상황에서 처음으로 나타나기 때문이다. [참조; 60. 갑을가 p38 5절 참고주해] 그러므로 이 말씀은 이 땅에서 성도들의 모임이 나타나고 한참 뒤에 일어나는 다국적군과 이스라엘군 간의 전쟁의 결과에 대한 계시이며, 다국적군이 이스라엘군을 괴멸시키고,

이스라엘에게 부당한 요구를 한다는 의미이다. 다시 말해서 이 말씀은 남북한 전쟁이 끝나고 시작되는 칠십이레가 완전히 성취된 후에 일어나는 이스라엘과 다국적군 간의 전쟁에 대한 계시인 것이다.

이 단락에서 남북한의 전쟁과 이스라엘과 다국적군 간의 전쟁이 서로 다른 시점에 발발하게 됨에도 같은 전쟁인 것처럼 혼재해서 계시했는데, 그 이유는 남북한의 전쟁이 세상의 종말을 일으키는 이스라엘과 다국적군 간의 전쟁의 단초가 되기 때문이다. 다시 말해서 세상 종말이 남북한 전쟁으로 비롯된다는 뜻이다.

(4) 1四年何生兵火往來. 2何日休劫. 3人來詳解知. 4祭堂彼奪此散隱居. 5 四街路上聖壽何短.

(사년하생병화왕래. 하일휴겁. 인래상해지. 제당피탈차산은거. 사가로상 성수하단.)

해석문: ①사 년을 어찌 살까? 포탄이 왔다 갔다 하니, ②어떻게 하루를 겁을 내지 않고 편히 보낼 수 있겠는가? ③사람들이 찾아와서 상세히 자초지종을 알게 하고, ④제당을 빼앗긴 뒤에 흩어져 은밀히 숨어지내리라. ⑤네거리 길 위의 성인의 수명이 어찌하여 그리 짧단 말인가?

참고주해: ①"사 년을 어찌 살까? 포탄이 왔다 갔다 하니"라고 한 것은 북한이 일으킨 전쟁이 4년 동안 지속된다는 계시이다. 그러나 남한 정부가 무너졌기 때문에 미군과 미군의 지휘를 받는 잔존하고 있는 한국과 북한군 간의 전쟁이 4년 동안 지속된다. 북한의 전 국토가 초토화돼 결국 북한 정권도 망하게 되며, 중국이 이 전쟁에 개입하면서 결국 강대국인 미국과 중국의 전쟁으로 비화된다. [참조;

40. 삼팔가 p3, p4] "포탄이 왔다 갔다 하니"라는 이 전쟁의 상황에 대한 표현이고, 여기서 이용되는 무기는 재래식 무기인 총포가 아니라 대량 살상이 가능하고, 사정거리도 멀리 날아가는 미사일 같은 무기임을 알 수 있다. 왜냐하면,

②"어떻게 하루를 겁을 내지 않고 편히 보낼 수 있을까?"라는 표현이 이 전쟁의 상황이 국지전이 아니라 가공할 파괴력을 지닌 무기에 의한 전방위적인 것임을 보여주기 때문이다

③"사람들이 찾아와서 상세히 자초지종을 알게 하고"는 누군가가 사람들이 꼭 알지 않으면 안 되는 중요한 문제를 자세히 알려 준다는 의미이다. 누가 무엇을 알려주는 것일까? 그것은 남북한 전쟁이 아닌 또 다른 전쟁에 대한 상황을 알려주는 것이며, 사람들이 꼭 알지 않으면 안 되는 일은 이스라엘에서 일어나는 일들이다.

본문의 ④"제당을 빼앗긴 뒤에" 라고 한 말씀이 이를 뒷받침한다. 왜냐하면, 이 말씀은 성전이 세상 나라들에 의해서 모독되는 사건을 가리키는 것이기 때문이다. 즉, 아래의 그리스도께서 말씀한 사건이 일어났다는 뜻이다.

"그러므로 너희가 선지자 다니엘의 말한바, 멸망의 가증한 것이 거룩한 곳에 선 것을 보거든 읽는 자는 깨달을진저," 마24:15

그러므로 같은 구절 "뒤에 흩어져 은밀히 숨어지내리라."고 한 말씀은 이스라엘을 침략하여 성전을 모독한 세상의 권세를 잡은 자들이 그들의 악행에 동조하지 않고, 하나님의 심판이 있게 됨을 경고하는 성도들에 대한 핍박을 시작했음을 보여주는 것이다. 다시 그리스도의 말씀을 읽어보자.

"그때 사람들이 너희를 환난에 넘겨 주겠으며 너희를 죽이리니, 너희가 내 이름을 위하여 모든 민족에게 미움을 받으리라." 마24:9

왜 제단을 빼앗긴다는 본문의 상황을 이스라엘에서 일어나는 사건으로 보아야 하는가 하고 의문을 갖게 된다. 왜 그럴까? 그 이유는 하나님께 제사 드리는 제단은 오직 이스라엘에만 있기 때문이다. 그러므로 이 본문이 설명하는 상황은 한국에서 일어나는 사건에 대해서가 아니라 이스라엘에서 일어나는 사건에 대한 계시이다. 하나님께서 선지자를 통해 한국 땅에 성도들의 나라 동방국을 세우신다. 그러나 제사를 올리는 제단은 세우시지 않는데, 왜냐하면 앞에서 말한 것처럼 제단은 예루살렘 성전 안에만 세워질 수 있기 때문이다. (왕상9:3) 그러므로 제단을 빼앗겼다는 것은 당시의 이스라엘에 성전이 이미 세워져 있는 상태이고, 이스라엘 백성들이 그들의 조상들처럼 하나님께 거룩한 제사를 드리고 있는 상황이었다는 것을 보여주는 것이다.

현재 이스라엘에는 제단이 있는 거룩한 성전이 세워져 있지 않다. 그러나 이제 곧 정해진 때에 예루살렘 성과 성전이 다시 세워진다. 거룩한 성 예루살렘과 성전의 재건축은 다니엘서의 칠십이레(칠십이레는 70주(週)를 이른다. 칠십이레에 대한 주해는 같은 장 p25 참조)에 계시되어 있다. 칠십이레란 하나님께서 성도들의 구원과 악의 세계의 멸망을 위해서 정하신 기간이다. 본문은 이 기간에 선지자가 이스라엘 백성들을 이끌고 성전 재건축의 일을 이루었다는 것을 암시하고 있다. 성경은 이 일을 여러 곳에서 예언하고 있는데, 아래의 스가랴서 6:15의 말씀을 보겠다.

"먼 데 사람이 와서 여호와의 전을 건축하리니, 만군의 여호와께서 나를 너희에게 보내신 줄을 너희가 알리라. 너희가 만일 여호와 말씀을 청종할진대 이같이 되리라."

이 말씀 중의 "먼 데 사람이" 이 땅에서 나오는 선지자이다. 그는 이 일을 위해서 하나님으로부터 부르심을 받은 사람이다. 그러므로 성전 재건축은 선지자가 두 번째로 세상에 나타나는 2024년과 2025년에 시작될 것이다. 그리고 이 일은 남북한 전쟁이 종결된 후에 일어나는 일임을 짐작할 수 있는데, 그 이유는 2019년에 일어나는 이 전쟁이 2023년까지 지속되기 때문이다. [참조; 19. 궁을론 p19, 54. 송가전 p6, 55. 승운론 p1 참고주해] 그러므로 제단이 적들에게 빼앗겼다는 것은 성전이 완성되는 2026년 이후에 일어나는 사건이다. 예루살렘 성전이 세워지는 시점인 2024년과 2025년에는 앞에서 말한 것처럼 미국과 중국 간의 전쟁도 벌어진다. 남한이 북한의 핵무기 공격을 받은 뒤에 무너지자 중국이 북한을 점령하고 남한 땅까지 점령할 의도로 남침을 감행하여 미국과의 충돌을 일으키면서 결국 두 나라 간의 전면적인 전쟁으로 돌입하게 되는 것이다. 중국은 이 전쟁에서 패배할 것이며, 그런 후 남북은 통일 국가를 이루게 된다. [참조: 미중간의 전쟁과 남북통일은 40. 삼팔가 p3, 4에 계시됨] 이 미중간의 전쟁은 전 세계인들에게 인류를 멸망시키는 제3차 세계대전으로 비화될지 모른다는 두려움에 빠지게 할 것이다. 이런 일련의 과정을 그리스도께서 마24:6~8에서 다음과 같이 미리 밝히셨다.

"난리와 난리 소문을 듣겠으나 너희는 삼가 두려워 말라. 이런 일이 있어야 하되 끝은 아직 아니니라.
민족이 민족을 나라가 나라를 대적하여 일어나겠고 처처에 기근과

지진이 있으리니,

　이 모든 것이 재난의 시작이니라.”

⑤“네거리 길 위의 성인의 수명이 어찌하여 그리 짧단 말인가?”는 선지자가 그 성전 재건축의 일을 이루는 옳은 일을 한 뒤에 세상 사람들에 의해서 죽임을 당했다는 뜻이다. 선지자의 죽음은 성전모독 사건이 일어난 뒤에 있게 된다.

(5) 1可憐人生. 2末世聖君湧天朴. 3獸衆出人變心化. 4獄苦不忍逆天時. 5 善生惡死審判日.

　(가련인생. 말세성군용천박. 수중출인변심화. 옥고불인역천시. 선생악사 심판일.)

해석문: ①불쌍한 인생들아! ②말세의 성군은 용맹한 하늘의 박혁거세니, ③짐승의 군중들로부터 나와 사람으로 바뀌었고 마음이 변화 됐네. ④옥고를 참지 못하고 하늘의 뜻을 거역할 때, ⑤선한 자는 살고 악한 자가 심판을 받는 날,

참고주해: ①“불쌍한 인생들아!” 하고 외친 것은 선지자를 죽인 그 사람들의 행위가 돌이킬 수 없는 불행한 결과를 가져 왔다는 탄식인 것이다.

②“말세의 성군은 용맹한 하늘의 박혁거세니”는 선지자가 알에서 태어난 박혁거세처럼 세상의 알을 깨고 새로운 하나님의 사람으로 거듭 태어났다는 의미이다.

③“짐승들로부터 나와 사람으로 바뀌”었고는 하나님의 사람으로 변화됐다는 의미이다. 이미 설명한 것처럼 짐승은 세상에 속한 사람을 의미한다. [참조: 1. 남사고비결 p33 및 2. 세론시 p20 참고주해] 그

러므로 짐승이었던 선지자가 하나님을 아는 사람으로 변화됐다는 것
이다.

④"감옥을 참지 못하고 하늘의 뜻을 거역할 때"는 그가 세상에서 받
게 될 핍박을 가리키는 것이고, 그것을 이기지 못하고 하늘의 뜻을
거역해서는 안 된다는 경고의 말씀이다.

⑤"선한 자는 살고 악한 자가 심판을 받는 날"은 아래의 p6의 첫 구
절과 이어져 한 문장을 이루고 있다.

(6) 1死中求生有福者. 2是亦何運. 3林將軍出運也. 4天定此運亦悲運. 5
十二神人各率神兵.

(사중구생유복자. 시역하운. 임장군출운야. 천정차운역비운. 십이신인각
솔신병.)

해석문: ①죽음 가운데서 생명을 구한 외아들은 ②그렇게 되면 어떤
운명이 되겠는가? ③임 장군이 출현하는 운이라네. ④하늘이 정하
신 그다음 운은 슬픈 운이라네. ⑤열두 하나님의 사람들(神人)이 각
각 하나님의 군대를 인솔하는데,

참고주해: 이 단락의 ①절은 앞의 p5의 마지막 구절과 연결된 한 문
장이다. "죽음 가운데서 생명을 구한 외아들은" 선지자의 외아들이
죽음 가운데 있을 때 하나님의 은혜로 생명을 구했다는 뜻이다. 이
어서 "그렇게 되면 어떤 운명이 되겠는가?" 하고 반문하는 것은 앞
의 p5의 마지막 구절 "감옥을 참지 못하고 하늘의 뜻을 거역할 때,
선한 자는 살고 악한 자가 심판을 받는 날," 그의 외아들 또한 악한
자가 받는 불행한 운명에 빠질 수 있다는 경고의 말씀이다. 즉, 선
지자에게 그의 외아들을 위해서라도 하늘의 뜻을 따라야 한다는

권면의 말씀인 것이다.

그러므로 이 문장의 내용은 선지자가 예루살렘 성전을 세우기 이전에 세상에 나와 받게 되는 고난을 설명하고 있다. 그가 받는 이 고난은 정해진 운명이기 때문에 스스로 피할 수 없는 것이다. 선지자가 이런 고난을 참고 이기게 되면,

③절의 "임 장군이 출현하는 운"이 나타난다. 임장군(林將軍)의 수풀 임林은 성씨가 아니라 성도들을 상징하는 나무숲을 의미한다. 따라서 성도들 가운데서 나온 장군이라는 뜻이다. [참조; 56. 도부신인의 p8의 흑비공자 참고주해] 이 사람은 장차 우리 민족의 통일을 이루고 세상의 모든 나라를 완전하게 멸망시키는 전무후무한 위대한 전쟁영웅이 될 것이다. 이 사람에 대해서 사41:2~4에 다음과 같이 기록되어 있다.

"누가 동방에서 사람을 일으키며 의로 불러서 자기 발 앞에 이르게
하였느뇨? 열국으로 그 발 앞에 굴복게 하며 그로 왕들을 치리하게
하되, 그들로 그의 칼에 티끌 같게, 그의 활에 불리는 초개 같게 하매,
　그가 그들을 좇아서 그 발로 가보지 못한 길을 안전하게 지났나니,
　이 일을 누가 행하였느냐? 누가 이루었느냐? 누가 태초부터 만대를
명정하였느냐? 나 여호와라. 태초에도 나요, 나중 있을 자에게도 내가
곧 그니라."

그러므로 이 사람은 이 땅의 하나님의 나라인 동방국에서 나온다. 그의 그런 운명을 "그다음 운은 슬픈 운"이라고 표현했다. 왜냐하면, 그의 손에 의해서 수없이 많은 악인들이 죽게 될 것이기 때문이다. 그에게는,

⑤"열두 하나님의 사람들(神人)"은 임 장군의 휘하에 있는 하나님의

종들이다. 이들이 "각각 하나님의 군대를 지휘"한다.

(7) 1當數一二先定. 2此數一四四之. 3全田之數. 4新天新地別天地. 5先擇
之人不受皆福.

(당수일이선정. 차수일사사지. 전전지수. 신천신지별천지. 선택지인불수
개복.)

해석문: ①먼저 열둘을 먼저 선정하고, ②그다음에 일백사십사 명을 ③
전체 성도들의 모임 수대로 뽑을 것이라. ④새 하늘과 새 땅의 다른 하
늘과 땅이라. ⑤먼저 택함을 받은 사람들은 다 복을 받지 못할 것이나,

참고주해: 여기서 임 장군이 이끄는 하나님의 백성들의 군대가 만들
어지는 상황을 표현하고 있다.

①"먼저 열둘을 먼저 선정하고"는 앞의 p6절의 十二神人(십이신인)
을 선정한다는 뜻이다. 여기서 신인(神人)은 선지자의 사도들을 의
미한다. 하나님께서 이스라엘의 열두 지파를 세우시고, 그리스도께
서 열두 제자를 선정해서 사도로 세우셨던 것과 같이 하나님께서
이 땅에 세우시는 동방국에도 열두 명의 사도를 세우신다.

②"그다음에 일백사십사 명을"은 앞에서 말한 열두 신인이 각각 인솔
하는 신병들이고, 그 전체 군사들의 수는 1,728명이다. 이들을 뽑을
때는,

③"전체 성도들의 모임 수대로 뽑을 것이라."고 했다. "전체 성도들
의 모임 수"는 선지자를 따르는 각 처에 있는 성도들의 모임을 말하
는 것이다. 그렇기 때문에 이스라엘의 지파의 수와 같은 개념은 아
니고, 지역 단위의 교회를 가리키는 것이다. 이렇게 뽑힌 사람들이
앞의 p6 3절에서 계시한 임 장군의 군사들이 된다.

④"새 하늘과 새 땅의 다른 하늘과 땅이라." 환난이 끝난 이후의 세계는 자연 생태계가 완전히 바뀌어 앞에서 설명한 것과 같이 지금의 세계와는 전혀 다른 생태계를 지닌 세계로 변하게 된다.

⑤"먼저 택함을 받은 사람들은 다 복을 받지 못"한다는 것은 그들 중에 선지자를 배신하는 자들이 있다는 뜻이다.

(8) 1中擇之人受福之人. 2后入之人不福亡. 3用中生涯抱琴聲. 4淸歌一曲灑精神. 5勿思十處十勝地.

(중택지인수복지인. 후입지인불복망. 용중생애포금성. 청가일곡쇄정신. 물사십처십승지.)

해석문: ①중간에 택함을 받은 사람들은 복을 받는 사람들이고, ②나중에 들어온 사람들은 복을 받지 못하고 망하리라. ③중간에 생명을 얻은 자들의 쓰임은 물가에 둘러서서 거문고를 타고 노래하는 것이라. ④한 곡의 노래를 청아하게 불러 정신을 소제(掃除)하리라. ⑤근심하지 말라 십처(十處)는 십자가 승리의 땅이라.

참고주해: ②"나중에 들어오는 사람들이 복을 받지 못하고 망하리라."는 2. 세론시 p27에서 설명한 세 시기 중 나중 시기에 들어온 사람들이 죽게 된다는 뜻이다. 이들의 죽음은 정해진 것이다. 이들은 죽음으로 순교하는 사람들이며, 세상을 완전히 멸망시키는 하나님의 진노의 심판을 일으키게 한다.

"중간에 생명을 얻은 자들의 쓰임은 물가에 둘러서서 거문고를 타고 노래하는 것이라." 이 구절의 상황은 계시록 15:2~4을 연상시킨다.

"또 내가 보니 불이 섞인 유리 바다 같은 것이 있고 짐승과 그의 우상과 그의 이름의 수를 이기고 벗어난 자들이 유리 바다 가에 서서

하나님의 거문고를 가지고,

하나님의 종 모세의 노래, 어린 양의 노래를 불러 가로되, 주 하나님 전능하신 이시여, 하시는 일이 크고 기이하시도다. 만국의 왕이시여 주의 길이 의롭고 참되시도다.

주여, 누가 주의 이름을 두려워하지 아니하며 영화롭게 하지 아니하오리이까? 오직 주만 거룩하시니이다. 주의 의로우신 일이 나타났으매 만국이 와서 경배하리이다 하더라."

⑤"근심하지 말라."고 한 것은 하나님의 백성들은 온 세상이 멸망하는 상황에 처해 있어도 앞날을 걱정하지 말라는 것이다. 그러므로 성도는 무슨 일이 있어도, 그리고 어떤 상황 속에서도 근심해서는 안 된다. 근심은 하나님에 대한 불신이기 때문이다. 성도들이 승리하는 곳을 의미하는 "십처(十處)"는 정해진 곳이 아니며, 십자가 승리의 땅이" 곧 십처이다.

(9) 1獨利在弓弓之間. 2申酉兵四起. 3戌亥人多死. 4寅卯事可知. 5辰巳聖人出. 6午未樂堂堂.

(독리재궁궁지간. 신유병사기. 술해인다사. 인묘사가지. 진사성인출. 오미락당당.)

해석문: ①오직 이로움은 하나님의 종들 사이에 있네. ②신유(申酉)년에 병사들이 사방에서 일어나고, ③술해(戌亥)년에 많은 사람들이 죽으리라, ④인묘(寅卯)년에 그 일을 알게 되리라. ⑤진사(辰巳)년에 성인이 나오니 ⑥대낮이 아님에도 집집마다 즐거워하리라.

참고주해: ①"오직 이로움은 하나님의 종들 사이에 있네."라는 것은 어떠한 상황 속에서도 성도들은 하나님만을 생각하고 근심과 염려를 해서는 안 되고, 하나님의 종들의 보호를 받으면서 믿음을 지켜

야 한다는 뜻이다.

②절의 '신유(申酉)년'은 병신(丙申; 2016)년과 정유(丁酉; 2017)년이다. "병사들이 사방에서 일어" 난다는 말씀은 지금도 세상 곳곳에서 빈번하게 일어나고 있는 테러 사건들을 가리키는 것이다. 2016년에 들어오면서 이슬람 무장세력과 정치 또는 종교적인 신념에 따른 많은 테러분자들이 세상 여러 나라에 무차별적으로 테러를 자행해 왔다. 그리고 군대의 반란도 일어난다는 뜻이며, 이런 사건들이 2017년까지 지속된다.

③"술해(戌亥)년에 많은 사람들이 죽으리라."의 '술해(戌亥)년'은 무술(戊戌; 2018)년과 기해(己亥; 2019)년이다. 이때 '많은 사람들이 죽으리라'고 한 것은 앞의 p3에서 "검은 연기가 하늘에 가득 찬 가운데 가을바람의 낙엽처럼 떨어지니라."를 상기시키는 말씀이며, 수없이 많은 사람이 죽어가는 남북한 전쟁의 상황을 암시하는 말씀이다. 어찌 됐든 이 격암유록은 남북한 간의 전쟁이 있다는 것을 분명하게 계시하고 있다. (남북한 간의 전쟁에 대한 계시는 1. 남사고비결 p6, 5. 말운론 p3, 55. 승운론 p1, 40. 삼팔가 p3, 60. 갑을가 p47, 21. 은비가 p22 및 19. 궁을론 p19 등에 계시됨.)

④절의 "인묘(寅卯)년"은 임인(壬寅; 2022)년과 계묘(癸卯; 2023)년이다.

"그 일을 알게" 된다는 것은 하나님께서 정하신 어떤 미래의 일들을 분명하게 알게 된다는 의미이다. 하나님께서는 정하신 장래의 모든 일을 선지자에게 다 밝히신 가운데서 이루신다. (암3:7). 그러므로 선지자가 그 일을 알게 된다는 것은 하나님께서 장래의 모든 일들을 선지자를 통해서 세상 사람들에게 전하신다는 의미이다.

⑤"진사(辰巳)년"은 갑진(甲辰; 2024)년과 을사(乙巳; 2025)년이다. 이때 "성인이 나오니"는 선지자가 세상 사람들에게 나타났다는 뜻이다. 선지자는 세 번 변화되어 사람들에게 나타나는데, 이때는 두 번째이다.

첫 번째는 하나님의 성령이 그에게 임하심 뒤에 환난에 빠진 이 땅의 사람들에게 성령의 놀라운 이적과 기사를 행하면서 그리스도의 말씀을 대언하고 하나님의 나라의 기초를 세우는 일을 이룬다.

두 번째는 그가 어린양의 혼인 잔치를 통해서 그리스도와 하나가 됨을 통해 세 분 하나님 중의 한 분이 되어 하나님의 권능을 행하는 완전한 구원자로 세상에 나타나는 것이다. [참조; 1. 남사고비결 p31의 2절]

세 번째는 선지자가 세상 사람들의 손에 육축과 같이 죽임을 당하고[참조; 5. 말운론 p83 2절 白虎射殺之(백호사살지) 참고주해], 부활한 후에 세상에 다시 나타나는 때이다. [참조; 59. 말중운 p36 4절 鄭氏再生(정씨재생)알리로다. 참고주해]

⑥"대낮이 아님에도 집집마다 즐거워"한다고 했는데, 왜 사람들은 선지자가 나타나는 것을 보고 기뻐하는 것일까? 이 구절을 올바르게 이해하는 것이 중요하다. 본문의 '대낮이 아님'은 선지자가 어둠 가운데 있는 사람들에게 모습을 보였다는 의미가 아니다. 그것은 전쟁으로 인한 환난이 아직 다 끝나지 않았다는 의미이며, 중국군의 침략으로 인한 전쟁의 공포가 사람들을 여전히 짓누르고 있다는 것을 보여준다. 그런 가운데서 선지자가 완전한 구원자로 이 땅의 사람들에게 나타나자 모두가 기뻐하며 그를 맞게 되었다는 뜻이다.

(10) 1小頭無足飛火落地. 2隱居密室依天兵. 3掀天勢魔自躊躇. 4欲死欲走永無得. 5不知三聖無福歎.

(소두무족비화락지. 은거밀실의천병. 흔천세마자주적. 욕사욕주영무득. 부지삼성무복탄.)

해석문: ①작은 머리에 다리가 없는 불이 날라와 땅에 떨어지리라. ② 밀실에 숨어 살며 하늘의 병사들에 의지하라. ③하늘을 뒤흔든 세력은 마귀가 자기 마음대로 한 것이라. ④죽고 싶어도 달아나고 싶어도 아무것도 얻지 못하리라. ⑤세 가지 성스러움을 모르면 복을 받지 못하는 탄식할 운이라.

참고주해: 이 5. 말운론 p1의 "小頭無足飛火落地(소두무족비화낙지; 작은 머리에 다리가 없는 불이 날라와 땅에 떨어지리라)가 이 단락에서 다시 나왔는데, 이것은 별이 지구와 충돌하는 재앙이 멀지 않은 장래에 반드시 있게 된다는 것을 강조한 것이다. 이 재앙이 시작되는 시점은 앞의 p4에서 설명한 거룩한 제단이 적에게 빼앗기는 사건이 있고 난 이후이며, 먼저 선지자가 속죄의 제물로 죽임을 당하고 부활하여 승천했다가 다시 세상에 돌아와서 온 세상에 복음을 전파하고 난 뒤에 많은 성도들이 순교하는 사건이 발생되면서 일어나게 될 것이다.

②"밀실에 숨어 살며 하늘의 병사들에 의지하라." 앞에서 말한 그런 환난 속에서 살길은 하나님의 병사들에게 의지하는 것이다. 이 하늘의 병사들은 같은 장 p7에서 밝힌 선지자의 12 사도가 각각 통솔하는 144명의 군사를 의미한다. 이들은 어느 곳에 있든지 해를 당하지 않으며, 하나님의 권능이 이들로부터 나타나기 때문에 세상 안의 어느 누구도 이들을 대적할 수 없다. 그러므로 그들과 함께 있으면

언제나 안전하므로 그들에게 의지하라고 말씀한 것이다.

④"죽고 싶어도 달아나고 싶어도 아무것도 얻지 못하리라."고 한 말씀은 계9:6과 일치한다. 아래에 기술했다.

"그 날에는 사람들이 죽기를 구하여도 얻지 못하고, 죽고 싶으나 죽음이 저희를 피하리로다."

⑤"세 가지 성스러움을 모르면 복을 받지 못하는 탄식할 운이라."는 세 분 하나님의 성스러움을 의미한다. 즉, 아버지 하나님과 예수 그리스도와 선지자의 성스러움을 깨달아야 한다는 뜻이다. 그분들의 성스러움을 알지 못한다는 것은 짐승에게 속해 있다는 뜻이기 때문에 복을 받을 수 없고, 따라서 세상과 함께 멸망할 수밖에 없는 운명이어서 "탄식할 운"이라는 것이다.

(11) 1此運西之心. 2彼賊之勢哀悽然. 3山岩隱之身掩. 4衆日光眼不閉目. 5四九之運百祖一孫.

(차운서지심. 피적지세애처연. 산암은지신엄. 중일광안불폐목. 사구지운백조일손.)

해석문: ①다음 운의 서양의 마음은 ②적의 세력이 되리니 애처롭고 가련하구나. ③산속의 암자에 몸을 숨기니, ④대중은 대낮의 빛으로도 눈을 감고 있어 볼 수가 없구나. ⑤49의 운은 백 조상 가운데 자손이 하나인 운명이라.

참고주해: ①"다음 운의 서양의 마음" 중의 "다음 운"은 이 세계가 끝난 뒤의 새로운 시대의 운이라는 뜻이며, 성경의 천년시대를 가리킨다. 그러므로 천년시대의 서양인의 마음이란 의미이며, 그때 서양인은 이

전과 같이 적의 세력이 되어 영원히 멸망하니 애처롭고 가련하다는 뜻이다.

②"산속의 암자에 몸을 숨기니" 세상이 멸망의 심판을 받고 있을 때 사람들은 하늘에서 불이 떨어지는 재앙의 원인이 자신들의 죄라는 것을 깨닫고 가슴을 치며 회개하는 대신에 재앙을 피한다면서 산속의 암자로 몸을 숨긴다. 세상 사람들은 멸망의 재앙을 당하고 있으면서도 여전히 자신의 죄악을 마음으로 깨닫지 못한다는 것이다.

⑤"49의 운은 백 조상 가운데 자손이 하나인 운명"의 49는 선지자를 가리키는 숫자이다. [참조; 58. 말초가 p17 4절] 선지자의 정해진 운이 불행하게도 그 자신의 권육들마저 멸망의 재앙을 피하지 못하게 된다는 계시이다.

(12) 1龍蛇發動雙年間. 2無罪之定三數. 3不忍出獄悲運一四數. 4不足之投火滅之後. 5後生之集合合之運.

(용사발동쌍년간. 무죄지정삼수. 불인출옥비운일사수. 부족지투화멸지후. 후생지집합합지운.)

해석문: ①미국과 중국이 발동하는 2년간에 ②죄가 없음에도 세 번을 정죄 받으리라. ③인내하지 못하고 옥에서 나오면 비운이니 열네 번, ④다리 없는 것이 떨어져 불로서 멸망하면 후회하리라. ⑤그 후 살아남은 자들이 함께 모이고 모이는 운명이네.

참고주해: ①"미국과 중국이 발동하는 이년 간에"의 '발동(發動)'은 두 나라가 북한의 핵무기 개발 문제와 남한의 사드 미사일 도입 문제를 놓고 서로 다른 목소리를 내고, 국제사회에서 경쟁하는 관계가 된다는 의미이다. 트럼프 행정부가 들어와서 북한의 핵무기 개발을

군사적 행동을 포함한 모든 가용 수단을 동원해 반드시 저지하겠다고 선언했고, 중국은 사드 문제를 두고 남한의 주권마저 무시하면서 내정간섭을 일삼고 있다. 중국의 이런 행동은 한국이 역사적으로 자신들의 영토의 일부였다는 잘못된 역사 인식과 그들의 팽창주의적 대국주의 민족성 때문이다. 그러므로 중국과 미국은 모든 국제 문제에서 서로의 의견을 달리할 수밖에 없는 운명이며, 앞으로 남북한 문제를 놓고 다투면서 서로의 관계가 더욱 악화될 것이다. 본문의 '2년간'에는 바로 이런 시기를 가리키는 것이다. [중국과 미국 간의 전쟁은 40. 삼팔가 p3 및 p4 참조]

②"죄가 없음에도 세 번을 정죄 받으리라."고 한 것은 선지자가 그 2년간에 세상 사람들에 의해 죄인과 같이 심판을 받고 옥살이를 한다는 뜻이다. 그 이유는 이 책을 읽으면 그것이 그의 운명임을 깨닫게 될 것이다.

③"인내하지 못하고 옥에서 나오면 비운이니 열네 번" 선지자가 이 핍박을 이기지 못하고, 고난을 회피하고자 옥에서 스스로 나온다면 그것은 그 자신만이 아니라 세상 모든 사람들에게 불행한 일이 된다. 그것은 그가 그리스도께 대한 믿음을 스스로 저버린 행동이므로 이 세상은 하나님의 마지막 심판을 받고 멸망할 수밖에 없다. 왜냐하면, 이 세대의 사람들 가운데 하나님을 아는 사람이 아무도 없기 때문이다. 아직까지 하나님께서 이 세상을 남겨두고 계시는 것은 그 한 사람을 통해서 많은 열매를 거두고자 하는 하나님의 구속의 일을 이루시기 위해서인 것이다. 성경은 이런 사실을 많은 곳에서 말씀하고 있다. (사42:1~4 및 요7:16~17) 그는 언약의 사람이며 그리스도를 믿음으로서 그분의 종이 된 그리스도의 몸에서 난 가지이다.

"나는 포도나무요, 너희는 가지니, 저가 내 안에 내가 저 안에 있으면 이 사람은 과실을 많이 맺나니, 나를 떠나서는 너희가 아무것도 할 수 없음이라.

사람이 내 안에 거하지 아니하면 가지처럼 밖에 버리워 말라지나니, 사람들이 이것을 모으다가 불에 던져 사르느니라." 요15:5, 6

그러므로 선지자가 잠시 겪어야 하는 옥살이를 이기지 못하고 스스로 나온다면 그것은 그리스도의 가지로서의 역할을 다하지 못한 것이며, 따라서 그리스도께서 경고하신 말씀과 같이 그와 세상은 불살라질 수밖에 없다. '열네 번'은 다음 구절의 '다리 없는 것이 떨어'지는 숫자를 의미한다.

④"다리 없는 것이 떨어져 불로서 멸망하면 후회하리라."의 '다리 없는 것'은 지구와 충돌하는 별을 가리키는 것이다. 선지자가 그런 하나님의 뜻을 깨닫고도 그 뜻을 거역했을 때 세상은 열네 번 하늘에서 별이 떨어져 완전히 멸망한다는 경고이다.

(13) 1滿數之飮. 2鄭氏黎民多少不計. 3受福之世一六好世. 4壬三之運或悲或喜. 5仁富之間夜泊千艘.

(만수지음. 정씨여민다소불계. 수복지세일육호세. 임삼지운혹비혹희. 인부지간야박천소.)

해석문: ①만 번을 마시네. ②정씨의 백성들은 많고 적음을 셀 수는 없으나, ③복을 받는 세상은 열여섯 번 좋은 세상이라. ④임삼(壬三)년의 운은 어떤 이는 슬퍼하고 어떤 이는 좋아하네. ⑤어진 이와 부자의 사이에 천 척의 배가 야간에 정박하리라.

참고주해: ①"만 번을 마시네."란 선지자의 생명수를 계속해서 마시고

또 마신다는 뜻이다.

④절의 "임삼(壬三)년"은 임진(壬辰; 2012)년, 임인(壬寅; 2022)년, 임자(壬子; 2032)년을 말하는 것이다.

"어진 이와 부자의 사이"는 선지자가 나오는 장소에 대한 표현이며, 그곳이 서로 다른 종류의 사람들이 나뉘어서 살고 있는 곳이라는 의미이다. 어진 이는 착하게 세상을 살아가는 사람들이 모여 있는 곳이라는 의미하고, 부자는 부유한 사람들이 모여서 사는 곳을 의미한다. 다시 말해 가난한 사람들의 동네와 부자인 사람들의 동네가 있다는 것이다. 그런 곳에 "천 척의 배가 야간에 정박하리라."는 것은 그곳에 많은 배가 정박할 수 있는 바다가 있고, 항구가 있다는 뜻이다.

(14) 1和氣東風萬邦和. 2百祖十孫壬三運. 3山崩海枯金石出. 4列邦蝴蝶見光來. 5天下萬邦日射時.

(화기동풍만방화. 백조십손임삼운. 산붕해고금석출. 열방호접견광래. 천하만방일사시.)

해석문: ①화평의 기운이 동쪽에서 불어 세상 만방을 화평케 하네. ②백 명의 조상에 열 명의 후손이 남는 임삼(壬三)년의 운이네. ③산을 무너뜨리고 바다의 물을 고갈시키는 하나님을 아는 돌이 출현하니 ④열 방의 나비들이 빛을 보려고 찾아오리라. ⑤천하만방이 한시에 쏠 때,

참고주해: ①"화평의 기운이 동쪽에서 불어 세상 만방을 화평케 하네."의 '화평의 기운'은 하나님과 인간의 관계의 회복을 의미한다. 그런 회복의 기운이 온 세상에 퍼져 세상이 화평하게 된다는 뜻이다.

②"백 명의 조상에 열 명의 후손이 남는 임삼(壬三) 년의 운이네."는 하나님께서 말세의 세상을 멸하시기 전에 살아남는 사람과 죽게 될 사람의 운명을 정하시는 시기가 임삼(壬三)년 즉, 임진(壬辰; 2012)년과 임인(壬寅; 2022)년과 임자(壬子; 2032)년이라는 뜻이다. 이 예언의 내용은 계시록의 말씀과 일치한다. 계시록은 비유로 다음과 같이 말씀하고 있다.

"내가 네 생물 사이로서 나는 듯하는 음성을 들으니 가로되 한 데나리온에 밀 한 되요, 한 데나리온에 보리 석 되로다. 또 감람유와 포도주는 해치지 말라 하더라." 계6:6

이 말씀 중의 밀과 보리는 을(乙)인 성도들을 의미하는 상징이고, 감람유는 궁(弓)인 하나님의 종들을 의미하는 상징이며, 포도주는 순교하는 하나님의 백성들을 의미한다. 이들을 해치지 말라는 것은 살아남게 한다는 뜻이다.

③"산을 무너뜨리고 바다의 물을 고갈시키는 하나님을 아는 돌이 출현하니" 의 '하나님을 아는 돌'은 선지자를 가리키는 것이다. 앞에서 말한 것처럼 그는 세 번의 변화를 통해서 세상에 나타나 많은 이적과 기사를 보이면서 세상 사람들을 죄의 길에서 돌이키게 하고, 돌이키지 않는 자들에게 재앙을 내리며 멸망의 심판을 경고한다.

④"열 방의 나비들이 빛을 보려고 찾아오리라."의 '열방의 나비들'은 새천년시대의 세상 나라 사람들이고, '빛'은 진리의 빛을 발하는 선지자의 나라 동방국을 의미한다. 온 세상 사람들이 진리를 배우기 위해 동방국으로 찾아온다는 뜻이다.

⑤"천하만방이 한시에 쏠 때"는 세상에 불의 재앙이 일어난 뒤에 세

상 나라 사람들이 한 곳에 모여 하나님의 나라 이스라엘과 동방국이 연합한 군대와 최후의 전쟁을 한다는 은유적인 표현이다. 계시록은 이 전쟁을 아마겟돈 전쟁이라고 표현하고 있다. 아래의 말씀이다.

"또 내가 보매 개구리 같은 세 더러운 영이 용의 입과 짐승의 입과 거짓 선지자의 입에서 나오니,

저희는 귀신의 영이라. 이적을 행하여 온 천하 임금들에게 가서 하나님 곧 전능하신 이의 큰 날에 전쟁을 위해서 그들을 모으더라.

보라. 내가 도적 같이 오리니, 누구든지 깨어 자기 옷을 지켜 벌거벗고 다니지 아니하며 자기의 부끄러움을 보이지 아니하는 자가 복이 있도다.

세 영이 히브리 음으로 아마겟돈이라 하는 곳으로 왕들을 모드더라." 계16:13~16

이 말씀에서 용의 입은 미국을 상징하고, 짐승의 입은 유럽을 상징하며, 거짓 선지자는 가톨릭의 교황을 상징한다. 이들이 세상 나라들의 군대를 모은 이유는 하나님께서 세우신 나라, 곧 동방국이 강력한 세력을 형성하고 하나님을 대적하는 세상 나라들을 멸망시키기 위해 서쪽의 유럽을 향해 진격하고 있기 때문이다.

본문의 "천하만방이 한시에 쏠 때"는 이 아마겟돈 전쟁을 의미하는 것이다. [마지막 전쟁에 관한 성경의 계시는 겔 38:15~23 참조.] 이때 하나님의 종인 동방국의 임 장군이 하나님을 대적하는 세상 모든 나라 연합군을 완전히 진멸하고, 온 세상 모든 나라를 완전히 멸망시킨다. 이렇게 전쟁을 통해서 세상이 완전히 멸망한 뒤에 새로운 세계인 천년시대가 시작된다.

(15) 1天地反覆此時代. 2天降在人此時大. 3豈何不知三人日. 4東西合運枝
葉道. 5此運得受女子人.

(천지반복차시대. 천강재인차시대. 기하부지삼인일. 동서합운지엽도. 차
운득수여자인.)

해석문: ①천지가 반복되는 이 시대라. ②하나님께서 임하셔서 인간과
함께하시는 이 시대는 크리라. ③어찌하여 세 분의 날을 알지 못하
였는가? ④동양과 서양의 합하는 운은 가지에서 나오는 잎의 도(道)
라. ⑤이 운을 갖고 있는 여자인 하나님을 아는 사람이라.

참고주해: ①"천지가 반복되는 이 시대라." 앞에서 말한 것처럼 온 세
상이 다 멸망한 뒤에, "천지가 반복되는 다음 시대가" 오게 하는 이
시대라는 뜻이다. 즉, 새로운 세상이 오게 하는 때라는 말씀이다.

②"하나님께서 임하셔서 인간과 함께하시는" 앞에서 말한 그 천지의
반복을 일으키는 시대에 하나님께서 임하셔서 인간과 함께하신다.

③"어찌하여 세 분의 날을 알지 못하였는가?" 앞의 계시의 말씀처럼
하나님께서 임하시면, 세 분이 함께하시는데, 한 분은 아버지 하나
님이시고, 또 한 분은 아들이신 그리스도이며, 다른 한 분은 이 예
언서의 선지자이다. 이 세 분이 함께하시는 날을 왜 알지 못했느냐
하고 묻는 말씀이다.

"동양과 서양의 운은 가지에서 나오는 잎의 도(道)"란 무슨 의미일
까? 여기서 '가지'는 앞의 p12에서 인용한 요15장 5절 그리스도의
말씀을 가리킨다. 즉, '가지'는 그리스도의 복음을 세상에 전하는 제
자들이고 사도들이다. 그리고 잎은 그 가지에서 나왔으므로 제자와
사도들이 전하는 복음을 받고 하나님의 백성으로 거듭난 사람을 의
미한다. 그러므로 '잎의 도'란 세상 사람들을 변화시키는 하나님의

복음을 가리키는 것이며, 따라서 본문은 그 복음으로 동양과 서양이 변화되는 것이 정해진 운이라는 뜻이다.

⑤"이 운을 갖고 있는 여자인 하나님을 아는 사람이라."의 '이 운을 갖고 있는'은 앞에서 말한 동양과 서양이 하나님의 복음으로 변화되게 하는 운을 갖고 있다는 의미이고, '여자인 하나님을 아는 사람'[참조; 17. 무용출세지장 p1 4절 可女生一人(가여생일인)]은 선지자를 가리키는 비유적인 말씀으로 선지자가 그리스도의 신부라는 뜻이다. (계19:7)

(16) 1一祖十孫人人活. 2道道敎敎合十勝. 3列邦各國指導人. 4三公大夫指指揮世. 5上中之下異運時.

(일조십손인인활. 도도교교합십승. 열방각국지도인. 삼공대부지지휘세. 상중지하이운시.)

해석문: ①한 조상이 열 명의 자손을 두는 사람들의 삶이네. ②도(道)마다 교(敎)마다 합하는 십자가의 승리라. ③열방 각 나라를 지도하는 하나님의 사람은 ④삼공대부가 지휘하듯 세상을 지휘하리라. ⑤높은 지위와 중간 지위가 낮은 지위로 가야 할 운명일 때는,

참고주해: ①"한 조상이 열 명의 자손을 두는 사람들의 삶이네." 새천년시대에는 사람들이 많은 자손들을 두게 된다.

"도(道)마다 교(敎)마다 합하는 십자가의 승리"는 세상의 모든 종교가 다 없어지고 온 세상 모든 민족들이 그리스도의 십자가의 도만을 따르게 된다. 다시 말해서 온 세상 사람들이 그리스도께서 인간의 죄를 멸하시기 위해서 자신의 생명을 속죄의 제물로 십자가에서 죽임을 당하게 하여 죄를 이기신 것과 같이 사람들도 그리스도의 십자

가 위에서 자신의 죄와 함께 죽음으로써 죄를 이기고 살아간다는 뜻
이다.

(17) 1一道合而人人合. 2德心生合無道滅. 3入生出死弓乙村. 4天定人心還定
歌. 5爾魅發不奪人心.

(일도합이인인합. 덕심생합무도멸. 입생출사궁을촌. 천정인심환정가. 이
매발불탈인심.)

해석문: ①하나의 도로 합해진 것처럼 사람 사람마다 합의해, ②착한
사람은 살리고, 합의해 무도자는 멸하네. ③들어가면 살고 나가면
죽는 하나님의 백성들의 마을이라. ④하늘에서 정한 사람의 마음이
다시 돌아와 정해진 노래를 하네. ⑤요괴들이 발동해도 사람의 마
음을 빼앗을 수 없네.

참고주해: ①절부터 ③절은 그리스도의 복음으로 세상 모든 종교가
통합되고, 그 도를 좇는 사람들이 사는 세상이 되는 새천년시대에
대한 계시이다. 그때 사람들은 서로 합의해서 모든 것을 결정하며,
도를 좇는 착한 사람은 살리고, 도를 좇지 않는 악인을 죽이는 것도
서로 합의해서 결정한다. 그러므로 하나님 백성들의 마을에 들어가
는 사람은 살고 나가는 사람은 죽게 된다.

④"하늘에서 정한 사람의 마음이 다시 돌아와"는 그때의 사람들에
게 '하늘에서 정한' 본래의 '사람의 마음이' 다시 돌아온다. 그리고
'정해진 노래를 하'는 것은 지난 세상과 다른 삶을 살며 하나님만을
찬양한다는 뜻이다.

(18) 1信天人獲罪於天. 2無所禱. 3空虛事無人間. 4夜鬼發動不入勝. 5天生

川殺道道理.

(신천인획죄어천. 무소도. 공허사무인간. 야귀발동불입승. 천생천살도도리.)

해석문: ①하나님을 믿는 사람은 죄를 얻어도 하늘에서 사네. ②기도하지 않고 ③하는 일이 공허한 사람은 사람이 아니라네. ④야귀가 발동해도 승리해서 들어갈 수 없네. ⑤하늘의 생명인 하늘의 곡식이 길마다 있는 마을이니,

참고주해: ①"하나님을 믿는 사람은 죄를 얻어도 하늘에서 사네." 이 구절의 말씀은 하나님을 믿는 사람이 죄를 짓고 살아도 된다는 말씀이 아니다. 하나님의 백성으로 거듭난 사람이라도 죄를 완전히 이기지 못했기 때문에(오직 예수그리스도만 죄를 완전히 이기셨다) 자신이 원하지 않는 죄를 범하게 될 때 그리스도의 십자가를 바라보며 그 죄를 부끄러워하고 회개함으로써 죄 사함을 받아 하늘에서 살게 되는 것이다. 그러므로 비록 그리스도 안에서 거듭난 사람이라고 할지라도 자신이 범한 죄에 대해서 회개하는 마음이 없이 천국에 들어가는 자는 없다.

②"기도하지 않고"는 앞에서 설명한 회개가 기도를 통해서 이루어지기 때문에 성도는 기도를 멈출 수 없다.

③"하는 일이 공허한 사람은 사람이 아니라네." 기도를 하지 않는 사람은 세상을 공허하게 사는 사람이라는 뜻이다. 이런 사람은 천국에 들어갈 수 없다. 왜냐하면, 마귀의 시험을 이기지 못하고 죄에서 벗어나지 못하기 때문이다.

④"야귀가 발동해도 승리해서 들어갈 수 없네." 그러나 마귀는 기도하는 사람 안에 들어가서 죄에 빠뜨리지 못한다. 기도만이 성도가 세상을 이기는 유일한 방법이고 길이다.

⑤"하늘의 생명인 하늘의 곡식이 길마다 있는 마을"은 그리스도께서 임하신 섬의 성도들이 사는 마을을 가리키는 것이다. 그곳에는 하늘의 곡식이 길마다 널려 있어 그것을 먹는 사람들은 죽지 않고 영원히 사는 생명을 얻는다. 그곳은 야귀가 아무리 발동을 해도 들어갈 수 없는 거룩한 땅이다.

(19) 1化於千萬理有海印. 2一人擇之化敏過自責. 3吸海印無不通知. 4天意理奚如天遠返低.

(화어천만리유해인. 일인택지화민과자책. 흡해인무불통지. 천의리해여천원반저.)

해석문: ①천만의 사람이 변화되는데, 이유는 해인이 있기 때문이네. ②한 사람이 택함을 받으면 자신의 잘못을 자책하고, 회개하며 변화하네 ③해인을 흡입하면 막힘이 없이 알게 되네, ④하늘의 뜻으로 다스리는데 어찌하여 하늘 먼 곳에서 낮은 곳으로 다시 돌아와 있는가?

참고주해: ①"천만의 사람이 변화되는데, 이유는 해인이 있기 때문이네." 세상의 환난 속에서 천만의 사람이 변화된다. 이 변화되었다는 것은 지금의 세상의 길에서 떠나 세상 사람이 아닌 새로운 사람이 되었다는 뜻이다. 그렇게 새로운 사람으로 변화될 수 있는 이유가 해인이 있기 때문이다. 해인은 1. 남사고비결 p4의 4절 渡海移山海印理(해도이산해인리)에서 설명한 것처럼 성도의 믿음이고, 믿음을 통해서 나타나는 하나님의 말씀이고 능력이다. 말씀은 곧 하나님의 능력이시고 생명이다. 그래서 그리스도께서,

"사람이 떡으로만 살 것이 아니라 하나님의 입으로 나온 모든 하나님의 말씀으로 살 것이라(마4:4)."

하고 말씀하셨다. 하나님의 말씀이 있는 자에게 하나님의 영(靈)이 계신다. [참조; 같은 장 p53] 곧 성령의 인치심이다. 계시록 7장에 보면 선택받은 자들이 천사들로부터 인침을 받는데, 곧 하나님의 말씀과 영을 받는 것이다. 이와 같이 본문의 그 변화된 천만의 백성들도 하나님의 말씀으로 하나님의 영의 인치심을 받은 것이다.

③"해인을 흡입하면 막힘이 없이 알게 되네."의 '해인을 흡입하면'은 하나님의 영의 임하심을 받게 되면 막힘이 없이 모든 것을 알게 된다는 의미이다. 지금 우리 인간은 모든 것을 알지 못하는 육신의 세계에 갇혀 영의 세계와 단절된 상태에 있다. 하나님의 영이 우리 안에 임하시면 우리는 모든 것을 알게 된다. 그것은 곧 우리가 아담과 하와가 죄를 범하여 에덴동산에서 쫓겨나기 이전의 상태로 돌아가서 우리 인간의 본래의 모습을 회복하는 것이다.

"어찌하여 하늘 먼 곳에서 낮은 곳으로 다시 돌아와 있는가?" 이 구절은 선지자의 재림을 계시한 것이다. 따라서 이 계시 이전에 선지자가 세상 사람들에게 죽임을 당하는 사건이 먼저 있게 된다. [본장의 p83 2절 白虎射殺之(백호사살지; 호랑이가 선지자를 사살했으니)가 그 사건에 대한 계시이다. 먼저 참고하기 바란다.] 그러므로 선지자가 죽임을 당한 뒤에 부활해서 승천을 했는데, 왜 하늘나라에 머물러 있지 않고 다시 낮은 땅으로 돌아와 자기 백성들과 함께 있는가 하고 묻는 말씀이다. 곧 선지자가 하늘에 머물러 있지 않고, 자기 백성들을 지키기 위해 다시 땅으로 돌아와 있다는 뜻이다.

(20) 1古人鄭氏牛性夭死. 2人作蘗自取禍. 3無可歎奈何. 4且易曰先天天不

違. 5后天奉時.

(고인정씨우성요사. 인작얼자취화. 무가탄내하. 차역왈선천천불위. 후

천봉시.)

해석문: ①옛사람 정씨는 소의 품성으로 일찍 죽었으니 ②인간이 화

를 자취한 것이라. ③탄식해도 소용없으니 어찌하겠는가? ④또 역경

에서 말하기를 먼저 하늘(先天)에 따라 하늘을 거스르지 않으면 ⑤

뒤에 하늘이 섬길 때라 했느니.

참고주해: ①"옛사람 정씨"는 앞에서 말한 죽은 선지자라는 의미이고,

"소의 품성"은 그가 대속의 제물인 운명을 지고 태어났다는 뜻이고,

"일찍 죽었으니"는 그가 하나님의 종으로 변화하여 세상에 나온 지

얼마 지나지 않아서 사람들에 의해서 죽임을 당했다는 뜻이다.

②"인간이 화를 자취한 것이라." 세상이 선지자를 죽인 것은 스스로

세상에 화를 가져오는 어리석은 짓이었다는 의미이다.

③"탄식조차 할 수 없으니 어찌할까?" 앞에서 말한 세상이 스스로

취한 그 화는 온 세상을 완전하게 멸망시키는 마지막 재앙을 의미한

다. 격암선생은 그 재앙 가운데서 멸망하는 세상을 바라보며 황망

할 뿐 슬픔마저 표현할 수 없는 감정에 빠져 말을 잇지 못 한다.

④절과 ⑤절은 격암선생이 그런 절망적인 슬픔 가운데서 이 시대의

사람들에게 주역의 가르침을 상기시키며, 먼저 하늘의 뜻에 따라 하

늘을 거스르지 않으면 하늘이 그런 사람들을 돕는다고 타이르는 말

씀이다.

(21) 1牛性農夫石井崑. 2我邦之人君知否. 3欲識蒼生桃源境. 4曉星平川照

臨. 5非山非野十勝論.

(우성농부석정곤. 아방지인군지부. 욕식창생도원경. 효성평천조림. 비산비야십승론.)

해석문: ①소의 성품인 농부는 불사의 물이 흐르는 돌 우물이라. ②우리나라의 사람들이 이 군자를 알지 못했네. ③지식을 배우고자 하는 백성들의 욕구는 속세를 떠난 별천지의 삶이라. ④새벽별이 평천에 비추네. ⑤산도 아니고 들도 아닌 십자가의 승리를 말하네.

참고주해: 1절 牛性農夫石井崑(우성농부석정곤)의 산 이름 곤崑은 중국의 전설에 나오는 곤산(崑山)이며, 신선이 사는 불사의 물이 흐르는 곳으로 알려져 있다. 그래서 "소의 성품인 농부는 불사의 물이 흐르는 돌 우물이라."고 해석했다. 앞에서 설명한 것처럼 선지자도 그리스도와 같은 생명수라는 뜻이다. 그러나 이 나라의 모든 백성은 그를 알아보지 못할 것이다. 오직 택함을 받은 그의 백성들만 그를 알아보게 되고 그를 좇을 것이다.

선지자를 따르는 그 사람들은 지식을 배우고자 하는 욕구가 강렬한 사람들이며, 그들은 속세를 떠나서 진리를 배우는 별천지의 삶을 이룬다.

④"새벽별이 평천에 비추네." 본문의 '새벽별'은 선지자의 별이고, 별이 비추는 평천은 강이 있는 넓은 들의 정해진 땅을 의미한다. 그곳은 산도 아니고 들도 아니며 십자가 승리를 한 곳이다.

(22) 1忽伯千艘何處地. 2牛姓在野豫定地. 3人心變化十勝論村. 4人言一大尺八村. 5非山非野非山牛腹洞.

(홀백천소하처지. 우성재야예정지. 인심변화십승론촌. 인언일대척팔촌.

비산비야비산우복동.)

해석문: ①갑자기 관리들이 머물 천 곳의 처소가 어느 땅에 있는가? ②소의 품성이 있게 될 예정 된 땅이네. ③사람의 마음이 변화하는 십자가의 승리를 말하는 마을이라네. ④사람이 하는 말을 특별히 헤아리는 여덟 마을이라. ⑤산도 아니고 들도 아닌 산이 아닌 소가 안은 동네라네.

참고주해: ①"갑자기 관리들이 머물 천 곳의 처소가 어느 땅에 있는가?"는 환난이 끝난 후에 세상 나라들로부터 수많은 관리가 찾아오는데, 그들이 머무를 장소가 어느 곳에 마련되어 있는가 하고 묻는 말씀이다.

②"소의 품성이 있게 될 예정 된 땅"이라는 것은 선지자가 이미 정해 둔 땅이 있다는 뜻이다. 그곳은 오직 믿음만으로 살아가는 사람들이 모여서 십자가 승리를 말하며, 하나님을 믿는 믿음을 헤아리는 여덟 촌이다.

4절 人言一大尺八村(인언일대척팔촌)은 1. 남사고비결 p2의 人言一大一八寸(인언일대십팔촌)과 유사한 문장이다. 척尺은 헤아린다는 뜻이다. 그러므로 사람이 하는 말을 특별하게 헤아리는 여덟 마을 이라는 뜻이 된다.

(23) 1背弓不知雙山和. 2先后天地亞亞兩白間. 3背山十勝兩白圖. 4腹山工夫道通世. 5不知種桃人.

(배궁부지쌍산화. 선후천지불아양백간. 배산십승양백도. 복산공부도통세. 부지종도인.)

해석문: ①하나님의 종이 등을 지면 두 산이 화목함을 알지 못하네.

②먼저와 나중과 하늘과 땅은 동아리인 양 선지자 사이라네. ③등을 지고 있는 산의 십자가 승리가 양 선지자의 모습이라네. ④산을 품안은 기술자가 도를 이룬 세상이나, ⑤복숭아나무 씨를 뿌리는 사람을 아무도 모르네.

참고주해: ①"하나님의 종이 등을 지고 있으면"이라는 것은 양 선지자로부터 나온 하나님의 종들이 서로를 인정하지 않는다는 것이고, "두 산이 화목함을 알지 못하네."의 '두 산'은 두 나라라는 의미로 여기서는 그리스도와 선지자를 가리키며, 하나님의 종들이 두 분의 화목함을 알지 못한다는 뜻이다. (성경에서 말씀하는 모든 산은 나라를 상징한다. 격암유록도 마찬가지로 나라를 상징한다.)

②"먼저와 나중과 하늘과 땅은 동아리인 양 선지자의 사이"라는 것은 그리스도가 먼저이고 하늘에 속하였으며, 선지자는 나중이고 땅에 속하였으나 두 분은 한 동아리와 같다는 의미이다.

③"등을 지고 있는 산의 십자가의 승리가 양 선지자의 모습"의 한 산은 서쪽의 나라이고, 다른 산은 동쪽의 나라로 대륙의 양쪽 끝에 서로 떨어져 있다는 것이고, 그 두 나라의 양 선지자가 스스로 자신들을 희생의 제사로 하나님께 바쳐 마귀를 이긴 것이 두 분의 참모습이라는 뜻이다.

④"산을 품안은 기술자가 도를 이룬 세상이나"의 '기술자'는 선지자가 세상에서 얻은 직업을 가리키고, '산'은 앞에서 말한 것처럼 나라를 상징하며, '품안은'이란 마음으로 깊이 사랑한다는 뜻이므로 그가 나라를 깊이 사랑하는 기술자이고, 세상에서 도를 이룬 사람이라는 뜻이 된다.

⑤"복숭아나무 씨를 뿌리는 사람"이란 세상에 복음을 전하여 하나

님의 종들이 나오게 하는 사람이라는 뜻이다. '복숭아나무'는 그리스도가 포도나무인 것처럼 선지자 자신에 대한 상징이고, '복숭아씨'는 그가 전하는 복음이다. 즉, 선지자가 전하는 하나님의 말씀이다. 하지만, 아무도 그를 알아보지 못한다.

(24) 1仙源種桃弓弓裡. 2十處十勝十字處. 3上中下異運. 4中晴一二三. 5聖壽何短十勝說. 6入於三時無用.

(선원종도궁궁리. 십처십승십자처. 상중하이운. 중청일이삼. 성수하단십승설. 입어삼시무용.)

해석문: ①그리스도가 원류인 복숭아씨를 뿌리는 사도와 제자들의 동네이네. ②열 곳의 십자가 승리를 한 십자가 처소라네. ③위와 중간과 밑이 이동하네. ④중간의 정결한 자들은 백이십삼 명이네. ⑤성인의 수명이 어찌하여 그리 짧은 십자가의 승리를 말하는가? ⑥들어가 머무른 세 시간은 아무 쓸모 없을 것이라.

참고주해: ①"그리스도가 원류"는 본래 그리스도가 전하신 복음이라는 것이고, "복숭아씨를 뿌리는 사도와 제자들의 동네."는 앞에서 말한 도를 이룬 기술자를 통해서 그리스도를 전하는 사도와 제자들이 된 사람들이 마을을 이루었다는 뜻이다. 그들에 의해서 "열 곳이 십자가 승리를 한 십자가의 처소"가 나오게 된다.

③"위와 중간과 밑이 이동하네."는 복음을 따르는 사람들이 많아지면서 성도들의 모임이 상중하의 집단적인 형태를 이루게 된다는 의미이다.

④"중간의 정결한 자들은 백이십삼 명이네." 그 중간을 이루고 있는 신실한 믿음을 가진 일꾼들의 수가 백이십삼 명이라는 뜻이다. 즉,

이들이 앞에서 말한 복숭아 씨가 자라서 나무가 되어 열매를 맺는 제자와 사도들이다.

⑤"성인의 수명이 어찌하여 그리 짧은 십자가의 승리를 말하는가?" 이 말씀은 선지자가 세상에 나온 지 얼마 되지 않아서 희생의 제물로 죽게 됨을 예고하는 것이다.

⑥"들어가 머무른 세 시간은 아무 쓸모 없을 것이라."는 것은 그가 하나님의 성전 안에 들어가서 하나님께 드린 세상을 위한 기도가 아무 쓸모 없는 일이 되었다는 뜻이다.

(25) 1忠則盡命悲極運. 2穴下弓身一二九. 3日月無光五九論. 4一二三五豫定運. 5列邦混亂人不勝.

(충즉진명비극운. 혈하궁신일이구. 일월무광오구론. 일이삼오예정운. 열방혼란인불승.)

해석문: ①충성을 함에는 목숨을 다하니 임금을 섬기는 데 몸을 사양해서는 안 되는 비극의 운명이라. ②굴 속으로 들어간 제자들의 수가 129명이라. ③낮과 밤의 빛이 없는 59일을 말하노니. ④1,235일은 예정된 운명이라. ⑤온 세상 나라가 혼란에 빠져 인류가 승리하지 못하네.

참고주해: ①"충성을 함에는 목숨을 다하니" 선지자는 하나님의 충성된 종으로서 하나님께서 정하신 그의 운명의 모든 것을 자신의 모든 것을 다 바쳐서 이룬다. 선지자가 죽은 뒤에 129명의 제자들이 굴 속으로 내려가고, 그런 뒤에 세상이 59일 동안 어두움에 갇히게 된다. 그리고 "1,235일은 예정된 운명"이 있게 된다고 말씀했는데, 이 말씀의 뜻을 이해하기 위해서는 아래의 단12:11의 말씀과 연계

해서 보아야 한다.

"매일 드리는 제사를 폐하며 멸망케 할 미운 물건을 세울 때부터 일
천이백구십 일을 지낼 것이요."

위에 인용한 다니엘서에는 본문과 다른 1,290일이 기록되어 있다.
이 1,290일은 "매일 드리는 제사를 폐하며 멸망케 할 미운 물건을
세울 때부터" 시작된다. 이 다니엘서의 말씀이 바로 그리스도께서
마태복음 24장 15절에서 상기시키신 그 성전모독의 사건이다. 성전
모독의 사건이 일어난 뒤에서부터 시작되는 1,290일을 격암선생은
어둠에 갇혀 있는 59일과 그 뒤에 시작되는 1,235일이라고 나누어
서 말씀한 것이다. 그러므로 본문의 날 수들과 다니엘서의 날 수들
은 같은 사건을 가리키는 것이다. 이 예언서의 날 수가 약간 많은 것
은 날 수를 계산하는 시점에서 약간의 차이가 있었기 때문으로 보
인다. 마태복음 24장 29절은 본문의 나눠진 날 수의 사건과 일치하
는 사건에 대한 그리스도의 계시이다.

"그날 환난 후에 즉시 해가 어두워지며 달이 빛을 내지 아니하며,
별들이 하늘에서 떨어지며 하늘의 권능이 흔들리리라."

이 그리스도의 말씀 중의 "그날 환난 후에 즉시 해가 어두워지며 달
이 빛을 내지 아니하며"는 본문 ③"낮과 밤의 빛이 없는 59일"과 일
치하고, '별들이 하늘에서 떨어지며 하늘의 권능이 흔들리리라."는
④"1,235일은 예정된 운명이라."가 암시하는 사건임을 알 수 있다.
본문의 59와 1,235일을 합하면 1,294일이다. 이날 수는 다니엘서
의 1,290일보다 4일이 더 많다. 이렇게 날 수가 일치하지 않는 것은

아마 선지자의 죽음의 시점과 관련된 것으로 추정된다.

성전모독의 사건은 왜 일어나고, 또 어떻게 일어나는 것일까? 그리고 이 사건이 있은 뒤에 왜 세상이 어두워지고 또 다른 사건들이 일어나게 되는 것일까? 이런 의문을 해결하기 위해서는 같은 장 p4에서 잠깐 언급한 단9:24~27의 칠십이레의 말씀을 이해해야 한다. 전문을 독자의 이해를 돕기 위해서 아래에 기술했다.

"네 백성과 네 거룩한 성을 위하여 칠십이레로 기한을 정하였나니, 허물이 마치며 죄가 끝나며 죄악이 영속되며 영원한 의가 드러나며 이상과 예언이 응하며 또 지극히 거룩한 자가 기름 부음을 받으리라.

그러므로 너는 깨달아 알지니라. 예루살렘을 중건하라는 영이 날 때부터 기름 부음을 받은 자 곧 왕이 일어나기까지 일곱이레와 육십이이레가 지날 것이요, 그때 곤란한 동안에 성이 중건되어 거리와 해자가 이룰 것이며,

육십이이레 후에 기름 부음 받은 자가 끊어져 없어질 것이며 장차한 왕의 백성이 와서 그 성읍과 성소를 훼파하려니와, 그의 종말은 홍수에 엄몰됨 같을 것이며 또 끝까지 전쟁이 있으려니 황폐할 것이 작정되었느니라.

그가 장차 많은 사람으로 더불어 한이레 동안 언약을 굳게 정하겠고, 그가 그 이레의 절반에 제사와 예물을 금지할 것이며, 또 잔포하여 미운 물건이 날개를 의지하여 설 것이며, 또 이미 정한 종말까지 진노가 황폐케 하는 자에게 쏟아지리라 하였느니라."

이 칠십이레의 말씀에서 크게 세 가지 사건을 볼 수 있는데, 첫째는 예루살렘을 중건하라는 영이고, 둘째는 한 왕의 백성들이 와서 중건된 예루살렘 성을 파괴하는 것이고, 셋째는 많은 사람들이 언약을 맺고 하나님께 올리는 제사와 예물을 금지하며 하나님을 모독하는

물건을 거룩한 성전에 세워두는 것이다. 여기서 예루살렘을 중건하라는 하나님의 영이 어떻게 이스라엘 백성들에게 전달되었는지에 대한 말씀은 없다. 그러므로 이 말씀만으로는 이 일을 누가 어떻게 행한 것인지 알 수 없다. 하나님께서는 이 의문에 대한 답을 다른 곳에 기록해 두셨다.

"내가 종말을 처음부터 고하여 아직 이루지 아니한 일을 옛적부터 보이고 이르기를, 나의 모략이 설 것이니 내가 나의 모든 기뻐하는 것을 이루리라 하였노라.
내가 동방에서 독수리를 부르며 먼 나라에서 나의 모략을 이룰 사람을 부를 것이라 내가 말하였는즉 정녕 이룰 것이요, 경영하였는즉 정녕 행하리라." 사46:10, 11

첫째 절의 '나의 모략'은 다니엘서의 칠십이레를 가리키는 말씀이다. 그리고 그다음 절의 '동방에서 독수리를 부르며'의 '동방'은 동방국인 한국을 의미하고 '독수리'(계8:13 및 마24:28)는 선지자를 상징한다. 그러므로 칠십이레의 하나님의 영(슈)은 선지자에 의해서 이스라엘 백성들에게 전해지고, 또 그의 손에 의해서 예루살렘 성과 성전이 중건되며, 그때부터 이스라엘 백성들이 다시 새롭게 건축된 거룩한 성전에서 하나님께 제사를 올리게 된다. (계11:6~8은 선지자의 그런 활동과 죽음에 대한 계시임.) 이 일로 인해서 세상 사람들이 선지자를 미워하여 그를 이스라엘에서 쫓아내기 위해 유럽과 미국이 주도하는 세상 나라들의 연합군이 이스라엘을 침공하여 예루살렘성을 다시 파괴하고, 거룩한 성전을 모독하는 악행을 저지르게 된다. 그런 후 즉시 ③"낮과 밤의 빛이 없는 59일" 즉, 그리스도께서 예언하신 "그날 환난 후에 즉시 해가 어두워지며 달이 빛을 내지 아니하며"가 성취된다.

그리고 얼마 후에 본 장 p24에서 말한 것처럼 선지자가 유럽인들에 의해서 살해되며, 이런 그들의 죄악이 그다음 운명인 1,235일을 있게 하여, 그리스도께서 말씀하신 "별들이 하늘에서 떨어지며 하늘의 권능이 흔들리리라."가 이루어지면서 세상은 멸망을 맞게 된다. 그렇기 때문에 세상은 선지자의 육신을 죽이지만, 그를 이기지 못한다.

(26) 1四年逃命后日明. 2小頭無足天火世. 3生者幾何. 4一四四半死之人. 5兩雙空六送 迎新.

(사년도명후일명. 소두무족천화세. 생자기하. 일사사반사지인. 양쌍공육송구영신.)

해석문: ①4년의 스스로 만든 운명이 지난 후에 낮의 빛이 비치리라. ②머리가 작고 발이 없는 하늘의 불이 세상에 떨어지니, ③살아 있는 자의 수가 얼마나 되겠는가? ④144명의 반쯤 죽었던 사람들이 나오리라. ⑤양쪽의 백성들이 공중에서 여섯 번 묵은 해를 보내고 새해를 맞으리라.

참고주해: ①"4년의 스스로 만든 운명"이란 세상 사람들이 4년간으로 정해진 세상의 멸망을 일으키는 재앙의 날들을 스스로 만들었다는 의미이다. 그것은 그들이 거룩한 하나님의 성전을 모독하고, 하나님의 종이 세상의 죄를 짊어진 제물로서 죽임을 당하게 하면서 스스로 일으킨 운명이다. 4년이 지난 뒤에 태양의 빛이 다시 세상을 비추지만,

②"머리가 작고 발이 없는 하늘의 불이 세상에 떨어지니" 극히 적은 수의 사람만이 살아남아 있게 된다. 그들 가운데는 ④"144명의 반쯤 죽었던 사람들"도 나온다. 이 사람들은 본 장 p7에 기록된 12사도 각각에게 속한 동방국의 군사들이다. '반쯤 죽었던 사람들'이란 그들이 적그리스도들과의 전쟁을 치르고, 불의 환난까지 다 겪으며 모진 고난을 겪지 않으면 안 되었다는 의미이다.

⑤절의 "양쪽 백성들"은 그리스도의 이스라엘 백성들과 선지자의 동방국 백성들을 가리킨다. 이 사람들이 "공중에서 여섯 번 묵은해를 보내"는 것은 그들이 하늘로 들림 받은 상태에서 땅의 환난으로부터 피신하여 여섯 해 동안 하늘에서 머물러 있었다는 의미이며, "새해를 맞으리라."는 환난이 끝난 뒤에 다시 땅으로 돌아오게 되었다는 의미이다.

(27) 1數千呼萬世神天民. 2白馬神將出世時. 3赤火蛇龍林出運. 4十處十勝非別地. 5吉莫吉於弓弓村.

(수천호만세신천민. 백마신장출세시. 적화사룡림출운. 십처십승비별지. 길막길어궁궁촌.)

해석문: ①수천의 사람들이 "만세! 하나님의 천국 백성들이여." 하고 외치리라. ②말(馬) 선지자가 하나님의 장군으로 세상에 나올 때니라. ③붉게 불타는 중국과 미국으로부터 나무 사람들이 나올 운이라. ④열 곳의 십자가가 승리도 예외의 땅이 아니네. ⑤길운이 무성해지는 하나님의 종들의 마을이네.

참고주해: p26에서 말한 들림 받은 백성들이 하늘로부터 내려올 때 수천의 사람들이 그 광경을 바라보며 "만세! 하나님의 천국 백성들

이여." 하고 외친다.

②"말(馬) 선지자"는 이 땅에서 나온 선지자를 가리킨다. 그가 하늘로 승천한 후 하나님의 장군으로 세상에 다시 임하게 된다는 뜻이다. 이런 상황은 성경의 여러 곳에서 볼 수 있는데, 다음은 계시록 19:11~16의 말씀이다.

"또 내가 하늘이 열린 것을 보니 보라 '백마와 탄 자'가 있으니 그 이름은 충신과 진실이라. 그가 공의로 심판하며 싸우더라.

그 눈이 불꽃 같고 그 머리에 많은 면류관이 있고, 또 이름 쓴 것이 하나가 있으니 자기밖에 아는 자가 없고,

또 그가 피 뿌린 옷을 입었는데, 그 이름은 하나님의 말씀이라 칭하더라.

하늘에 있는 군대들이 깨끗한 세마포를 입고 백마를 타고 그를 따르더라.

그의 입에서 이한 검이 나오니 그것으로 만국을 치겠고, 친히 저희를 철장으로 다스리며 또 친히 하나님 곧 전능하신 이의 맹렬한 포도주 틀을 밟겠고,

그 옷과 그 다리에 이름 쓴 것이 있으니 만왕의 왕이요, 만주의 주라 하였더라."

③"붉게 불타는 중국과 미국"은 하늘에서 떨어진 불에 의해서 두 나라가 멸망한다는 뜻이고, 그 나라들로부터 "나무 사람들이 나올 운"은 선지자가 전하는 구원의 복음을 받고 선지자처럼 나무 사람으로 변화된 사람들이 그 나라들로부터 나오는 운이라는 뜻이다. 다시 말해서 멸망의 심판을 받는 그 두 나라에 복음이 전파되어 성도로 거듭난 사람들이 나오는 운이라는 뜻이다.

④"열 곳의 십자가가 승리한 땅도 예외의 땅이 아니네."는 성도들이

순교를 당한 땅에서도 예외 없이 성도들이 나온다는 의미이다. 그래서 ⑤"길운이 무성해지는 하나님의 종들의 마을이" 된다.

(28) 1勝者出人人人從. 2有智者世思勿慮.

　　(승자출인인인종. 유지자세사물려.)

해석문: ①승리한 자가 출입하니 사람 사람마다 좇으리라. ②지혜가 있는 자는 세상을 생각하며 염려하지 말라.

참고주해: "승리한 자가 출입하니"에서 "승리한 자"는 선지자이고, "출입하니"라는 것은 그가 무소부재(無所不在)로 사람들에게 나타나는 능력을 보인다는 것이고, "사람 사람마다 좇으리라."는 모든 사람들이 그를 따른다는 것이다.

②"지혜가 있는 자는 세상을 생각하며 염려하지 말라."의 '지혜가 있는 자'는 하나님을 아는 사람을 의미한다. 하나님을 아는 사람이라면 세상 일에 대해서 염려해서는 안 된다. 그것은 하나님을 믿지 않는 나쁜 태도이다.

(29) 1中入生. 2中入何時午未申酉. 3先入何時辰巳午未. 4末入何時此運之后. 5末入者死.

　　(중입생. 중입하시오미신유. 선입하시진사오미. 말입하시차운지후. 말입자사.)

해석문: ①중간에 들어온 자는 살리라. ②중간에 들어오는 오미(午未)와 신유(辛酉)는 어느 때인가? ③먼저 들어 오는 진사(辰巳)와 오미(午未)는 어느 때인가? ④마지막으로 들어오는 다음 운 이후란 어느 때인가? ⑤마지막으로 들어오는 자는 죽으리라.

참고주해: ①"중간에 들어온 자는 살리라."라고 했다. 이 중간 시기의 시작인 오미(午未)는 병오(丙午; 2026)년과 정미(丁未; 2027)년이다. 이때 많은 사람들이 이방인들에 의해서 성전이 모독 되는 것을 보고 세상으로부터 떠나 성도들의 모임으로 들어가는 중간 시기가 시작된다. 그리고 그 시기의 끝은 신유(辛酉) 즉, 무신(戊申; 2028)년과 기유(己酉; 2029)년이다. 선지자가 유럽인들에 의해서 죽임을 당하고 부활하여 승천하는 때이다. [참조; 21. 은비가 p20]

먼저 들어오는 진사辰巳는 갑진(甲辰; 2024)년과 을사(乙巳; 2025)년이고, 오미午未는 병오(丙午; 2026)과 정미(丁未; 2027)년이다. 그러므로 초입의 시기는 2024년부터 2026넌까지이다. 이 시기에 그리스도께서 선지자가 머무는 섬의 산에 재림하시고, 어린양의 혼인 잔치가 이루어진다. 그런 후 두 번째로 변화된 선지자가 그리스도와 함께 활동하면서 예루살렘시와 성전의 재건축 사업을 시행하여 완성시킨다.

그러므로 먼저 들어오는 시기는 선지자가 두 번째로 변화된 후 그의 손에 의해서 성전 재건축이 시작할 때서부터 시작해서 그 성전이 완공된 후 세상 나라들에 의해 다시 모독당할 때까지이다.

중간의 시기는 성전을 모독하는 사건이 일어난 후서부터 유럽인들에 의해 속죄의 제물로 죽임을 당한 선지자가 부활하여 승천한 후에 다시 땅으로 돌아올 때까지이다.

다음 마지막으로 들어오는 시기는 땅으로 돌아온 선지자가 그리스도와 함께 복음을 세상 사람들에게 전파하면서부터 그 시기에 성도들의 모임으로 들어온 성도들이 세상 나라들에 의해 순교 당하는 사건이 일어날 때까지이다.

"마지막으로 들어오는 다음 운 이후"는 세상 사람들의 죄에 대한 하나님의 심판이 시작되면서 불의 재앙에 의해 온 세상 나라들이 멸망하게 되는데, 왜냐하면 마지막으로 성도들의 모임으로 들어온 성도들을 세상 사람들이 죽이는 죄를 범하기 때문이다. 그러므로 "마지막에 들어오는 자는 죽으리라."고 말씀한 것은 이 순교를 당하는 성도들을 가리키는 것이다. 그 이후부터 세상 사람들에 대한 구원의 기회는 더 이상 주어지지 않으며, 세상은 그때서부터 하나님께서 내리시는 불의 재앙과 전쟁에 의해서 멸망하는 날만 남게 된다.

(30) 1吉運十昇何地也. 2南朝鮮四面如是. 3如是三年工夫. 4無文道通. 5肇乙矢口氣和慈慈.

(길운십승하지야. 남조선사면여시. 여시삼년공부. 무문도통. 조을시구기화자자.)

해석문: ①좋은 운의 십자가가 오르는 땅은 어디인가? ②남조선의 사방이 이치에 맞고 그릇됨이 없으니 ③이처럼 삼 년 공부하면 ④문자도 모르면서 도를 통달하니라. ⑤초기의 성도가 말씀의 입구로 들어가니 화목한 기운이 은혜롭고 은혜롭네.

참고주해: 환난 때에 사람들은 십자가가 오르는 땅이 예언서에 좋은 땅으로 정해져 있다면서 여기저기를 찾아다닌다. 그러나 남조선의 사방이 다 십승지이고 좋은 땅이다. 그러므로 그때 어느 곳에 있든지 선지자를 좇는 이 땅의 사람들은 삼 년을 공부하면 도의 높은 경지에 이르러 문자를 모르는 사람일지라도 모든 것을 다 알게 된다. 그러므로 선지자를 알아야 하며, 선지자를 알려면 성경과 이 예언서를 공부해야 한다.

5절 "肇乙矢口(조을시구)"는 1. 남사고비결 p30에서 설명한 것처럼 "초기의 성도가 말씀의 입구로 들어가니"라는 뜻이고, "화목한 기운 이 은혜롭고 은혜롭네."는 성도들의 모임이 시작되면 하나님의 성령 이 함께하심을 깨닫는 성도들이 하나님의 놀라운 은혜를 끊임없이 체험하게 된다는 의미이다.

(31) 1二七龍蛇是眞人. 2三八木人十五眞主. 3兩人相對馬頭角. 4榮字之人變 化君. 5乘柿之人弓乙鄭.

(이칠용사시진인. 삼팔목인십오진주. 양인상대마두각. 영자지인변화군. 승시지인궁을정.)

해석문: ①27자리 용사(龍蛇)의 그가 진정하게 하나님을 아는 사람이 라. ②삼팔(三八) 나무 사람(木人)이 15자리의 진실한 주인이네. ③ 양쪽 사람을 상대하는 말 머리의 뿔에, ④영화로운 글자의 사람으 로 변화된 군자이네. ⑤감람나무를 타고 있는 사람이 하나님의 종 이고 성도인 정씨라.

참고주해: ①절의 "27자리 용사(龍蛇)"는 주역의 팔괘64효수(八卦六 十四爻數)를 인용해서 선지자의 운명을 표현한 것으로 "27"은 상괘 (上卦) 간(艮; 산山)과 하괘(下卦) 진(震)이 만나는 산뢰이(山雷이; 벼락치는 산)자리이다. 여기서 27자리와 함께 용사(龍蛇)라고 말씀 한 것은 지지(地支)인 진사(辰巳)를 표현한 것이며, 따라서 선지자 가 "진사년"에 벼락 치는 산의 자리에 있게 된다는 의미이다. 그러 므로 이것은 그리스도께서 재림하실 때의 상황에 대한 표현으로도 볼 수 있는데, 왜냐하면 그리스도께서 선지자의 섬의 산 위에 재림 하실 때 구름이 온 산을 빽빽이 덮고 우뢰가 치는 가운데서 아버지

하나님과 함께 임하시기 때문이다. (출19:16) 이런 상황을 64효수(六十四爻數)의 27자리로 표현한 것이다.

2절 "三八木人十五眞主(삼팔목인십오진주)"의 삼팔(三八)과 나무(木)는 오행(五行)의 동방이다. 그러므로 목인(木人)은 동방의 사람이라는 뜻으로 동방에서 나오는 선지자를 가리킨다. 십오진주(十五眞主)는 "15자리의 진실한 주인이"라는 뜻으로 앞에서와같이 64효수를 이용해서 선지자의 운명을 표현한 것이다. 15자리는 64괘의 간(艮)과 곤(坤)이 만나는 자리이다. 간은 간방을 의미하고, 곤은 땅이다. 그러므로 이 구절은 선지자가 동방인으로 땅이 만나는 15자리 지산겸(地山謙; 땅과 산의 겸손함)의 진실한 주인인 운명이라는 뜻이다.

③"양쪽 사람을 상대하는" 것은 그때 선지자가 아버지 하나님과 아들이신 그리스도를 함께 섬긴다는 의미이고, "말 머리의 뿔에, 영광화로운 글자의 사람"은 계시록의 백마를 탄 하나님의 종(계19:11~16)이 바로 선지자라는 의미이다. 그리고 "감람나무를 타고 있는 사람"은 스가랴서의 감람나무(슥4:11~14)가 곧 선지자라는 뜻이다.

(32) 1前路松松不遠開. 2儒佛柿人是何人. 3東西末世預言書. 4神人豫言世不覺.

(전로송송불원개. 유불시인시하인. 동서말세예언서. 신인예언세불각.)

해석문: ①앞길이 소나무 소나무라 멀지 않아 열릴 것이라. ②유교와 불교가 감람나무의 그 사람을 어떤 사람이라 하는가? ③동서양의 말세에 대한 예언서에 ④하나님의 사람의 예언을 세상이 깨닫지 못

한다 했으니,

참고주해: ①"앞길이 소나무 소나무라"는 소나무와 같이 앞길이 변함이 없다는 뜻이며, 멀지 않은 장래에 선지자의 앞길이 변함없이 열린다는 의미이다.

③"동서양의 말세에 대한 예언서"는 서양은 성경과 노스트라다무스이고 동양은 이 격암유록을 가리킨다. 이 예언서들은 일치해서 말하기를,

④"하나님의 사람의 예언을 세상이 깨닫지 못한다 했으니"라고 했다. 격암선생이 여기서 이렇게 부정적인 말씀을 한 이유는 무엇일까? 그것은 아마 독자들이 이 책을 더 읽기 전에 잠깐만이라도 자신을 돌아보라는 뜻일 것이다. 이 말씀은 우리 인간의 지혜가 하나님의 말씀을 이해할 수 없을 만큼 부족하다는 의미가 아니다. 단지, 말세의 사람들이 하나님의 계시가 다 열려 있어도 그것을 받아들이고자 하는 마음이 없다는 뜻이다. 왜 그럴까? 여러 가지 이유가 있겠지만, 한마디로 결론지어 말한다면, 예언서의 내용을 인정하고 받아들이면 자기를 부정하고, 이 세계를 악으로 규정하지 않을 수 없기 때문이다. 예언서의 말씀이 거짓이 없다는 것을 인정하지 않을 수 없지만, 그렇게 하면 자신의 존재 자체를 부정하게 되고, 모든 것을 잃을 수 있다는 두려움에 빠지게 된다. 그래서 어리석은 사람들은 예언서의 말씀을 왜곡해서 이해하고 거짓된 주장을 한다. 그러나 복 있는 사람은 예언서를 통해서 자신의 참모습을 바라보게 된다. 그때 예언서의 말씀이 자신을 위한 복음의 말씀이라는 사실을 깨닫게 된다.

(33) 1此運之論. 2十處十勝無用. 3十勝不現出. 4但在弓弓乙乙間. 5世人尋

覺落盤四乳. 6四口之田利用時.

(차운지론. 십처십승무용. 십승불현출. 단재궁궁을을간. 세인심각낙반

사유. 사구지전리용시.)

해석문: ①이 운의 말이라. ②십처의 십자가 승리는 아무 쓸모가 없

네. ③십자가의 승리는 나타나지 않았으나, ④다만 하나님의 종들과

성도들 사이에 있네. ⑤세상 사람들이 하늘에서 떨어진 돌과 사방

에 우유가 있음을 깨닫고 찾으리라. ⑥네 성도의 입구(口)의 성도들

의 모임(田)이 이용될 시에,

참고주해: ①"이 운의 말이"란 앞에서 말한 하나님의 사람의 예언을

깨닫는 운이라는 뜻이다. 그러므로 '예언의 말씀에 따르면'이라는 의

미의 말이 된다.

②"십처의 십자가 승리는 아무 쓸모가 없네."의 '십처의 십자가 승리'

는 정감록 같은 예언서가 주장하는 십승지를 의미하며, 그런 주장

에 근거한 십처는 아무 쓸모가 없다는 뜻이다.

③"십자가의 승리는 나타나지 않았"다는 것은 성도의 순교가 아직

이루어지지 않았다는 뜻이다. 그런데 "다만 하나님의 종들과 성도들

사이에는 있다."는 것은 하나님의 종들과 성도들 사이에는 그리스도

의 가르침과 같이 자기 십자가를 지고 그리스도를 따르는 순교의 믿

음이 이루어지고 있다는 의미다.

⑤"하늘에서 떨어진 돌"은 그리스도의 재림을 의미한다. 그리스도의

재림은 세상 모든 사람들에게 알려지고 공개된 가운데서 이뤄진다.

그러므로 그런 사실을 눈으로 확인한 사람들은 생명의 양식이 있다

는 사실을 깨닫고 짐승들의 세상으로부터 나와서 그 곡식을 찾게

된다는 의미이다.

6절 四口之田利用時(사구지전이용시)의 입 구口 자와 밭 전田 자는 이 예언서에서 아주 중요한 의미를 지닌 상징어로 계속해서 나타나고 있다. 어쩌면 이 예언서가 말하고자 하는 가장 핵심적인 뜻을 나타내는 상징적 의미의 단어가 아닌가 싶다. 입 구口 자는 1. 남사고비결 p5에서 설명한 것처럼 한 개체(個體)[성도라고 부를 수 있다. 참조; 같은 장 p30]로서의 성도로 들어가는 입구(入口)이다. 즉, 성도의 입구(入口)라는 의미를 나타내고, 밭 전田은 그 개체들이 모여 한 동아리를 이룬 상태를 나타낸다. [동아리는 그리스도의 교회를 의미한다. 교회로 표현하지 않은 것은 기독교적 교회의 개념으로 오해를 일으키지 않기 위해서이다. 오늘날 기독교의 교회가 성경에서 볼 수 있는 참 그리스도 교회의 모습이 아니라는 것은 주지의 사실이다. 그러므로 장차 나타나는 성도의 모임은 올바른 그리스도 교회의 회복이다. 참조; 1. 남사고비결 p1 및 p5, 21. 은비가 p16 참고 주해] 그래서 "네 성도의 입구(口)의 성도들의 모임(田)이 이용될 시에"라고 해석했다. "성도들의 모임(田)이 이용될 시에"는 성도들의 모임이 다른 의도에 의해서 이용되는 경우라는 의미이다.

(34) 1田退四面十字出. 2甚難甚難弓弓地. 3悲哉悲運何日時. 4靑槐滿庭之月矣. 5白楊無芽之日也.

(전퇴사면십자출. 심난심난궁궁지. 비재비운하일시. 청괴만정지월의. 백양무아지일야.)

해석문: ①성도의 모임은 퇴각하여 사방에서 십자가(순교)로 나타나리라. ②큰 어려움과 어려움이 제자와 사도들의 땅에 있으리라. ③

슬프고도 비극적인 운명의 날과 시가 언제인가? ④푸른 회화나무가 정원에 가득 찬 달이고, ⑤흰 버드나무가 싹을 트지 않은 날이라.

참고주해: 앞의 p33의 마지막 구절은 "네 성도의 입구(口)의 성도들의 모임(田)이 이용될 시에"였다. 배교한 자들이 성도들의 모임을 자기 이익을 위해서 이용한다는 뜻이다. "성도들의 모임은 퇴각하여"는 그 배교한 자들이 자기 이익을 위해 성도들의 모임을 세상의 권세 잡은 자들에게 고발하여 성도들의 모임에 대한 핍박이 일어나게 함으로써 성도들이 사람들의 눈으로부터 몸을 숨기게 된다는 의미이고, "사방에 십자가(순교)로 나타"난다는 것은 몸을 숨기지 못한 성도들이 붙잡혀 순교를 당한다는 뜻이다.

②"큰 어려움과 어려움이 제자들과 사도들의 땅에 있으리라." 여기서 "제자들과 사도들의 땅"이라는 것은 이 땅에서 나온 선지자의 제자들과 성도들이 마을과 나라를 이루고 있는 땅이라는 뜻이다. 곧 이 나라의 온 땅을 말하며, 그리고 이스라엘 땅을 가리키는 것이다. 그러므로 이 환난은 칠십이레의 때에 선지자가 세상의 권세 잡은 자들에게 속죄의 제물로 죽임을 당한 뒤에 일어나는 환난을 가리키는 것이다. 이때 세상의 권세 잡은 자들과 마귀의 후손들이 하나님의 백성들에 대한 극심한 핍박을 일으킬 것이다. 그리스도께서도 이날을 말씀하셨다.

"그때 사람들이 너희를 환난에 넘겨 주겠으며 너희를 죽이리니, 너희가 내 이름을 위하여 모든 민족에게 미움을 받으리라." 마24:7

③"슬프고도 비극적인 운명의 날과 시"는 성도들을 핍박하는 세상 사람들이 받게 될 하나님의 심판의 날을 가리키는 것이다. 그 날은

악의 세상에게 참으로 처참하고 비극적인 운명의 날이 될 것이다. 이날이 그리스도께서 경고하신 그 마지막 심판의 날이다.

"그러므로 너희가 선지자 다니엘이 말한바 멸망의 가증한 것이 거룩한 곳에 선 것을 보거든(읽는 자는 깨달을진저),
그때 유대에 있는 자들은 산으로 도망할지어다. 지붕 위에 있는 자들은 집 안에 있는 물건을 가지러 내려가지 말며,
밭에 있는 자는 겉옷을 가지러 뒤로 돌이키지 말지어다.
그 날에는 아이 밴 자들과 젖 먹이는 자들에게 화가 있으리로다.
너희 도망하는 일이 겨울에나 안식일에 되지 않도록 기도하라.
이는 그때 큰 환난이 있겠음이라 창세로부터 지금까지 이런 환난이 없었고 후에도 없으리라." 마24:15~21

그 날은 하나님께서 분노하심으로 세상을 재앙으로 치시는 날이다. 하나님께서는 이날을 많은 선지자들을 통해서 계속해서 경고해 오셨으며, 또 그 내용들을 낱낱이 성경에 기록해 두셨다. 그중 하나인 스바냐 1:14~18의 말씀이다.

"여호와의 날이 가깝도다. 가깝고도 심히 빠르도다. 여호와의 날의 소리로다. 용사가 거기서 심히 애곡하는도다.
그 날은 분노의 날이요, 환난과 고통의 날이요, 황무와 패괴의 날이요, 캄캄하고 어두운 날이요, 구름과 흑암의 날이요, 나팔을 불어 경고하며 견고한 성읍을 치며 높은 망대를 치는 날이로다.
내가 사람에게 고난을 내려 소경 같이 행하게 하리니, 이는 그들이 나 여호와께 범죄하였음이라. 또 그들의 피는 흘리워서 티끌 같이 되며 그들의 살은 분토 같이 될지라.
그들의 은과 금이 여호와의 분노의 날에 능히 그들을 건지지 못할 것이며 이 온 땅이 여호와의 질투의 불에 삼키우리니, 이는 여호와가

이 땅의 거민을 멸절하되 놀랍게 멸절할 것임이라."

본문의 "슬프고도 비극적인 운명의 날과 시"는 바로 이 하나님의 진노의 날을 말하는 것이다. [참조; 사24:1~13, 겔38:18~23, 욜2, 마24, 계시록 8장 및 9장의 일곱 나팔의 재앙과 16장의 일곱 대접의 재앙 등]

하나님께서 진노하심으로 세상을 심판하시는 이유는 세상 사람들이 무도(無道)하게 하나님의 뜻을 훼방하며, 선지자를 죽이고 많은 하나님의 종과 성도들의 피를 흘렸기 때문이다. [참조; 선지자의 죽음과 마지막 심판의 날에 대해서는 같은 장 p83 참고주해]

④"푸른 회화나무가 정원에 가득 찬 달"의 원문 "청괴(靑槐)"는 1. 남사고비결 p31에서 설명한 것처럼 삼공(三公)을 의미한다. [이 구절은 1. 남사고비결(南師古秘訣) p.31 및 59. 말중운(末中運) p.21과 같은 내용임.] 이 시적인 문장은 그리스도께서 재림하신 뒤에 이루어지는 어린양의 혼인 잔치를 표현한 것이다.

(35) 1此時變運之世. 2柿獨出世. 3人心卽天心. 4規於十勝. 5弓弓之間生旺勝地.

(차시변운지세. 시독출세. 인심즉천심. 규어십승. 궁궁지간생왕승지.)

해석문: ①이때는 변하는 운의 세상이라. ②감람나무가 홀로 세상에 나타나리라. ③사람의 마음이 곧 하늘의 마음이네. ④규범이 된 십자가의 승리가, ⑤하나님 종들의 사이인, 생명이 왕성해지는 승리의 땅은,

참고주해: ①"이때는 변하는 운의 세상이라." 환난 때의 세상은 수시

로 운명이 바뀐다는 뜻이다. 아침과 저녁이 다른 운으로 바뀌는 급변하는 세상이다.

②"감람나무"는 선지자를 가리킨다. 그가 "홀로 세상에 나타나리라."는 것은 세상에서 그를 알고 따르는 사람이 없이 이 나라가 멸망한 후에 홀로 세상에 나와서 하나님의 말씀을 이 땅의 사람들에게 전한다는 뜻이다.

④"규범이 된 십자가의 승리"는 믿음을 지키고 다른 사람을 위해서 자신의 생명을 바치는 희생이 인간이 살아가는 윤리의 규범이 되었다는 뜻이다.

(36) 1非山非野仁富之間. 2人山人海萬姓聚合. 3小木多積之中. 4三神山人出生地. 5女古老人草魚禾艸來.

(비산비야인부지간. 인산인해만성취합. 소목다적지중. 삼신산인출생지. 여고노인초어화초래.)

해석문: ①산도 아니고 들도 아닌 어진 사람과 부유한 사람들의 사이라. ②인산인해를 이루며 만 가지의 성씨들이 취합되고, ③작은 나무들이 많은 모임의 중앙이라. ④세 분 하나님의 산에서 사람이 나온 생명의 땅이라. ⑤여인의 옛 곳에 늙은 사람과 풀과 물고기와 곡식 풀이 찾아오리라.

참고주해: 앞의 p35의 5절 弓弓之間生旺勝地(궁궁지간생왕승지)와 1절 非山非野仁富之間(비산비야인부지간)은 연결된 한 문장을 이룬다. 따라서 "성도들의 생명이 왕성해지는 승리의 땅은", "산도 아니고 들도 아닌 어진 사람들과 부유한 사람들의 사이라." 하고 해석이 된다. 본문의 비산비야(非山非野)는 2. 세론시 p14 3절 鷄龍何在非

山非野(계룡하재비산비야)와 동일한 장소이다. 이 구절의 계룡은 선지자를 상징하므로 "선지자가 있는 산도 아니고 들도 아닌 곳이 어디인가?" 하고 묻는 질문이고, 본문에서 그 비산비야(非山非野)의 위치가 인부지간(仁富之間) 즉, '어진 사람들과 부유한 사람들의 사이'라고 밝혔다. 그러므로 선지자가 있는 장소가 앞의 p35 ⑤"하나님 종들의 사이인, 생명이 왕성해지는 승리의 땅"이라는 것을 알 수 있다.

②"인산인해를 이루며 만 가지의 성씨들이 취합"된다고 한 것은 그곳에 많은 사람들이 모여들어서 모든 성씨의 조선인들이 다 모여 있다는 뜻이다.

③절의 '작은 나무들'은 낮고 평범한 성도들을 상징하며, 그들이 그 '많은 모임의 중앙이' 된다는 것은 낮은 사람들이 섬김을 받는 모임이 된다는 뜻이다.

④"세 분 하나님의 산에서 사람이 나온 생명의 땅이라."의 '세 분 하나님의 산'은 선지자가 아버지 하나님과 함께 임하신 예수그리스도를 영접한 산을 가리키고, '사람이 나온 생명의 땅이라'는 것은 선지자가 창조 때의 진정한 사람으로서 생명이 된 땅이라는 뜻이다.

⑤"여인의 옛 곳에 늙은 사람과 풀과 물고기와 곡식풀이 찾아오리라." "여인의 옛 곳"은 선지자가 세상에 나온 섬의 산을 가리킨다. "늙은 사람과 풀과 물고기와 곡식풀이 찾아오리라."의 '늙은 사람'은 멸망의 세상으로부터 구원받은 사람이다. 하늘에서 내려온 불의 재앙으로 말미암아 모든 것이 파괴되고, 풀 한 포기 남아 있지 않았을 정도로 모든 생명체가 다 불에 타서 멸절되고 말았다. 그러나 재앙이 끝난 뒤에 하나님께서 모든 생명체와 사람들을 다시 소생시키신다.

'풀과 물고기와 곡식풀'은 이렇게 소생한 사람들을 상징한다. 하나님의 진리 안에서 변화된 사람들이다. 그들이 선지자의 섬으로 찾아온다는 것은 자연을 소생시키는 생명수가 그곳으로부터 나온다는 뜻이다.

(37) 1相望對坐地. 2三神帝王始出時. 3善者多生惡者死. 4可笑可歎奈何. 5嗟乎! 6三災不遠日.

(상망대좌지. 삼신제왕시출시. 선자다생악자사. 가소가탄내하. 차호! 삼재불원일.)

해석문: ①서로 바라보며 마주 앉는 땅에 ②세 분 하나님 제왕께서 나오시기 시작할 때에 ③선한 자는 많이 살고 악한 자는 죽으리라. ④웃을 수밖에 없고 한탄스러우니 어찌하겠는가? ⑤탄식하며 외치노니! ⑥세 가지 재앙이 멀지 않은 날이라.

참고주해: ①"서로 바라보며 마주 앉는 땅에"는 앞의 p35 1절 非山非野仁富之間(비산비야인부지간)을 가리킨다.

"세 분 하나님 제왕께서 나오시기 시작할 때에"의 '세 분 하나님 제왕'은 아버지 하나님과 그리스도와 선지자이며, 그분들이 그 인부지간(仁富之間)의 땅에서 세상에 나오실 때라는 말씀이다. [참조; 2. 세론시(世論視) p17 참고주해]

③"선한 자는 많이 살고 악한 자는 죽으리라." 그때 구원과 심판이 있을 것임을 경고한 말씀이다.

④"웃을 수밖에 없고 한탄스러우니 어찌하겠는가?" 이 시대의 사람들이 하는 모든 일이 그렇게 어이가 없다는 것이다. 왜 격암선생께서 이 시대의 사람들이 행하는 모든 일을 그토록 한심하게 보셨는

지를 깊이 생각해 보기 바란다. 이 시대의 모든 일이 헛되고 헛될 뿐만 아니라, 자신의 머리 위에 불을 지고 달려가는 행위와 같이 어리석기 때문일 것이다.

⑤"탄식하며 외치노니"는 멸망의 날이 코앞에 다가왔음에도 깨닫지 못하는 이 시대의 사람들을 향한 격암선생의 애가 타는 외침이다.

⑥"세 가지 재앙이 멀지 않은 날이라." 여기서 격암선생이 말씀하는 이 세 가지 재앙이란 계시록에 기록된 일곱 인의 재앙과 일곱 나팔의 재앙과 일곱 대접의 재앙을 가리키는 것이며, 세상의 멸망을 일으키는 재앙들이다.

(38) 1覺者其間幾何人. 2竹車身地十八卜重土. 3十人延壽處. 4堯之日月聖歲月. 5世間人生解冤地.

(각자기간기하인. 죽차신지십팔복중토. 십인연수처. 요지일월성세월. 세간인생해원지.)

해석문: ①깨닫는 자가 그동안에 몇이고 어떤 사람인가? ②대나무 차는 땅에서 움직이는 미혹게 하는 바람이고, 무거운 짐과 흙을 싣네. ③열 사람이 생명을 연장한 처소에서 ④요 임금이 매일 밤낮으로 성스러운 세월을 보내네. ⑤세상의 인생들이 원한을 풀어버리는 땅이라.

참고주해: ①"깨닫는 자가 그동안에 몇이고 어떤 사람인가?" 여기서 말씀하는 '그동안'은 이 시대에서부터 세상이 멸망하는 시점까지를 가리키는 것이고, '그동안에 몇이고 어떤 사람인가?' 하고 묻는 것은 그 기간에 적은 수의 사람들만이 깨닫게 된다는 뜻이다.

2절 竹車身地十八卜重土(죽차신지십파복중토)의 죽차신지(竹車身地)

는 "대나무 차는 땅에서 움직이는"이라는 뜻이다. 오늘날의 자동차를 표현한 것이다. 옛사람인 격암선생의 눈에 자동차가 마치 대나무 통처럼 보였던 것 같다. 십팔(十八)은 주역의 팔괘육십사효수(八卦六十四爻數)의 손巽과 간艮이 만나는 자리인 산풍고(山風蠱), 즉 미혹게 하는 산바람이라는 뜻이고, 복중토(卜重土)는 흙과 무거운 짐을 싣는다는 뜻이다. 그러므로 이런 문자적인 뜻을 연결하면 "대나무 차는 땅에서 움직이는 미혹게 하는 바람이고, 무거운 짐과 흙을 싣네."가 된다. 자동차가 현대인에게 미치는 영향력과 기능을 설명한 말씀임을 알 수 있다. 오늘날의 자동차는 인간에게 단순한 이기(利器)가 아니다. 사람들의 마음과 정신을 빼앗는 요술을 부리는 마법의 양탄자와 같다. 그래서 '미혹게 하는 바람'이라고 말씀한 것이다. 이 시대의 자동차는 빠르게 움직일 수 있는 그 자체의 편리함만이 아니라 화려하고 미려한 모습과 요술을 부리는 듯한 첨단의 기능으로 사람들의 마음을 사로잡고 있기 때문에, 그리고 무거운 짐과 흙을 싣고 빠르게 움직일 수 있기 때문에 마법의 양탄자와 다르지 않다. 자동차가 없는 현대사회는 아무것도 움직여질 수 없다. 그래서 사람들의 마음과 정신을 현혹하여 물질을 좇게 하는 기계라는 뜻이다.

(39) 1人心天心. 2今日是天地人心中. 3天降大道四海通. 4人生萬物更新日上時. 5東西大道合運時.

(인심천심. 금일시천지인심중. 천강대도사해통. 인생만물갱신일상시. 동서대도합운시.)

해석문: ①사람의 마음과 하늘의 마음이 ②이날에 바로 서서 하늘과 땅이 사람의 마음 안에 있네. ③하늘에서 내려온 커다란 도(道)가

사해를 통하네. ④인간의 생명과 만물이 새로워지는 날의 첫 시간에, ⑤동서양의 커다란 도가 합하여 운행할 시에,

참고주해: ②'이날에'는 그리스도께서 세상에 재림하시는 날을 가리킨다. 그 날서부터 하늘에서 내려온 커다란 도가 사해를 다 통해서 동양과 서양의 도를 통합한다.

(40) 1人心和而無戰化. 2惡者不通不知. 3卽無道之人皆病死. 4毒疾不犯世棄人. 5春氣長生永遠藥.

　　(인심화이무전화. 악자불통부지. 즉무도지인개병사. 독질불범세기인. 춘기장생영원약.)

해석문: ①인간의 마음으로 화해하고 전쟁이 없어지네. ②악한 자는 아무것도 이룰 수 없고, 아무것도 모르네. ③만약 도(道)가 없는 사람이면 병을 얻어 죽네. ④독질이 세상으로부터 버림받은 사람들을 침범하지 못하리니 ⑤봄날의 기운이 장수하게 하며 영원한 약이 되네.

(41) 1無疑海印天授得. 2高官大爵無覺智. 3英雄文章非能士. 4自下達上下愚不已. 5先知海印出人才.

　　(무의해인천수득. 고관대작무각지. 영웅문장비능사. 자하달상하우불이. 선지해인출인재.)

해석문: ①해인을 의심치 않으면 하늘로부터 받네. 고관대작은 지혜의 깨달음이 없네. 영웅 문장가가 다 능하지 못하고, 자신을 낮추어 높이 오름을, 낮고 어리석은 자는 모르네. 먼저 해인을 안 사람들 가운데서 뛰어난 인재들이 나오네.

참고주해: 해인은 하나님의 말씀이고, 하나님의 영이다. 그러므로 하

나님의 말씀을 의심치 않고 믿으면 하늘로부터 해인을 받는다.

(42) 1幾千年間豫定運. 2運回朝鮮中原化. 3山川日月逢此運. 4君出始祖回
運來. 5訪道君子解冤日.

(기천년간예정운. 운회조선중원화. 산천일월봉차운. 군출시조회운래.
방도군자해원일.)

해석문: ①천 년간의 예정된 운은 ②조선이 세상의 중심이 되어 돌아
가는 것이네. ③산천의 낮의 해와 밤의 달이 만나는 이 운이라. ④
군자가 시조로 나오는 운수가 돌아오고, ⑤도를 찾는 군자가 원통
함을 해결하는 날이네.

(43) 1柿謀者生弓乙裏. 2釋迦之運三千年. 3彌勒出世鄭氏運. 4斥儒尙佛西
運來. 5天地海印誰何說.

(시모자생궁을리. 석가지운삼천년. 미륵출세정씨운. 척유상불서운래.
천지해인수하설.)

해석문: ①감람나무를 좇는 자들이 하나님의 종들과 성도들이 되어
사는 마을이라. ②석가의 운이 삼천 년이고, ③미륵으로 출현하는
정씨의 운이라네. ④유교를 배척하고 불교를 따르는 서쪽의 운이 오
네. ⑤하늘과 땅의 해인이 누구인지를 말하리라.

참고주해: ①"감람나무를 좇는 자들이 하나님의 종들과 성도들이 되
어 사는 마을"은 앞에서 말한 인부지간(仁富之間)의 땅에서 선지자
를 좇는 사람들이 모여 사는 마을을 가리킨다.
③"미륵으로 출현하는 정씨의 운이"란 선지자가 세상의 구원자의
운을 지닌 사람이라는 뜻이다.

④"유교를 배척하고 불교를 따르는 서쪽의 운이 오네."의 '서쪽의 운'은 동방에서 나온 귀신을 섬기는 유교는 배척되고, 세상을 떠나라는 서쪽에서 나온 불교의 가르침을 따르게 된다는 뜻이다.

(44) 1佛道大師保惠印. 2天地人三. 3火印雨印露印. 4三豊三人天民擇地. 5三豊之穀. 6穀種求於三豊也.

(불도대사보혜인. 천지인삼. 화인우인로인. 삼풍삼인천민택지. 삼풍지곡. 곡종구어삼풍야.)

해석문: ①불도대사 보해인은 ②하늘과 땅의 사람 셋이니, ③불의 인과 비의 인과 이슬의 인이라. ④세 가지 복음과 세 사람은, 하늘의 백성이 택한 땅에, ⑤세 가지 복음의 곡식이라. ⑥곡식의 씨를 구함은 세 가지 복음이네.

참고주해: ②"하늘과 땅의 사람 셋"은 하늘에 속한 아버지 하나님과 아들이신 그리스도 그리고 땅에 속한 선지자를 함께 가리킨 것이다. ③"불의 인"은 악에 대한 심판을, "비의 인"은 구원을, "이슬의 인"은 생명을 의미한다.

④"세 가지 복음"은 앞에서 설명한 것처럼 하나님과 그리스도와 선지자의 복음을 가리키는 것이다.

(45) 1龍巳之人不免獄. 2不忍碎獄出時. 3天地混沌飛火落地. 4鼠女隱日三床後臥. 5先擇失散此運時.

(용사지인불면옥. 불인쇄옥출시. 천지혼돈비화락지. 서녀은잠삼상후와. 선택실산차운시.)

해석문: ①용띠와 뱀띠의 사람은 옥살이를 면치 못하네. ②인내하지 않

고 옥을 부수고 나올 때는 ③하늘과 땅이 혼돈에 빠져 나는 불이 땅에 떨어지리라. ④쥐처럼 부정한 여자가 은밀히 숨는 날에, 세 개의 상에 임금이 엎드리리라. ⑤먼저 택한 것은 흩어져 잃어버리고, 이 운일 때,

참고주해: 1절 "龍巳之人不免獄(용사지인불면옥)"의 용사(龍巳)는 앞의 p9 辰巳聖人出(진사성인출)의 진사(辰巳)와 같은 지지(地支)에 속한다. 그러나 진辰은 간지(干支)를 표현할 때 사용되고, 용龍은 짐승 띠의 이름으로 사용된다. 그러므로 여기서는 어느 해를 가리키는 것이 아니라 용띠의 사람을 가리킨다는 것을 알 수 있다. 이것이 두 지지(地支)인 용사(龍巳) 다음에 지인(之人; 의 사람)이라고 말씀한 이유이다. 따라서 용과 마찬가지로 뱀 사巳도 뱀蛇띠의 사람을 의미한다. 앞에서 말한 것처럼 격암유록에서 띠로 표현된 사람들은 역사를 만드는 사람들이다. 첫 번째 용띠의 사람은 같은 단락의 4절 鼠女隱日三床後臥(서녀은일삼상후와; 쥐처럼 부정한 여자가 은밀히 숨는 날에, 세 개의 상에 임금이 엎드리리라)의 사람이다. 이 사람은 1. 남사고비결 p32의 "지서녀은일(地鼠女隱日)에서 설명한 그 사람이며, 본문은 그가 옥살이를 면할 수 없다는 뜻이다. [이 용띠의 사람이 옥살이를 면치 못하는 과정은 59. 말중운 p31의 4절 "鼠女隱日隱藏(서녀은일은잠)하니"와 5절 "三上後臥(삼상후와) 사라지고"에서 계시하고 있다. 참고하기 바란다.] 그러면 뱀띠의 사람은 누구인가? 용띠의 뒤를 이어서 역사를 만드는 사람이다. 이 사람도 용띠의 사람과 마찬가지로 옥살이를 면할 수 없게 된다. [이 사람이 옥살이를 면할 수 없는 이유는 19. 궁을론 p19 1절 鷄龍太祖登位飛上(계룡태조등위비상)에서 설명했다. 참고하기 바란다.]

②"인내하지 않고 옥을 파쇄하고 나올 때는" 앞의 구절의 그 두 사람이 옥살이를 해야 하는 자신의 운명을 인정하지 않고, 옥을 부수고 나올 경우라는 의미이다. 즉, 자신의 죄를 인정하지 않고, 그 운명을 받아들이기를 거부한다는 것이다. 이 두 사람이 옥을 파쇄한다는 말씀은 그들이 어떤 초능력을 지니고 있다는 뜻이 아니며, 그들을 추종하는 자들의 폭력적인 행동에 의해서 옥이 파쇄된다는 뜻이다.

③절의 "하늘과 땅이 혼돈에 빠져"든다는 말씀은 그 두 사람 또는 그중 한 사람이 옥을 파쇄할 때 온 나라가 혼돈 속에 빠져들게 된다는 것이다. 왜냐하면, 그들을 지지하는 자들과 반대하는 자들이 서로 상대를 죽이기 위해 일어나 폭력적인 수단을 동원해서 극력하게 싸우면서 나라가 내전 상태에 빠져들고, 악이 만연한 세상이 되기 때문이다. "나는 불이 땅에 떨어지리라."는 그때 이 땅의 모든 사람들이 그 두 사람이 옥에 갇힌 이유가 하나님께 범한 그들의 죄 때문이라는 사실을 깨닫지 못하고, 서로 갈라져서 강포하게 싸우며 하나님의 뜻을 거스르기 때문에 하나님께서 이 나라를 소돔과 고모라와 같이 멸망시키신다는 경고의 말씀이다.

(46) 1鄭堪豫言十處. 2地理地上大吉地. 3十處以外小吉. 4坊坊曲曲結定地. 5不入正穴者死.

(정감예언십처. 지리지상대길지. 십처이외소길. 방방곡곡결정지. 불입정혈자사.)

해석문: ①정감록이 예언한 열 곳은 ②땅의 모양대로 땅 위에서 최상의 길지이네. ③열 곳 이외는 작은 길운이라. ④방방곡곡에 결정된

땅에, ⑤들어가지 않고 굴에 머물러 있는 자는 죽으리라.

참고주해: 1절 "鄭堪豫言十處(정감예언십처)"는 앞의 p45 5절 先擇失散此運時(선택실산차운시; 먼저 택한 것은 흩어져 잃어버리고 이 운 일 때)와 연결되어 있다. 이 말씀에서 선택(先擇; 먼저 택함)은 앞에서 말한 용띠와 뱀띠의 사람들의 옥살이를 통해서 행하기로 되어 있는 정해진 일을 뜻하고, 실산(失散)은 그 일이 이루어지지 않았다는 뜻이며, 차운시(此運時)는 이 운이 되었을 때라는 의미이다. 즉, 그 일이 이루어지지 않는 운이 되었을 때, p45 ③절의 하반절 "나는 불이 땅에 떨어지리라."가 이루어진다는 것이다. 다시 말해서 재앙이 일어날 때라는 뜻이다. 이때 정감록에서 예언한 열 곳이 ②"땅의 모양대로 땅에서 최상의 길지"가 된다. 이때 전국 방방곡곡에 있는 길지에 들어가지 않고 재앙을 피한다면서 굴속에 들어가 있는 자들은 다 죽게 된다.

(47) 1有福之人或希生. 2穴下弓身巽門. 3弓乙圖用必要矣. 4天擇弓弓十勝地. 5利在弓弓十勝村.

(유복지인혹희생. 혈하궁신손문. 궁을도용필요의. 천택궁궁십승지. 이재궁궁십승촌.)

해석문: ①복 있는 사람은 혹시 살아날 희망이 있으리라. ②굴 밑에 몸을 숨긴 하나님의 종은 겸손히 물으소, ③하나님의 종과 성도들이 지도를 이용함이 필요한 것인지를. ④하늘에서 택한 하나님의 종들의 십자가 승리의 땅이요, ⑤이로움이 있는 하나님의 종들의 십자가 승리의 마을이라네.

참고주해: ②"굴 밑에 몸을 숨긴 하나님의 종은" 이 땅에 전쟁이 일어

났을 때, 또는 하늘에서 불이 떨어지는 재앙이 일어났을 때 땅속으로 몸을 숨긴 불신자와 같은 기독교의 지도자를 가리키는 것이다. 그리고 "겸손히 물으소."라고 말씀한 것은 그들의 어리석음을 책망하며 자기 자신을 돌아보라는 의미이다.

그리고 도망가기 위해 지도를 들여다보고 있는 성도들의 행위가 옳은지 묻는 것은 하나님을 불신하는 그들의 행위를 책망하는 말씀이다.

(48) 1不利山不近不聽. 2天民十勝地. 3赤運蔽日火烟蔽月. 4盜賊不入安心之地. 5出死入生.

(불리산불근불청. 천민십승지. 적운폐일화연폐월. 도적불입안심지지. 출사입생.)

해석문: ①산은 불리하니 근처에 가지 말고 듣지도 마소. ②하나님 백성들의 십자가 승리의 땅이오. ③빨갱이 활동이 끝나는 날이고, 불의 연기가 그치는 달이라. ④도적이 들어올 수 없는 안심할 땅이요. ⑤나가면 죽고 들어오면 사니,

참고주해: 격암선생은 계속해서 하나님의 종들이 있는 땅이 환난에 빠진 사람들의 피난지임을 말씀하고 있다. 이 땅에 불의 재앙이 임하거나 전쟁의 소용돌이가 몰아칠 때 산으로 숨지 말고, 성도들이 있는 곳으로 들어가서 환난을 피하라는 말씀이다.

③"빨갱이 활동이 끝나는 날이고"는 앞의 p45에서 말씀했던, 이 사회가 혼돈에 빠지는 원인이 이 사회 속에서 잠복해 있던 공산주의자들이 폭력적인 활동 때문이었는데, 그들의 활동이 실패로 끝났다는 뜻이고, "불의 연기가 그치는 달이라."는 그들이 일으킨 내전의 상황이 멈췄다는 뜻이다.

(49) 1自古豫言秘藏之文. 2隱頭藏尾不覺書. 3自古十勝弓乙理. 4由道下止
從從金說. 5無物不食人人知.

(자고예언비장지문. 은두장미불각서. 자고십승궁을리. 유도하지종종금
설. 무물불식인인지.)

해석문: ①예로부터 예언의 말씀이 비밀히 감추어진 글이라오. ②머리
를 감추고 꼬리가 보이지 않는 이해할 수 없는 책이네. ③예로부터
십자가의 승리가 하나님의 백성들의 이치라오. ④세상의 길에서 떠
나 머물기를 꾀하며 하나님을 아는 지식의 말을 따르고 따르면, ⑤
못 먹는 식물이 없다고 사람들이 안다 하네.

참고주해: ②"머리를 감추고 꼬리가 보이지 않는 이해할 수 없는 책이
네."는 모든 예언서는 그 문장을 사람들이 이해할 수 없는 말로 뜻
을 숨기고, 그 내용의 본래 모습을 감추어 놓았다는 의미다. 이사야
서에도 다음과 같은 하나님의 말씀이 기록되어 있다.

"대저 여호와께서 깊이 잠들게 하는 신을 너희에게 부어주사, 너희
눈을 감기셨음이니 눈은 선지자요 너희를 덮으셨음이니 머리는 선견
자라.

그러므로 모든 묵시가 너희에게는 마치 봉한 책의 말이라. 그것을
유식한 자에게 주며 이르기를, 그대에게 청하니 이를 읽으라 하면, 봉
하였으니 못하겠노라 할 것이요,

또 무식한 자에게 주며 이르기를, 그대에게 청하노니 이를 읽으라
하면 대답하기를 나는 무식하다 할 것이라." 사29:10~12

이 성경의 말씀과 같이 세상 사람들은 성경을 올바르게 읽고 그 뜻
을 깨닫지 못하고 있다. 그것이 하나님께서 정해두신 뜻인 것이다.
그래서 격암선생은 앞의 2. 세론시 p2 4절 "智默天運(지묵천운; 지

혜가 어두워짐은 하늘의 뜻이며)"라고 했다. 인간이 하나님의 예언의 말씀을 이해하지 못하는 것은 하늘의 뜻이라는 말씀이다. 그러나 이런 하나님의 뜻은 영원한 것이 아니다. 정해진 어느 때까지이며 그때서부터는 모든 예언의 닫힌 문이 열린다. 다니엘서는 그때를 이렇게 말씀하고 있다.

"다니엘아, 마지막 때까지 이 말을 간수하고 이 글을 봉함하라. 많은 사람들이 빨리 왕래하며 지식이 더하리라." 단12:4

이 말씀에서 예언이 봉함되어 있어야 하는 시점을 마지막 때까지라고 했고, 그 마지막 때가 사람들이 빠르게 왕래하며 지식이 더해지는 때라고 했다. 즉, 오늘날과 같이 극도로 기계문명이 발달한 시대를 가리키는 것이다.

④"세상의 길에서 떠나 머물기를 꾀하며"는 세상으로부터 떠난 사람이라는 뜻이다. [참조; 20. 도하지 p3] 이런 사람들이 "하나님을 아는 지식의 말을 따르고 따르면", "못 먹는 식물이 없다고 사람들이 안다."는 것이다.

(50) 1何物食生命. 2何物食死物. 3艸早三鷄愛好者. 4不失本心皆寃死. 5陰陽果豚鼠食.

(하물식생명. 하물식사물. 초조삼계애호자. 불실본심개원사. 음양과돈서식.)

해석문: ①어떤 식물의 음식이 생명을 가져오고, ②어떤 식물을 먹으면 죽음의 식물이 되는가? ③초신자가 이른 아침에 귀신에게 세 번 제사상 올리기를 좋아하는 자는, ④본심을 잃지 않는다고 해도 원

통히 죽을 것이라. ⑤음양과와 돼지와 쥐를 먹으면,

참고주해: 앞에서 못 먹는 식물이 없는 것으로 사람들이 알고 있다고 했는데, 그러면 어떤 식물이 생명을 가져오고 또, 어떤 식물이 죽음을 일으키는가? 아래의 설명이 그 답이다. 심각하게 주의를 기울여 읽기 바란다.

3절 "艸早三鷄愛好者(초조삼계애호자)"를 "초신자가 이른 아침에 귀신에게 세 번 제사상 올리기를 좋아하는 자"라고 해석했다. 그 이유를 설명하자면 이렇다. 1. 남사고비결 p27에서 초십구(艸十口)의 풀초艸를 초신자(初信者)로 그 의미를 해석한 바와 같이 이 문장의 풀초艸도 초신자를 상징한다. 그리고 조부는 이른 아침이다. 그래서 원문 초조(艸早)는 '이른 아침 초신자'라는 뜻이다. 다음 삼계(三鷄)의 삼三은 세 번이고, 앞에서 계속해서 말한 것처럼 계鷄는 귀신을 상징한다. 따라서 '세 번 귀신'이라는 뜻이 된다. 여기서 두 단어의 뜻을 연결시키면 '초신자가 이른 아침에 세 번 귀신을 만나다.'라는 문장이 된다. 그러므로 원문을 "초신자가 이른 아침에 귀신에게 세 번 제사상 올리기를 좋아하는 자는"이라고 해석한 것이다. 즉, 일 년이면 세 번에 걸쳐 성묘하고 제사음식을 나누는 것을 가리키는 것이다. 불행하게도 한국 사람들은 조상에게 제사 올리는 것을 아름다운 전통으로 생각한다. 그러나 그것은 하나님께서 미워하시는 악한 행위이다. 하나님의 복음을 받은 자가 세상 사람들처럼 제사상을 올리는 행위는 결코 용납될 수 없는 죄악이다.

그래서 그런 초신자는 "본심을 잃지 않는다고 해도 원통히 죽을 것이라."고 했다. 복음을 받고 진리를 좇던 처음의 마음을 잃지 않고 있다고 해도 그의 배도한 죄는 용서 받지 못한다는 뜻이다. 그런 악한 행위가 이 땅에 참혹한 전쟁과 재앙을 불러오는 원인임을 깨닫기 바란다. 앞의 p45와 1. 남사고비결 p32에서 나왔던 地鼠女隱日(지서녀은일) 三床後臥(삼상후와)가 한 여자의 죄가 아니라 이 나라의 죄임을 깨달아야 한다. 그리고 이 책을 읽는 모든 사람들이 느니웨 백성들과 같이(욘3:6~10) 하나님 앞에 엎드려 그 죄를 회개하지 않으면 정해진 하나님의 심판을 피할 수 없다.

⑤"음양과와 돼지와 쥐를 먹으면" 여기서 음양과(陰陽果)는 제사상에 올리는 과일들이다. 그리고 돼지와 쥐를 먹으면"이라고 했는데, 그것은 제사상의 음식을 먹는 것은 하나님께서 금하신 돼지고기와 쥐 고기를 먹는 것과 같다는 의미의 말씀이다.

(51) 1雖訪道君子怨無心. 2利在田田十勝化. 3上帝豫言眞經說. 4豪理不差生命. 5一二三松家田.

(수방도군자원무심. 이재전전십승화. 상제예언진경설. 호리불차생명. 일이삼송가전.)

해석문: ①비록 도를 찾는 군자라고 해도 원통할 것이라. ②이로움이 있는 성도의 모임과 모임은 십자가 승리를 이루리라. ③하나님의 예언의 말씀은 진실한 성경이 말하기를, ④티끌만치도 틀리지 않는 생명의 말씀이라네. ⑤123명의 솔나무 집의 성도들의 모임이라네.

참고주해: 앞의 p50의 ⑤"음양과와 돼지와 쥐를 먹으면"은 이 단락의 ①"비록 도를 찾는 군자라고 해도 원통할 것이라."와 한 문장을 이룬다. 제사음식을 먹는 행위가 비록 진리를 찾는 사람일지라도 돌이킬 수 없는 죄가 됨을 강조한 말씀이다. "원통할 것이라."는 땅을 치고 후회할 것이라는 뜻이다.

3절 上帝豫言眞經說(상제예언진경설; 하나님의 예언의 말씀은 진실한 성경이 말하기를)은 1. 남사고비결 p23 1절 上帝預言聖經說(상제예언진경설; 하나님의 예언의 말씀들을 성경이 말하네) 둘 다 하나님께서 예언하신 말씀들을 성경이 말하고 있다는 뜻이다.

4절 豪理不差生命(호리불차생명; 티끌만치도 틀리지 않는 생명의 말씀)이라고 격암선생이 성경의 그 무오성을 증언했다. 얼마나 놀라운 일인가? 격암선생이 이 예언서를 기록하실 때는 이 땅에 성경이 존재하지 않았던 시절이다. 그럼에도 이렇게 성경의 무오성을 강조하는 말씀을 한 것은 하나님의 영에 감동되었다는 사실을 보여주는 것이다. 왜냐하면 시간과 공간을 초월하는 하나님의 능력이 그에게 나타나지 않았다면 있을 수 없는 일이기 때문이다. 격암선생께서 이 말씀을 특별히 이 시대의 사람들을 위해서 하셨을 것이다. 이런 성경을 올바로 알고, 그 안에 기록된 하나님의 말씀을 올바르게 깨닫기를 바라는 간절한 마음이었을 것이다.

⑤"123명의 솔나무 집의 성도들의 모임이라네."라는 앞의 p24 ④"중간의 정결한 자들은 백이십삼 명이네."에서 계시된 제자와 사도들을 가리킨다. "솔나무 집"은 그들의 모임 장소이다.

(52) 1上中下松家道. 2奄阜曲阜聖山地. 3飛火不入道人尋. 4日月無光星落雹. 5山萬岩萬掩身甲.

(상중하송가도. 엄부곡부성산지. 비화불입도인심. 일월무광성락박. 산만암만엄신갑.)

해석문: ①상중하의 솔나무 집의 길이라. ②가려진 언덕과 굴곡진 언덕의 거룩한 산의 땅이네. ③나는 불이 들어오지 못하는 길을 사람

들이 찾네. ④낮과 밤에 빛도 없이 별이 우박처럼 떨어지면, ⑤많은 산과 많은 바위가 몸을 가리는 갑옷이라.

참고주해: 1절 上中下松家道(상중하송가도)을 직역하면 '상중하의 솔나무 집의 길'이 된다. 성도들이 모여 있는 솔나무 집은 언덕 위에 상중하로 가로지른 길 아래 있다. 그 집의 언덕은 거룩한 산이 있는 땅이다. 그곳은 하늘의 별들이 우박처럼 떨어져 온 세상에 불의 재앙을 일으켜도 단 하나도 날아들지 못하는 곳이다. 또, 진리를 알고자 하는 사람들이 찾는 곳이고, 하늘의 별이 우박 같이 떨어지는 마지막 재앙의 날에도 아무런 해도 입지 않는 곳이다.

5절 山萬岩萬掩身甲(산만암만엄신갑)은 많은 산과 바위가 하늘에서 떨어지는 불을 막아 몸을 보호해 준다는 뜻이다.

(53) 1似人不人天神降. 2六角八人知者生. 3陰鬼發動從者死. 4無道病鬼不知亡. 5莫如忍忍海印覺.

(사인불인천신강. 육각팔인지자생. 음귀발동종자사. 무도병귀부지망. 막여인인해인각.)

해석문: ①사람 같이 보이나 사람이 아닌 하늘의 하나님께서 임하시면, ②여섯 나팔과 팔인을 아는 사람은 살리라. ③음의 귀신이 발동할 때 따르는 자들은 죽으리라. ④무도하게 병 들리게 하는 귀신을 모르면 망하리라. ⑤인내하고 인내함보다 더 중요한 것이 없는 해인의 깨달음이라.

참고주해: ①"사람 같이 보이나 사람이 아닌 하늘의 하나님께서 임하시면" 하나님의 아들이신 그리스도의 재림을 가리키는 것이다. '언덕 위의 거룩한 산에 그리스도께서 임하시면'이라는 의미의 말씀이

다. 그때 그리스도께서 임하시는 것을 깨닫고 여섯 나팔을 부는 천사와 그리스도와 선지자를 아는 사람은 죽지 않는다.

③"음의 귀신이 발동할 때 따르는 자들은 죽으리라."는 아래 p61 4절 鷄有四角邦無手(계유사각방무수; 귀신이 사방에서 난리를 일으키니 나라도 막지 못하리라)를 가리키는 것이다. '음의 귀신이 발동할 때'를 알 수 있는 사람은 없다. 사람은 누구든 귀신의 활동을 볼 수 없기 때문이다. 그럼에도 격암선생이 이렇게 말씀하신 것은 인간의 행위에 의해서 나타나는 사건들이 귀신에 의해서 이루어진다는 것을 암시한 것이다. 앞에서 인용한 鷄有四角邦無手(계유사각방무수)도 이런 관점에서 보면 '귀신이 사람들을 조종해서 사방에서 난리를 일으키니 나라도 막지 못한다.'는 의미로 이해할 수 있다. 그러므로 본문도 '귀신이 발동해서 사람들이 난리를 칠 때 따르는 자들은 죽는다.'는 뜻이다. 다시 말해 정치구호를 외치며 데모하고, 촛불집회를 위해 모여드는 사람들과 함께하면 죽는다는 뜻이다. 그것이 바로 귀신을 좇는 짓이기 때문이다. 귀신을 따르는 자는 반드시 죽는다. 귀신은 무도하게 사람 안에 들어가서 병들게 하고, 고통을 당하게 하고, 사회를 혼란에 빠뜨리는 사악한 존재들이다. 이런 사실을 모르면 망한다.

해인(海印)은 무엇일까? 그것은 앞의 p19에서 설명한 것처럼 하나님의 말씀이고, 성령의 인치심이다. 성령의 인침을 받지 않고, 구원받을 자가 없다. 성령의 인침은 누구나 다 받을 수 있다. (이것이 그리스도께서 우리에게 가르치시는 복음의 핵심이다.) 그러나 자기가 원한다고 받는 것은 아니다. 그것은 하나님께서 주시는 선물이다. 그러므로 자신을 먼저 하나님의 말씀을 좇는 사람으로 변화시켜야 하고, 하나님을 아는 사람이 되고자 끊임 없이 노력해야 한다. 그것은 결코 쉬운 일은 아니다. 왜냐하면 내 안의 모든 것들은 하나님을 알지 못하는 것들이고(귀신의 나라에서 귀신과 함께 살고 있기 때문이다.), 나라는 존재 안에서 하나님을 찾을 수 없기 때문이다. 그래서 나를 매일 매일 쉬지 않고 하나님의 말씀으로 변화시켜야 하고, 자신의 모든 것을 버릴 수 있는 사람으로 거듭나야 한다. 그렇지 않고서 하나님을 알 수가 없고, 그분의 뜻도 깨달을 수 없다. 무의식적이었을지라도 귀신과 함께 살아온 내가 하나님의 뜻에 합당할 수 없다는 것은 당연하지 아니한가? 그러니 인내하고 인내하면서 나를 변화시키고 세상을 이겨야 한다. 이것이 해인을 깨닫는 길이다.

(54) 1桑田碧海地出. 2鷄龍山下定都地. 3白石之化日中君. 4能知三神救世主. 5牛鳴在人弓乙仙.

(상전벽해지출. 계룡산하정도지. 백석지화일중군. 능지삼신구세주. 우명재인궁을선.)

해석문: ①세상이 몰라보게 바뀐 땅이 출현하리라. ②귀신 마귀의 산 아래 정해진 도시의 땅이라. ③선지자 돌의 변화는 낮의 중앙의 군자이네. ④능력과 지식이 있는 세 분 하나님은 구세주이시네. ⑤소 울음이 있는 곳의 사람이 하나님의 종이고 성도이고 그리스도인이네.

참고주해: ①"세상이 몰라보게 바뀐 땅이 출현하리라." 세상 사람들이 지금까지 보지 못했던 엄청나게 변화된 새로운 땅이 출현한다. 전쟁과 불의 재앙으로 모든 것이 파괴된 황폐한 죽음의 땅이 새로운 생명의 땅으로 변화되는 것이다.

그곳이 어디인가? 2절은 鷄龍山下定都地(계룡산하정도지; 귀신 마귀의 산 아래 정해진 도시의 땅이라)고 했다. 계룡은 어느 곳엔가 있는 산의 이름이다. 많은 사람들은 그곳이 예언서가 말하는 정도지(定都地)라고 생각한다. 그래서 수많은 귀신들린 자들이 그 산을 찾는다. 그러나 이 원문은 지명이 아니다. 그렇게 생각하는 것은 예언서를 잘못 이해하는 것이다. 지금까지 말해 온 것처럼 원문 계(鷄)는 귀신이고 용(龍)은 마귀를 상징한다. 그래서 "귀신 마귀의 산 아래가 정해진 도시의 땅이라."고 해석해야 한다. 여기서 말하는 계룡(鷄龍)은 선지자를 가리키는 것이고, 앞의 p36 1절 非山非野仁富之間(비산비야인부지간; 산도 아니고 들도 아닌 어진 사람들과 부자들이 있는 사이)에 있는 산이며, 2. 세론시에서 p14 5절 二人橫三十二月綠(이인황삼십이월록; 두 사람 세 사람이 서로 횡단하는 12월에 녹색인 곳이라)에서 밝힌 섬이 있는 도시를 가리키는 것이다. 그 산은 그리스도께서 재림하시기 위해서 거룩하게 구별된 곳이다. 그래서 본문은 "귀신 마귀의 산 아래 정해진 도시의 땅이"라는 뜻이다. ⑤'소 울음이 있는 곳'이 산도 아니고 들도 아닌 계룡이 있는 도시의 땅이고, 그곳의 '사람이 하나님의 종이고 성도이고 그리스도인'다.

(55) 1地斥山川不避居. 2天崩混沌素沙立. 3弓乙仙境種桃地. 4蒼生何事轉悽然. 5初樂大道天降時.

(지척산천불피거. 천붕혼돈소사립. 궁을선경종도지. 창생하사전처연. 초락대도천강시.)

해석문: ①땅으로 가리고 산과 강으로 피해서 살 수가 없네. ②하늘이 무너지는 혼돈 속에서 온 모래가 일어나 날리는데 ③성도들이 있는 곳은 신선이 머무는 땅이네. ④백성들을 어찌할꼬, 가련한 처지로

바뀌었으니? ⑤최초의 즐거운 큰 진리의 길(大道)이 하늘로부터 내려올 때,

참고주해: 세상 어느 곳에서도 재앙으로부터 자신의 몸을 감추고 피신할 수 없다.

②"하늘이 무너지는 혼돈 속에서"는 별이 불덩이가 되어 땅에 떨어지는 상황을 말하는 것이고, "온 모래가 일어나 날리는데"는 불덩이로 변한 별이 땅과 충돌하는 그 순간에 땅 위의 모든 흙먼지와 모래들이 하늘로 치솟아 오르는 것을 가리키는 것이다. 이런 일이 발생한 뒤에는 온 세상이 흑암에 싸이고 긴 어둠과 무서운 한파가 몰아치게 된다. 그래서 격암선생은 ④절에서 "백성들을 어찌할꼬 가련한 처지로 바뀌었으니?"라고 탄식하는 것이다. 살아남은 인간은 그런 극한의 환경 속에서 감내할 수 없을 정도의 고통을 받으며 짐승과 같이 살아가야 하고, 혹독한 환경을 이기지 못하는 수많은 생명들이 비참히 죽어간다. 그러나 성도들이 있는 선지자의 그 섬은 신선들의 땅이 되어 고요하고 평화로울 뿐이다.

(56) 1全無后之中原和. 2淸陽宮殿大和門. 3日無光珠玉粧. 4鷄龍石白盤理. 5扶桑金鳥槿花國.

(전무후지중원화. 청양궁전대화문. 일무광주옥장. 계룡석백반리. 부상금조근화국.)

해석문: ①전무후무한 중원화가 이루어지리라. ②맑고 밝은 궁전의 대화합의 문이 열리고, ③낮의 빛이 없음에도 빛이 나는 주옥으로 단장한 ④귀신이고 마귀인 돌 선지자가 반석인 이치(理致)이네. ⑤해 뜨는 동쪽 성령이 돕는 무궁화 꽃의 나라라네.

참고주해: ①"전무후무한 중원화가 이루어지리라." 한국 땅에서 일어난 새로운 나라 동방국이 새천년시대에서 온 세상 나라들의 중심이 되는 중원화가 이루어진다. 인류역사상 이렇게 온 세상의 나라와 민족들이 한 나라를 중심으로 통일천하를 이룬 일은 전에도 없었고 후에도 없다. 이 나라가 온 세상의 모든 민족과 나라를 하나님의 말씀으로 다스릴 것이다.

②"맑고 밝은 궁전의 대화합의 문이 열리고"란 하나님과 인간의 관계가 회복되기 위해서 하나님이 계시는 궁전의 문이 모든 인간들에 열려 화합의 대화가 이루어진다는 뜻이다. 그리고,

④"낮의 빛이 없음에도 빛이 나는 주옥"은 새천년시대의 태양이 지금과 다르게 빛을 내지 않게 된다. 그래서 자연계의 생태계를 생성시키는 빛은 하나님의 세계에서 비추는 특별한 빛이 대신하게 된다. 이것을 본문은 '빛이 나는 주옥'이라고 했고, 이것을 '단장한 귀신이고 마귀였던 돌 선지자가 반석인 이치(理致)'라고 했다. 그러므로 선지자의 몸에서 나오는 특별한 빛이 태양과 같이 세상을 비추어 자연계를 생성시킨다는 것을 알 수 있다. 본문의 '귀신이고 마귀'는 선지자가 세상에서 죄인이었고, 또 세상 사람들에게 그가 악마와 같았다는 뜻이다. 그러나 그가 세상의 죄를 이긴 돌 선지자였고, 지금은 세상의 생명의 빛인 반석이 되었다.

5절 扶桑金鳥槿花國(부상금조근화국)의 부상(扶桑)은 해 뜨는 동쪽이라는 뜻이고, 금조(金鳥)는 성령을 가리킨다. 즉, 진리의 영이다. 그래서 동방국은 "해 뜨는 동쪽의 성령이 돕는 무궁화 꽃의 나라"인 것이다.

(57) 1白髮君王石白理. 2非道覺而無知死. 3道之人解寃世. 4甘露如雨海印說. 5天印地印人印三豊.

(백발군왕석백리. 비도각이무지사. 도지인해원세. 감로여우해인설. 천인지인인인삼풍.)

해석문: ①백발의 군왕인 돌 선지자가 다스리네. ②도(道; 이 예언서에서 도는 진리(眞理)와 같은 개념으로 사용된다.)가 아닌 것을 깨닫지 못하면 무지하여 죽으니, ③도(道)의 사람이 원한을 푸는 세상이네. ④비 같이 내리는 맛있는 이슬이 해인이라 말하네. ⑤하늘의 인과 땅의 인과 인간의 인인 세 가지 복음을,

참고주해: 앞의 p56서부터 새천년시대에 대한 설명이 이어지고 있다. 새천년시대에는 온 세상을 선지자가 다스리며, 진리를 깨닫는 사람만이 살 수 있고, 그런 사람들은 죽지 않고 영생하는 존재로 변화된다.

(58) 1海人雨下三發. 2化字發火印地印露印. 3化印合一理. 4非雲眞雨不老草. 5有雲眞露不死藥.

(해인우하삼발. 화자발화인지인로인. 화인합일리. 비운진우불로초. 유운진로불사약.)

해석문: ①바다의 사람이 비 아래에서 세 번 발동하면, ②가르침으로 불의 인과 땅의 인과 이슬 인으로 나타나서, ③하나의 인으로 합하여지는 이치이네. ④구름이 없는 가운데 진정한 비가 내려 불로초가 되네. ⑤구름이 있는 가운데 내리는 진정한 이슬은 죽지 않는 약이라네.

참고주해: 1절 海人雨下三發(해인우하삼발)의 해인(海人)은 '바다의 사

람'이라는 뜻이며, 바다의 섬에서 나온 선지자를 이르는 것이다. 우하삼발(雨下三發)은 '비 아래에서 세 번 발동하면'이라고 해석할 수 있는데, 선지자가 새천년시대의 자연을 새롭게 하는 일을 한다는 뜻이다.

(59) 1八人登天火字印. 2甘露如雨雙弓人. 3雙弓何事十勝出. 4乙乙何亦無文通. 5先后兩白眞人出.

(팔인등천화자인. 감로여우쌍궁인. 쌍궁하사십승출. 을을하역무문통. 선후양백진인출.)

해석문: ①여덟 사람이 하늘로 올라간 불 화 자 인印이네. ②비처럼 내리는 맛있는 이슬은 두 하나님의 종인 사람이네. ③양 선지자가 어떤 일로 십자가 승리로 나오는가? ④성도들은 어떻게 아무 문자도 모르면서 모든 것을 알게 되었는가? ⑤먼저와 나중인 양 선지자가 진인(眞人; 진실하게 하나님을 아는 사람)으로 나타나네.

참고주해: ①"여덟 사람이 하늘로 올라간 불 화 자 인印이"란 그리스도와 선지자와 여섯 천사가 세상을 심판하는 불의 인印이라는 뜻이다.
②"비처럼 내리는 맛있는 이슬은 두 하나님의 종인 사람이네."의 '비처럼 내리는 이슬'을 마시는 사람은 영원한 생명을 갖는데, 그 생명의 양식이 곧 하나님의 두 종인 그리스도와 선지자라는 뜻이다.
⑤"먼저와 나중인 두 선지자가 진인(眞人)으로 나타나네."의 '먼저'는 그리스도이고, '나중'은 선지자이다. 이 두 분이 진실하게 하나님을 아는 사람들로 세상에 나타난다.

(60) 1三豊吸者不老死. 2石井何意延飮水. 3鷄龍何意變天地. 4海印何能利

山海. 5石白何意日中君.

(삼풍흡자불로사. 석정하의연음수. 계룡하의변천지. 해인하능리산해.

석백하의일중군.)

해석문: ①세 가지 복음을 들여 마신 자는 늙지도 죽지 않네. ②돌 우물은 어떤 의미의 영향을 미치는 마시는 물인가? ③귀신 마귀는 어떤 의도로 하늘과 땅을 변화시키는가? ④해인은 어떤 능력으로 산과 바다를 치리하는가? ⑤돌 선지자는 낮의 중앙의 군자로서 어떤 의도인가?

(61) 1生旺勝地弓白豊. 2十五眞主擇現出. 3末世聖君容天朴. 4鷄有四角邦無手.

(생왕승지궁백풍. 십오진주택현출. 말세성군용천박. 계유사각방무수.)

해석문: ①생명이 왕성하게 승리한 땅의 하나님의 종인 선지자의 복음이라. ②15자리[참조; 같은 장 p31 참고주해]의 진정한 주인이 택함을 받아 현세에 나타나네. ③말세의 성군은 하늘의 박혁거세라. ④귀신이 사방에서 난리를 일으키니 나라도 막지 못하리라.

참고주해: ①"생명이 왕성하게 승리한 땅의 하나님의 종인 선지자의 복음이라." 하나님의 종 선지자가 전한 복음이 그 땅의 많은 사람들의 생명을 살렸다는 뜻이다.

③"말세의 성군은 하늘의 박혁거세라." 선지자는 땅의 하나님 백성들의 시조라는 의미의 말씀이다.

4절 鷄有四角邦無手(계유사각방무수)를 "귀신이 사방에서 난리를 일으키니 나라도 막지 못하리라." 하고 해석했다. 말세에 귀신이 사방에서 난리와 소요를 일으킨다는 의미이다. 같은 말씀이 계속해서 나타나는데, 그것은 이 시대에 세상에서 일어나는 여러 가지 소요사

태와 재난과 테러 사건이 모두 다 귀신이 일으키는 마지막 때의 현상이므로 말세가 시작되었음을 깨달으라는 뜻이다. 지금 이 땅에도 연일 수많은 사람들이 밤낮 없이 거리와 광장을 메우며 데모를 벌이고 있다. 그 데모의 목적은 자기와 생각이 다르고, 가치 기준이 다른 사람들에게 대항해서 자기의 뜻을 관철시키기 위해 투쟁하는 것이다. 그 반대쪽의 사람들도 모두가 다 같은 민족인 형제와 자매들인데도 타도해야 할 적폐(積弊)의 대상이고 불순분자들이다. 그리스도께서 다음과 같이 말씀하셨다.

"민족이 민족을 나라가 나라를 대적하여 일어나겠고 처처에 기근과 지진이 있으리니,
 이 모든 것이 재난의 시작이니라." 마24:7, 8

그러니 이 땅에서 일어나고 있는 그런 모든 일들이 바로 재난의 시작인 것이다. 깨닫기 바란다.

(62) 1玄武靑龍朱雀. 2時而開東日出. 3火龍赤蛇. 4白馬乘呼喚兮. 5始終艮野素沙地. 6毛童所望怨無心.
(현무청룡주작. 시이개동일출. 화룡적사. 백마승호환혜. 시종간야소사지. 모동소망원무심.)

해석문: ①현무는 북쪽 방위신이고 청룡은 동쪽 방위신이며 주작은 남쪽 방위신이라. ②이에 동쪽이 열리고 해가 나타나니, ③미국과 붉은 중국이 불타네. ④선지자가 말을 타고 소리쳐 부르자, ⑤시작과 종말이 멈추니 광야의 작은 모래땅이니라. ⑥짐승(毛童) 마귀가 자신의 소망을 이루지 못한 것을 한탄하니라.

참고주해: 1절 玄武靑龍朱雀(현무청룡주작)은 서방의 백호(白虎)와 중앙의 구진등사(句陳騰蛇)가 빠진 오행의 방위신들이다. 여기서 현무는 러시아를 상징하고, 청룡은 미국을 상징하며, 주작은 남쪽의 나라들을 상징한다. 그리고 빠져 있는 백호는 유럽을 상징하고, 구진등사(句陳騰蛇)는 중국을 상징한다. 남사고 선생이 이 백호와 구진등사를 빼고 삼방위 신들만 말씀한 이유는 미국을 중심으로 한 세상 나라들의 역학관계로부터 유럽과 중국이 참여하지 않는다는 것을 암시하기 위해서이다.

2절 時而開東日出(시이개동일출; 이에 동쪽이 열리고 해가 나타나니)은 동쪽 방위의 신인 미국의 시대가 열렸다는 뜻이다.

그다음 3절 火龍赤蛇(화룡적사; 불타는 미국과 붉은 중국)는 미국과 중국 두 나라가 전쟁을 한다는 의미이다. 앞의 구절의 사방신 가운데서 백호가 빠져 있는 이유는 용인 미국과 붉은 뱀인 중국이 전쟁을 하고 있을 때 유럽이 이 전쟁에 참전하지 않는 것을 보여준다.

④"선지자가 말을 타고 소리쳐 부르자."는 승천했던 선지자가 다시 세상에 내려와서 마귀를 사로잡는 상황을 설명한 것이다. 원문 간(艮)은 팔괘 중 하나로 멈춘다는 뜻이다. 그래서 시종간(始終艮)을 "시작과 종말이 멈추니"라고 해석했다. '시작과 종말'은 세상에 죄를 가져온 마귀를 가리키고, '멈추니'는 선지자와 사단 간의 전쟁에서 사단이 패하면서 선지자의 손에 사단이 사로잡히게 된다는 뜻이다. 앞에서 말한 동방국과 이스라엘의 하나님의 군대와 유럽과 연합한 세상 나라들과의 전쟁은 땅에서의 전쟁이고, 본문의 이 전쟁은 계시록에 기록된 하늘에서의 전쟁이다. (계20:1~2) 땅에서 죄를 일으킨 마귀가 더 이상 활동을 못 하고 종말을 맞게 된 것이다. "광야의

작은 모래땅"은 마귀가 도망가다가 사로잡힌 장소를 가리킨다. 이 상황은 성경의 레16:10, 21에서 예표되어 있는 아사셀이다.

"아사셀을 위하여 제비를 뽑은 염소는 여호와 앞에 두었다가 그것으로 속죄하고, 아사셀을 위하여 광야로 보낼지니라.
아론은 두 손으로 산 염소의 머리에 안수하여 이스라엘 자손의 모든 불의와 그 범한 모든 죄를 고하고 그 죄를 염소의 머리에 두어 미리 정한 사람에게 맡겨 광야로 보낼지니."

이 성경 말씀 중의 아사셀이 곧 마귀를 가리키고, 그가 이스라엘에게 일으킨 모든 죄를 지고 광야로 보내지는 것은 마지막 때에 죄의 원흉으로 선지자에게 사로잡히는 운명을 예표한 것이다.
⑥"짐승(毛童) 마귀가 자신의 소망을 이루지 못한 것을 한탄"한다. 여기서 마귀를 모동(毛童)이라고 한 것은 마귀가 털 난 짐승에 지나지 않는다는 뜻이다.

(63) 1三南第一吉星地. 2月下彈琴牛鳴聲. 3脫劫重生變化處. 4執衡按生靈合. 5忍不耐而先入運.
(삼남제일길성지. 월하탄금우명성. 탈겁중생변화처. 집형안생영합. 인불내이선입운.)

해석문: ①남쪽의 세 곳은 제일로 길한 별의 땅이네. ②달빛 아래에서 음악이 연주되는 가운데서 소의 울음 소리가 나네. ③두려움에서 벗어난 중생들이 생명으로 변화되는 집이라. ④몸을 바로하고 상고하여 육신과 영이 합하네. ⑤인내하지 못하는 선입자들의 운명이라.

(64) 1愚者貪利目前禍. 2世人何事勝己厭. 3天意拒逆狼狽事. 4見人出去打
胸. 5哀冤不吉兆.

(우자탐리목전화. 세인하사승기염. 천의거역낭패사. 견인출거타흉. 애원
불길조.)

해석문: ①어리석은 자들이 이익을 탐하다가 눈앞의 화를 자초하니라.
②세상 사람들은 어찌하여 이길 수 있는 일을 싫어하는가? ③하늘
의 뜻을 거역하면 낭패하는 일이 되네. ④나타난 사람이 나가 떠나
며 가슴을 치고, ⑤애통 원통해 하면 불길한 징조이니라.

참고주해: p63 5절 忍不耐而先入運(인불내이선입운; 인내하지 못하는
선입자들의 운명이라)은 이 단락의 1절 愚者貪利目前禍(우자탐리목
전화; 어리석은 자들이 이익을 탐하다가 눈앞의 화를 자초하니라)와
이어진 문장이다. 성도들의 모임에 먼저 들어온 사람들 중 인내하지
못하고, 이익을 탐하다가 눈앞에 있는 화를 자초하여 멸망한다는 뜻
이다.

②절에서 왜 격암선생은 "이길 수 있는 일"이라고 말씀하셨을까? 그
리고 무엇을 이긴다는 것일까? 이 이긴다는 의미를 깊이 고찰(考察)
하지 않을 수 없다. 사람들은 남과의 싸움에서 이기기를 원한다. 그
러나 그것은 진정한 이김이 아니다. 우리의 삶에서 진정한 승리는
죄와의 싸움에서 이기는 것이다. 우리의 삶은 끊임없는 죄와의 싸움
이다. 그러나 우리는 언제나 그 싸움에서 패배자가 되고 만다. 왜냐
하면, 우리는 마귀의 세계에서 살고 있기 때문이다. 그렇다고 해서
우리가 언제나 지기만 하면서 영원한 패배자가 될 수는 없다. 우리
가 스스로 죄를 이길 수 없다는 우리 자신의 이런 연약함을 인정하
면, 죄를 이길 수 있는 길이 우리에게 있다는 사실을 발견하게 된다.

그것이 곧 그리스도를 믿는 믿음으로 죄를 이기는 것이다. 그분의 대속의 제사를 믿음으로써 우리의 죄가 씻음을 받아 새로운 생명으로 거듭나게 됨을 통해서 죄를 이길 수 있는 것이다. 이렇게 새 생명으로 거듭나는 그리스도를 믿는 믿음의 증거는 죄의 길에서 돌이키는 것이다. 격암선생이 말씀하는 '이기는 길'은 바로 이 죄의 길에서 돌이키는 단호한 행동을 말한다. 우리가 돌이키지 않으면 안 되는 죄는 올바르지 못한 삶의 모든 것들이지만, 여기서 선생이 특별히 지적하는 '이기는 길'은 그런 개인의 세속적인 문제만 아니라 민족적인 문제를 강조하여 가리키는 것이다. 성경의 율법을 통해서 볼 때 우리 민족의 문제를 말한다면, 하나님의 율법을 어기면서 귀신을 섬기는 행위이다. 모세의 십계명에서 하나님께서 첫 번째로 말씀하신 것은, "너는 나를 위하여 다른 신들을 네게 있게 하지 말지니라."이다. 십계명(출20:3~17)은 바뀌지 않는 영원한 것이다. 그러므로 하나님 한 분 외에 다른 어떤 것도 섬길 수 없다. 그러나 이 땅의 사람들은 조상을 섬긴다는 이름으로 이 나라의 오랜 관습이 된 제사를 너나 없이 행하고 있다. 그뿐만 아니라 복을 받기 위해서 헛된 우상을 섬기고, 귀신에게까지 절하면서 복을 빌고 있다. 이런 행위들은 모두가 다 이 하나님의 첫째 계명을 어기는 죄를 범하는 것이다. 왜냐하면, 다음과 같이 말씀하셨기 때문이다.

"너를 위하여 새긴 우상을 만들지 말고, 또 위로 하늘에 있는 것이나 아래로 땅에 있는 것이나 땅 아래 물속에 있는 것의 아무 형상이든지 만들지 말며,
그것들에게 절하지 말며 그것들을 섬기지 말라. 나 여호와 너희 하나님은 질투하는 하나님인즉, 나를 미워하는 자의 죄를 갚되 아비로

부터 아들에게로 삼사대까지 이르게 하거니와,

　나를 사랑하는 자에게는 천대까지 은혜를 베푸느니라." 출20:4~6

거듭 말하지만, 지금 우리 민족은 이 분명한 하나님의 계명을 어기
고 있다. 이 땅에 하나님의 복음이 전해진 지가 이미 오래되었지만,
이 계명들을 지키기 위해 귀신을 섬기는 죄의 길에서 돌이킨 사람이
얼마나 되겠는가? 나라의 통치자까지 귀신을 섬기고 있는[참조; 1.
남사고비결 p32 참고주해] 것을 본 격암선생이 이 민족의 미래에 일
어날 일들을 바라보며 다시 이렇게 말씀하신다.

③"하늘의 뜻을 거역하면 낭패하는 일이 되네."의 '하늘의 뜻을 거역
하면'이란 앞에서 말한 것들이 죄가 된다는 뜻이고, '낭패하는 일이
되네.'는 하나님께서 그 죄를 심판하시면 돌이킬 수 없는 멸망의 길
로 가게 된다는 경고의 말씀이다.

⑹ 1天定計數不足日. 2飛火落地人生滅. 3未常天心無怨恨. 4人心不還自
　　取禍. 5三人合日春心生.

　　(천정계수부족일. 비화락지인생멸. 미상천심무원한. 인심불환자취화.
　　삼인합일춘심생.)

　해석문: ①하늘에서 정하신 계획된 날 수가 부족하면, ②불이 땅에 떨
　　어져 모든 인생이 멸망하리라. ③아직 행하지 못하면 하나님의 마
　　음은 아무 원한이 없네. ④사람의 마음이 다시 돌아오지 않는 것은
　　자신이 스스로 만든 불행이라. ⑤세 사람이 합한 날에 봄날 같은 마
　　음이 살아나네.

　참고주해: ①"하늘에서 정하신 계획된 날 수가 부족하면"이란 하나님
　　께서 정하신 세상의 종말의 날 수가 계획된 날보다 더 빠르게 왔을

때라는 의미이다. 즉, 그것은 세상의 악의 세력이 너무 일찍 커져 하나님께서 세워두신 세상을 구원하시기 위한 계획을 시행하실 수 없게 되었다는 것이고, 그럴 경우 하나님께서 "불이 땅에 떨어"지게 하실 수밖에 없다는 뜻이다.

④"사람의 마음이 다시 돌아오지 않는"다는 것은 인간이 하나님으로부터 받았던 본래의 마음이 마귀에게 빼앗기고 회복되지 않고 있다는 뜻이다. 아담이 마귀의 유혹을 좇음으로써 인간은 하나님으로부터 받은 하나님의 마음을 마귀에게 빼앗겼다. (이것이 창3:1~7에 기록된 인간의 원죄이다.) 그런 후 인간은 마귀의 마음을 받아서 마귀와 같이 살아가고 있는 것이다. 하나님께서는 이런 인간이 다시 하나님의 마음으로 돌아오게 하시고자 그 날 수를 정하시고 기다리고 계시는 것이다. (창3:14~24) 이제 그 날 수가 다 찼음에도 인간의 마음이 돌아오지 않는다면, 하나님께서는 하나님의 세계를 대적하는 마귀를 멸하실 때 인간 또한 멸절하실 수밖에 없게 된다. 그래서 그런 상황에 이르게 한 것이 인간 "자신이 스스로 만든 불행이라."고 말씀한 것이다.

⑤"세 사람이 합한 날에"는 앞의 1. 남사고비결 p31의 청괴만정지월의(靑槐滿庭之月矣)에서 설명한 것처럼 어린양의 혼인 잔치를 통해서 선지자가 그리스도와 하나가 된 후 아버지 하나님과 함께한 상황을 가리키는 것이다. [참조; 59. 말중운 p21 참고주해] "봄날 같은 마음이 살아나"는 것이란 인간의 잃어버린 하나님의 마음이 되살아나기 시작한다는 뜻이다.

(66) 1道不覺而怨無心. 2太神歲壬申乙巳運. 3百五而七四始末. 4當末運絶

倫者. 5必先一小生.

(도불각이원무심. 태신세임신을사운. 백오이칠사시말. 당말운절륜자. 필선일소생.)

해석문: ①진리를 깨닫지 못하면 원통하리라. ②태초의 하나님의 결실(結實)은 임신(壬申; 1992)년부터 을사(乙巳; 2025)년 운이네. ③처음에 105명으로 시작해서 74명으로 마치겠네. ④그때 배반한 자들은 마지막 운명이고, ⑤반드시 먼저 나간 한 사람만 잠깐동안 살리라.

참고주해: 2절 太神歲壬申乙巳運(태신세임신을사운)의 태신(太神)은 태초의 하나님이다. 해 세(歲)는 결실(結實)과 수확(收穫)을 뜻하기도 한다. 따라서 태신세(太神歲)를 "태초의 하나님의 결실은"이라고 해석했다. 그러면 "결실"이란 무슨 의미일까? 그것은 앞의 p65 ①"하늘에서 정하신 계획된 날 수"가 다 이루어졌을 때를 뜻한다. 그리고 그때가 "임신(壬申; 1992)년부터 을사(乙巳; 2025)년 운이네."라는 것이다. 다시 말해서 1992년부터 2025년까지가 하나님께서 정하신 일의 결실을 이루는 때라는 뜻이다.

③"처음에 105명으로 시작해서 74명으로 마치겠네." 선지자와 처음에 활동을 시작한 사람들이 105명이고 끝까지 남아 있는 사람이 74명이라는 의미다. 나머지 사람들은 선지자를 배신한다. 그리고 그들의 운명은 그것으로 끝이 된다.

(67) 1盜賊者必先凶半死匕交. 2保命在於三角山下半月形. 3保身者在於四口體合.

(도적자필선흉반사비교. 보명재어삼각산하반월형. 보신자재어사구 체합.)

해석문: ①도적질한 자는 반드시 먼저 흉한 일을 당하고 칼을 교환해

반쯤 죽은 자가 되리라. ②생명이 보존되는 곳이 삼각산 아래의 반
달 형태이네. ③몸을 보존하는 자가 있는 곳은 네 명의 성도의 입구
(四口)가 몸을 합한 곳이라.

참고주해: 환난의 때에 "생명이 보존되는 곳이 삼각산 아래" 있고, 그
땅의 모양이 반월형이다. 삼각산은 서울의 북쪽에 자리 잡고 있는
북한산의 다른 이름이다. 이 산의 동쪽은 도봉산 남쪽은 모두 산이
어서 반월형의 땅이 없다. 그러니 삼각산 아래 땅이라면 산의 북쪽
이다. 그곳에서 반월형의 땅을 찾아보면 알 것이다.

③"몸을 보존하는 자가 있는 곳은 네 명의 성도들이 몸을 합한 곳
이라." 이 말씀에 주의를 기울이기 바란다. "네 명의 성도의 입구(四
口)가 몸을 합한 곳"이란 성도들의 모임(田)을 의미한다. 성도들의 모
임만이 환난 때에 몸을 보존하는 곳이라는 뜻이다.

(68) 1在官者不水靑直勤怨無心也. 2害國者陰轉陽. 3强亡柔存. 4染色者誰
無色者誰. 5存亡興敗必見此色.

(재관자불수청직근원무심야. 해국자음전양. 강망유존. 염색자수무색자
수. 존망흥패필견차색.)

해석문: ①관직에 있는 자는 물에 물탄 듯하지 않고, 청렴정직하면 원
통한 마음이 없느니라. ②나라를 망친 자는 음陰에서 전환하여 양
陽이 되고, ③강한 자는 망하고 미약하게 보존되리라. ④염색을 들
인 자가 누구이고, 색을 들이지 않은 자가 누구인가? ⑤삶과 죽음이
있고, 잘되고 못 되는 일이 있는데, 반드시 색의 차이로 볼 것이라.

참고주해: ②"나라를 망친 자"가 "음陰에서 양陽"이 된다. 음은 어두
움이고 그늘진 곳이고, 양은 밝음이고 태양이다. 나라를 망친 자가

어두움의 존재에서 바뀌어 밝은 존재가 된다는 것이다. 어두움의 존재였다는 것은 그의 나라를 위한 일이 올바르지 않았다는 의미이며, 밝은 존재로 변화된 것은 그런 그가 진리를 깨닫는 자들로 변화되었다는 뜻이다. 나라를 망친 실패한 자가 진리를 깨닫게 된 이유는 무엇일까? 그것은 그가 어두움의 존재였을 때 누구보다 많은 하나님의 뜻을 경험을 통해서 느꼈기 때문이며, 그럼으로써 자신을 하나님 앞에서 낮출 수 있는 사람으로 변화되었기 때문이다. [성경의 다니엘서 4장에 등장하는 느부갓네살왕을 통해서 그 예를 볼 수 있다. 그는 하나님 앞에서 교만한 자였으나 살아계신 하나님을 경험하고, 하나님을 아는 금(金)으로 변화됐다.]

④"염색을 들인 자가 누구이고, 색을 들이지 않은 자가 누구인가?" 오늘날 사람들이 머리에 갖가지 색으로 물들이고, 또 몸에 문신을 하는 것을 지적한 것이다.

"삶과 죽음이 있고, 잘되고 못 되는 일이 있는데" 이것은 우리 인간이 짊어진 피할 수 없는 운명이다. 모든 사람은 양단의 길에 서 있는 것이다. 생명의 길이 있고, 죽음의 길이 있으며, 잘 되는 일을 만나고, 또 못 되는 일을 만난다. 그 양단의 길이 결정되는 그때 어느 쪽으로 가게 되는지 그 사람의 몸의 "색의 차이로 볼 것이라." 즉, 머리에 물들이고 몸에 문신한 자는 반드시 죽고 망하는 길로 간다는 뜻이다.

(69) 1難黑易白心滿危. 2謙滿安. 3惡滿天必賜死. 4活我者誰三人一夕. 5殺我者誰小頭無足.

(난흑이백심만위. 겸만안. 악만천필사사. 활아자수삼인일석. 살아자수

소두무족.)

해석문: ①어렵고 깜깜한 역경(易經)이 선지자의 마음이라. ②겸손함이 많으면 안전하리라. ③악이 만연하면 하나님께서 필히 죽게 하시리라. ④나는 산다고 한 자가 누구인가? 세 사람의 한 날 저녁이라. ⑤나를 죽이는 자가 누구인가? 작은 머리에 발이 없는 것이라.

참고주해: ①"어렵고 깜깜한 역경(易經)이 선지자의 마음이라." 세상의 장래의 일들을 올바로 알고자 하나 알 수 없는 선지자의 답답한 마음이 깜깜한 역경(易經)과 같다는 것이다.

④절의 "나는 산다고 한 자가 누구인가? 세 사람의 한 날 저녁이라."의 '세 사람'은 하나님 아버지와 그리스도와 선지자를 가리키는 것이다. 이 세 분이 그리스도께서 아버지 하나님과 함께 선지자가 머무는 섬의 산에 임하신 뒤에 함께 모인 저녁이라는 뜻이다. 그러므로 이 세 분이 함께 모인 것을 믿으면 산다는 뜻이다.

"나를 죽이는 자가 누구인가? 작은 머리에 발이 없는 것이라." 여기서 "작은 머리에 발이 없는 것"은 이미 설명한 것처럼 혜성(彗星)이 땅에 떨어지는 모습을 표현한 것이다. 즉, 앞에서 말한 것처럼 세 분이 함께 모이신 것을 믿지 않으면 재앙으로 죽게 된다는 뜻이다.

(70) 1害我者似獸非獸. 2亂國之奴隷. 3速脫獸群者牛之加一. 4遲脫獸群者危之加厄.

(해아자사수비수. 난국지노예. 속탈수군자우지가일. 지탈수군자위지가액.)

해석문: ①자신을 해치는 자는 짐승과 다름이 없는 짐승이라. ②어려움에 빠진 나라의 노예이네. ③속히 짐승의 무리에서 벗어난 자는 소의 하나로 가담하라. ④짐승의 무리에서 벗어나기를 더디한 자는,

위험에다 액운을 더하는 것이라.

참고주해: ①"자신을 해치는 자"란 무슨 의미일까? 오늘날 수없이 많은 사람들이 자살로 생을 마감하고 있다. 이런 사람들이 '자신을 해치는 자'이다. 정신이 온전치 못한 사람이 아니고 자신을 해치려는 사람은 없다. 무슨 이유에서 건 자신의 몸을 상하게 하는 행위는 죄악 중의 죄악이며, 그런 인간이 "짐승과 다름이 없는 짐승이"다. 본문은 이런 어리석은 인간들만을 국한(局限)해서 지적한 말씀이 아니다. 넓은 의미로 하나님을 알지 못하는 사람들까지 포함한 말씀이다. [참조; 2. 세론시 p20; 참고주해] 1. 남사고비결 p33 5절 人獸分別兩端日(인수분별양단일)에서 설명한 것처럼 하나님을 알지 못하는 사람이 곧 짐승인 사람이다. 왜냐하면, 하나님을 모르는 그 사람의 무지가 자신을 해치는 것과 다름이 없기 때문이다. 이런 사람은,

②"어려움에 빠진 나라의 노예이네." 여기서 어려움에 빠진 나라는 세상이며, 앞에서 말한 짐승인 사람은 그 멸망의 위기에 빠진 세상의 노예라는 뜻이다. 사도바울은 이것을 "썩어짐의 종노릇"이라고 표현했다. (롬8:21)

③"속히 짐승의 무리에서 벗어난 자는 소의 하나로 가담하라."의 '짐승의 무리'는 앞에서 말한 하나님을 알지 못하는 세상 사람들이며, 세상의 노예로 살아가는 사람들이다. 그 짐승의 무리에서 속히 벗어난 사람은 '소의 하나로 가담하라'고 하셨다. '소'는 희생의 제물인 선지자를 상징한다. 그러므로 선지자의 무리에 들어가서 선지자와 같이 자기 십자가를 짊어진 한 사람이 되라는 의미의 말씀이다.

④"짐승의 무리에서 벗어나기를 더디 한 자"란 세상의 노예로 살아

가는 상태에서 벗어나기를 더디 하는 사람이라는 말씀이다. 이런 사람의 우유부단(優柔不斷)함은 "위험에다 액운을 더하는 것이" 된다.

(71) 1萬物之靈. 2失倫獸從者必死. 3人依夕卜背面必死. 4玄妙正統誰可知.
(만물지령. 실륜수종자필사. 인의석복배면필사. 현묘정통수가지.)

해석문: ①만물의 영靈이니라. ②윤리를 저버린 짐승을 좇는 자는 반드시 죽으리라. ③사람의 옷을 입고 석양에 복술을 하는 자의 뒤에 보이면 반드시 죽으리라. ④도리가 깊고 미묘하며 정통함을 누가 알 수 있겠는가?

참고주해: ①"만물의 영靈이니라." 만물은 하나님으로부터 나왔다. 아래의 성경의 말씀이 증거하고 있다.

"천지와 만물이 다 이루니라.
하나님이 지으시던 일이 일곱째 날이 이를 때에 마치시니" 창2:1, 2
상반절

그러므로 하나님은 만물의 영이다. 그리고 사람 또한 만물의 영이다. 왜냐하면, 하나님과 같이 창조되었기 때문이다. 창1:26, 27은 다음과 같이 증거하고 있다. (아래의 말씀은 1. 남사고비결 P33에서도 인용했으나 독자의 이해를 돕기 위해 다시 한번 기술한다.)

"하나님이 가라사대, 우리의 형상을 따라 우리의 모양대로 우리가 사람을 만들고 그로 바다의 고기와 공중의 새와 육축과 온 땅과 땅에 기어다니는 것을 다스리게 하자 하시고,
하나님이 자기 형상 곧 하나님의 형상대로 사람을 창조하시되 남자와 여자를 창조하시고,"

이렇게 사람은 본래 하나님과 같은 존재였다. 그러나 지금의 우리 인간은 그 만물의 영의 위치를 잃어버린 상태이다. 왜냐하면, 인간이 마귀의 유혹을 좇아서 마귀의 품성을 받는 죄를 범했기 때문이다. 그것을 회복하기 위해서 짐승의 길에서 떠나야 한다.

"윤리를 저버린 짐승"은 앞의 1. 남사고비결 p33에서 설명한 인간을 유혹해서 죄에 빠뜨린 마귀를 가리킨다. 이 마귀도 본래 사람과 같이 창조된 존재였다. 앞에서 인용한 창3:1의 말씀은 마귀가 피조물인 사실을 증거하고 있고, 아래의 계시록 12:9은 그 짐승이 사단임을 증거하고 있다.

  "큰 용이 내어 쫓기니 옛 뱀 곧 마귀라고도 하고, 사단이라고도 하는 온 천하를 꾀는 자라 땅으로 내어 쫓기니 그의 사자들도 함께 내어 쫓기니라."

따라서 본문 "윤리를 저버린 짐승"은 자신을 창조하신 하나님을 대적하다가 땅으로 쫓겨난 사단을 가리키는 것이며, 그가 패륜의 짐승이라는 뜻이다. 이 패륜자가 땅에서는 종교를 이용해 하나님처럼 행세하면서 사람들을 미혹하여 죄에 빠뜨리고, 온 세상 사람들을 자기와 같이 하나님을 대적하는 존재들로 만들었다. 따라서 "윤리를 저버린 짐승을 좇는" 것은 마귀 사단을 좇는 것이다. 그래서 격암선생은 이런 "자는 반드시 죽으리라."고 말씀한 것이다. 거듭 말하지만, 이런 자들은 반드시 영원한 지옥불로 들어간다.

③"사람의 옷을 입고 석양에 복술을 하는 자"는 귀신들린 자를 가리키는 것이다. 이런 귀신들린 자들이 "주술을 외울 때 뒤에 보"인다는 것은 그자의 뒤에 서서 귀신에게 복을 비는 행위를 하고 있다는

뜻이다. 이런 행위를 하는 자는 반드시 죽는다. 아래에 인용한 사 66:17을 주의 깊게 읽기 바란다.

"스스로 거룩히 구별하며 스스로 정결케 하고 동산에 들어가서 그 가운데 있는 자를 따라 돼지고기와 가증한 물건과 쥐를 먹는 자가 다 함께 망하리라. 여호와의 말씀이니라."

이 땅의 백성들이 행하고 있는 가증스러운 죄에 대한 경고의 말씀이다.

(72) 1七要. 2一曰天心. 3二曰石皮之衣. 4三曰石皮巾. 5四曰艸日十花. 6五曰 力勤農. 7六曰比之人.

(칠요. 일왈천심. 이왈석피지의. 삼왈석피건. 사왈초일십화. 오왈역근농. 육왈비지인.)

해석문: ①일곱 가지가 요구되니, ②첫째로 말하면, 하늘의 마음이고, ③둘째로, 돌 선지자 가죽의 옷을 입는 것이고, ④셋째로, 돌 선지 자의 가죽 모자를 쓰는 것이고, ⑤넷째로, 풀이 돋는 날에 십자가 에 꽃피는 것이요, ⑥다섯째로, 열심으로 농사에 힘을 기울이는 것 이요, ⑦여섯째로, 비수의 사람이요,

참고주해: ③"돌 선지자의 가죽옷"의 '돌 선지자'는 이 땅에서 나오는 선지자를 가리킨다. 그런데 그의 '가죽옷'은 무슨 의미일까? 아래에 기술한 창세기의 말씀이 가죽옷의 의미를 말해 주고 있다.

"여호와 하나님이 아담과 그의 아내를 위하여 가죽옷을 지어 입히 시니라." 창3:21

하나님께서 아담과 하와에게 가죽옷을 지어서 입혀 주신 것은 그들

이 벌거벗은 상태로 있었기 때문이다.

"이에 그들의 눈이 밝아 자기들의 몸이 벗은 줄을 알고 무화과 나뭇
잎을 엮어 치마를 하였더라." 창3:7

이 말씀 중 "자기 몸이 벗은 줄을 알고"는 죄를 범한 이후의 아담과
하와의 상태를 비유적으로 표현한 것이다. (이와 같은 이유로 그리
스도께서 계3:18에서 "벌거벗은 수치를 보이지 않게 하라."라고 말
씀하셨다.) 그들의 죄는 사단의 유혹에 빠져 하나님의 계명을 어기
고 악을 행한 것이다. 그런 그들에게 하나님께서 "가죽옷을 지어 입
히"신 것은 죄로 말미암아 죽음 앞에 직면한 그 죄인들에게 죄 사
함의 길을 마련해주신 것을 의미하는 비유의 말씀이다. 즉, 죄의 값
은 죽음이므로(롬5:12) 하나님께서 죽음을 면할 수 없게 된 인간에
게 죽음을 피할 수 있도록 동물을 잡아서 자신의 죄를 대속하게 하
는 제사법을 마련해 주신 것이다. 그래서 성경에서 가죽옷은 하나님
께 바친 속죄의 제물을 상징한다. [참조;『묵시의 인류사 1권』, 제2
장 역사의 시작 구속, p85.] 그러므로 본문의 "선지자의 가죽옷"은
그가 그리스도와 같이 인간의 죄를 대신하는 속죄의 제물로 바쳐진
다는 뜻이고, 그의 "가죽옷을 입으라"는 것은 그의 죽음을 통해 속
죄의 제사를 하나님께 올리라는 뜻이다.
④절의 "선지자의 가죽으로 모자를 쓰는 것"은 또 무엇일까? 지금까
지 가죽옷은 대속의 제사라고 설명했다. "선지자의 가죽으로 모자
를 쓰는 것"은 오직 선지자의 그 대속의 죽음을 생각하며 그와 같은
믿음으로 자신의 생각과 마음을 하나님께로 돌이켜야 한다는 비유
의 말씀이다.

⑤"넷째로, 풀이 돋는 날에 십자가에 꽃피는 것이요."의 '풀이 돋는 날'은 생명이 다시 살아나는 봄을 의미한다. 봄이 오면 얼어붙었던 땅에서 풀이 돋아나는 것과 같이 복음이 전파되는 날이 오면 세상 안에서 인간의 참 생명이 살아나고, 그때 '십자가에 꽃피'게 하는 일이 있게 된다는 것이다. '십자가에 꽃피는'은 꽃이 실제로 십자가에서 핀다는 사실적인 표현이 아니라 그리스도의 십자가 승리를 이루는 성도가 된다는 비유적인 표현이다.

⑥"다섯째로, 열심으로 농사에 힘을 기울이는 것이요." 여기서 말씀하는 농사는 곡식을 심는 논 농사가 아니라 하나님의 복음을 통해서 백성들을 멸망의 세상으로부터 구하는 사람 농사를 의미한다.

⑦"여섯째로, 비수의 사람이요." 악에 대한 태도가 비수와 같이 엄하고 냉정한 사람이라는 뜻이다. 즉 마귀의 어떤 시험도 단칼에 쳐내는 비수와 같은 사람이라는 뜻이다.

(73) 1七日一小重力. 2是皆不妄矣. 3又有十忌. 4一曰立心. 5二曰一牛兩尾心. 6三曰賣心. 7四曰過欲.

(칠왈일소중력. 시개불망의. 우유십기. 일왈입심. 이왈일우양미심. 삼왈매심. 사왈과욕.)

해석문: ①일곱째로 말하자면, 하나의 작음이 무거운 힘이라. ②이것들을 다하면 황망함에 빠지지 않네. ③다시 열 가지 경계할 것이 있으니, ④첫째로 말하자면, 마음을 높이는 것이고, ⑤둘째로, 한 마리 소가 양 꼬리의 마음이라고 하는 것이고, ⑥셋째로, 마음을 파는 것이고, ⑦넷째로, 과욕이고,

참고주해: ①"일곱째로 말하자면, 하나의 작음이 무거운 힘이라."에서

'하나의 작음'은 자신을 낮추는 마음이고, 또 진실한 믿음을 의미한다. 즉, 자신을 낮추고 진실한 믿음을 갖고 있으면 무거운 힘이 된다는 뜻이다. 그리스도께서 마17:20에서 다음과 같이 말씀하셨다.

"가라사대 너희 믿음이 적은 연고니라. 진실로 너희에게 이르노니, 너희가 만일 믿음이 한 겨자씨만큼만 있으면 이 산을 명하여 여기서 저기로 옮기라 하여도 옮길 것이요. 또 너희가 못 할 것이 없으리라."

이렇게 지금까지 말한 일곱 가지를 다 행하면 황망함에 빠지지 않는다.

(74) 1五曰貪利. 2六曰爭鬪. 3七曰怠惰. 4八曰輕妄. 5九曰密居. 6十曰錢禾刀也. 7死殺不生豈確實乎.

(오왈탐리. 육왈쟁투. 칠왈태타. 팔왈경망. 구왈밀거. 십왈전화도야. 사살불생기확실호.)

해석문: ①다섯째로, 이익을 탐하는 것이고, ②여섯째로, 싸우는 것이고, ③일곱째로, 나태하고 태만함이고, ④여덟째로, 경고망동함이고, ⑤아홉째로, 은밀히 숨어 지내는 것이고, ⑥열째로 말하자면, 돈을 목적으로 곡식을 무기로 삼는 것이라. ⑦죽이는 자는 살지 못한다고 한 그것은 확실하네.

참고주해: "죽이는 자는 살지 못한다고 한 그것은 확실하네." 남과 자신을 죽이는 자를 가리키는 것이다. 그런 자들은 반드시 죽는다.

(75) 1有志君子深覺深覺. 2愼之察之. 3暗暗不知世事也.

(유지군자심각심각. 신지찰지. 암암부지세사야.)

해석문: ①뜻이 있는 군자는 심각하고 심각하소. ②삼가고 잘 살피소.

③어둡고 어두워 아무것도 모르는 세상의 일이라.

(76) 1末世災. 2初問其何時. 3午未申三. 4東國回生四方立礎. 5問其何時. 6
鼠牛虎三.

(말세재. 초문기하시. 오미신삼. 동국회생사방립초. 문기하시. 서우호삼.)

해석문: ①말세 재난의 ②초기를 묻기를 어느 때인가 하니? ③갑오
(甲午; 2014)년, 을미(乙未; 2015)년, 병신(丙申; 2016)년 삼 년이
라. ④동국(東國)이 회생하고, 사방에 기초를 세우리라. ⑤묻기를
어느 때인가? ⑥쥐띠 해 경자(庚子; 2020)년과 소띠 해 신축(辛丑;
2021)년과 호랑이띠 해 임인(壬寅; 2022)년 삼 년이라.

참고주해: 말세 재난의 초기를 "갑오(甲午; 2014)년, 을미(乙未; 2015)
년, 병신(丙申; 2016)년 삼 년이라."고 했다. 이미 말세의 초기가 다
지난 것이다.

"동국(東國)이 회생하고, 사방에 기초를 세우리라."의 '동국(東國)'은
1. 남사고비결 p25 3절 東方春生金花發(동방춘생금화발)의 동방(東
方)과 마찬가지로 이 땅에서 일어나는 새로운 나라를 의미한다. '회
생'한다는 것은 나라가 망했으나 다시 일어선다는 뜻이다. 격암유록
은 지금의 이 나라의 멸망이 두 가지 방향에서 이루어지게 될 것임
을 계시하고 있다. 첫 번째는 전쟁에 의한 멸망이다. 3. 계룡론 p6
5절의 天地震動花朝夕(천지진동화조석)과 p7 1절의 江山熱蕩鬼不知
(강산열탕귀부지), 그리고 같은 장 p9戌亥人多死(술해인다사)에서 암
시한 핵폭탄이 폭발하는 전쟁에 의한 멸망이고, 두 번째는 같은 장
p45 3절 天地混沌飛火落地(천지혼돈비화락지)에 의한 멸망이다. 첫
번째가 이루어지지 않을 경우 두 번째에 의해서 이 나라가 멸망한

다고 계시하고 있다. 부언하여 말하자면, 만약에 하나님께서 정하신 남북한의 전쟁이 일어나지 않는 경우에는 하늘에서 불의 재앙을 내려 이 나라를 멸망시킨다. 그러므로 이 나라의 멸망은 정해진 운명이며, 그 뒤에 새로운 나라 동국이 회생하여 2020년서부터 2023년까지 사방에 나라의 기초가 세워진다.

(77) 1李朝之亡何代. 2四七君王. 3李花更發何之年. 4黃鼠之攝政也. 5患亂初發. 6問於何時. 7玄蛇前三.

(이조지망하대. 사칠군왕. 이화갱발하지년. 황서지섭정야. 환란초발. 문어하시. 현사전삼.)

해석문: ①이조의 멸망은 어느 대인가? ②47 군왕이네. ③오얏꽃이 다시 피어나니 어느 해인가? ④황서(黃鼠)년에 섭정을 하리라. ⑤환란의 초기 발발을 묻는데, ⑥어느 때인가? ⑦현사 전(玄蛇前) 삼 년이라

참고주해: ①"이조의 멸망은 어느 대인가?" 그 답이 ②"47군왕"이라고 했는데, 47은 4X7=28대 군왕의 때라는 의미이다.

③"오얏꽃이 다시 피어나니 어느 해인가?"의 오얏꽃은 이조를 의미하며 다시 핀다는 것은 망했던 조선이 한 국가로 다시 세워진다는 의미이다.

"황서(黃鼠)년에 섭정을 하리라." 황서년은 무자(戊子, 1948)년이다. '섭정을 하리라'고 한 것은 미군의 군정을 의미하며, 미군에 의해서 1948년에 세워진 이승만 정권을 가리킨다.

⑤"환란의 초기 발발을 묻는데", "어느 때인가?" 환란의 초기 발발은 6·25동란을 가리키며, 그때가 언제인지 묻는 말씀이다.

그 답은 ⑦"현사전(玄蛇前) 삼 년이라."고 했다. "현사 전 삼 년"은 경

인(庚寅; 1950)년과 신묘(辛卯; 1951)년과 임진(壬辰; 1952)년이다. 그러므로 계사(癸巳; 1953)년에 끝난 6·25전쟁을 의미한다.

(78) 1再發何時. 2牛虎兩端雪胃長安. 3燕鴻去來之月也. 4三發天下何之年. 5未詳不說.

(재발하시. 우호양단설위장안. 연홍거래지월야. 삼발천하하지년. 미상불설.)

해석문: ①재발은 어느 때인가? ②소띠(牛)와 호랑이띠(虎) 양 끝 장안에 눈이 가득하고, ③제비와 기러기가 엇갈려 가는 달이라. ④세 번째 일어나는 세상은 어느 해인가? ⑤정확하지 않으므로 말하지 않으리라.

참고주해: ①"재발은 어느 때인가?" 제2차 남북전쟁이 일어나는 때를 묻는 것이다.

②"소띠(牛)와 호랑이띠(虎) 양 끝 장안에 눈이 가득하고", ③"제비와 기러기가 엇갈려 가는 달"에 다시 전쟁이 일어난다고 했다. 원문 우호(牛虎)는 사람들의 나이를 가리키는 지지(地支)의 동물들로 볼 수 있다. 즉, 소띠의 사람과 호랑이띠의 사람을 가리킨다. 그러므로 그 띠의 두 사람이 있는 양끝 장안에 눈이 많이 오는 어느 해로 보아야 한다. 소띠는 남해의 섬에 있는 선지자를 가리키고, 호랑이띠는 새로운 권력자를 가리킨다. 그러므로 이 나라의 남쪽의 도시와 새로운 권력자가 있는 북쪽의 도시의 장안에 눈이 가득한 달에 전쟁이 일어난다는 뜻이다.

④"세 번째 일어나는 세상"이란 첫 번째인 노아 홍수 이전의 세계와 홍수 이후부터 현재까지의 두 번째 세계가 끝난 다음에 일어나는 새로운 세계를 가리키는 것이다. 이 세계를 천년시대라고 한다. 이 시대가 시작되는 시점은 밝히지 않았다.

(79) 1又曰眞人世界何之年. 2和陽嘉春也. 3出地何處耶. 4鷄鳴龍叫溟沙十
里之上. 5龍山之下.

(우왈진인세계하지년. 화양가춘야. 출지하처야. 계명용규명사십리지상.
용산지하.)

해석문: ①또 말하건대 진실한 사람의 세계는 어느 해인가? ②양지가
밝은 아름다운 봄이라. ③나오는 땅은 어느 곳의 예수인가? ④귀신
이 울고 마귀가 울부짖는 명사십리 위쪽이고 ⑤용산 아래이니라.

참고주해: ①절과 ②절은 선지자가 이룩하는 세계는 양지 밝은 아름
다운 봄과 같은 세계라는 계시이다.

③"나오는 땅은 어느 곳의 예수인가?" 예수 그리스도의 출생을 비유
해서 선지자가 태어난 곳이 어디인지를 묻는 것이다.

④"귀신이 울고 마귀가 울부짖는"은 귀신과 마귀가 지배하는 곳이라
는 의미이고, "명사십리 위쪽"은 그 선지자의 고향이 지금은 사라져
버린 옛 한강의 아름다운 모래사장으로부터 위쪽이라는 것이고,

⑤"용산 아래이니라."라는 또 그곳이 용산구의 아래쪽에 위치하고
있다는 뜻이다.

(80) 1天受丹書何之年. 2神妙無弓造化難測. 3鷄龍其礎何之年. 4病身之人
多出之時. 5一國分列何年時.

(천수단서하지년. 신묘무궁조화난측. 계룡기초하지년. 병신지인다출지
시. 일국분열하년시.)

해석문: ①하늘로부터 받는 상세한 내용의 책은 어느 해인가? ②신비
하고 영묘하며 끝이 없고, 그 만들어지는 변화를 알 수조차 없네.
③귀신 마귀가 기초를 세우는 해는 언제인가? ④병신인 사람이 많

이 나오는 때니라. ⑤한 나라가 분열되는 해와 때는 언제인가?

참고주해: ③"귀신 마귀가 기초를 세우는 해"의 '귀신 마귀'는 앞에서 말한 것처럼 세상 사람들이 선지자를 부르는 이름이다. 그러므로 선지자를 가리킨다. '기초를 세우는' 것은 그리스도의 복음을 통한 새로운 나라의 기초를 놓은 해라는 뜻이다.

그때가 ④"병신인 사람이 많이 나오는 때"라고 했는데, 앞에서 말한 남북한의 전쟁 또는 하늘에서 날아온 불로 인해서 수없이 많은 불구자들이 나오게 될 때라는 것이다. 그러므로 전쟁이나 재앙으로 이 나라의 모든 것들이 파괴된 뒤에 참 그리스도의 복음이 이 땅에 전파되고, 그리스도의 나라 동방국의 기초가 세워진다는 뜻이다. [참조; 17. 무용출세지장 p1 및 22. 농궁가 p20]

⑤"한 나라가 분열되는 해와 때"라고 한 것은 일본의 지배로부터 벗어난 조선이 완전한 독립국가를 이루지 못하고 남과 북으로 갈라지는 해와 때라는 뜻이다.

(81) 1三鳥次鳴靑鷄之年也. 2又分何之年虎兎相爭. 3水火相交時也. 4停戰何時. 5龍蛇相論黃羊用事之月.

(삼조차명청계지년야. 우분하지년호토상쟁. 수화상교시야. 정전하시. 용사상론황양용사지월.)

해석문: ①세 마리의 새가 노래를 부르는 청계(酉)년이라. ②그런 다음 분열되는 해는 언제인가? 호랑이(寅)와 토끼(卯)가 서로 싸우고, ③물과 불이 서로 왔다 갔다 할 때. ④정전은 어느 때인가? ⑤미국과 중국이 서로 의논을 하고, 황색 양을 이용해서 일하는 달이라.

참고주해: 앞의 p80 5절 一國分列何年時(일국분열하시)는 이 단락의

1절 三鳥次鳴靑鷄之年也(삼조차명청계지년야)와 연결된 문장이다. 앞에서 질문한 한 나라가 분열되는 때가 "세 마리의 새가 노래를 부르는 청계(酉)년"이라고 했다. 청계년은 을유(乙酉; 1945)년을 말한다. 즉 8·15 해방 이후에 조선이 남과 북으로 갈라진 것을 가리키는 것이다. 그런데 "세 마리의 새가 노래"를 불렀다는 것은 무슨 뜻일까? 앞에서 설명한 것처럼 새(鳥)는 귀신을 상징한다. 그러므로 '새가 노래'를 했다는 것은 귀신이 사람을 통해서 말을 했다는 뜻이다. 앞에서 말한 것처럼 격암유록에 등장하는 모든 짐승은 세상의 일을 결정하는 특정한 인물이나 나라를 상징한다. 이와 같은 상징적인 의미를 바탕으로 문장을 보면 세 사람 또는 세 나라가 말을 해서 한 나라의 분열을 결정했다는 뜻이 된다. 즉, 세 나라가 말을 해서 조선을 패망한 일본의 지배로부터 벗어나게 하고, 두 개의 나라로 분열시켰다는 것이다. 그러므로 "세 마리의 새가 노래를" 부른 것은 모스크바 삼상회의에서 미국과 영국과 소비에트 연방이 한반도에 신탁통치를 위한 공동위원회를 설치하기로 합의한 것을 가리키는 것이며, 이 결정으로 조선이 두 나라로 분열되었다는 것이다.

2절 "그런 다음 분열되는 해"라고 한 것은 남북으로 갈라진 뒤에 또 한 번의 분열이 있게 된다. 즉 남과 북 중의 하나가 다시 분열해서 한반도 안에 세 개의 나라가 있게 된다는 의미이다. 그렇다면 북한이 분열될 리는 없어 보이고, 분열이 된다면 남한일 것이라고 누구나 짐작할 것이다. 왜냐하면, 지금의 남한의 정치지도가 지역주의와 이념에 의해서 완전히 갈라져 있기 때문이다. 지금 이 나라의 정치인들의 이성을 잃은 집단이기주의적 편 가르기는 그 분열의 징조를 보여주는 것이다. 앞의 3. 계룡론 p5 5절 鄭趙之變一人鄭矣(정조지변일인정의)는 그런 징조가 현실이 되어 변란으로 나타났다는 것을 보여주는 계시이며, 또 아래 19. 궁을론 p20 1절 李鄭爭鬪各守一鎭(이정쟁투각수일진)은 그 변란에 반대하는 세력이 일어나서 변란을 일으킨 세력과 서로 싸우는 내전의 상태에 빠진 상황을 계시한 것이다. 그러므로 본문의 "호랑이(寅)와 토끼(卯)가 서로 싸우고"는 내전을 일으킨 이정쟁투(李鄭爭鬪)의 이씨와 정씨를 가리키는 것이며, 그 두 사람이 나라를 갈라지게 했다는 뜻이다.

③"물과 불이 서로 왔다 갔다 할 때라."는 남쪽이 앞에서 말한 '호랑이와 토끼'의 두 세력이 서로 싸우는 내전 상황에 빠진 가운데서 남북한이 서로 미사일을 쏘아대는 제2차 남북전쟁이 일어난다는 계시이다. 이 전쟁은 전면적으로 맞붙는 침략전쟁은 아니지만, 적진에 심각한 피해를 입히기 위해 휴전선을 사이에 두고 공격 미사일과 방어 미사일을 쏘아대고, 파괴력이 큰 포를 쏘아대는 대규모의 전쟁이다. 그때 휴전선이 가까운 서울은 매우 위험한 상황에 빠질 수도 있다. 그래서 빠르게 정전협상에 들어가게 될 것이다.

④"정전은 어느 때인가?"는 이 전쟁의 종전이 언제 이루어지는지 묻는 것이다.

⑤"미국과 중국이 서로 의논을 하고"는 이 남북한 간의 미사일 전쟁이 미국과 중국 간의 합의에 의해서 결정된다는 뜻이고, "황색 양을 이용해서 일하는 달이라."고 한 말씀은 그 종전되는 시점이 이스라엘의 유월절이라는 뜻이다. [유월절은 첫째 달 니산(Nisan)의 열 번째 날(태양력으로 삼월 말경)이다. 참조; 출12:3~6]

(82) 1統合之年何時. 2龍蛇赤狗喜月也. 3白衣民族生之年. 4猪狗分爭心一通.

(통합지년하시. 용사적구희월야. 백의민족생지년. 저구분쟁심일통.)

해석문: ①통합의 해는 어느 때인가? ②미국과 중국과 붉은 개가 기뻐하는 달이라. ③백의 민족이 살아나는 해이니라. ④돼지와 개가 분쟁에서 마음을 하나로 통일하리라.

참고주해: ①"통합되는 해는 어느 때인가?"는 남북이 통일을 이룬다는 것이 아니고, 두 개의 나라로 갈라졌던 남쪽의 재통합이 언제 있게 되는지 묻는 것이다. 그 질문에 대한 답을

2절 "龍蛇赤狗喜月也(용사적구희월야)"라고 했다. 이 원문의 답변을 보면 용과 뱀, 그리고 붉은 개가 하나 더 있다. 이 "붉은 개"도 붉은 뱀이 중국을 상징하는 것처럼 어떤 나라를 상징한다. 그렇다면 붉은 개는 어떤 나라를 상징할까? 붉은 색깔은 공산주의를 의미하고, 남한과 관련된 국가를 가리키므로 북한에 대한 상징이다. 희월야(喜月也)는 좋아하는 달이다. 그러므로 미국과 중국, 그리고 북한이 함께 좋아하는 달이다. 이렇게 세 나라가 좋아하는 이유는 앞의 p81에서 설명한 것처럼 남북한 간의 미사일 전쟁이 미국과 중국의 협의에 의해서 세 나라가 종전을 합의했기 때문에 세 나라가 함께 기뻐하는 것이다. 이 시점에 두 개의 나라로 갈라졌던 남쪽이 다시 통합된다. ③"백의민족이 살아나는 해"가 된다. 분열되었던 나라를 통합하고, 한민족임을 자각하여 서로 화합하는 마음을 갖게 된다는 의미이다. 그리고 ④"돼지와 개가 분쟁을 끝내고 마음을 통일하리라."고 했다. 아마 집에서 기르는 돼지와 개가 마음을 통일했기 때문에 백의민족이 살아났다고 생각할 사람은 없을 것이다. 여기에 등장하는 돼지 또한 개와 마찬가지로 한 국가의 상징한다는 사실을 이미 다 짐작했을 것이다. 그렇다면 어떤 나라인가? 그 답은 대한민국이다. 아

니, 왜 하필이면 대한민국이 돼지인가? 돼지가 남한을 상징하는 것
은 이 나라 백성들이 돼지를 잡아서 귀신에게 제사를 올리기 때문
이다. 다시 말해 귀신을 섬기는 나라라는 뜻이다. 돼지와 개가 마음
을 통일하는 것은 본래의 같은 민족으로서 마음을 회복하여, 한마
음을 갖게 된다는 뜻이다. 즉 남과 북이 화해한다는 뜻이다.

(83) 1先動之時何時. 2白虎射殺之. 3前無神之發大謂也. 4中動何意虛中有
實. 5無無有中有神論者大發之時.
　　(선동지시하시. 백호사살지. 전무신지발대위야. 중동하의허중유실. 무
　　무유중유신론자대발지시.)
해석문: ①먼저 행동해야 할 때는 어느 때인가? ②흰 호랑이가 선지자
　　를 사살했으니, ③이전에 없었던 하나님의 행하심이 크나큼을 고하
　　노라, ④중간의 움직임은 무슨 의도인가? 헛된 것들 가운데서 유실
　　(有實)이 있게 하는 것이라. ⑤아무것도 없는 가운데서 하나님이 계
　　신다고 주장하는 자들이 폭발적으로 많아질 때,
참고주해: ①"먼저 행동해야 할 때는 어느 때인가?"에 대한 답을 "白
　　虎射殺之(백호사살지; 흰 호랑이가 선지자를 사살했으니)"라고 했
　　다. 이미 말한 것처럼 백호(白虎)는 오행의 서쪽 방위 귀신으로 유럽
　　을 상징한다. 원문을 의역하면 "유럽이 사격을 해서 사살했으니"이
　　다. 누구를 사살했다는 것일까? 그 답은 원문의 첫 글자인 백(白)에
　　있다. 백은 앞에서 설명한 것처럼 선지자를 상징한다. 따라서 "유럽
　　이 선지자를 사살했으니"라고 해석할 수 있다. 남북한 간의 전쟁은
　　결국 양쪽이 다 멸망하는 결과를 가져오게 된다. 그리고 한반도를
　　지배하려는 중국이 미국에 의해 멸망하면서 남북의 통일이 이루어

진다. 그 시점에 이스라엘의 성전이 중건되며, 하나님께 올리는 거룩한 제사가 회복된다. 같은 장 p25에서 설명한 칠십이레가 이루어지는 것이다. 앞에서 말한 것처럼 이 일은 선지자의 손에 의해서 진행된다. 그가 칠십이레의 모든 일들을 다 성취했을 때 "유럽이 선지자를 사살"하는 사건이 발생하는 것이다. 이 사건이 계시록 11:7, 8에 기록돼 있다.

"저희가 그 증거를 마칠 때 무저갱으로부터 올라오는 짐승이 저희로 더불어 전쟁을 일으켜 저희를 이기고 저희를 죽일 터인즉,
　저희 시체가 큰 성 길에 있으리니, 그 성은 영적으로 하면 소돔이라고도 하고 애굽이라고도 하니, 곧 저희 주께서 십자가에 못 박히신 곳이라."

본문에서 유럽이 사살한 사람은 선지자 한 사람인데, 이 계시록의 말씀은 "저희"라는 복수 대명사로 말씀하고 있다. 그 이유는 선지자가 그리스도와 함께 활동하기 때문이다. 즉, 선지자가 죽는 그 자리에 그리스도도 함께 있었다는 뜻이다. 위에 인용한 계시록 말씀 중의 짐승은 유럽을 상징한다. 유럽은 칠십이레의 기간에 이스라엘 백성들이 거룩한 성전과 예루살렘 시를 재건축하고, 하나님께 올리는 거룩한 제사를 회복하자 미국과 함께 세상 나라들의 군대를 모아 이스라엘 땅을 침략하여, 그 온 땅을 짓밟고 예루살렘 시를 또다시 훼파한 후, 감히 거룩하신 하나님의 성전을 모독한다. 그리고 또다시 많은 하나님의 종들과 백성들을 죽이는 악행을 저지른다. 왜 미국과 유럽은 이런 비이성적이고 무도한 일을 저지르는 것일까? 그 이유는 단 하나, 이 나라들이 하나님을 대적하는 용 즉, 마귀의 나

라들이기 때문이다. 이 나라들의 죄악은 온 세상을 재앙과 전쟁으로 멸망시키는 결과를 일으킨다. [참조; 같은 장 p34 참고주해] 그러므로 "먼저 행동해야 할 때는" 앞의 p29에서 설명한 것처럼 선지자가 그리스도와 함께 이스라엘 백성들을 이끌고 예루살렘 시와 성전을 재건축할 때서부터 그 일을 다 마친 후에 이방 나라들이 새 성전을 다시 모독하고, 선지자가 유럽인들에게 죽임을 당할 때까지이다. (계11:3~12; 마24:26~28) 즉, 마24:15의

"그러므로 너희가 선지자 다니엘의 말한바 멸망할 가증한 것이 거룩한 곳에 선 것을 보거든(읽는 자는 깨달을진저)"

하고 그리스도께서 경계하신 일이다.
④"중간에 행동할 때는" p29에서 설명한 중입의 시기를 가리킨다. 그때가 "언제인가?" 하는 질문이다. 이에 대한 답변은 "헛된 것들 가운데서 유실(有實)이 있게 하는 것이라."고 했다. 이 말씀 중의 '헛된 것들 가운데'는 환난에 빠진 세상을 가리키는 것이다. 환난 속의 세상은 모든 것이 헛될 뿐이다. 아무리 많은 돈이 있어도 죽음에 처한 자신의 생명을 살릴 수 없다. 그러니 이런 가운데서 실익이 있는 행동은 세상을 좇던 죄의 길에서 돌이켜서 하나님의 구원의 길로 들어가는 것이다. 그러므로 본문의 '유실(有實)'은 죄의 길에서 돌이켜서 하나님의 백성으로 거듭난 사람의 새 생명을 의미한다. 두 번째 행동하는 시기 즉, 중동(中動)에는 이런 사람들이 폭발적으로 많아진다. 왜냐하면, 세상 나라들에 의해서 이스라엘이 점령당하고 성전을 모독하는 사건이 성경과 선지자가 경고한 말과 같이 실제로 이루어졌고, 선지자가 죽임을 당한 후 사람들이 보는 가운데서 그리스

도께서 그랬던 것처럼 부활하여 승천했기 때문이다. 그래서 이 시기에 하나님께서 계신다고 주장하는 사람들이 폭발적으로 많아지는 것이다.

그러므로 중간에 들어가는 시기는 앞의 p29에서 설명한 바와 같이 위에서 인용한 그리스도의 마24:15 말씀이 성취된 뒤에서부터 승천한 선지자가 다시 땅으로 돌아올 때까지이다.

(84) 1末動又何. 2夜鬼發動勝己之中. 3鬼不知大發天下避亂指示謂也. 4十勝何處耶. 5虛中有實.

(말동우하. 야귀발동승기지중. 귀부지대발천하피란지시위야. 십승하처야. 허중유실.)

해석문: ①마지막 행동은 그러면 언제인가? ②야귀가 일어나서 난리를 치며 이기려 하는 중이니라. ③귀신이 알지 못하리니 하늘과 땅이 크게 움직일 때 피난을 지시할 것이라. ④십자가 승리는 어느 곳의 예수인가? ⑤헛된 것들 가운데서 있는 유실(有實)이라.

참고주해: ①"마지막 행동은 그러면 언제인가?" 하고 질문한 것은 앞의 p83 마지막 구절에서 유신론자들이 폭발적으로 일어난 후 어떻게, 그리고 언제 마지막 행동을 해야 하는가 하고 묻는 말씀이다.

그다음에 ②"야귀가 일어나서 난리를 치며 이기려 하는 중이니라." 라고 답했다. 그 유신론자들이 폭발적으로 늘어나는 중간 시기에 야귀가 일어나서 유신론자들을 다시 죄에 빠뜨리기 위해 극렬하게 활동한다는 뜻이다. 이때 사람들이 보는 가운데서 승천했던 선지자가 다시 땅으로 돌아와서 그리스도와 함께 복음을 땅끝까지 전파한다. 이 시기를 그리스도께서 다음과 같이 말씀하신 것이다.

"주검이 있는 곳에는 독수리들이 보일지니라." 마24:28

이 말씀의 '주검이 있는 곳에는' 세 번째 시기의 세상을 의미하고, '독수리들이 보일지니라.'의 '독수리'는 선지자와 그리스도를 상징하며, '보일지니라.'는 두 분이 세상 사람들에게 나타난다는 뜻이다. 이때 '야귀가 일어나서 난리를 치며' 구원의 길로 들어서는 사람들을 막고, 악의 세계가 하나님의 세계를 '이기려는 중이라'는 것이다. 여기서 '이기려는 중이'란 야귀를 좇는 세상 사람들이 성도들을 핍박해서 성도들이 죽임을 당할 위기에 빠졌다는 뜻이다.

이런 상황에서 ③"귀신이 알지 못하"는 가운데서 "하늘과 땅이 크게 움직일 때 피난을 지시할 것이라."고 했다. 즉, 큰 재앙이 시작되기 직전에 성도들에게 피난을 지시한다는 말씀이다. 이때 알곡인 성도들이 들림 받음이 있고(계14:14~16), 땅의 정해진 피난처에 들어가서 환난을 피하라는 명이 하늘로부터 성도들에게 전해진다. 세상이 멸망하기 직전에 이루어지는 성도들의 부활과 승천은 하나님께서 분명하게 계시하신 언약이며, 성도들만이 가질 수 있는 소망이다.

"그리스도 안에서 죽은 자들이 먼저 일어나고," 살전4:16(하반절)

"그 후에 우리 살아남은 자도 저희와 함께 구름 속으로 끌어올려 공중에서 주를 영접하게 하시리니," 살전4:17(상반절)

그러나 마지막으로 들어온 성도들은 순교한다. 따라서 마지막 시기는 선지자가 승천 후에 다시 땅으로 돌아와서 활동하는 시점서부터 성도들이 죽임을 당할 때까지이다. (계14:18~20)

④"십자가 승리는 어느 곳의 예수인가?"는 무슨 의미일까? 이 말씀

은 야귀가 마지막으로 난리를 칠 때(계11:7) 마지막으로 들어오는 수많은 사람들이 예수 그리스도와 같은 십자가 승리의 사람들로 나타난다는 뜻이다.

성도들의 인내가 여기 있나니 저희는 하나님의 계명과 예수 믿음을 지키는 자니라.
또 내가 들으니 하늘에서 음성이 나서 가로되, 기록하라. 지금 이후로 주 안에서 죽은 자들이 복이 있도다.”계14:12 및 13(상반절)

그들은 이 계시록의 말씀이 가리키는 사람들이며, 믿음으로 세상을 이기고 그리스도를 좇아 악한 자들에게 자기 목숨을 내어 맡기고 순교하는 사람들이다. 이런 사람들이 바로,
⑤“헛된 것들 가운데서 있는 유실(有實)이라.” 즉, 하나님께서 멸망의 세상 가운데서 거둔 결실의 곡식이라는 것이다.

(85) 1牛性和氣有人處謂也. 2兩白三豊何乎. 3一勝白豊三合一處也. 4不老不死長仙之藥.
(우성화기유인처위야. 양백삼풍하호. 일승백풍삼합일처야. 불로불사장선지약.)
해석문: ①소의 성품인 화목의 기운이 사람들이 사는 곳에 있게 하리라 하니. ②양 선지자의 세 가지 복음을 어떻게 부르는가? ③첫 번째 이긴 선지자의 복음이 세 분을 합쳐서 한 곳에 거하시게 하는 것이네. ④늙지 않고 죽지 않는 큰 그리스도의 약이라네.
참고주해: ③“첫 번째 이긴 선지자의 복음”은 그리스도의 복음을 가리킨다. “세 분을 합쳐서 한 곳에 거하시게.”라고 한 것은 이 복음이

아버지와 아들이신 그리스도와 선지자 세 분을 한 몸과 같이 한 곳에서 거하시게 한다는 뜻이다.

④"늙지 않고 죽지 않는 큰 그리스도의 약이라네." 그 세 가지 복음이 늙지 않고 죽지 않게 하는 예수 그리스도께서 주신 약이라는 뜻이다.

(86) 1水昇火降之村有處. 2謂之兩白三豊也. 3有智君子何不愼. 4難察難察也. 5嗟嗟衆必生. 6愼謹篤行.

(수승화강지촌유처. 위지양백삼풍야. 유지군자하불신. 난찰난찰야. 차차중필생. 신근독행.)

해석문: ①물이 오르고 불이 내리는 마을에 거처가 있다네. ②이르건대 양 선지자의 세 가지 복음이 있다네. ③지혜로운 군자라면 어찌 삼가지 않겠는가? ④살피기 어렵고 살피기 어렵구나. ⑤가엽고 가여운 중생들이 반드시 살리라. ⑥삼가고 남을 공경하고 진실하게 행동하라.

참고주해: 1절 "水昇火降之村有處(수승하강지촌유처)"의 '수승하강(水昇火降)'은 오행에서 북과 남의 상생(相生)의 관계를 가리키는 것이며, 이 예언서에서는 남북한의 전쟁을 비유하고 있다. 그러나 이 구절에서는 선지자가 거하는 곳에서는 오행의 관계가 실제로 작동해서 속세(俗世)를 초월한 상생(相生)의 세계가 이루어진다는 뜻으로 표현한 것이다.

(87) 1自古國家興亡. 2莫座天神顧獲. 3槿花朝鮮. 4瑞光濟蒼生. 5英雄君子. 6自西自東集合仙中矣.

(자고국가흥망. 막좌천신고획. 근화조선. 서광제창생. 영웅군자. 자서자
동집합선중의.)

해석문: ①옛부터 국가의 흥망은 ②자리에도 앉지 않으신 하나님께서
돌보고 획득하시는 것이라. ③무궁화 꽃이 피는 조선이네. ④상서로
운 빛이 백성들을 구제할 것이라. ⑤영웅군자들이 ⑥스스로 서쪽에
서 스스로 동쪽에서 모여 그리스도인들의 중앙이 되리라.

참고주해: 국가의 흥망은 사람의 뜻에 따라서 결정되는 것이 아니다.
바꾸어 말하면 인류 역사의 주인공은 인간이 분명하지만, 인간이
쓰는 드라마가 아니라는 것이다. 성경을 올바로 이해하면 이스라엘
의 역사를 통해서 이러한 사실을 분명하게 깨닫게 된다. 그래서
①예로부터 국가의 흥망은, ②"자리에도 앉지 않으신 하나님께서 돌
보고 획득하시는 것이라."고 말씀한 것이다. 이 나라의 백성들이 하
나님의 말씀에 순종하여 하나님의 계명을 지키고 행한다면, 세상의
어떤 강한 대적이 침략해 온다고 해도 하나님께서 그 대적의 발이
이 땅에 한 발자국도 들어오지 못하게 지키시고 보호하신다는 뜻이
다. 이 땅에는 그런 날이 반드시 온다.
③"무궁화 꽃이 피는 조선"에 그때 ④"상서로운 빛이 백성들을 구제"
한다고 계시했고. 또 ⑤"영웅군자들이" ⑥"스스로 서쪽에서 또 동쪽
에서 찾아와서 조선이 그리스도인들의 중앙이 되리라."고 했다.

(88) 1塗炭百姓急覺大夢. 2不遠將來目前之禍矣. 3可哀可哀矣.
　　(도탄백성급각대몽. 불원장래목전지화의. 가애가애의.)
해석문: ①도탄에 빠졌던 백성들은 급하게 각성하고 큰 꿈을 꾸리라.
②멀지 않은 장래에 눈앞에 화가 올 테니, ③불쌍하고 불쌍하구나.

참고주해: ①절 "도탄에 빠졌던 백성들은" 이 사회가 극심한 내분이 일고 공산주의자들이 준동하면서 깊은 혼돈 속에서 내란과 전쟁이 일어난다. 그리고 하늘에서 날아온 불의 재앙 또는 핵무기가 폭발하면서 나라가 멸망하고, 모든 것을 잃게 된 백성들은 도탄에 빠져 하루하루가 살기 어려운 처지로 내몰리게 될 것이다. "급하게 각성하고 큰 꿈을 꾸리라."는 그런 가운데서 이 땅의 백성들이 앞의 p64에서 설명한 것처럼 하나님께서 특별하게 이 땅과 자신들을 택하신 사실을 깨닫게 되고, 급하게 죄의 길에서 돌이켜, 니느웨 백성들처럼 회개하며, 큰 꿈을 품는 변화가 일어난다는 뜻이다. 지금은 아무도 이 예언서의 말씀에 관심조차 기울이지 않을지 모르지만, 환난을 겪는 이 땅의 모든 백성은 이 예언서의 말씀과 같이 하나님의 말씀의 뜻을 올바르게 깨닫고 악의 길에서 떠나 온 세상을 바꾸는 큰일을 이룰 것이다.

②"멀지 않은 장래에 눈앞에 화가 올 테니" 격암선생이 환난 직전의 이 땅의 백성들을 바라보면서 근심에 차서 한 말씀이다. 그리고,

③"불쌍하고 불쌍하구나." 하고 탄식하셨다. 전쟁 또는 재앙으로 이 온 땅이 폐허가 되고, 수없이 많은 백성들이 추풍의 낙엽이 떨어지듯이 죽어가며, 살아남은 자들은 살 곳을 찾아 주인을 잃은 짐승들과 같이 유리하는 고난을 겪게 되는 것을 보고 애처로워 탄식한 것이다.

성 산 심 로
(聖山尋路)

(1) 1絕倫者怨無心. 2盜賊者必先凶. 3保身者乙乙. 4保命者弓弓人去處. 5四
口交人留處. 6害國者陰邪.

(절륜자원무심. 도적자필선흉. 보신자을을. 보명자궁궁인거처. 사구교인
유처. 해국자음사.)

해석문: ①윤리를 저버린 자는 원통하리라. ②도적질하는 자는 반드
시 흉한 일을 먼저 당하리니, ③자신의 몸을 보존하는 자는 하나님
의 백성들이네. ④생명을 보존하는 자는 하나님의 종들의 거처한
곳에 있네. ⑤네 성도의 입구(口)는 교류하는 사람들의 머무는 곳이
라. ⑥나라를 망친 자들은 몰래 악을 행하고,

참고주해: "네 성도의 입구(口)는 교류하는 사람들의 머무는 곳이라."

는 '네 성도의 입구(口)는' 성도들의 모임을 상징하는 밭 전田을 의미한다. 그러므로 성도들의 모임은 네 성도가 모여서 서로 교류하며 머무는 곳이라는 뜻이다. 즉, 네 사람이 모여 함께 생활하면서 서로 교류하며 교회의 가장 작은 단위인 성도들의 모임(田)을 이룬다는 의미이다.

(2) 1輔國者陽正. 2强亡柔存革心從心. 3染者死從新子生. 4殺我誰小頭無足. 5活我誰三人一夕.
(보국자양정. 강망유존혁심종심. 구염자사종신자생. 살아수소두무족. 활아수삼인일석.)

해석문: ①나라를 위해 헌신하는 자는 밝고 올바르네. ②강한 자는 망하고 연약한 자는 자신을 보존하리니, 마음을 혁신하고 그 마음을 따르라. ③구태에 물든 자는 죽고 새것을 좇는 자는 살리라. ④나를 죽이는 것은 머리가 작고 다리가 없는 것이라. ⑥누가 나를 살게 하는가 하니 세 분이 하나가 된 저녁이라.

참고주해: 4절 殺我誰小頭無足(살아수소두모족; 나를 죽이는 것은 머리가 작고 다리가 없는 것이라)과 5절 活我誰三人一夕(활아수삼인일석; 누가 나를 살게 하는가 하니 세 분이 하나가 된 저녁이라)는 5. 말운론 p69에 이어서 다시 나온 말씀이다. 그러나 사람 자者가 빠져있고 또 앞뒤 순서도 바뀌어 있다. 세상을 멸망시키는 불의 재앙이 정해져 있으니 남쪽 섬의 산 위에 재림하신 그리스도와 아버지 하나님께서 선지자와 함께 계시는 것을 깨닫고 믿으면 산다는 뜻이다.

(3) 1助我誰似人不人. 2害我者誰似獸非獸. 3世人難知兩白之人. 4天擇之

人三豊之穀.

(조아수사인불인. 해아자수사수비수. 세인난지양백지인. 천택지인삼풍지곡.)

해석문: ①나를 도와주는 자가 누군가 하니 사람이면서 사람이 아니

고, ②나를 해치는 자가 누구인가 하니 짐승이면서 짐승이 아니구

나. ③세상 사람들이 알기가 어려운 두 선지자는 사람이고, ④하나

님의 택하심을 받은 사람이며, 세 가지 복음의 곡식이네.

참고주해: ①"나를 도와주는 자가 누군가 하니 사람이면서 사람이 아

니고"는 하나님이라는 뜻이고, 그리스도를 가리킨다.

②"나를 해치는 자가 누구인가 하니 짐승이면서 짐승이 아니구나."

거짓 신인 사단과 그를 따르는 세상 사람들을 가리키는 것이다. 사

단은 짐승 중의 짐승이지만, 실제로는 짐승이 아니며, 짐승과 같이

하나님을 알지 못하는 자이고, 사람과 같이 창조된 하나님을 대적

하는 자이다.

(4) 1善人食料世人不見. 2俗人不食. 3一日三食飢餓死. 4三旬九食不飢長生.

5弓弓勝地求民方舟.

(선인식료세인불견. 속인불식. 일일삼식기아사. 삼순구식불기장생. 궁궁

승지구민방주.)

해석문: ①선한 사람들의 식료는 세상 사람들이 볼 수 없고, ②속세

의 사람들은 먹을 수 없다네. ③하루 세 끼를 먹어도 굶어서 죽으

나, ④삼십 일에 아홉 번을 식사하고도 기아에 빠지지 않고 오래도

록 사네. ⑤하나님의 종들이 승리한 땅이 사람들을 구하는 방주이

구나.

참고주해: 말세에 하나님의 백성들은 하늘에서 내려오는 양식을 30일에 아홉 번만 먹는다. 그럼에도 그들은 장수를 한다.

⑤"하나님의 종들이 승리한 땅이 사람들을 구하는 방주이구나." 환난 때에 세상을 이긴 성도와 하나님의 종들이 있는 장소가 하나님께서 마련해 주신 구원의 방주이다. 멸망의 세상으로부터 피신하여 그 구원의 방주로 들어가는 백성들은 어느 누구든지 다 구원받게 된다. 그러므로 환난 때에 피신할 곳을 여기저기 찾지 말고 구원의 방주인 하나님의 종들이 있는 곳으로 찾아가라는 뜻이다.

(5) 1牛性在野非山非野. 2牛鳴聲. 3無文道通榮歌舞. 4血脈貫通侍眞人衆人嘲笑. 5跪坐誦經肉身滅魔.

(우성재야비산비야. 우명성. 무문도통영가무. 혈맥관통시 진인중인조소. 궤좌송경육신멸마.)

해석문: ①소의 성품이 있는 세상은 산도 아니고 들도 아니네. ②소가 소리 내어 우니, ③글을 몰라도 진리가 통하여 영화로운 노래를 부르며 춤을 추고, ④피가 서로 통하여 진실히 하나님을 아는 사람을 모시니 대중들이 조소하네 ⑤무릎을 꿇고 성경을 소리 내어 읽어 육신의 마귀를 멸하네.

참고주해: ①"소의 성품이 있는 세상은 산도 아니고 들도 아니네."의 '소'는 선지자를 상징하고, '세상'은 그가 활동하는 속세의 땅을 가리키는 것이다. 그곳은 산도 아니고 들도 아닌 도시라는 뜻이다. 그곳은 어느 곳인가? 소인 선지자의 성품이 머무는 곳이고, 그가 세상 사람들에게 복음을 전하는 곳이다.

(6) 1誦經不絶人個得生. 2絶之誦經萬無一生. 3生死判端都之在心. 4死末
生初幾何得生.

(송경불절인개득생. 절지송경만무일생. 생사판단도지재심. 사말생초기
하득생.)

해석문: ①성경을 소리 내어 읽기를 끊지 않는 사람은 각자 생명을 얻
네. ②성경을 읽는 것을 단절하면 만 명 가운데서 한 사람도 살 수
없네. ③생과 죽음의 판단은 도시에 머물고 있는 마음이네. ④사망
의 끝에 있는 생명이 초기에 얼마나 살 수 있겠는가?

참고주해: 마귀는 "육신을 멸망"시키지만, "성경을 소리 내 읽는" 사람
을 막을 수는 없다.

②"사람은 각자 생명을 얻으니" 구원은 자기 행위에 따라서 이루어
진다는 뜻이다. 구원은 "성경을 읽는 것을 단절하면" 얻을 수 없으
며, 환난 때에 "만 명 가운데서 한 사람도" 살 수가 없다. 그러니 성
경을 읽지 않고 구원을 받을 자가 없다.

④"생과 죽음의 판단은 그 도시에 머물고 있는 마음이네." 여기서
"도시"는 그리스도께서 재림하신 선지자가 머무는 섬의 도시를 가
리킨다. 그리스도께서 그곳에 임하셨을 때 그런 사실을 믿는 사람과
믿지 않는 사람들로 나뉘게 된다. 믿는 사람은 그곳을 찾아가고 싶
어 하는 마음이 있어서 그리워하고, 믿지 않는 사람은 그런 마음이
없다. 그것이 생사판단의 기준이 된다는 뜻이다. 그러므로 이 말씀
은 그 도시를 찾아갈 수 없는 먼 나라의 사람들일지라도 그곳을 찾
고자 하는 간절한 마음이 있으면, 환난 때에 구원을 얻을 수 있다
는 뜻이다.

⑤"사망의 끝에 있는 생명이 초기에 얼마나 살 수 있겠는가?" 여기서

"사망의 끝에 있는 생명"이란 환난에 빠진 세상 사람들을 의미한다. 하늘에서 떨어지는 불의 재앙이 시작됐을 때 살아남는 사람들이 얼마나 되겠는가 하고 묻는 말씀이다. 다 죽을 수밖에 없는 운명이라는 의미이다.

(7) 1不失中入所願成就. 2不入中動. 3永出世人人居處. 4各者異異念念唯行. 5必有大慶.

(불실중입소원성취. 불입중동. 영출세인인거처. 각자이이염념유행. 필유대경.)

해석문: ①중간에 들어감을 놓치지 말라. 소원성취하리라. ②중간 움직임에 들어가지 않으면, ③영원한 분이 세상 사람들에게 나타나도 사람들은 자기 처소에서 거하리라. ④각자가 다 다르니 다른 생각을 하게 되네. ⑤반드시 있어야 할 크게 경사할 일은,

참고주해: ①"중간에 들어감을 놓치지 말라"의 중간 시기는 5. 말운론 p29에서 설명한 중동의 시기이다. 이때 세상의 죄의 길에서 돌이켜 그리스도를 좇는 성도들의 모임으로 들어가야 한다. 이런 사람들은 다 구원받는다. 이 시기에 성도들의 모임으로 들어가지 않으면, 죽지 않는 가운데서 받는 구원의 기회를 잃게 되며, 이후에는 순교자들만이 구원을 이룬다.

3절 永出世人人居處(영출세인인거처)의 상반절 영출세인(永出世人)을 직역하면 "영원히 세상 사람에게 나타나다."가 된다. 그러나 이 "영(永)"을 명사가 아닌 형용사로 보면 "영원한 분"으로 이해할 수 있다. 그러므로 영(永)은 영원한 분인 그리스도를 가리킨다. 이 문장을 의역하면 "그리스도(영원한 분)께서 세상 사람들에게 나타나도"

가 된다. 그러므로 하반절 인거처(人居處; 사람들은 자기 처소에서 거하리라)라고 한 말씀은 그리스도께서 세상 사람들에게 찾아오셨을 때 누구인지를 알아보지 못한 세상 사람들이 자기 처소에서 거하면서, 그분을 영접하지 않는다는 뜻이 된다.

(8) 1速脫獸群罪人得生. 2遲脫獸群善人不生. 3萬物靈長. 4從鬼何望鬼不知覺. 5勿犯世俗.

(속탈수군죄인득생. 지탈수군선인불생. 만물영장. 종귀하망귀부지각. 물범세속.)

해석문: ①급히 짐승의 무리에서 벗어나는 죄인은 생명을 얻는다네. ②짐승의 군중들로부터 벗어남이 더디면 선한 사람이라도 살 수가 없네. ③만물의 영장이 ④귀신을 따르면 어떻게 귀신이 자기를 바라보는 것을 모르겠는가? ⑤세속의 일을 범하지 말라.

참고주해: 앞의 p7의 ⑤"반드시 있어야 할 크게 경사할 일은" 이 단락의 ①"급히 짐승의 무리에서 벗어나는 죄인은 생명을 얻는다네."와 연결된 문장이다. 본문 중의 "짐승의 무리"는 세상에 속한 사람들을 가리킨다. 그러므로 본문은 죄인인 사람이 급히 세상 사람들로부터 떠나면 구원을 받게 되며, 그것이 가장 크게 경사할 일이라는 뜻이 된다. 이 말씀은 하나님께서 얼마나 간절하게 한 사람의 구원을 원하고 계시는지를 보여준다. 그래서 한 사람이 세상을 이기고 구원의 길로 들어오면 천국의 모든 백성들이 함께 기뻐한다고 했다. 그만큼 세상 사람들이 진리를 깨닫고 세상의 길로부터 떠나기만을 하나님께서 간절하게 원하고 계신다. "짐승의 군중들로부터"란 "마귀의 군중들로부터"라는 말과 같다. 즉, 마귀를 좇는 세상 사람들을 가리킨

다. 성경의 계시록은 유럽과 미국을 짐승으로 표현하고 있다. [참조;
『묵시의 인류사 1권』, 제6장 짐승의 인류사의 계시록 속의 인류사]
왜냐하면, 마귀가 그 나라들을 만들었고, 그 백성들이 마귀를 좇고
있기 때문이다. 격암선생은 우리가 태어나서 살아가고 있는 이 나라
도 그 나라들과 마찬가지로 짐승의 나라로 표현하고 있다. 이 나라
의 백성들이 귀신을 섬기면서 그것을 부끄럽게 여기지 않기 때문이
다. 그런 고로 이 나라 백성들도 유럽인들과 그리고 미국인들과 전
혀 다르지 않은 짐승들이다. 이런 사람들로부터 "벗어남이 더디면
선한 사람이라도 살 수" 없다.

③"만물의 영장이" ④"귀신을 따르면 어떻게 귀신이 자기를 바라보
는 것을 모르겠는가?" 사람은 만물의 영장이다. 이런 존귀한 자가
어두운 공간에서 떠도는 죽은 귀신을 섬긴다면 얼마나 부끄러운 일
인가? 귀신은 자기를 바라보는 만물의 영장 안에 들어가서 그를 자
신의 안식처로 삼으려 한다. 그러니 귀신을 따르는 짓을 하지 말라
는 뜻이다.

⑤"세속의 일을 범하지 말라" 하셨다. 짐승들로부터 벗어나기 위해
서는 세속의 일을 범해서는 안 된다. 세속의 일에 매달리게 되면 짐
승의 세상으로부터 떠날 수 없기 때문이다.

(9) 1夜鬼發動罪惡滿天. 2善子得生惡者永滅. 3當于末世善人幾何. 4世人不
覺嗚呼悲哉.

(야귀발동죄악만천. 선자득생악자영멸. 당우말세선인기하. 세인불각오호
비재.)

해석문: ①야귀가 발동하여 죄악이 하늘에 가득 차면, ②선한 자는

생명을 얻고 악한 자는 영원히 멸망하리라. ③말세가 되면 선한 사람이 몇이나 되겠는가? ④세상 사람들은 깨닫지 못하니, 오호라! 비극의 재난이라.

참고주해: ①"야귀가 발동하여 죄악이 하늘에 가득 차면"은 바로 이 시대를 가리키는 말씀이다. 이 시대의 사람들의 온갖 악행이 하늘에 사무쳐 있는 이 시대인 것이다. 이때 ②"선한 자는 생명을 얻고 악한 자는 영원히 멸망"한다.

그럼에도 ④"세상 사람들은 깨닫지 못하니" 앞에서 말한 것처럼 온갖 죄악으로 가득 찬 이 세대의 현실을 아무도 깨닫지 못한다는 뜻이다. 그래서 격암선생은 "오호라! 비극의 재난이라." 하고 탄식하셨다. 이 세대의 사람들이 임박한 멸망의 날을 피할 수 없기 때문이다.

(10) 1依外背內一怨無心. 2玄妙精通誰可知. 3誤求兩白負薪入火. 4求弓三豊不飢長生. 5求地三豊食者不生.

(의외배내일원무심. 현묘정통수가지. 오구양백부신입화. 구궁삼풍불기장생. 구지삼풍식자불생.)

해석문: ①외부에 의지하고 배신한 자가 내부에 하나 있으니 원통한 일이로다. ②도리와 이치가 깊고 미묘하여 정확히 관통함을 누가 알겠는가? ③잘못되게 두 선지자를 찾는 것은 볏단을 등에 이고 불에 뛰어드는 것과 같으니라. ④하나님의 종(리)들로부터 세 가지 복음을 구하면 굶주리지 않고 장수하네. ⑤땅을 구하여 세 가지 복음을 먹고자 하는 자는 살지 못하고,

참고주해: ①절은 성도들 안에 있는 한 배신자로 인해서 선지자가 죽임을 당하게 된다는 말씀이다.

③"잘못되게 두 선지자를 찾는 것은 볏단을 등에 이고 불에 뛰어드는 것과 같으니라."는 복음의 참뜻을 깨닫지 못한 사람이 그리스도와 선지자로부터 헛된 것을 구하지 말라는 뜻이다. 즉, 세상 것을 구하는 어리석은 짓을 하지 말라는 것이다. 그런 사람은 스스로 멸망의 불구덩이로 뛰어드는 꼴이 된다.

④"하나님의 종(弓)들로부터 세 가지 복음을 구하면 굶주리지 않고 장수"한다. 그러나 땅을 구하여 세 가지 복음을 먹고자 하면 살지 못하고 죽는다. 땅을 구한다는 것은 세상을 의존하는 것이기 때문이다.

(11) 1求鄭地者平生不得. 2求鄭於天三七滿足. 3一心祈禱天有應答. 4無誠無智不得勝地. 5地不逢鄭王.
(구정지자평생부득. 구정어천삼칠만족. 일심기도천유응답. 무성무지부득승지. 지불봉정왕.)

해석문: ①땅에 있는 자에게 정씨를 구하면 평생을 얻지 못하네. ②하늘의 정씨를 구하면 풍화가인(風火家人)의 만족을 하네. ③한마음으로 기도하면 하늘의 응답이 있다네. ④열심이 없고 무지해서 승리의 땅을 얻지 못하는구나. ⑤땅은 정씨 왕을 맞이할 수 없네.

참고주해: ①"땅에 있는 자에게 정씨를 구하면"의 '땅에 있는 자'는 세상에 속한 자라는 의미이다. 따라서 거짓 선지자를 가리키는 것이다. 이런 자에게서 '정씨를 구'한다는 것은 거짓된 자에게서 선지자를 구한다는 것이다. 그러니 결과는 생명이 아닌 죽음을 맞게 된다. ②"하늘의 정씨"는 이 예언서에 감추어져 있는 말세의 선지자를 가리킨다. 이 사람을 구하면 "풍화가인(風火家人)의 만족을 한다. 원

문은 37만족(三七滿足)이다. 37은 64괘 중의 이(離)와 손(巽)이 만나는 풍화가인(風火家人)의 자리를 가리킨다. 즉, 바람과 불이 있는 집의 사람이라는 뜻이다. 그러니 이 사람을 찾아야 한다. 자기 지식으로 알고자 하거나, 스스로의 판단력으로 찾으려 해서는 안 된다. 거짓된 자에게 미혹될 수 있기 때문이다.

③"한마음으로 기도하면 하늘의 응답이" 있어 그 사람을 알게 된다. 즉, 먼저 진리를 알고자 하는 마음으로 하늘에 구해야지, 그 사람을 만날 수 있다는 뜻이다. 그러나 사람들은 무지하고 열심이 없기 때문에 승리의 땅을 얻지 못한다. 다시 말해서 진리를 알고자 하는 열심이 없기 때문에 선지자가 있는 구원의 방주에 들어갈 수 없다는 뜻이다.

⑤"땅은 정씨 왕을 맞이할 수 없"다는 것은 땅에 속한 사람들이 선지자를 세상 나라의 왕으로 세울 수 없다는 뜻이다. 즉, 이스라엘 백성들이 그리스도를 자신들의 왕으로 세울 수 없었던 것과 같이 이 나라의 백성들도 선지자를 그들의 왕으로 세울 수 없다는 것이다.

(12) 1求世海印不見之影. 2求天海印皆入極樂. 3求地田田平生難得. 4求道田田無難易得. 5求地十勝異端之說.

(구세해인불견지영. 구천해인개입극락. 구지전전평생난득. 구도전전무난이득. 구지십승이단지설.)

해석문: ①세상을 구하면 해인은 보이지 않는 환영과 같으나, ②하늘에 해인을 구하면 다 천국으로 들어가네. ③땅을 구하면 성도들의 모임과 모임을 평생을 찾아도 구하기 어렵다네. ④진리를 구하면 성도들의 모임과 모임에 어렵지 않게 들어가네. ⑤땅을 구하면 십자가

승리가 이단이라고 말하네.

참고주해: ①"세상을 구하"는 사람에게는 "해인은 보이지 않는 환영과 같"다. 해인은 믿음이고 진리의 영이다. 그러니 세상을 구하는 사람에게는 헛된 환영처럼 보인다. 그러나,

②"하늘에 해인을 구하면" 다시 말해 믿음과 진리의 영을 구하면 "다 천국으로 들어"간다. '땅을 구'하는 것은 '세상을 안전하게 살기를 구하는 것이다. 이런 사람들은 자신이 머물 수 있는 땅이 있기 때문에 '성도들의 모임'을 찾을 수 없다. 뿐만 아니라, 성도들의 모임을 이단이라고 주장하는 비판자들의 편에 서게 된다. 그러므로 세상 것을 구하지 말고 하늘에 진리를 구해야 한다. 진리를 알고자 하는 간절한 마음을 가지고 하나님께 기도드려야 한다는 뜻이다. 그런 사람이 성도들의 모임에도 들어갈 수 있다.

(13) 1求地弓弓一人不得. 2求靈弓弓人如反掌. 3十勝覺理一字縱橫. 4求十弓 乙延年益壽. 5十勝居人入於永樂.

(구지궁궁일인부득. 구령궁궁인여반장. 십승각리일자종횡. 구십궁을연년익수. 십승거인입어영락.)

해석문: ①땅을 구하면 하나님의 종과 종의 직분을 한 사람도 얻지 못하네. ②성령을 구하면 하나님의 종의 직분을 얻는 것은 손바닥 뒤집듯 쉬운 일이라네. ③십자가 승리를 깨닫는 이치는 일(一)자가 가로와 세로이네. ④십자가의 하나님의 종과 백성들을 구하면 나이를 먹고 오래오래 살게 되네. ⑤십자가 승리는 사람으로 사는 것이고, 영원한 복락으로 들어가는 것이라네.

참고주해: 또, 땅을 가지고 있는 사람들은 하나님의 일을 할 수 없다.

왜냐하면, 세상에 마음을 두고 있기 때문이다. 그러므로 복음을 위해 일하는 하나님의 종은 무소유를 지켜야 한다.

③"십자가 승리를 깨닫는 이치는 일(一)자가 가로와 세로네."라는 것은 일(一)자가 가로와 세로로 세워져 있는 것을 알면 십자가 승리의 뜻을 깨닫게 된다는 뜻이다. 십자가는 인류의 죄를 짊어지고 인류의 죽음을 대신해서 죽임을 당하신 그리스도의 대속의 제사를 상징한다. 그런데 왜 일(一)자가 가로와 세로임을 알면 그분의 승리를 알게 된다는 것일까? 이 말씀은 선지자의 이름을 암시하면서 그를 알면 십자가 대속의 제사의 참뜻을 알게 된다는 뜻이다. 아래의 8. 석정수 p6 3절 一字縱橫木人姓(일자종횡목인성)을 참고하기 바란다.

(14) 1萬無一失. 心覺心覺. 2貧者得生富者不得. 3虛中有實. 4聖山水泉藥之又藥.

(만무일실 심각심각. 빈자득생부자부득. 허중유실. 성산수천약지우약.)

해석문: ①한 가지 실수도 안 되니, 심각하고 심각하소. ②가난한 자는 생명을 얻으나 부자는 얻지 못하네. ③없는 가운데서 있게 하는 ④거룩한 산의 샘물은 약이고 용서하는 약이라.

참고주해: ③"없는 가운데서 있게 하는"이란 모든 것이 헛되고 헛된 세상에 하나님의 복음을 전해서 생명이 있게 한다는 의미이다. 마지막 때의 이 땅은 생명이 살 수 없는 황폐한 땅이 될 것이다. 앞의 3. 계룡론 p7 1절 江山熱蕩鬼不知(강산열탕귀부지)에서 설명한 것처럼 북한의 수소폭탄이 이 땅의 모든 것을 무너뜨리고 파괴한다. 그런 뒤에 이 온 땅이 열탕이 되어 옷을 벗지 않고는 사람이 활동하기조차 어렵게 만든다. 또, 7년 대한(大旱) [참조; 52. 삼풍론 p13 4절]

으로 인한 가뭄이 지속되므로 땅이 전부 메마르고 황폐해져 농사를 지을 수 없으므로 굶어 죽는 사람이 부지기수이고, 살아남은 사람들도 짐승들처럼 먹을 것을 찾아서 땅의 이곳저곳을 떠돌아다니게 될 것이다. 이렇게 모든 것이 헛되게 된 가운데서 복음이 전파되고, 죽음의 땅에 생명이 있게 하는 것이 바로 "없는 가운데서 있게 하는" 것이다.

④"거룩한 산"은 그리스도께서 재림하시는 남해의 섬의 산을 가리키는 것이고, 그곳에서 나오는 "샘물은 약이고 용서하는 약이" 된다. 그곳에서 하나님의 복음이 전파되어, 회개하고 믿음으로 그 샘물을 먹는 자마다 죄 사함을 받고 생명이 다시 살아난다.

(15) 1一飲延壽飮之又飮不死永生. 2聖泉何在南鮮平川. 3紫霞島中萬姓有處. 4福地桃源仁富尋.

(일음연수음지우음불사영생. 성천하재남선평천. 자하도중만성유처. 복지도원인부심.)

해석문: ①한 번 마시면 수명이 연장하여 또 마시면 죽지 않고 영원히 살게 되네. ②거룩한 샘물은 남조선의 평야와 개울 어느 곳에 있는가? ③자줏빛 노을의 섬 가운데 많은 성씨들이 살고 있는 곳이네. ④복 받은 땅인 원류의 복숭아밭을 어진 자와 부자가 찾아서 들어가네.

참고주해: 앞에서 말한 "샘물"을 마시고 다시 마시면 죽지 않고 영원히 살게 된다. 그 샘물이 있는 "자줏빛 노을의 섬"은 2. 세론시 p13 4절 朴固之鄕村村瑞色(박고지향촌촌서색) 및 p21 2절 海島眞人(해도진인)과 3절 自出紫霞島(자출자하도)에서 설명했던 그 남해의 섬

을 가리키는 것이다. 그리고 그 섬 안에는 많은 성씨들이 모여서 살고 있다.

4절 福地桃源仁富尋(복지도원인부심)의 도원(桃源)을 원류의 복숭아밭이라고 해석했는데, 도원은 신선들의 땅이라는 무릉도원(武陵桃源)의 줄임말이며, 성도들의 땅이 진정한 신선들의 땅이라는 뜻이다. 그래서 그곳에 "어진 자와 부자가 찾아서 들어"간다. 이 사람들이 자신이 머물던 세상을 떠나 스스로 그 땅으로 들어간다는 것은 그 땅이 세상과 구별된 곳이고 속세의 세상과 다르다는 것을 의미한다.

(16) 1入山雖好不如西湖. 2東山誰良不如路邊. 3多人往來大之邊. 4天藏地秘吉星照. 5桂範朴樹之上.

(입산수호불여서호. 동산수량불여로변. 다인왕래대지변. 천장지비길성조. 계범박수지상.)

해석문: ①산에 들어가면 비록 서호와 같이 좋지는 않으나, ②동쪽의 산을 어진 사람이 아니면 누가 길옆에 있음을 알겠는가? ③많은 사람이 왕래하는 큰길의 옆이라네. ④하늘에 감추어진 땅의 비밀을 길한 별이 비추네. ⑤계수나무가 규범(範)이 된 박 나무의 위에라.

참고주해: ①"산에 들어가면 비록 서호(西湖)와 같이 좋지는 않으나"의 서호(西湖)는 아름답기로 유명한 중국의 저장성 항저우 시에 있는 인공 호수를 가리킨다. 중국인들이 자랑하는 역사적인 명승지이다. 그러므로 본문은 그 산에 들어가면 사람들이 아름답다고 말하는 서호와 같지 않다는 뜻이다.

2절 東山誰良不如路邊(동산수량불여로변)의 동산(東山)은 동쪽의 산이라는 뜻이다. 즉, 한반도의 동쪽 지방에 있는 산이다. 그다음 수량불여(誰良不如)는 착한 사람이 아니면 알 수 없다는 뜻이므로 "동쪽의 산을 어진 사람이 아니면 누가 길옆에 있음을 알겠는가? 라는 의문문이 된다. 즉, 동쪽 지방의 길옆에 있는 산인데, 착한 사람만이 알 수 있다는 뜻이다.

③"많은 사람이 왕래하는 큰길의 옆이라네."는 앞에서 말한 그 산의 위치가 많은 사람들이 왕래하는 큰길 옆이라는 뜻이다.

⑤"계수나무가 규범(範)이 된 박 나무의 위에라"의 '계수나무가 규범(範)이 된'이란 설화라는 의미이고, '박 나무의 위에'는 박씨의 조상인 박혁거세를 가리키며, 앞에서 말한 그 산이 옛 신라의 설화 속 인물인 박혁거세가 태어난 땅 위에 있음을 암시한 것이다.

(17) 1蘇萊老姑兩山相望稀坐山. 2石白石光輝天下列光. 3見而夜到千艘. 4百萬旗頃刻岸到.

(소래노고양산상망희좌산. 석백석광휘천하열광. 견이야도천소. 백만기경각안도.)

해석문: ①잡초가 되살아난 할매의 양 산이 서로 그리워서 바라보며 드물게 앉아 있는 산이라. ②돌 선지자의 돌의 빛이 아주 밝게 빛을 냄에, 온 세상이 열을 지어 그 빛을 ③보기 위해 천 척의 배들이 도착하리라. ④백만 개의 깃발을 휘날리며 시각을 다투어 연안에 당도하니라.

참고주해: 1절 蘇萊老姑兩山相望稀坐山(소래노고양산상망희좌산)의 소래(蘇萊)의 명아주 래萊는 잡초라는 뜻도 있다. 그래서 되살아난 잡초라는 뜻이고, 노고(老姑)는 늙은 시어미라는 뜻이다. 즉, 사투리로 말하자면 할매이다. 그러므로 "잡초가 되살아난 할매의 양 산

이 서로 그리워서 바라보며 드물게 앉아 있는 산이라."라고 해석했다. 여기서 '할매의 양 산은 그리스도께서 재림하시는 선지자의 산을 가리키는 것이며, 양 산은 그리스도와 선지자를 상징한다. 그리고 '그리워서 바라보며 드물게 앉아 있는 산'은 두 분이 임재한 세상 가운데서 드문 산이라는 뜻이다. 그러므로 불의 재앙에 의해 멸망한 세상에 그리스도와 선지자가 임재했던 할매의 산에서 다시 땅의 생명들이 살아나고 있다는 비유적인 표현이다.

②"돌 선지자의 돌의 빛이 아주 밝게 빛을 냄에"는 새로운 천년시대가 시작되자 선지자가 세상에 나타나서 하나님의 영광과 권능을 나타내고 있음을 보여주는 것이다. 그때 온 세상으로부터 수많은 사람이 그를 보기 위해 배를 타고 찾아올 것이다.

(18) 1三都用庫. 安閑之日. 2天日月再生人. 3人人得地不死永生. 4鄭堪豫言有智者生. 5無智者死.

(삼도용고 안한지일. 천일월재생인. 인인득지불사영생. 정감예언유지자생. 무지자사.)

해석문: ①삼도(三都)의 창고를 쓰면서 편안하고 한가하게 날을 보내네. ②천 날의 낮과 밤을 통해 새로운 생명으로 거듭난 사람이라. ③사람 사람마다 땅을 얻고 죽지 않고 영생하네. ④정감록이 예언하기를 지혜가 있는 사람은 산다고 했고, ⑤지혜가 없는 자는 죽는다 했네.

참고주해: ①"삼도(三都)의 창고"는 남쪽에 위치하고 있는 세 개의 도(三都)를 창고로 만들었다는 뜻이며, 부와 물자의 풍요함을 가리키는 것이다. 그것을 "쓰면서 편안하고 한가하게 날을 보"낸다는 것은

세상에 진정한 평화가 찾아와 천국과 같은 환경에서 살게 되었다는 의미이다.

②"천 날의 낮과 밤을 통해 새로운 생명으로 거듭난 사람"은 새천년 시대에 들어 간 사람들을 가리키는 것이다. 그들은 어느 한 날 갑자기 새로운 세상에서 사는 하나님의 사람들로 변화되는 것이 아니라 천 날이라는 정해진 낮과 밤을 통해서 새로운 생명의 사람으로 거듭 태어난다.

(19) 1貧者生富者死. 2是亦眞理矣.

(빈자생부자사. 시역진리의.)

해석문: ①가난한 자는 살고 부자는 죽으니, ②이것 역시 진리이네.

참고주해: 지혜로운 사람만이 이 단락의 말씀을 깊이 깨닫게 될 것이다. 그리스도께서 다음과 같이 말씀하셨다.

"예수께서 제자들에게 이르시되, 내가 진실로 너희에게 이르노니 부자는 천국에 들어가기가 어려우니라.
다시 너희에게 이르노니, 약대가 바늘귀로 들어가는 것이 부자가 하나님 나라에 들어가는 것보다 쉬우니라." 마19:23, 24

사 답 칠 두
(寺畓七斗)

⑴ 1寺畓七斗斗中之星. 2曲土辰寸眞實之農. 3文武星名地民何知.

(사답칠두두중지성. 곡토진촌진실지농. 문무성명지민하지.)

해석문: ①교회의 논을 일구는 일곱 별과 별 중의 별이, ②굽어진 농토에 짧은 시각 진실한 농사를 짓네. ③문과 무를 지닌 별의 이름을 땅의 민초들이 어찌 알겠는가?

참고주해: ①"교회의 논을 일구는 일곱 별과 별 중의 별"은 계시록 1장부터 3장에 기록된 일곱 교회와 일곱 별을 가리키는 말씀이다. '별 중의 별'은 선지자를 가리키는 것이며, 계시록의 그리스도의 일곱 교회들이 선지자에 의해서 완성된다는 계시이다.

②"굽어진 농토에 짧은 시각 진실한 농사를 짓네."의 '굽어진 농토'는

선지자가 세운 교회가 있는 장소를 표현한 말씀이고, '짧은 시각 진실한 농사를 짓네.'의 '농사'는 복음의 씨를 뿌려 성도들이 자라게 하는 일을 의미한다. 그러므로 선지자가 일구는 진정한 그리스도의 교회가 짧은 시간 안에 그가 머무는 땅에 만들어진다는 뜻이다.

③절의 '문과 무를 지닌 별'은 선지자를 가리킨다. 그가 문과 무를 겸비한 장군이라는 뜻이다. 땅의 민초들은 그의 이름을 알 수 없다. 그러므로 스스로 자신을 정도령이라고 주장하고, 스스로를 선지자라고 부르는 자들은 모두가 가짜라는 뜻이다.

(2) 1天牛耕田水源長遠. 2無凶之豊食者永生. 3三豊之穀虛妄之說.
(천우경전수원장원. 무흉지풍식자영생. 삼풍지곡허망지설.)

해석문: ①하늘의 소가 밭을 갈고, 수원(水源)의 물이 크게 불어서 멀리 흘러가니, ②흉작이 없는 농사를 지어 먹는 자들이 영생하네. ③세 가지 복음의 곡식이 허망하다 말하나,

참고주해: ①절의 "하늘의 소"는 선지자이다. "밭을 갈고"는 그가 이 땅에서 그리스도의 교회를 일구고 있다는 의미이다. "수원(水源)"은 복음이 시작된 곳을 가리키는 것이며, 그 물이 세상 멀리 흘러가는 것은 선지자가 전하는 복음이 온 세상에 전파됨을 의미한다.

(3) 1世人難知. 2有智者飽. 3無智者飢. 4人人心覺天上之穀.
(세인난지. 유지자포. 무지자기. 인인심각천상지곡.)

해석문: ①세상 사람은 알기가 어렵네. ②지혜 있는 자는 배부르고, ③지혜가 없는 자는 굶주리리라. ④사람 사람이 마음으로 깨달으니 하늘의 곡식이라.

참고주해: ④"사람 사람이 마음으로 깨달으니 하늘의 곡식이라."는 것
은 하나님의 말씀을 깨닫고 거듭난 사람이 하늘의 양식인 곡식이
된다는 의미이다. 즉, 하늘나라의 귀한 존재가 된다는 뜻이다.

(4) 1晝夜不息勤農作業. 2一日三食飢餓死. 3三旬九食不飢生.

　　(주야불식근농작업. 일일삼식기아사. 삼순구식불기생.)

　해석문: ①밤낮으로 쉬지 않고 열심히 농사일에 매달려, ②하루 세 끼
를 먹어도 굶주려서 죽고, ③삼십 일에 아홉 끼만 먹어도 굶주리지
않고 사네.

　참고주해: ②"하루 세 끼를 먹어도 굶주려서 죽"는 다는 것은 어느 누
구에게나 육신의 죽음은 피할 수 없는 운명임을 의미한다. 그러나
하나님의 복음을 믿고 거듭난 사람들은 30일에 아홉 끼만 먹어도
굶주리지 않고 영생을 하게 된다.

(5) 1天下萬物呼吸之者. 2行住坐臥天呼歲歲.

　　(천하만물호흡지자. 행주좌와천호세세.)

　해석문: ①하늘과 땅의 만물이 호흡하는 자라. ②가고, 머물고, 앉고,
누우니 하늘의 환호가 세세토록 이어지리라.

　참고주해: ①"하늘과 땅의 만물이 호흡하는 자라."는 것은 모든 생명
체가 선지자로 인해서 생명을 유지하게 된다는 의미이다.

8

석 정 수
(石 井 水)

(1) 1日出山天井之水. 2掃之腥塵天神劍. 3一揮光線滅魔藏.

   (일출산천정지수. 소지성진천신검. 일휘광선멸마장.)

   해석문: ①해 뜨는 산의 하늘 우물의 물이네. ②더러운 티끌을 쓸어버
   리는 하나님의 칼을, ③한 번 휘두르자 빛의 광선에 멸망한 마귀가
   숨네.

(2) 1暗追天氣光彩電. 2天命歸眞能何將. 3利在石井生命線.

   (암추천기광채전. 천명귀진능하장. 이재석정생명선.)

   해석문: ①어둠을 쫓아내는 하늘의 기운이 고운 빛의 번개를 치네. ②
   하나님의 명을 받들고 돌아온 정말로 능한 장군이 누구인가? ③이

로움이 있는 돌 우물이 생명줄이네.

참고주해: ②"하나님의 명을 받들고 돌아온 정말로 능한 장군"은 선지
자를 가리킨다. 그는 세상 사람들의 손에 의해서 속죄의 제물로 죽
임을 당하나 부활한 후 하늘로 승천한다. 곧, 십자가 승리를 한 것
이다. 그리고 하늘에서 하늘의 장군이 되어 하나님의 명을 받들고,
마귀를 멸하기 위해서 다시 땅으로 돌아온다.

(3) 1四肢内裏心泉水. 2世人何事轉悽然. 3祈天禱神開心門.

　(사지내리심천수. 세인하사전처연. 기천도신개심문.)

해석문: ①네 팔다리와 보이지 않는 마음 속의 샘물이네. ②세상 사람
들의 일이 처연하게 바뀌니 어찌할까? ③하늘에 기도하면 하나님께
서 마음의 문을 열어 주시리라.

(4) 1水源長源天農田. 2農曲土辰寸七斗落. 3牛性在野牛鳴聲.

　(수원장원천농전. 농곡토진촌칠두락. 우성재야우명성.)

해석문: ①물의 원류가 큰물의 원류인 하늘 농사의 밭이네. ②농사짓
는 굽어진 농토에 짧은 시각에 일곱 별이 떨어지네. ③소의 성품이
머무는 세상에서 소가 소리 내 울어대네.

참고주해: ②"농사짓는 굽어진 농토에 짧은 시각에 일 곱 별이 떨어지
네."의 '일곱 별'은 앞의 7. 사답칠두 p1의 1절 寺畓七斗斗中之星(사답
칠두두중지성)에서 설명한 계시록의 일곱 교회의 일곱 별을 가리킨
다. 그 별이 떨어졌다는 것은 계시록의 일곱 교회가 시작됐다는 의미
이다.

③"소의 성품이 머무는 세상에서 소가 소리 내 울어대네."는 선지자

가 자신이 머무는 곳에서 사람들에게 복음을 외치고 있다는 뜻이다.

(5) 1人生秋收審判日. 2海印役事能不無. 3脫劫重生變化身.
(인생추수심판일. 해인역사능불무. 탈겁중생변화신.)

해석문: ①인생을 추수하는 심판 날에 ②해인이 행하는 일은 능치 못함이 없네. ③두려움에서 벗어난 백성들이 거듭난 몸으로 변화하네.

(6) 1天生有姓鄭道令. 2世間再生鄭氏王. 3一字縱橫木人姓. 4世人心閉永不覺.
(천생유성정도령. 세간재생정씨왕. 일자종횡목인성. 세인심폐영불각.)

해석문: ①하늘의 생명의 성씨를 가진 정도령이라. ②세상 안에서 다시 태어난 정씨 왕은, ③한 일(一) 자가 가로와 세로인 나무 사람의 성(姓)이라. ④세상 사람들의 마음의 문이 닫히어 아주 깨닫지를 못하네.

참고주해: ③절의 "한 일(一) 자가 가로와 세로인"은 앞에서 말한 것처럼 선지자의 이름을 암시하는 말씀으로 그의 이름의 모양이 일자가 가로와 세로로 놓여 있다는 의미이고, "나무 사람의 성(姓)이라."는 오행의 나무 목木에 속해 있는 사람이라는 뜻이다. 그러나 세상 사람들은 마음의 문을 닫고 있어 그의 이름을 깨닫지 못한다. 또 선지자도 자신의 이름을 밝히지 않는다. 그러므로 깨닫는 자만이 선지자를 알게 될 것이다.

생 초 지 락
(生 初 之 樂)

(1) 1三鳥頻鳴急來聲. 2渾迷精神惶忽覺. 3數朔出聲朱雀之鳥. 4無時鳴之
開東. 5夜去日來促春光.

   (삼조빈명급래성. 혼미정신황홀각. 삭삭출성주작지조. 무시명지개동. 야
   거일래촉춘광.)

   해석문: ①세 마리 귀신이 자주 울어대자 빠른 소리가 돌아오네. ②혼
   미한 정신에서 두려움에 갑자기 깨달으니 ③몇 달동안 나오는 소리
   는 남방위의 주작 귀신이라. ④시간도 없이 우니 동쪽이 열리니라.
   ⑤밤이 가고 낮이 돌아와 봄의 빛을 재촉하니라.

   참고주해: 1절 三鳥頻鳴急來聲(삼조빈명급래성)은 이 예언서 안에 비
   슷한 문구로 여러 번 나타나고 있다. 예를 들어 5. 말운론 p81 1

절은 "三鳥次鳴靑鷄之年也(삼조차명청계지년야)"로, 44. 궁을도가 p20 3절은 "三鳥頻鳴數數聲에(삼조빈명삭삭성에)"로 그리고 47. 계명성 p1의 1절과 3절은 "三鳥之聲(삼조지성) 들려온다."와 "鳥鳴聲數數聲에(조명성삭삭성에)"라고 표현하고 있다. 이 문구들 중의 삼조(三鳥) 또는 조鳥는 모두 마귀의 수하에서 세상을 움직이는 일을 하는 귀신들이다.

그래서 본문을 "세 마리 귀신이 자주 울어대자 빠른 소리가 돌아오네."라고 해석했다. 세 마리 귀신이 자주 울어대는 소리는 어떻게 세상에 나타날까? 세상 안의 소요와 전쟁과 혼란스러운 대결의 상황으로 나타난다. 그래서 자주 운다고 표현한 것이다. 이렇게 말할 수 있는 분명한 근거를 위에 기술한 5. 말운론 p81 삼조차명(三鳥次鳴)에서 찾을 수 있다. 앞에서 설명한 것처럼 이 구절은 승전국들이 조선반도를 남북으로 나눠 신탁통치를 하기로 결정한 모스크바 삼상회의를 비유적으로 표현한 것이다. 왜냐하면 차명(次鳴)은 그다음 울었다는 뜻이므로 세계대전이 일어나고 있는 혼란한 상황에 대한 울음이 아니라 전쟁이 끝난 다음에 그 결과를 두고 세 마리의 귀신이 서로 의논하는 울음이기 때문이다. 그러므로 본문 삼조빈명(三鳥頻鳴; 세 마리 귀신이 자주 울어대자)는 마귀가 세상 사람들을 서로 대적하게 하고, 소요를 일으키며 혼란에 빠지게 하고 있다는 뜻이며, 그것은 지금 이 시대가 새로운 전쟁이 언제 일어날지 모르는 위기의 상황에 빠져 있다는 것을 의미한다.

③의 "남방 위의 주작 귀신"은 세상 나라들을 상징한다. 세상 여러 나라들이 떠들어대고 있다는 뜻이다.

④"시간도 없이 우니 동쪽이 열리나라" 동쪽이 열렸다는 것은 동쪽

방위의 신인 청룡이 나타났다는 의미므로 세상 여러 나라들이 계속해서 떠들어 대면서 미국이 나타났다는 뜻이다.

⑤"밤이 가고 낮이 돌아와 봄의 빛을 재촉하느니라." 앞에서 말한 그런 일들이 새로운 세계가 오는 것을 재촉하는 것이라는 뜻이다.

(2) 1中入此時人人各. 2仙源種桃何處地. 3多會仙中弓乙間. 4寶血伸寃四海流. 5心覺訪道皆生時.

(중입차시인인각. 선원종도하처지. 다회선중궁을간. 보혈신원사해류. 심각방도개생시.)

해석문: ①중간에 들어오는 이때는 사람과 사람마다 다르리라. ②그리스도인의 기원인 복숭아나무 씨가 뿌려지는 곳은 어느 처소의 땅인가? ③많은 그리스도인들의 모임 중앙은 하나님의 종들과 성도들의 사이라. ④보혈이 원통함을 풀어내어 사해에 흐르네. ⑤마음으로 깨달으소. 진리를 좇아 생명이 다 살아났을 때를.

참고주해: 성도들의 모임으로 들어오는 시점은 앞에서 설명한 것처럼 먼저와 중간과 마지막으로 나뉘어 있다. 영원한 생명을 얻는 중간에 들어오는 자들은 들어오는 시기가 각 사람마다 다 다르다. 이 중간 시기는 예루살렘이 다국적군에 의해서 점령당하고 성전이 모독당하는 사건이 일어난 뒤에 선지자가 죽임을 당한 이후서부터 부활하여 승천했다가 다시 땅으로 돌아와 복음을 전하기 시작하는 시점까지이다. 이 중간 시기에 야귀들이 마지막으로 발동해서 사람들을 죄에 빠뜨리고자 발악을 한다. 그래서 이 시기에 들어오는 사람들의 시점이 달라진다.

④"보혈이 원통함을 풀어내어 사해에 흐르네."는 땅으로 돌아온 선

지자가 전하는 복음을 받고 마지막으로 세상으로부터 떠나서 성도
들의 모임으로 들어온 성도들이 받게 되는 순교를 의미한다.

⑤"마음으로 깨달으소. 진리를 좇아 생명이 다 살아났을 때를" 앞에
서 말한 순교한 사람들이 죽임을 당하지만, 진리를 좇았기 때문에
다시 살아난다는 뜻이다. 부활의 믿음을 깨닫고 진리를 좇아 세상
의 핍박을 이기라는 뜻이다.

(3) 1罪惡爭土相害門. 2上帝之子斗牛星. 3西洋結寃離去后. 4登高望遠察世
間. 5二十世後今時當.

(죄악쟁토상해문. 상제지자두우성. 서양결원리거후. 등고망원찰세간. 이
십세후금시당.)

해석문: ①죄악이 땅을 다퉈 서로 상해하는 문이라. ②하나님의 자식
인 별이 소 별이라. ③서양과 원한을 맺고 떠난 뒤에, ④높은 곳에
올라 먼 세상 사이를 관찰하고, ⑤이십 세기 후인 지금에 당면하여,

참고주해: ①"죄악이 땅을 다퉈 서로 상해하는 문"은 이 땅에서 일어
나는 전쟁의 원인을 암시하는 말씀이다. 땅을 두고 다투는 것이 서
로에게 상해를 입히는 전쟁의 문이 된다는 의미이다.

②"하나님의 자식인 별이 소 별"이라고 한 말씀은 선지자가 하나님
의 자녀임을 의미한다. 그는 ③"서양과 원한을 맺고" 그곳을 "떠난
뒤에" 세상을 두루 살피면서 관찰한다.

(4) 1東方出現結寃解. 2腥塵捽地世寃恨. 3一点無濁無病의. 4永無惡新世
界야. 5亞亞宗佛彌勒王.

(동방출현결원해. 성진졸지세원한. 일점무탁무병의. 영무악신세계야. 불

아종불미륵왕.)

해석문: ①동방에 출현해서 맺은 원한을 풀리니, ②지상 세계의 원한을 더러운 티끌 같이 뽑아내리라. ③한 점의 더러움이 없고 병이 없는, ④영원한 악이 없는 새로운 세계야. ⑤아시아의 종교인 불교의 미륵 왕이라.

참고주해: 앞의 p3 ⑤"이십 세기 후인 지금에 당면하여"는 이 단락의 ①"동방에 출현해서 맺은 원한을 풀리니"와 연결된 문장이다. 그러므로 선지자가 서양에서 품게 되었던 원한을 이십 세기 후인 이 시대에 동양에 와서 풀게 된다는 뜻이다. 그가 모든 더러운 것들과 악한 것들을 세상에서 쓸어내고 새로운 세계를 열 것이다. 그가 바로 불교에서 말하는 미륵이다.

(5) 1人間解寃此今日. 2憂愁思慮雪氷寒. 3無愁春風積雪消. 4湧出心泉功 德水. 5一飮延壽石井崑.

(인간해원차금일. 우수사려설빙한. 무수춘풍적설소. 용출심천공덕수. 일 음연수석정곤.)

해석문: ①인간의 원한을 풀어내는 이 날에, ②슬픔과 근심 속에 마음으로 여러 가지를 생각케 하는 눈과 얼음의 한파가 있으리라. ③근심이 없는 봄의 바람이 불어 쌓인 눈을 소멸하면, ④용감한 자가 출현해서 마음의 샘물이 덕을 쌓는 물이 되리라. ⑤한 번 마시면 생명이 연장되는 돌 우물이라.

참고주해: ①"인간의 원한을 풀어내는 이 날"은 재앙의 때를 의미한다. 재앙의 날은 마귀가 씌운 죄의 굴레 속에서 온갖 고뇌와 괴로움을 겪으면서 살아온 인간이 그 모든 것을 벗어 버리며, 마음속에

쌓인 한을 푸는 날이다. 그 날은 마귀가 땅에서 이룩한 육신의 모든 것들이 무너지고 파괴되며 완전히 멸망하는 날이다. 그러므로 육신에 속하지 않은 하나님의 백성들은 아버지 하나님께서 이루시는 그 의로운 일을 보며 기뻐하고, 아버지의 이름을 찬양하지 않을 수 없게 된다.

"슬픔과 근심 속에 마음으로 여러 가지를 생각하게 하는 눈과 얼음의 한파가 있으리라."는 별이 불덩이가 되어 땅에 떨어진 이후에 온 세상에 혹한과 함께 눈과 얼음이 쌓이는 재앙이 닥친다. 사람들이 그 재앙을 당하면서 슬픔과 근심 속에서 죄악에 빠졌던 지난날을 돌아보게 된다는 의미이다.

④"용감한 자가 출현해서 마음의 샘물이 덕을 쌓는 물이 되리라."는 선지자가 세상에 나와서 덕을 쌓아 인간을 구원하는 생명의 물이 된다는 뜻이다.

⑤"한 번 마시면 생명이 연장되는 돌 우물이라." 선지자가 생명의 물이 나오는 돌 우물이라는 뜻이며, 곧 그가 복음을 전하는 사람이라는 뜻이다. 그가 전하는 복음을 믿고 또 그가 주는 생명수를 마시면 생명이 연장된다.

(6) 1毒氣除去不懼病. 2大慈大悲弓弓人. 3博愛萬物夜獸將. 4世上惡毒腐病人. 5世上獸爭種滅時.

(독기제거불구병. 대자대비궁궁인. 박애만물야수장. 세상악독부병인. 세상수쟁종멸시.)

해석문: ①독기를 제거하니 두려움과 병이 없네. ②대자대비(大慈大悲, 넓고 끝없이 자비로운)하신 하나님의 종과 종인 사람이라. ③만

물을 평등하게 사랑하는 어둠의 짐승인 장군인데, ④세상의 악한 독으로 썩는 병에 들리는 건 사람이네. ⑤세상의 짐승들의 전쟁으로 씨가 멸망할 때에,

참고주해: 앞에서 말한 선지자가 주는 물을 마시면 독기가 제거되고, 두려움과 병이 없어진다. ②절은 그가 대자대비(大慈大悲)하시고, 전능하신 하나님의 진정한 종이라는 뜻이다.

③"만물을 평등하게 사랑하는 어둠의 짐승인 장군인데" 중의 "만물을 평등하게 사랑"한다는 말씀은 메이슨의 박애주의 사상을 가리키는 것이다. 그들은 자신들의 신인 마귀가 세상 모든 것을 평등하게 사랑한다고 주장한다. 이 말은 세상 안에 존재하는 모든 것들은 일체(一切) 안에서 존재할 가치가 있다는 뜻이다. 다시 말하면 악도 그 자체대로 존재할 가치가 있다는 것이 그들의 주장이다. 이것이 마귀의 사상인 자유주의 철학의 기본 바탕이다. 이렇게 마귀는 만물을 사랑하기 때문에 사람에게 '세상의 악한 독으로 썩는 병에 들리'게 한다.

많은 사람을 무차별적으로 살상하게 만드는 탄저균을 이용한 화생방 무기도 마귀의 지혜로 만들어낸 것이라는 뜻이다.

⑤"세상의 짐승들의 전쟁으로 씨가 멸망할 때에"의 짐승은 지금까지 말해 온 것처럼 인간을 상징한다. 아마 이 말씀을 세상 속의 모든 짐승이 일어나서 사람들과 전쟁을 하는 것으로 생각할 독자는 없을 것이다. 그러므로 이 말씀은 세상 사람들 간의 전쟁이 있다는 계시이고, '씨가 멸망할 때'는 그 전쟁이 온 세상 사람들을 다 죽음에 몰아넣는 대규모의 전쟁이라는 뜻이다. 다시 말하면 앞에서 말한 박애주의자인 마귀가 인간들 간의 전쟁을 일으켜, 앞에서 말한 가공할

정도로 무시무시한 핵무기나 화생방 무기들을 사용해서 스스로 다 멸망하게 한다는 뜻이다.

(7) 1殺人哀惜死地生. 2殺人無處處死矣. 3桃花流水武陵村. 4仙會忠孝種桃地. 5海上萬里輸糧來.

(살인애석사지생. 살인무처처사의. 도화류수무릉촌. 선회충효종도지. 해상만리수량래.)

해석문: ①살인을 당해 애석하게 죽은 자는 땅에서 살아나고, ②살인으로 상고할 처사가 없다면 죽으리라. ③복숭아 꽃이 물에 떠서 흐르는 무사들의 언덕 위의 마을이네. ④그리스도인들이 모여 있는 충성과 효의 복숭아나무 씨의 땅이라. ⑤바다 위의 만 리에서 양곡을 배에 싣고 찾아오고,

참고주해: ①"살인을 당해 애석하게 죽은 자는 땅에서 살아나고"란 지금의 세상이 멸망한 후에 죽은 자들의 부활이 있게 되는데, 그때 억울하게 죽은 자들도 살아난다는 뜻이다.

이 단락서부터 지금의 세계가 멸망한 뒤에 나타나는 새로운 세계와 선지자가 이 땅에 세우는 나라의 모습을 계시하고 있다.

(8) 1萬國忠信歌舞來. 2淨潔淨土別天地. 3金築寶城四千里. 4天長高臺空四肘. 5十二門開晝夜通.

(만국충신가무래. 정결정토별천지. 금축보성사천리. 천장고대공사주. 십이문개주야통.)

해석문: ①만국의 충신들이 노래하고 춤을 추며 찾아오네. ②깨끗이 씻어 낸 땅의 별천지라. ③금으로 축대를 쌓은 보석의 성이 4천 리

고, ④하늘의 넓고 높은 곳의 대가 공중에 네 팔처럼 뻗어 있으며, ⑤열두 문이 열려 주야로 통행하네.

(9) 1仙官仙女案内入. 2金童玉女天君士. 3彈琴一聲淸雅曲. 4不撤晝霄雲高也. 5如雪白蝶雙去來.

(선관선녀안내입. 금동옥녀천군사. 탄금일성청아곡. 불철주소운고야. 여설백접쌍거래.)

해석문: ①그리스도인 관리와 그리스도인 여인이 안내하며 들어가리라. ②금동(金童)과 옥녀(玉女)가 하늘의 군왕과 관리라. ③가야금을 타며 한 번 청아한 곡을 부르니라. ④낮이 저물지 않고 하늘의 구름이 높게 있네. ⑤눈과 같이 흰 한 쌍의 하얀 나비가 떠났다가 돌아오니라.

(10) 1細柳之間黃鳥聲. 2溫谷白鳥作作聲. 3桂樹天上月中宮. 4憐然榮光無比界. 5淸陽宮殿日中君.

(세류지간황조성. 온곡백조작작성. 계수천상월중궁. 연연영광무비계. 청양궁전일중군.)

해석문: ①가는 버드나무의 줄기 사이에서 황색의 새가 노래를 부르고, ②따뜻한 골짜기에서는 백조가 자기가 지은 노래를 부르네, ③계수나무가 하늘 높은 달의 궁전의 중앙이라. ④사랑은 세상의 무엇과 비교할 수 없는 영광이라. ⑤깨끗하고 밝은 궁전 낮의 중앙에 계시는 군왕이라.

(11) 1水晶造制琉璃國. 2金街路上歌人만. 3無窮歲月彈琴聲. 4不知歲月何

甲子. 5延年益壽初生法.

(수정조제유리국. 금가로상가인만. 무궁세월탄금성. 부지세월하갑자. 연
년익수초생법.)

해석문: ①수정을 만드는 유리의 나라의, ②금으로 만든 도로 위에서
노래하는 사람만, ③끝없는 세월 가야금을 타고 노래하네. ④세월
을 알지 못함을 어찌 음력 갑자로 알겠는가? ⑤더욱더 수명이 늘어
오래 사는 최초로 생긴 법이네.

(12) 1當上父母千壽也. 2膝下子孫萬歲榮. 3天增歲月人增壽. 4春滿乾滿坤滿
歌. 5願得三山不老草.

(당상부모천수야. 슬하자손만세영. 천증세월인증수. 춘만건만곤만가. 원
득삼산불로초.)

해석문: ①모시는 부모는 천수를 누리시고, ②슬하의 자손은 만세토
록 영화로우네. ③하늘에서 세월을 더하여 인간의 수명이 늘어나네.
④봄이 가득하고, 하늘 가득히 땅 가득히 노래 부르네. ⑤원하면
얻는 세 곳 산의 불로초라.

(13) 1拜獻高堂鶴髮親. 2祈天禱神甘露飛. 3永生福樂不死藥. 4立春大吉建
陽多慶. 5天地反覆此今日.

(배헌고당학발친. 기천도신감로비. 영생복락불사약. 입춘대길건양다경.
천지반복차금일)

해석문: ①머리가 희어진 부모님을 뵙고 절하며 헌물을 드리네. ②하
늘에 기도하면 하나님께서 감로 비를 내리시네. ③영원한 생명과 복
락의 불사약이라. ④봄을 맞아 좋은 운을 기원하는 글을 쓰네. ⑤

천지가 반복하는 바로 오늘날이라.

(14) 1寶城光輝空天射. 2人身通秀琉璃界. 3日光無落月無虧. 4不分晝夜恒日月. 5直曲交線相交射.

(보성광휘공천사. 인신통수유리계. 일광무락월무휴. 불분주야항일월. 직곡교선상교사)

해석문: ①보물 성에서 한 줄기 빛이 공중의 하늘을 향해 쏘니라. ② 인간의 육신을 통하는 빼어난 유리 세계라. ③하루의 빛이 떨어지지 않고 달은 바뀌지 않으리라. ④낮과 밤이 나뉘지 않고 항상 날과 달이 같네. ⑤직선과 곡선이 교대로 굽어졌다가 펴지고 상호 교차해서 쏘니라.

(15) 1窟曲之穴光明穴. 2無極無陰無影世. 3淚愁隔精無手苦. 4日日連食不老草. 5無腸腹不死藥矣.

(굴곡지혈광명혈. 무극무음무영세. 누수격정무수고. 일일연식불로초. 무장복불사약의.)

해석문: ①굽어진 동굴의 구멍에 빛을 비춰 구멍이 밝아지니, ②끝이 없고, 음(陰)도 없으며, 그림자가 없는 세계라. ③눈물과 근심을 하고 정이 멀어지는 일이 없네. ④매일 매일 계속해서 불로초를 먹네. ⑤배와 장이 필요 없는 불사약이라.

참고주해: 앞의 p14의 5절 直曲交線相交射(직곡교사상교사)와 이 단락의 1절 窟曲之穴光明穴(굴곡지혈광명혈) 및 2절 無極無陰無影世(무극무음무영세)는 한 단락의 문장이다. 이 문장들은 다가오는 새 천년시대의 놀라운 자연계의 모습들을 묘사하고 있다. p14의 5절을

"직선과 곡선들이 교대로 굽어졌다 펴지고 상호 교차해서 쏘니라." 라고 해석했는데, 이 말씀은 지금의 세계와 다른 빛의 모습을 표현한 것이다. 태양계의 빛은 직선으로만 비춘다. 물리적으로 빛은 굽어질 수 없다. 그래서 밝은 곳이 있고, 빛의 반대쪽에는 그늘진 어두운 곳이 생긴다. 그러나 새로운 세계의 빛은 직선이었다가 곡선으로 굽어지고 다시 직선으로 펴지며, 이런 빛줄기들이 서로 교차하면서 휘황찬란한 빛을 낸다는 뜻이다. 아마 사방에 설치된 조명등이 투명한 수정 안을 밝게 비추는 상황을 연상시켜서 생각하면 어느정도 이해가 될 것 같다.

본 단락의 ① 절은 그 빛이 '굽어진 동굴의 구멍에 빛을 비춰'서 '구멍이 밝아지니'라고 해석했다. 즉, 동굴 안 깊은 곳에도 그 빛이 들어가서 어두운 곳이 없게 밝은 빛을 비춘다는 뜻이며, 그래서 ② 절에서 그 빛은 "끝이 없고, 음(陰)도 없으며, 그림자가 없는 세계"를 만들고 있다고 했다. 밝은 곳만 있고, 그늘진 곳이 전혀 없다. 그리고 낮과 밤도 없고, 언제나 어느 곳에서나 아름다운 빛이 밝게 빛나는 수정 속의 세계인 것이다. 지금의 세계에서는 물리적으로 상상이 되지 않는 일이다.

(16) 1此居人民無愁慮. 2不老不死永春節. 3三十六宮都是春. 4天根月窟寒往來. (차거인민무수려. 불로불사영춘절. 삼십육궁도시춘. 천근월굴한왕래)

해석문: ①여기 거주하는 인민은 걱정과 근심이 없네. 늙지 않고 죽지 않으니 영원히 봄날이라. 삼십육 궁전의 도시는 무릇 봄이라. 하늘의 근원과 달의 굴에서 한파가 왕래하리라.

참고주해: "삼십육 궁전의 도시는 무릇 봄이라. 하늘의 근원에서 한

달동안 한파가 왕래하리라."고 번역한 본문의 말씀은 송(宋) 나라 학자 강절(康節) 소옹(邵雍)의 시 天根月窟閑來往 三十六宮都是春(천근월굴한래왕 삼십육궁도시춘)을 인용한 것으로 순서를 바꿔 三十六宮都是春(삼십육궁도시춘)을 먼저 쓰고 天根月窟閑來往(천근월굴한왕래)를 나중에 썼다. 삼십육궁도시춘(三十六宮都是春)은 주역의 복희씨의 36궁(三十六宮)을 인용한 것으로 하늘과 땅(건곤乾坤)이 만난 완전한 새로운 세계를 의미한다. 그 세계에는 영원한 봄만이 있다.

"천근월굴한왕래(天根月窟寒往來)"는 소옹의 시에서 한가할 한(閑)자를 찰 한(寒)자로 바꿔서 표현한 것이다. 이 말씀은 별들이 땅에 떨어지는 재앙이 일어난 뒤에 온 세상을 덮는 한파가 있게 된다는 계시이다. 즉 선지자의 땅은 봄이나 세상은 재앙으로 인해서 혹독한 한파가 몰아친다는 뜻이다.

(17) 1平和雲文. 2天性人心人性天心. 3性和心和天人和. 4三變成道天人乎. 5九變九復天人乎.

(평화운문. 천성인심인성천심. 성화심화천인화. 삼변성도천인호. 구변구복천인호.)

해석문: ①평화를 쓴 구름의 글이라. ②하늘의 성품이 인간의 마음이고 인간의 성품이 하늘의 마음이네. ③성품이 화해하고 마음이 화해하면, 하늘과 사람이 화해하네. ④세 번 변화로 진리를 이루니 하늘의 사람들이 환호하네. ⑤아홉 번 변하고 아홉 번 돌아오면 하늘의 사람들이 환호하네.

참고주해: ④번 "세 번 변화로 진리를 이루니" 세 번의 변화를 통해서

세상의 구원자가 되는 선지자의 운명을 가리키는 것이다.

5절 "九變九復(구변구복)"은 아홉 번의 변화를 통해서 한 괘(卦)를 얻는다는 주역의 가르침을 인용한 말씀이며, 선지자가 아홉 번을 변하고, 다시 아홉 번 돌아오면서 진리를 이룬다는 뜻이다. 즉, 많은 세상의 시험에 빠져 죄를 범했다가 다시 돌아서서 자신의 믿음을 더욱 굳건하게 하면서 세상을 이기는 하나님의 종으로 변화된다는 뜻이다.

(18) 1成男成女其本乎. 2人本乎天. 3人本人陰道局. 4聚氣還生陽道局. 5聚合生必和而人必和.

(성남성녀기본호. 인본호천. 인본인음도국. 취기환생양도국. 취합생필화이인필화.)

해석문: ①성장한 남자와 성장한 여자는 기본으로 환호하네. ②인간의 본성이 하늘을 향해 환호하네. ③사람이 본래 어둠의 도에 속(陰道局)했으나, ④취합하는 기운으로 환생하여 밝은 도에 속했네. ⑤취합한 생명은 반드시 서로 화목하고, 인간과도 반드시 화목하네.

(19) 1天時地時人時也. 2和氣同樂一夜新. 3平和相和同日皆平和. 4不平和難生心. 5難生心裡去何其得.

(천시지시인시야. 화기동락일야신. 평화상화동일개평화. 불평화난생심. 난생심리거하기득).

해석문: ①하늘과 땅과 사람의 때이니라. ②화해의 기운을 함께 즐거워하여 하룻밤에 새로워지매. ③평화가 상호 화목하여 모두가 함께 한 날 다 평화를 이루니. ④평화롭지 않으면 마음이 살아나기 어려

우리라. ⑤마음이 살아나지 않고 속에서 떠나면 어찌 그것을 얻을 수 있겠는가?

(20) 1知讀卽能知世別免愚人. 2天意人心如未覺士者. 3爲人同道何人道. 4平和從萬世天道不絕來.

(지독즉능지세별면우인. 천의인심여미각사자. 위인동도하인도. 평화종만세천도부절래.)

해석문: ①독서하여 지식을 얻으면 즉시 능하여져 세상을 알고 어리석은 사람을 면하네. ②하늘의 뜻은 사람의 마음이 깨닫지 못한 선비와 같다 하네. ③다른 사람을 위해서 함께하는 진리를 찾지 않는다면 어찌 사람의 도리라고 할 수 있겠는가? ④평화가 만 세상을 따르면 하늘의 진리가 절대로 끊어지지 않네.

(21) 1和氣自得於心. 2聞平和仰天祈禱. 3觀聖世保存深源盤. 4初始天下一氣共歸元. 5靈水神火明還定.

(화기자득어심. 문평화앙천기도. 관성세보존심원반. 초시천하일기공귀원. 영수신화명환정.)

해석문: ①화해의 기운을 스스로 마음에서 얻네. ②평화를 듣고 하늘을 우러러 기도하네. ③성인을 보라 세상을 보존하는 깊은 근원의 반석이라. ④태초의 세상 모든 것은 하나의 기운으로 함께 하여 원래대로 돌아가니라. ⑤영묘한 물과 하나님의 불로 분명히 돌아가도록 정해졌네.

(22) 1大新天下吾耶心. 2皆自一心從舜來. 3日月明天下合歸元來. 4春定

好四方均和明.

(대신천하오야심. 개자일심종순래. 일월명천하합귀원원래. 춘정호사방
균화명.)

해석문: ①거대한 새로운 하늘 아래의 나는 예수의 마음이네. ②다 스
스로 한 마음이 되어 순임금이 오면 좋아야 하네. ③날과 달이 분명
한 온 세상이 합하여 큰 덕이 돌아오면 원래대로 되리라. ④봄의 좋
은 기운이 정하여지면 사방이 균형 있게 화목하고 밝으리라.

참고주해: "다 스스로 한 마음이 되어 순임금이 오면 좋아야 하네."
이 말씀 중의 순임금은 선지자를 가리킨다. 그가 온다는 것은 어린
양의 혼인 잔치를 통해서 세 하나님 중 한 분으로 변화되어 세상에
나온다는 것이며, 그때 그가 나라를 이루어 순임금이 된다는 의미
이다.

(23) 1訣云. 2虎性無變化單性之獸. 3狗性亦無變化 性之獸. 4牛性有變化
難測. 5曉星天君天使民合稱者.

(결운. 호성무변화단성지수. 구성역무변화구성지수. 우성유변화난측. 효
성천군천사민합칭자.)

해석문: ①결론적으로 말하자면, 호랑이 성품은 변하지 않고, 한 가지
성(性)인 짐승이라. ②개의 성품도 역시 변화하지 않으며 그 성질은
짐승이라. ③소의 성품은 변화하는데 알기가 어려우니라. ④새벽별
은 하늘의 군왕과 천사와 백성들이 합하여 부르는 자니라.

참고주해: 호랑이(유럽)의 성품은 짐승이고, 개(북한)의 성품도 짐승이
다. 이 나라들이 짐승인 것은 하나님을 알지 못하는 마귀의 성품을
지니고 있기 때문이다.

③"소의 성품은 변화하는데 알기가 어려우니라." 변화하는 소의 성품을 알기 어렵다는 것은 그가 짐승에서 하나님을 아는 사람으로 변화하고, 다시 하나님을 아는 사람에서 하나님의 선지자로 변화하며, 또 선지자에서 세상의 구원자로 변화하는 과정을 통해서 완전체로 거듭나기 때문이다. 즉, 2. 세론시 p27에서 말한 삼진사(三辰巳)의 변화를 알기 어렵다는 뜻이다.

④절의 "새벽 별"은 그렇게 변화한 선지자를 가리킨다.

(24) 1牛性也豈如虎狗之性也. 2然則精脫其右落盤四乳. 3利在十勝預訣傳世. 4世人不知可歎奈何.

(우성야기여호구지성야. 연즉정탈기우낙반사유. 이재십승예결전세. 세인부지가탄내하.)

해석문: ①소의 성품이 어찌하여 호랑이나 개의 성품과 같다 하나? ②그런즉 깨끗이 벗긴 그 도와줄 큰 반석이 내려와서 사방에 우유가 있으리라. ③이로움이 있는 십자가 승리는 예정된 결과로 세상에 전해졌네. ④세상 사람들이 알지 못하여 탄식하지 않을 수 없으니 어찌하나?

참고주해: ①"소의 성품이 어찌하여 호랑이나 개의 성품과 같다 하나?"라고 묻는 이유는 사람들이 선지자을 두고 짐승이라고 비난을 하기 때문이다. 무릇, 짐승은 하나님을 알지 못하는 자들이지 하나님을 아는 사람이 아니라는 뜻이다.

(25) 1東北五臺十二賊. 2三南五被靑衣賊. 3種骨種仁又種芒. 4萬人傷落幾人陽. 5桑田碧海混沌世.

(동북오대십이적. 삼남오피청의적. 종골종인우종망. 만인상락기인양.
상전벽해혼돈세.)

해석문: ①동북 쪽의 오대산에 열두 도적이 있고, ②남쪽 세 지방에
다섯 청색 옷을 입은 도적이 있네. ③뼈를 심고 어진 마음을 심고
또 묻힐 곳을 심으니 ④만인이 상하고 쇠락하나 몇 사람들(幾人)은
태양이 되리라. ⑤세상이 엄청나게 바뀌는 혼돈한 세상이라.

참고주해: ①"동북 오대산의 열두 도적"과 ②"남쪽 세 지방에 다섯 청
색 옷을 입은 도적"은 남한이 북한의 핵무기 공격을 받고 멸망한 뒤
에 도적들이 나타나서 도탄에 빠진 백성들을 수탈해서 고통을 가중
시킨다는 계시이다.

④"만인이 상하고 쇠락하나 몇 사람(幾人)은 태양이 되리라."의 '몇
사람들(幾人)은' 선지자와 그의 제자들을 가리킨다. 북한의 수소폭
탄 공격과 하늘에서 날라온 불의 재앙으로 인하여 온 세상 사람들
이 "상하고 쇠락"하게 된다. 그러나 선지자와 그의 제자들을 좇는
백성들은 아무런 해를 입지 않으므로 선지자와 그의 제자들은 태양
과 같이 세상에 떠오를 것이다. 그리고,

⑤"세상이 엄청나게 바뀌는" 세상의 모습이 완전히 변화한다는 뜻이다.

(26) 1白豊勝三安心處. 2靑雀龜龍化出地. 3須從走靑林人의. 4穀出種聖山
地也. 5三災八難不入處.

(백풍승삼안심처. 청작귀룡화출지. 수종주청림인의. 곡출종성산지야.
삼재팔난불입처.)

해석문: ①선지자의 복음은 승리하는 세 가지의 안심하는 처소라. ②귀
신과 중앙 방위신이 마귀로 변하여 땅에 나타나면, ③모름지기 푸른

숲의 사람에게 달려가서 따르라, ④곡식이 나오는 거룩한 씨가 심어진 산의 땅이니라. ⑤세 가지 재앙과 여덟 가지 재난이 못 들어 오는 곳이라.

참고주해: ①"선지자의 복음은 승리하는 세 가지의 안심하는 처소"는 환난의 때에 재앙을 당하지 않는 안전한 땅이라는 것이다.

2절 靑雀龜龍化出地(청작귀룡화출지; 귀신과 중앙 방위신이 마귀로 변하여 땅에 나타나면)의 청작(靑雀)은 밀화부리 새이다. 귀신을 상징한다. 귀龜는 오행에서 중앙의 구진등사(句陳騰蛇)로 중국을 상징한다. 앞의 5. 말운론 p3에서 설명한 것처럼 뱀은 중국을 상징한다. 이 구절에서 중국을 귀龜로 표현한 것은 중국이 오행의 중앙이라는 뜻이다. 그래서 중국도 스스로를 세상의 중원이라고 말한다. 그리고 용龍은 마귀의 상징이고, 또 미국을 의미한다. 그러므로 "귀신 중국이 미국처럼 변하여 땅에 나타나면"이라고 뜻 풀이 할 수 있다. 여기서 귀신을 상징하는 밀화부리 새와 함께 중국을 표현한 것은 중국이 귀신과 같이 떠들어 댄다는 의미이고, 미국과 같이 강력한 힘을 지닌 국가로 변화되어 이 땅을 침략한다는 뜻이다.

③"모름지기 푸른 숲의 사람에게 달려가서 따르라."는 것은 중국이 침략하는 그때 선지자를 따르는 하나님의 백성들에게로 달려가서 그들과 함께하라는 뜻이다.

④"곡식이 나오는 거룩한 씨가 심어진 산의 땅이니라." '곡식'은 성도를 의미한다. 그러므로 '곡식이 나오는'이란 성도로 변화된 사람들이 나온다는 뜻이고, '거룩한 씨'는 하나님의 말씀을 의미한다. (마 13:18~23)그러므로 하나님의 말씀의 씨가 심어진 거룩한 산의 땅이라는 뜻이다. 이 거룩한 산은 그리스도께서 재림하시는 산이다.

[참조; 1. 남사고비결 p31]

(27) 1二十八宿共同回. 2紫霞仙中南朝鮮. 3南來鄭氏陰陽合德. 4眞人來鄭
　　氏鷄龍千年定.

　　(이십팔숙공동회. 자하선중남조선. 남래정씨음양합덕. 진인래정씨계룡
　　천년정.)

　해석문: ①스물여덟 명이 함께 기거하며, 공동으로 돌이키네. ②자줏
　　빛 노을의 그리스도인들의 중앙인 남조선이라. ③남쪽으로 내려온
　　정씨는 음과 양이 합덕을 이루었니라. ④진실한 하나님을 아는 사람
　　으로 돌아온 정씨가 귀신과 마귀에게 천 년을 정하니라.

　참고주해: ①"스물여덟 명이 함께 기거하며 공동으로 돌이키네." 선지
　　자를 통해서 그리스도의 복음을 받은 스물여덟 명의 사람들이 함
　　께 기거하면서 모두 다 세상의 길로부터 떠나서 그리스도의 백성들
　　로 변화됐다는 뜻이다.

　　②"자줏빛 노을의 그리스도인들의 중앙인 남조선"은 선지자가 나오
　　는 섬을 가리키는 것이다.

　　④"진실한 하나님을 아는 사람으로 돌아온 정씨가 귀신과 마귀에게
　　천 년을 정하"는 것은 선지자가 귀신과 마귀의 세상인 이 세계를 멸
　　망시킨 후에 마귀를 사로잡아 옥에 가두고 새 천 년의 세계를 열게
　　된다는 뜻이다.

(28) 1趙氏伽倻亦千年. 2范氏完山七百年. 3王氏松嶽五百年. 4非鄭爲鄭非
　　范也. 5非趙爲趙非王氏.

　　(조씨가야역천년. 범씨완산칠백년. 왕씨송악오백년. 비정위정비범야. 비

조위조비왕씨.)

해석문: ①조씨의 가야국이 역시 천 년이고, ②범씨의 완산국이 칠백 년이며, ③왕씨의 송악이 오백 년이니. ④정씨가 아닌 가짜 정씨이고 범씨도 아니라. ⑤조씨가 아닌 가짜 조씨이고 왕씨가 아니라.

참고주해: 이 단락의 정씨, 조씨, 범씨, 왕씨는 정감록이 예언한 이씨 왕조 후에 나타나는 나라들의 이름이다. ④"정씨가 아닌 가짜 정씨이고 범씨도 아니라." ⑤"조씨가 아닌 가짜 조씨이고 왕씨가 아니라"고 한 것은 왕이 아닌데 왕이라고 말하고 있다는 뜻이다. 다시 말해, 그런 예언은 거짓이라는 뜻이다. [참조; 二十八分前 下 59. 말중운 p.49]

(29) 1是故. 先天太白數再定. 2小白后天數. 3是故. 弓乙兩白間. 4圖書分明造化定. 5堯舜以後孔孟書.

(시고. 선천태백수재정. 소백후천수. 시고. 궁을양백간. 도서분명조화정. 요순이후공맹서.)

해석문: ①이런 연고로 먼저 하늘 태초의 선지자 연수가 다시 정해졌고, ②작은 선지자는 나중 하늘의 연수라, ③이런 연고로 하나님의 종과 성도들은 두 선지자 사이에 있느니라. ④책에 분명하고 조화롭게 정해졌으니, ⑤요순이 후의 공자와 맹자의 책이라.

참고주해: ①절의 '태초의 선지자'는 예수 그리스도이고, ②절의 '작은 선지자'는 이 땅에서 나오는 선지자를 가리킨다. 그리스도께서 세상에 나오시는 연수가 다시 정해지고, 그 후에 이 땅에서 나오는 선지자의 연수가 정해진다. 이 두 분이 세상에 나오시면 ③"하나님의 종들과 백성들이 이 두 선지자 사이에 있"게 된다. 두 분의 가르침과

보호 속에서 하나님의 백성들로 성장한다는 의미이다.

(30) 1字字勸善蒼生活. 2傳來消息妄眞者. 3自作之孽誰誰家. 4江山熱湯鬼
不知. 5鷄山石白三山中.

(자자권선창생활. 전래소식망진자. 자작지얼수수가. 강산열탕귀부지. 계
산석백삼산중.)

해석문: ①한 글자 한 글자가 근면하고 선한 백성들의 생활이라. ②전
해오는 소식도 잊은 진실한 자라. ③스스로 작정하고 거스르는 자가
누구이고, 누구의 가문인가? ④강산이 열탕이 돼도 귀신은 알지 못
하네. ⑤귀신 산의 돌 선지자는 세 산의 중심이라.

참고주해: ③"스스로 작정하고 거스르는 자가 누구이고?" 김정은이를
가리키는 것이다. 이 자가 어느 누구의 말도 듣지 않으며, 모든 것을
거스르고 스스로 작정한 악을 행하는 자라는 뜻이다. 김정은이가
폭압적인 통치를 하고, 미사일과 핵무기 개발로 주변 국가들을 위협
하고 있는 사실을 지적한 것이다. 이 어린 통치자는 세상 나라들의
온갖 제제와 위협을 받으면서도 조금도 물러섬이 없이 흔들리지 않
고 핵무기와 미사일 개발을 추진하고 있다. 곧 자신의 뜻을 이룰 것
이다. "누구의 가문인가?" 본래부터 대를 이어서 악행을 저질러 온
악의 화신 김일성이의 집안임을 환기시키는 질문이다.

4절 江山熱湯鬼不知(강산열탕귀부지)는 3. 계룡론 p7 1절에서 나왔
던 문장이다. 이 구절은 같은 장 p6 5절 "天地震動花朝夕(천지진동
화조석)"과 함께 보면 그 의미가 더욱 명확해져, 본문이 강력한 수
소폭탄이 폭발한 이후의 상황에 대한 표현인 것과 그로 인한 이 나
라의 멸망에 대한 계시임을 알게 되었다.

본 단락에서 이 멸망의 재앙을 일으킨 자가 ③절의 "스스로 작정하고 거스리는 자", 즉 김정은이라는 것을 암시한 것이다. 그러므로 본문은 스스로 작정하고 악을 행하는 김정은이 수소폭탄으로 남한 땅을 공격해서 남한 땅을 불바다로 만들어 이 온 땅이 열탕으로 변해도 귀신이 그것을 해결할 방도가 없다는 뜻이다.

⑤"귀신 산의 돌 선지자는 세 산의 중심이라."의 '귀신 산'은 선지자가 세상에 나오는 섬의 산을 의미한다. '귀신 산'인 것은 사람들이 선지자를 귀신이라고 부르기 때문이다. '돌'은 선지자의 믿음을 상징하고, 믿음의 기초를 놓는 사람이라는 뜻이다. 그 산이 "세 개의 산의 중심이라."는 것은 전설로 전해지는 남한 땅에 있다는 삼신산을 가리키는 것이다.

(31) 1靈兮神兮聖人出. 2美哉! 山下大運回. 3長安大道正道令. 4土價如糞是何說. 5穀貴錢奈且何.

(영혜신혜성인출. 미재! 산하대운회. 장안대도정도령. 토가여분시하설. 곡귀전내차하.)

해석문: ①영묘하시고 신이신 성인이 나오셨네. ②재앙이라! 땅 밑이 거대하게 움직이며 회전하네. ③큰 도시의 큰길에서 올바른 진리를 전하네. ④토지가가 똥값이라고 어찌 이리 말하는가? ⑤곡식은 귀해지고 돈값은 떨어진다니 또한 언제인가?

참고주해: ②"재앙이라! 땅 밑이 거대하게 움직이며 회전하네."는 무시무시한 지진을 예고하는 계시이다. 이 지진은 국지적인 것이 아니라 온 세상 모든 땅을 흔들어 땅 위의 모든 것들을 무너뜨리고, 파괴시키는 거대한 지진이 될 것이다.

③"큰 도시의 큰길에서 올바른 진리를 전하네." 이런 재앙이 있을 때 선지자는 큰 도시의 대로에서 하나님의 말씀을 세상 사람들에게 전한다. 진리를 밝히고 세상의 멸망을 경고할 것이다. 세상의 모든 것들이 무너지고 파괴되므로 토짓값은 똥값이 된다. 그리고 곡식값은 천정부지로 뛰고, 돈의 가치가 떨어져 휴지처럼 된다.

(32) 1落盤四乳弓乙理. 2葉錢世界紙貨運. 3小頭無足殺我理. 4弓弓矢口誰知守. 5世人自稱金錢運.

(낙반사유궁을리. 엽전세계지화운. 소두무족살아리. 궁궁시구수지수. 세인자칭금전운.)

해석문: ①큰 반석이 떨어지고 사방에 있는 우유는 하나님의 종과 백성들의 이치라. ②엽전 세계는 종이돈의 운이라. ③작은 머리의 발이 없는 것이 나를 죽이는 이치라. ④하나님의 종들이 말씀의 입구임을 누가 알고 지키는가? ⑤세상 사람들은 자신을 금전운이라고 칭하네.

참고주해: "큰 반석이 떨어지고"는 그리스도의 재림을 상징과 비유로 계시한 것이다. "사방에 있는 우유"는 생명의 양식이 하늘에서 내려와 사방에 널려 있다는 뜻이다.

②"엽전 세계는 종이돈의 운이"란 세상의 문명과 부가 돈에 의해서 이루어졌다는 뜻이다.

③"머리의 발이 없는 것이 나를 죽이는 이치"는 엽전의 세계를 좇는 인류의 멸망이 하늘에서 날라 온 불이 땅에 떨어져 이루어진다는 의미이다.

그런 죽음을 피할 수 없는 운명을 지고 있는 사람들은 자신이 금전운이 있다고 자랑한다. 죽는 날이 이르렀다고 자랑하는 것이다.

(33) 1天下壯士未能覺. 2投鞭四海滅魔爭. 3至氣順還萬事知. 4秋雨靑山六

花飛. 5春風好時陽照矣.

(천하장사미능각. 투편사해멸마쟁. 지기순환만사지. 추우청산육화비.

춘풍호시양조의.)

해석문: ①천하의 장사도 깨닫지 못하리라. ②채찍으로 사해를 쳐서

마귀를 멸하는 전쟁을, ③우주(宇宙)의 근본적 실재(實在)인 하나님

의 원기(元氣)가 순환하여 만물이 이루어짐을 알라. ④가을비가 푸

른 산에 내려 여섯 꽃이 떨어지네. ⑤봄바람이 부는 좋은 시기에 태

양이 밝게 비추리라.

참고주해: ②"채찍으로 사해를 쳐서 마귀를 멸하는 전쟁"은 마지막 세

상의 멸망을 일으키는 하늘과 땅 위에서의 마지막 전쟁을 가리키는

것이다. 하늘로 승천한 선지자가 하나님으로부터 하늘나라의 장군

으로 세움을 받은 후 하늘나라의 군대를 이끌고 땅으로 돌아와서

마귀를 완전하게 멸망시킨다.

④"가을비가 푸른 산에 내려 여섯 꽃이 떨어지네." 육 대륙의 온 세

계가 가을에 꽃이 지듯이 다 멸망하게 된다는 비유적인 표현이다.

(34) 1萬古風霜過去客. 2天下萬事應和仙. 3春夏秋冬四時. 4松栢凌雪君子

節. 5萬壑千峯弓弓士.

(만고풍상과거객. 천하만사응화선. 춘하추동사시. 송백능설군자절. 만

학천봉궁궁사.)

해석문: ①세상에서 살며 많은 고생을 겪었던 과거의 나그네라. ②세

상 모든 일들이 응하여 화목하는 그리스도인이네. ③봄 여름 가을

겨울 사계절일 때, 소나무와 잣나무처럼 얼고 눈에 파묻혔던 군자

(君子)의 시절이라. ④첩첩이 겹친 깊은 골짜기와 수많은 봉우리의 하나님의 종들은 군사라.

참고주해: ①"세상에서 살며 많은 고생을 겪었던 과거의 나그네."는 세상의 수많은 풍파를 겪으며, 나그네와 같은 삶을 살아온 선지자를 가리킨다. 이제 그런 삶은 과거가 되었고, 그의 새로운 삶이 시작되었다는 뜻이다.

그의 새로운 삶은 진정한 그리스도인으로 사는 것이다. 이제 세상 모든 것들이 그의 이런 삶을 도울 것이다.

선지자는 소나무와 잣나무처럼 추위에 얼고 눈에 파묻히면서도 절개를 굳게 지킨 군자였다. 이제 그에게는 수많은 하나님의 종들이 있고, 하늘나라의 군대가 그를 따른다. 그가 온 세상의 땅과 하늘 위에서 마귀의 세력을 몰아낸다.

(35) 1天地都來一掌中. 2四方賢士多歸處. 3聖山聖地日月明. 4靈風潤化見天根. 5神心容忽看月窟.

(천지도래일장중. 사방현사다귀처. 성산성지일월명. 영풍윤화견천근. 신심용홀간월굴.)

해석문: ①하늘과 땅이 도시에 와서 한 손바닥 안에 있네. ②사방의 현명한 선비들이 많이 돌아오는 처소라. ③거룩한 산과 거룩한 땅에 낮과 밤이 밝네. ④영묘한 바람에 젖어들어 하늘의 근원을 보네. ⑤ 하나님의 마음과 모습을 돌연히 바라본 달의 굴이라.

참고주해: ①"하늘과 땅이 도시에 와서 한 손바닥 안에 있"다는 것은 하늘과 땅이 화합하는 완전한 세계가 한 도시 안에서 이루어진 것을 의미하며, 그것이 한 사람 즉, 선지자의 손에 의해서 성취된다는

뜻이다.

⑤"하나님이 마음과 모습을 돌연히 바라본 달의 굴"의 '달의 굴'은 환난에 빠진 세상에 대한 비유적인 표현이다. 그러므로 하나님의 마음과 모습이 그 환난에 빠진 세상에 나타난다는 뜻이다. 즉, 하나님께서 환난에 빠진 세상을 불쌍히 돌아보신다는 의미이다.

(36) 1戊己分合一氣還. 2甲乙火龍多吉生. 3中靈十一才摠靈臺. 4丙丁神鳥正大水土. 5父母氣還定.

(무기분합일기환. 갑을화룡다길생. 중령십일재총령대. 병정신조정대수토. 부모기환정.)

해석문: ①무술(戊戌; 2018)년과 기해(己亥; 2019)년에 나뉘고 합해지는 일기(一氣)가 돌아오리라. ②갑진(甲辰; 2024)년과 을사(乙巳; 2025)년은 불타는 마귀로 인하여 많은 생명이 살아나는 길운이라. ③중간 영인 열하나의 재사(才士)들이 모든 영靈 앞에 서리라. ④병오(丙午, 2026)년과 정미(丁未, 2027)년에 하나님의 성령이 진실로 큰 운행을 물과 땅에 하리라. ⑤부모님의 기운이 돌아와 머물리라.

참고주해: 1절 戊己分合一氣還(무기분합일기환)의 무기(戊己)와 5. 말운론 p9 3절 戊亥人多死(술해인다사)의 술해(戊亥)는 똑같이 무술(戊戌; 2018)년과 기해(己亥; 2019)년을 줄임말로 표현한 것이다. 본문의 무기(戊己)는 천간(天干)을 이용했고, 앞의 5. 말운론의 술해(戊亥)는 지지(地支)를 사용한 것이다. 무슨 이유일까? 간지(干支)의 원리로 보면 무기(戊己)는 먼저이고, 그리고 술해(戊亥)는 나중으로 이해할 수 있다. 본문 分合一氣還(분합일기환; 나뉘고 합해지는 일기(一氣)가 돌아오리라)은 5. 말운론 p81 2절 又分何之年(우

분하지년; 그런 다음 분열되는 해는 언제인가)을 가리키며 그분열이 다시 합하여진다는 뜻이다. 따라서 나라가 갈라졌다가 다시 합하는 무기(戊己)의 사건이 수많은 사람이 죽는 술해(戌亥)의 사건보다 먼저 일어나게 된다는 것을 계시한 것이다. 즉, 먼저 남한 사회가 분열하면서 나라가 갈라졌다가 사람들이 마음을 돌이켜서 다시 통합한 뒤에 많은 사람들이 죽는 일이 일어나게 된다는 것이다. "일기(一氣)"란 본문의 분열되었다가 다시 합하는 사건이 하나님께서 이 땅에 정하신 첫 번째 일이라는 뜻이다.

②"갑진(甲辰; 2024)년과 을사(乙巳; 2025)년은 불타는 마귀로 인하여 많은 생명이 살아나는 길운이"라는 것은 무슨 뜻일까? 이 말씀 중의 "불타는 마귀"는 미국과 중국 간의 전쟁을 의미하는 것이다. [참조; 5. 말운론 p12; 40. 삼팔가 p3 및 p4 참고주해] 왜냐하면, 앞에서 설명한 것처럼 이 두 나라는 마귀의 나라들이기 때문이다. 마귀가 자신의 두 나라에 전쟁을 일으킨 것이다. 이 전쟁이 미국의 승리로 끝나면서 남북한은 통일을 이룰 것이다. 그래서 이때가 길운인 것이다.

④"병오(丙午, 2026)년과 정미(丁未, 2027)년에 하나님의 성령이 진실로 큰 운행을 물과 땅에 하"는 것은 성도들의 모임으로 들어가는 중간 시기를 가리키는 것이다. [참조; 5. 말운론 p.29 참고주해]

⑤"부모님의 기운이 돌아와 머물리라." 이스라엘 백성들의 아버지이신 하나님께서 이스라엘에 돌아와 머무신다는 뜻이다.

(37) 1庚辛大號衆濟生. 2天地大道氣還定. 3年年益壽江南仙. 4永寧通書玉甲記. 5天道大降一氣道.

(경신대호중제생. 천지대도기환정. 연년익수강남선. 영령통서옥갑기. 천도대강일기도.)

해석문: ①경술(庚戌; 2030)년과 신해(辛亥; 2031)년에 크게 부르고 많은 무리들이 살아나리라. ②하늘과 땅의 큰 진리의 기운이 다시 돌아옴은 정해졌네. ③해마다 더 수명이 늘어나는 강 남쪽의 그리스도인들이네. ④영원한 안정의 통서는 아름다운 덕의 갑옷을 기록한 책이네. ⑤하늘의 진리가 크게 내려오는 첫 번째(一氣)의 도를 찾는 길이네.

참고주해: ①"경술(庚戌, 2030)년과 신해(辛亥, 2031)년에 크게 부르고 많은 무리들이 살아"난다는 것은 죽은 자들의 부활을 가리키는 것이다. 부활은 그리스도인의 신앙의 근본을 이루고 있다. 그리스도께서 사망을 이기고 부활하신 것과 같이 우리 믿는 자들 또한 그분과 같이 죽음에서 부활하게 되며, 주 안에서 죽은 모든 자들이 그 날을 기다리고 있는 것이다. 마귀를 좇는 세상의 짐승들은 부활의 소망이 없다. 그들은 죽으면 어두운 공중에서 떠돌며 마귀의 종 노릇하는 귀신이 될뿐이다. 그러나 그리스도 안에서 죽은 자들의 영혼은 천국으로 올라가서 부활의 날을 기다린다. 악인은 심판의 부활을 그리고 그리스도인은 생명의 부활을 기다린다. (요5:28, 29) 그러므로 부활이 없다면 우리가 믿는 믿음은 허상과 같다. (고전15:13~19) 본문의 '많은 무리들이 살아'난다는 것은 바로 그리스도 안에서 죽은 자들이 부활해서 육신의 생명을 지닌 사람으로 다시 살아났다는 말씀이다. 그리스도인이면 누구나 우리 하나님은 살아계신 하나님이시며, 생명의 창조주이심을 믿는 것이다. 이런 믿음으로 우리는 죽음이라는 무기를 들고 우리를 위협하는 마귀를 이길

수 있다. 그리스도인으로서 부활을 믿지 않고 죽음을 두려워하는 것은 부끄러운 짓이 된다. (계21:8)

②"하늘과 땅의 큰 진리의 기운이 돌아옴은 정해졌"다는 것은 마귀로 인해서 하나님을 올바르게 알지 못하는 인간에게 다시 하나님을 알게 하는 일이 시작돼 그분과의 관계를 회복시키는 '진리의 기운'이 돌아옴을 뜻한다. 다시 말해서 그리스도의 구원의 복음이 새롭게 전파된다는 뜻이다.

③"해마다 더 수명이 늘어나는 강 남쪽의 그리스도인들"이란 그 새로운 참 진리의 세계가 시작되면 그리스도인들의 수명이 점점 늘어나게 된다는 것이고, '강 남쪽'은 전쟁 동안에 그리스도인으로 변화된 성도들을 의미한다. 이들은 전쟁을 통해서 자신들의 죄로 말미암아 환난이 온 것을 깨닫고 그들의 죄의 길에서 돌이키고 그리스도를 좇는 사람들로 변화된 사람들이다. 그들의 수명이 점점 늘어난다는 것은 영생하는 사람으로 변화된다는 의미이다.

4절 永寧通書玉甲記(영령통서옥갑기)의 영령통서(永寧通書)를 "영원한 안정의 통서"라고 해석했다. 통서(通書)는 무엇인가를 소통하게 쓴 책 즉, 해설서를 의미한다. 그러므로 이 책이 영원한 안정을 가져온다는 뜻이 된다. 그리고 옥갑기(玉甲記)는 "아름다운 덕의 갑옷을 기록한 책"이라고 했다. "덕의 갑옷"은 이 책을 쓴 사람의 믿음을 의미한다. 그러므로 원문의 뜻은 안정을 가져오는 소통하는 해설책은 믿음으로 기록했다는 의미이다. 무엇을 안정하게 한다는 것인가? 하나님과 인간의 관계를 안정하게 한다는 뜻이며, 따라서 소통하는 해설서는 성경을 이해할 수 있게 해설한 책이라는 뜻이다.

⑤"하늘의 진리가 크게 내려오는 첫 번째(一氣)의 도를 찾는 길이

네.”는 앞에서 말한 성경을 해설한 책으로 인해서 하늘로부터 성경의 진리를 세상에 밝히는 일이 시작되었다는 의미이고, ‘첫 번째(一氣)의 도를 찾는 길이’란 그 책이 진리를 찾는 첫 번째 길이라는 뜻이다.

(38) 1坊坊曲曲惟物處. 2世人不知天上仙. 3日月何山不照處. 4高出雲小照最先明. 5處處谷谷天道還.

(방방곡곡유물처. 세인부지천상선. 일월하산부조처. 고출운소조최선명. 처처곡곡천도환.)

해석문: ①전국 곳곳에 생각할 물건들이 있을 것이라. ②세상 사람들은 하늘 위의 그리스도인을 알지 못하네. ③낮과 밤의 빛이 비추지 못하는 처소가 어느 산인가? ④높은 구름에서 나오는 작은 비춤도 최고로 선명하네. ⑤세상 곳곳에 하늘의 진리가 돌아왔네.

참고주해: ①“전국 곳곳에 생각할 물건들이” 남아 있게 된다. 환난 후의 새로운 진리의 세계에서 살게 된 사람들은 멸망한 이전 세상의 흉물스러운 유물들을 전국 곳곳에서 볼 수 있게 된다. 사람들은 그것들을 볼 때마다 지난날의 세상의 죄악이 무엇인지를 다시 한번 생각하게 될 것이다.

(39) 1水水山山前路立. 2天高地卑有誰知. 3二十四位八方回. 4春秋筆法由來跡. 5三皇五帝億億花.

(수수산산전로립. 천고지비유수지. 이십사위팔방회. 춘추필법유래적. 삼황오제억억화.)

해석문: ①물과 물이, 산과 산이 길 앞에 서고, ②하늘의 높음과 땅의

낮음을 누가 알았는가? ③스물네 명의 벼슬한 이들이 여덟 방향으로 돌아보리라. ④봄, 가을에 글을 쓰는 유래의 발자취나라. ⑤삼황(三皇)과 오제(五帝)가 수도 없이 꽃피리라.

참고주해: ①"물과 물, 산과 산이 길 앞에 서고"라는 것은 새천년시대의 사람들이 자연계를 초월한다는 의미이다.

③"스물네 명의 벼슬한 이들이 여덟 방향으로 돌아보리라."라고 해석한 원문 二十四位八方回(이십사위팔방회)는 주역팔괘(周易八卦)에서 삼팔괘(三八卦)를 가리키는 것으로 三과 八을 곱하면 二十四가 된다. 三八이라는 숫자의 의미는 天, 地, 人 또는 儒, 佛, 仙을 三수로, 八수는 사방을 팔八로 하여 삼三수와 팔八수를 곱한 수가 이십사(二十四)가 되므로 전 세계를 이십사위팔방회(二十四位八方回)라 표현한 것이다.

본문은 주역의 이런 원리를 인용해서 그리스도의 열두 제자와 선지자의 열두 제자를 합한 24명의 제자들이 하늘에서 벼슬을 한 사람들이라는 것이다. 이들이 주역에서 말하는 여덟 방위를 돌아보는 것과 같이 세상을 돌아보고 온 세상의 일들을 운행한다는 의미이다.

"삼황(三皇)과 오제(五帝)가 수도 없이 꽃피리라." 새로운 세계에서는 중국의 고대 전설의 삼황오제와 같은 인물들이 수도 없이 많이 나온다는 뜻이다.

(40) 1三綱五倫永絶世. 2明明至德八條目. 3神道觀之重重生. 4十萬大兵號令天. 5空空虛虛無無裡.

(삼강오륜영절세. 명명지덕팔조목. 신도관지중중생. 십만대병호령천. 공공허허무무리.)

해석문: ①삼강오륜은 영원히 끝나는 세상이라. ②밝고 밝은 높은 덕의 여덟 조목이 ③하나님의 진리의 도를 관찰한 거듭난 백성들이라. ④십만 대병이 하늘에서 호령하네. ⑤공허하고 공허하며, 비어 있고 비어 있으며 아무것도 없는 속마음이라.

참고주해: ①"삼강오륜은 영원히 끝나는 세상이"란 유교에서 절대적인 선처럼 요구하는 삼강오륜이 새로운 세계에서는 존재조차 하지 않는데, 왜냐하면 사람들이 가르치지 않아도 스스로 삼강오륜을 다 행하고 있기 때문이다. 다시 말해서 더 높은 덕인 그리스도의 가르침이 완성되는 세계에서는 그런 가르침이 무용하게 된다는 뜻이다. 그래서 '밝고 밝은 높은 덕의 여덟 조목이 하나님의 진리의 도를 관찰한 거듭난 백성들'에 의해서 이루어졌다는 뜻이다. 여덟 조목은 삼강오륜(三綱五倫)을 이르는 것이다.

(41) 1東方花燭更明輝. 2信天村深紫霞中. 3秋天執弓白馬還. 4深盟信誠明道還. 5三十六宮都春也.

(동방화촉갱명휘. 신천촌심자하중. 추천집궁백마환. 심맹신성명도환. 삼십육궁도춘야.)

해석문: ①동방의 꽃과 등불에서 새롭게 밝게 빛이 나네. ②하나님을 믿는 마을이 깊은 자줏빛 노을 안에 있네. ③추수를 하늘에서 집행하는 하나님의 종인 선지자 말이 돌아왔네. ④깊은 맹세와 믿음과 성실과 밝음의 진리가 돌아왔네. ⑤서른여섯 궁전의 도시에 봄이 왔네.

참고주해: ①"동방의 꽃과 등불에서 새롭게 밝게 빛이 나네."는 성경의 이사야 41장 2절의 말씀을 가리키는 것이다.

"누가 동방에서 사람을 일으키며 의로 불러서 자기 발 앞에 이르게 하였느뇨?"

이 이사야서의 동방과 본문의 '동방'은 같은 장소이며, 대륙의 동쪽 끝에 있는 한반도를 가리킨다. 따라서 하나님께서 일으키시는 사람은 이 땅에서 나오는 사람이다. 그가 동방에 꽃이 피게 하고, 새로운 밝은 빛을 세상에 비춘다는 뜻이다. 다시 말해서 하나님께서 일으키신 한 사람이 복음을 동방에서 전파하여 그 땅의 사람들을 변화시켜 온 세상에 새로운 복음이 전해지게 한다는 뜻이다.

⑤"서른여섯 궁전의 도시에 봄이 왔네."는 앞에서 설명한 것처럼 하늘과 땅(건곤乾坤)이 만난 완전한 세계를 의미한다. [참조; 9. 생초지락 p16 참고주해]

(42) 1萬樹春光鳥飛來. 2衝天和氣三陽春. 3九宮妙妙好好理. 4三陰三陽一盤氣. 5千千萬萬何何理.

(만수춘광조비래. 충천화기삼양춘. 구궁묘묘호호리. 삼음삼양일반기. 천천만만하하리.)

해석문: ①만 가지 나무에 봄의 빛이 비추니 새들이 날아서 돌아오네. ②하늘을 찌르는 화목의 기운이 세 가지 양(陽)의 봄이라. ③아홉 궁전의 묘하고도 묘하며 좋고도 좋은 다스림이라. ④세 가지 음(陰)과 세 가지 양이 하나의 반석의 기(氣)라. ⑤천천(千千)과 만만(萬萬)을 어찌하고 어찌하는 깨달음이라.

참고주해: ①"만 가지 나무"는 그리스도의 복음으로 변화된 성도들을 의미하고, "봄의 빛이 비추니" 그리스도의 복음을 의미한다. 또 "새들이 날아서 돌아오네."는 악한 영들이 성도들을 죄에 빠뜨리기 위

해서 돌아온다는 뜻이다.

②"하늘을 찌르는 화목의 기운이 세 가지 양(陽)의 봄이라."의 '세 가지 양(陽)의 봄'은 삼풍을 의미한다.

(43) 1吹來長風幾萬里. 2九重桃李誰可知. 3河東江山一点紅. 4雪山何在鳥飛絕. 5更明大道天地德.

(취래장풍기만리. 구중도리수가지. 하동강산일점홍. 설산하재조비절. 갱명대도천지덕.)

해석문: ①입으로 부니 큰바람이 되어 몇만 리나 돌아서 오네. ②구중궁궐의 복숭아와 자두 열매를 누가 알 수 있겠는가? ③하동의 강산이 한 점의 붉은 빛이네. ④눈 내린 산에 어찌 새가 앉아 날지를 않는가? ⑤새롭게 밝히는 커다란 진리가 하늘과 땅에 덕이 되네.

참고주해: ②"구중궁궐의 복숭아와 자두 열매를 누가 알 수 있겠는가?"의 "구중궁궐"은 성도들의 모임이 있는 자줏빛 노을의 섬을 가리키는 것이다. "복숭아와 자두 열매"는 열매를 맺은 성도들의 믿음을 의미한다.

④"눈 내린 산에 어찌 새가 앉아 날지를 않는가?"의 '눈 내린 산'은 재앙을 당하고 있는 세상 나라들을 의미하고, '새'는 귀신을 상징한다. 새가 앉아 날지 않는 것은 귀신이 재앙을 당하는 세상 나라에 아무것도 할 수 없다는 뜻이다.

⑤"새롭게 밝히는 커다란 진리"는 앞의 p37 4절 永寧通書玉甲記(영령통서옥갑기)를 가리키는 것이고, 그것이 "하늘과 땅에 덕이" 된다는 뜻이다.

(44) 1方夫大壯后綠人. 2十雷風火先天合. 3面面村村牛鳴聲. 4道道郡郡萬
年風. 5九馬當路無首吉.

(방부대장후록인. 십뢰풍화선천합. 면면촌촌우명성. 도도군군만년풍.
구마당로무수길.)

해석문: ①나랏일을 하는 큰 장수는 임금인 녹색의 사람이라. ②열 가
지 번개와 바람과 불을 먼저 하늘과 합의하네. ③면과 면에 마을과
마을에 소가 소리 내 우니라. ④길과 길에 고을과 고을에 만 년 된
바람이 부네. ⑤아홉 마리 말이 주관하는 길에는 머리가 없는 좋은
운이니라.

참고주해: ①"나랏일을 하는 큰 장수는 임금인 녹색의 사람"은 선지
자를 가리키는 것이다. 그가 큰 장수이고 나라를 다스리는 임금이
라는 뜻이다.

②"열 가지 번개와 바람과 불을 먼저 하늘과 합의하네."은 선지자가
행하는 여러 가지 능력으로 세상에 재앙을 내리기 전에 "먼저 하늘"
과 합의에 의해서 행한다는 뜻이다. 여기서 "먼저 하늘"은 그리스도
를 의미한다. 왜냐하면 그리스도는 선천이고, 선지자는 후천이기 때
문이다. 그러므로 이 말씀은 선지자의 능력이 그리스도로부터 받은
것임을 의미한다.

(45) 1履霜堅氷皆言順. 2此時何時運來時. 3時時忙忙急急傳. 4上南七月西
南明. 5相生相克待對法.

(이상견빙개언순. 차시하시운래시. 시시망망급급전. 상남칠월서남명. 상
생상극대대법.)

해석문: ①서리가 내린 다음 단단한 얼음이 얼게 됨이 순서라고 다들

말하네, ②이때 어느 때가 운이 돌아오는 때인가? ③시시각각, 바쁘고 바쁘게, 빨리 빨리 전할 것이라. ④7월에 위쪽 남부 지방의 서남쪽이 밝아지리라. ⑤화합(相生)하고, 화합 못(相克)하는 데 대한 대처법이네.

참고주해: ①"서리가 내린 다음 단단한 얼음이 얼게 됨이 순서라고 다들 말하네."는 세상의 일들이 자연의 이치와 같이 정해진 대로 움직이는 것처럼 이 세계의 종말과 새로운 세계가 오는 것도 그와 같다는 뜻이다.

②"이때 어느 때가 운이 돌아오는 때인가?" 이 말씀 중의 "운"은 앞에서 말한 얼음이 단단하게 어는 때를 가리키며, 그것은 불의 재앙이 후에 온 세상이 꽁꽁 얼어붙는 긴 겨울이 오는 것을 의미한다. 이 일은 돌이킬 수 없다.

"시시각각, 바쁘고 바쁘게, 빨리 빨리 전할" 것이라는 것은 세상의 모든 언론 매체들이 급하게 종말을 알리는 사건과 상황을 사람들에게 전하는 것을 의미하며, 이때가 되면서 사람들은 세상의 종말이 시작된 것을 알 수 있게 된다는 의미이다.

④"7월에 위쪽 남부 지방의 서남쪽이 밝아지리라." 호남 쪽에 불의 재앙이 일어난다는 계시이다.

(46) 1水火旣濟相望好. 2木火通明春風長. 3水火未濟混沌世. 4東西分明大亂年. 5運回周流西域道.

(수화기제상망호. 목화통명춘풍장. 수화미제혼돈세. 동서분명대란년. 운회주류서역도.)

해석문: ①물(水)과 불(火)의 일이 이미 처리되어 끝이 나서 서로 바라

보면 잘 되었고, ②선지자와 남쪽이 통하여 깨달으니 봄바람이 크게 불 것이라. ③물(水)과 불(火)이 처리할 일을 아직 끝내지 못했으면 혼돈에 빠지는 세상이 되리라. ④동양과 서양에 분명히 큰 난리가 나는 해에, ⑤움직이고 돌아가는 주류는 서양의 도(道)이니라.

참고주해: ①절부터 ③절은 오행의 상생(相生)과 상극(相剋)의 원리를 이용해서 남한과 북한의 관계와 운명을 설명한 말씀이다.

①절의 "물(水)과 불(火)의 일이 이미 처리되어 끝이 나서"란 남북한 간에 일어난 분쟁의 문제가 원만하게 잘 해결됐을 경우라는 뜻이고, "서로 바라보면 잘 되었고"는 평화를 유지한다는 뜻이다.

2절 木火通明春風長(목화통명춘풍장)의 나무 목木은 동쪽이므로 선지자를 상징하고, 불 화火는 남쪽이다. 통명(通明)의 명明은 깨달을 명明으로 '통하여 깨닫다'라는 뜻이 된다. 그러므로 '선지자와 남쪽이 통하여 깨닫다'라는 뜻이다. 그다음 춘풍장(春風長)은 '봄바람이 크게 불 것이라'는 뜻이다. 그래서 본문을 "선지자와 남쪽이 통하여 깨달으니 봄바람이 크게 불 것이라."고 해석했다. 여기서 '봄바람'은 그리스도의 복음을 의미한다. 왜냐하면, 새로운 생명이 솟아나는 봄이 오게 한다는 의미이기 때문이다.

③"물(水)과 불(火)이 처리할 일을 아직 끝내지 못했으면"은 남과 북이 서로 간의 분쟁을 잘 해결하지 못했을 경우라는 의미이고, "혼돈에 빠지는 세상이" 된다는 것은 그 문제가 전쟁으로 비화되어 세상이 혼돈에 빠지게 된다는 뜻이다.

④"동양과 서양에 분명히 큰 난리가 나는 해"란 남북한 간의 전쟁을 비롯해서 세상 여러 나라와 나라들간에 전쟁이 일어나는 해가 분명하게 온다는 말씀이다.

⑤"움직이고 돌아가는 주류는 서양의 도"라고 한 것은 이 전쟁이 서양의 뜻대로 이루어지고 해결되는 방향으로 진행된다는 의미이다. 즉, 서양의 도인 민주주의를 내세우는 유럽과 미국이 의도하는 대로 모든 문제들을 해결한다는 뜻이다.

(47) 1一筐春心萬邦和. 2雲開萬里同看日. 3陰陽混雜難判世. 4天地定位永平仙. 5鳥頭白兮黑亦白.

(일광춘심만방화. 운개만리동간일. 음양혼잡난판세. 천지정위영평선. 조두백혜흑역백.)

해석문: ①한 광주리의 봄의 마음은 온 세상이 화목하네. ②구름이 열려 만 리를 함께 살펴본 날, ③여자(陰)와 남자(陽)가 혼잡하고 난장판인 세상이라. ④하늘과 땅은 정한 위치이나 그리스도교는 아직 모르네. ⑤귀신의 우두머리를 선지자라고 하고, 검은 것을 또 희다 하네.

참고주해: ①"한 광주리의 봄의 마음은 온 세상이 화목하네."란 사람들이 한 광주리의 봄과 같은 순한 마음을 지니고 있어도 온 세상이 화평하게 된다는 의미이다.

③"여자(陰)와 남자(陽)가 혼잡하고 난장판인 세상이라."는 삼강오륜(三綱五倫)이 완전히 무너진 지 오래인 이 시대가 소돔과 고모라와 같은 죄악으로 가득 찬 세상이라는 뜻이다. 윤리와 도덕이 무슨 말인지조차 모를 사람들이 온갖 악한 행위들과 음란한 짓거리로 세월 가는 것조차 모르는 짐승들의 세상이다.

④"하늘과 땅은 정한 위치이나 그리스도교는 아직 모르네." 기독교가 아직 하늘과 땅의 위치조차 모른다는 뜻이다. 즉, 성경의 진리를

올바르게 이해하지 못하고 잘못된 것을 좇고 있다는 의미이다. 그러므로 음란한 죄에 빠진 세상에서 기독교가 자신의 역할과 위치를 찾지 못하고 있는 것이다.

⑤"귀신의 우두머리를 선지자라고 하고, 검은 것을 또 희다 하네."의 '귀신의 우두머리'는 기독교의 최고 우두머리인 가톨릭의 교황을 가리키는 것이며, 세상 사람들이 그를 선지자가 아닌데, 선지자라고 부른다는 것이고, '검은 것을 또 희다 하네.'는 그의 가르침이 악인데도 불구하고 선이라고 주장한다는 뜻이다.

(48) 1家家門前日月明. 2二十九日立刀削. 3兌上絶兮艮上連. 4一盛一敗弱强理. 5人亦奈何循還天.

(가가문전일월명. 이십구일입도삭. 태상절혜간상련. 일성일패약강리. 인역내하순환천.)

해석문: ①집집마다 문 앞에 낮과 밤이 밝아지네. ②이십구 일을 일어서서 칼로 치니라. ③역경의 팔괘인 태상절은 소녀(小女)를 말하고, 팔괘의 간상연은 소남(小男)을 말하느니. ④한번 성하면 한 번 패하는 약함과 강함의 이치라. ⑤사람이 또한 하늘로 돌아감을 어찌하겠는가?

(49) 1自然之道不加違. 2陰陽推之變化理. 3國家大興吾家興. 4人命在天川增壽. 5三台應星天上仙.

(자연지도불가위. 음양추지변화리. 국가대흥오가흥. 인명재천천증수. 삼태응성천상선.)

해석문: ①자연의 진리는 어길 수 없는 것이라. ②음과 양이 밀어서 변

화하는 이치라. ③국가가 크게 흥하면 우리 가족이 흥하니라. ④사람의 목숨은 하늘에 있으니 수명이 계속해서 늘어나리라. ⑤삼태(三台)가 응한 별이 하늘 위의 그리스도이네.

참고주해: "삼태(三台)가 응한 별이 하늘 위의 그리스도이네."의 삼태는 오리온자리에 딸린 삼 형제 별이다. 이 별들이 응한다는 것은 하늘을 주제하는 분이라는 뜻이고, 하늘 위의 그리스도를 가리키는 것이다.

(50) 1五福具備飛人間. 2於美山下好運機. 3自然仁義更人化. 4聲可轉天雷震動. 5瞬能飜電光輝也.

(오복구비비인간. 어미산하호운기. 자연인의갱인화. 성가전천뢰진동. 순능번전광휘야.)

해석문: ①다섯 가지 복을 구비한 나는 인간이라. ②오! 아름다운 산 아래서 서로 사랑할 운명의 기계(機械)가, ③자연의 어짐과 의로움으로 사람을 새롭게 변화시키리라. ④목소리가 바뀌어서 하늘의 우레가 되고 땅이 진동하리라. ⑤눈 깜짝할 사이에 보였다가 번개처럼 날아가리라.

참고주해: ①"다섯 가지 복을 구비한 나는 인간"의 '다섯 가지 복을 구비한'은 완전한 복을 지니고 있다는 의미이고, '나는 인간'은 자연계를 초월한 그리스도와 선지자를 가리킨다. 어린양의 혼인 잔치를 통해서 그리스도와 하나가 된 선지자는 완전한 인간이면서 또한 신인으로 변화된다. 즉, 태초의 인간으로 변화되는 것이다.

②"오! 아름다운 산 아래서 서로 사랑할 운명의 기계(機械)가"는 두 분이 서로 사랑할 운명을 지닌 사이라는 의미이며, 두 분이 함께 '자연의 어짐과 의로움으로 사람을 새롭게 변화시키'신다. 그리고 선지

자가 신인(神人)으로 변화됐기 때문에 '목소리가 바뀌어서 하늘의 우레가 되고 땅이 진동하'게 된다.

⑤'눈 깜짝할 사이에 보였다가 번개처럼 날아가리라' 그리스도와 선지자는 자연계를 초월한 상태에서 세상의 이곳저곳을 함께 찾아다니며, 사람들에게 하나님의 경고의 말씀을 전한다. 그리스도께서도 마태복음 24장 27, 28에서 본문과 똑같은 말씀을 하셨다.

"번개가 동편에서 나서 서편까지 번쩍임 같이 인자의 임함도 그러하리라.
주검이 있는 곳에 독수리들이 모일지니라."

이 말씀 중의 '독수리들'은 앞에서 말한 것처럼 그리스도와 선지자를 상징한다. (계8:13도 같은 계시의 말씀이다.)

(51) 1含水口噴風雨作. 2露波指霧雲射飛. 3時好丈夫令歲月. 4一將神劍萬邦揮. 5狂夫由理豈狂名.
(함수구분풍우작. 점파지무운사비. 시호장부령세월. 일장신검만방휘. 광부유리기광명.)

해석문: ①물기가 포함된 입으로 부니 바람과 비를 만들고, ②물기는 파도를 이루고, 지시하여 이슬과 구름을 쏘아서 날리네. ③때가 좋은 사나이의 우두머리 세월이라. ④한 장군이 신검(神劍)으로 만방을 지휘하네. ⑤미친 사람들로 말미암아 다스리는데 어찌하여 미치광이 이름인가?

참고주해: 여기서도 계속 자연계를 초월한 선지자의 능력을 설명한다.
⑤"미친 사람들로 말미암아 다스리는데"는 선지자가 미친 세상 사람

들을 정신이 들도록 채찍으로 다스리고 있다는 뜻이며, 이렇게 다스리는 것은 모세가 애굽 사람들에게 행했던 것과 같이 세상 사람들을 고통스럽게 하는 여러 가지 재앙을 일으키는 것을 의미한다. '어찌하여 미치광이 이름인가?' 하고 묻는 것은 세상 사람들이 그런 선지자를 미치광이라고 부른다는 것이다. 그것은 세상 사람들이 그들의 죄를 지적하며, 멸망의 길에서 돌이킬 것을 경고하는 선지자의 말을 모세의 말을 듣지 않던 애굽인들과 똑같이 듣지 않고, 오히려 그를 미워하고 대적한다는 뜻이다. 성경의 계시록 10장 11절은 이런 일에 대한 계시이다.

"저희가 내게 말하기를 네가 많은 백성과 나라와 방언과 임금에게 다시 예언하여야 하리라 하더라."

(52) 1天自然降欲亨. 2拔拳逐擊千魔鬼. 3擧踵屈屠萬地名. 4舞裡神衫神化劍. 5淸歌音律樂成笙.
(천자연강욕형. 발권축격천마귀. 거종굴도만지명. 무리신삼신화검. 청가음률낙성생.)

해석문: ①하늘은 자연히 하고자 하면 형통함을 내려주시니, ②주먹을 뻗어 수많은 마귀를 좇아가 공격하리라. ③낱낱이 뒤쫓아 쳐서 만 곳의 이름을 지으리라. ④춤추는 충심의 신령한 삼옷과 하나님으로 변화한 칼이네. ⑤맑게 부르는 노래와 음률의 악기 생황을 완성하네.

(53) 1瑞滿心仁儀. 2大更明來也. 3定安平. 4聖山奄宅始開扉. 5天助隨神入助歸. 6道化神屋春榮貴.

(서만심인의. 대갱명래야. 정안평. 성산엄택시개비. 천조수신입조귀. 도
화신옥춘영귀.)

해석문: ①상서로움이 가득한 마음과 자애로운 거동으로 ②크게 바뀌
어 밝은 날이 오리라. ③다스려서 안정시키고 평정하리라. ④거룩한
산의 언덕 위의 집이 시작하는 사립문이라. ⑤하늘이 돕고 따르며
하나님의 신이 들어와 도우셔서 돌아오리라. ⑥진리로 변화한 하나
님의 집은 봄의 영화로움의 귀한 곳이네.

(54) 1德滿修身潤月肥. 2四海水淸龍大飮. 3九天雲瑞鶴高飛. 4不人見聖眞
孰謂. 5南來鄭氏更明輝.
(덕만수신윤월비. 사해수청룡대음. 구천운서학고비. 불인견성진숙위.
남래정씨갱명휘.)

해석문: ①덕(德)이 가득 차도록 몸과 마음을 바르게 하는 달이 되면
넉넉해지리라. ②사해의 물이 맑아지도록 마귀가 크게 마시니, ③하
늘 가장 높은 구름에서 상서로운 학이 높이 나네. ④사람들이 보지
못하는 성인의 진실함이 무르익으면 설명하리라. ⑤남쪽으로 내려온
정씨가 고쳐서 밝게 비추네.

(55) 1吉星還聚中興國. 2凶蛇逆從滅亡方. 3萬鳥有聲知主曲. 4百花無語向
陽香. 5逐魔試舞劒輝電.
(길성환취중흥국. 흉사역종멸망방. 만조유성지주곡. 백화무어향양향.
축마시무검휘전.)

해석문: ①길한 별이 다시 돌아와서 거두고 도우니 중앙에서 세력이
왕성해지는 나라가 되네. ②흉악한 마귀를 거꾸로 좇다가 멸망하는

온 세상 나라들이라. ③만 마리의 귀신들의 소리가 나는지를 아는
주(主)의 악곡이라. 온갖 꽃이 말없이 양지를 향해서 향을 내네. 마
귀를 쫓아내려 시험하여 춤을 추니 검에서 빛이 나며 번개가 치네.

(56) 1此世號歌聲振雷. 2幾千年之今始定. 3大和通路吉門開. 4此言不中非
天語. 5時不開否道令也.

(차세호가성진뢰. 기천년지금시정. 대화통로길문개. 차언부중비천어. 시
불개부도령야.)

해석문: ①이 세상에 부르짖음과 노래와 함성이 일고 지진과 우뢰가
치리라. ②수천 년 전서부터 오늘이 시작되도록 정해졌느니라. ③크
나큰 화합의 통로인 길운의 문이 열리리니 ④이 말은 하늘의 언어가
아닌 것이 없으리라. ⑤그때 마음의 문을 열지 않고 진리의 명령을
거역하네.

참고주해: ①"이 세상에 부르짖음과 노래와 함성이 일고" 지금 이 나
라의 대로와 광장을 메우고 있는 수많은 군중들이 이렇게 행하고
있다. 이후에 "지진과 우뢰가" 칠 것이다.

지금 이 시대에 일어나고 있는 이런 모든 일들은 수 천 년 전서부터
정해진 것이다. 이후에 대 화합의 길운의 문이 열리고 하늘의 말씀이
전해지나 사람들은 마음의 문을 열지 않고 진리의 명령을 거역한다.

(57) 1如今未覺弓弓去. 2何時更待又逢春. 3萬神護面此男女. 4未覺誰稱大
道德. 5世之起言幾國會.

(여금미각궁궁거. 하시갱대우봉춘. 만신호면차남녀. 미각수칭대도덕. 세
지기언기국회.)

해석문: ①지금도 깨닫지 못하였다면 하나님의 종들은 떠나리라. ②어느 때에 고쳐서 기다리면 또 봄을 맞을 수 있겠는가? ③만 가지 신이 가리개를 이 남녀의 얼굴과 머리에 씌우니, ④깨닫지 못함을 두고 누가 큰 도덕이라고 칭하는가? ⑤세상의 시작되는 말이 거의 국회이네.

참고주해: ①"아직까지도 깨닫지 못하였다면 하나님의 종들은 떠나리라." 복음을 전하는 하나님의 종들이 항상 세상 사람들과 함께 있지 않는다는 뜻이다.

③"만 가지 신이 가리개를 이 남녀의 얼굴과 머리에 씌우니"는 수많은 온갖 귀신이 남녀를 가리지 않고 가리개를 씌워 진리를 깨닫지 못하는 사람들로 만든다는 뜻이다.

④"깨닫지 못함을 두고 누가 큰 도덕이라고 칭하는가?" 사람들은 진리를 따르지 않고 세상을 좇는 것이 도덕적으로 옳은 일이라고 주장한다는 뜻이다. 그러나 그것이 바로 자신들의 멸망의 길임을 깨닫지 못하고 있다.

⑤"세상의 시작되는 말이 거의 국회이네."란 앞에서 말한 그런 세상 사람들의 주장은 전부 국회에서 나온다는 뜻이다.

(58) 1朝鮮萬世中興國. 2大和門開晝夜通. 3始起始起萬邦來. 4春三月之花正好. 5天人當時皆春舞.

(조선만세중흥국. 대화문개주야통. 시기시기만방래. 춘삼월지화정호. 천인당시개춘무.)

해석문: ①조선은 만 세상의 중심으로 흥성(興盛)하는 나라이라. ②크나큰 화합의 문이 열려 밤과 낮으로 통행하리라. ③먼저 앞서고 먼저 앞서서 만방이 찾아오리라. ④봄의 삼월에 꽃이 피면 좋은 일이 정해

질 것이라. ⑤하늘의 사람들이 당시에 다 같이 봄의 춤을 추리라.

참고주해: ①"조선은 만 세상의 중심으로 흥성(興盛)하는 나라이"다. 지금의 이 세계에서 그렇다는 것이 아니라, 이 세계가 멸망한 뒤에 오는 새로운 세계에서 그렇다는 말씀이다.

(59) 1天降飛火世間上. 2桑田碧海樸滅魔. 3沒世人間夢外事. 4丹扇指示通世奇. 5拯世蒼生問主人.

(천강비화세간상. 상전벽해박멸마. 몰세인간몽외사. 단선지시통세기. 증세창생문주인.)

해석문: ①하늘에서 날아온 불이 세상 위에 떨어지리라. ②세상이 완전히 몰라보게 바뀌고 마귀가 박멸되네. ③세상에 빠진 인간은 꿈밖의 일이 되리라. ④문설주에 붉게 칠하라는 지시가 통하니 세상은 기이하리라. ⑤세상의 구원을 백성들은 주인(主人)이신 사람에게 문의하시오.

참고주해: ①"하늘에서 날아온 불이 세상 위에 떨어지리라." 앞에서 설명한 것처럼 우주 밖에서 날아온 별들이 땅에 떨어지는 재앙을 가리키는 것이다. 이때 온 세상의 모든 것들이 다 무너지고 파괴되어 세상의 모습이 몰라보게 바뀌고 마귀가 멸망하게 된다. 그러나 "문설주에 붉게 칠하라는 지시" 듣고 이 지시를 따른 사람들은 죽지 않고 집도 무너지지 않는다. 그러므로 세상 사람들은 이를 "기이하"다고 말하게 된다.

⑤"세상의 구원을 백성들은 주인(主人)이신 사람에게 문의하시오."의 '주인(主人)이신 사람'은 그리스도와 선지자를 가리키는 것이다.

(60) 1自立心主定世主. 2箇箇人心自定主. 3天一人之萬萬世. 4天皇大道嚴可
出. 5大鞭劍下驅妖鬼.

(자립심주정세주. 개개인심자정주. 천일인지만만세. 천황대도엄가출. 대
편검하구요귀.)

해석문: ①자립심이 자리 잡은 세상의 주님이라. ②한 사람 한 사람의
마음을 자기 스스로 정하는 주님이시네. ③하늘의 한 사람이 만만
이 되는 세계라. ④하나님의 크나큰 진리를 엄하고 올바로 나타나게
하네. ⑤커다란 채찍인 칼 아래서 요귀를 몰아내네.

(61) 1無聲無臭震天降. 2殺魔無種毒火滅. 3符三千秋應萬經. 4萬合同歸人一
人. 5符三人同七十二.

(무성무취진천강. 살마무종독화멸. 부삼천추응만경. 만합동귀인일인. 부
삼인동칠십이.)

해석문: ①소리도 없고 냄새도 없이 우레와 천둥이 치며 하나님께서
내려오시네. ②마귀를 죽이고 독의 씨가 없도록 불로서 멸하시네.
③증표는 삼 천 년의 아주 오랜 세월을 응한 만 가지의 경전이라.
④많은 사람이 합동해서 사람으로 돌아오게 하는 한 사람이라. ⑤
증표는 세 사람이 합동하는 칠십이(72)라.

참고주해: ①"소리도 없고 냄새도 없이 우레와 천둥이 치며 하나님께서
내려오시네." 그리스도께서 재림하시는 모습을 설명한 것이다. 그리
고 그리스도께서 세상의 마귀를 죽이고 불로서 독의 씨를 멸하실 것
이다.

③"증표는 삼천 년의 아주 오랜 세월을 응한 만 가지의 경전이라."는
그리스도께서 재림하시고 마귀를 멸하시는 이런 일들이 성경 안에

수없이 기록한 증거가 있고, 그 말씀들과 같이 이루어졌다는 뜻이다.

④"많은 사람이 합동해서 사람으로 돌아오게 하는 한 사람이라."의 '한 사람'은 선지자를 가리킨다. 그가 사람들의 마음을 돌이켜서 하나님의 백성들로 돌아오게 하는 일을 즉, 그리스도를 통한 구원의 길을 열게 했다는 뜻이다.

그 증표가 곧 "세 사람이 합동하는 칠십이(72)"이다. 곧, 하나님 아버지와 그리스도와 선지자가 합동하는 선지자의 나이를 가리키는 것이다.

(62) 1五老仙靈一三仙. 2吾人忽覺神化經. 3周易陰符其性然也. 4斗牛星其則. 5不遠伐柯君.

(오로선령일삼선. 오인홀각신화경. 주역음부기성연야. 두우성기칙. 불원벌가군.)

해석문: ①다섯 늙은 그리스도인의 영이 열셋의 그리스도인이라. ②우리 인류가 하나님의 성경을 소홀히 하여 깨닫지 못하니, ③주역의 어두운 증표가 그 성품이 되었음이 틀림없네. ④북두성과 견우성의 그 법칙이, ⑤멀지 않아 정벌하는 가지인 군자라,

참고주해: ①"다섯 늙은 그리스도인의 영"은 모세오경을 가리키는 비유적인 표현이고, "열셋의 그리스도인"은 그리스도와 열두 명의 제자들을 의미한다. 그러므로 모세 오경이 그리스도와 그분의 열두 제자로 나타났다는 의미가 된다.

④"북두성과 견우성의 그 법칙이, 멀지 않아 정벌하는 가지인 군자라"의 '멀지 않아 정벌하는 가지인 군자'는 성경의 다음과 같은 말씀을 가리키는 것이다.

"이새의 줄기에서 한 싹이 나며 그 뿌리에서 한 가지가 나서 결실할 것이요." 사11:1

이 말씀 중의 '이 새의 줄기'와 '그 뿌리'는 예수 그리스도를 가리키고, '한 가지가 나서'는 예수 그리스도를 믿음으로서 그분의 종이 된 선지자를 상징한다. 그러므로 선지자가 아래의 말씀과 같이 '멀지 않아 정벌하는 군자'라는 뜻이다.

"여호와의 신 지혜와 총명의 신이요, 모략과 재능의 신이요, 지식과 여호와를 경외하는 신이 그 위에 강림하시리니,
그가 여호와를 경외함으로 즐거움을 삼을 것이며 그 눈에 보이는대로 판단치 아니하며 귀에 들리는대로 판단치 아니하며,
공의로 빈핍한 자를 심판하며 정직으로 세상의 겸손한 자를 판단할 것이며 그 입의 막대기로 세상을 치며 입술의 기운으로 악인을 죽일 것이며,
공의로 그 허리띠를 삼으며 성실로 몸의 띠를 삼으리라." 사11:2~5

그러므로 본문의 '북두성과 견우성'은 선지자가 세상에 나오게 되는 일과 또, 그가 행할 일들이 하나님께서 이미 정하신 법칙에 따른 것이라는 뜻이다. 이런 선지자의 운명에 대한 또 다른 계시의 말씀이 사11:10에 기록되어 있다.

"그 날에 이새의 뿌리에서 한 싹이 나서 만민의 기호로 설 것이요, 열방이 그에게로 돌아오리니 그 거한 곳이 영화로우리라."

이 말씀 중의 '뿌리'도 앞에서와 마찬가지로 그리스도를 상징한다. 그리스도께서 다윗의 후손을 통해서 세상에 나오셨지만, 그 혈통의 원류가 그분 자신이라는 뜻이다. 왜냐하면, 그리스도께서 아버지 하

나님을 믿음으로써 아버지와 같은 신분을 지니신 분이 인간 세계의 다윗의 집 안에서 육신을 입고 태어나셨기 때문이다. 그러므로 이 말씀 중의 '한 싹이' 본문의 '가지인 군자'이고, 앞에서 말한 것처럼 그리스도로부터 나온 거듭난 사람을 의미하며, 곧 이 땅에서 나오는 선지자를 가리키는 것이다.

(63) 1源流長而分連合. 2然合而遠流源長. 3天耶人耶不知神. 4神耶人耶不知天. 5神亦人耶天亦人.

(원류장이분연합. 연합이원류원장. 천야인야부지신. 신야인야부지천. 신역인야천역인.)

해석문: ①근원에서 흘러 넓게 퍼져 나뉘고 연합하리라. ②그렇게 합하면 멀리 흐르고 근원은 더 넓게 되리라. ③하늘의 예수를 예수라 하면 하나님을 알지 못함이고, ④하나님이신 예수를 사람인 예수라 하면 하늘을 알지 못함이라. ⑤하나님 역시 사람인 예수이고 하늘도 역시 사람이네.

참고주해: 3절 "天耶人耶不知神(천야인야부지신)"의 야耶는 한문의 예수에 대한 호칭이다. 이 구절을 "하늘의 예수를 사람인 예수라 하면 하나님을 알지 못함"이라고 해석했다. 세상 사람들이 하나님을 알지 못하기 때문에 예수 그리스도를 자신과 같은 사람이라고 말한다는 의미이다.

그다음 구절 神耶人耶不知天(신야인야부지천)은 "하나님이신 예수를 사람인 예수라 하면 하늘을 알지 못함이라."고 했다. 즉, 하나님이신 예수를 모르기 때문에 하늘을 알지 못한다는 뜻이다. 그러므로 예수를 알아야지만 하늘을 알 수 있다는 의미이다.

그리고 5절 神亦人耶天亦人(신역인야천역인) "하나님 역시 사람인 예수이고 하늘도 역시 사람이"라고 했다. 하나님이 예수이시고, 또 참사람이시므로 하늘도 또한 사람이라는 말씀이다. 이 말씀을 바꿔서 말하면 사람도 역시 예수 그리스도와 같이 하나님이라는 말이 된다.

본래 인간은 하나님에 의해서 하나님의 형상대로 창조되었기 때문에 하나님도 인간과 같다. 그러나 지금 인간은 이러한 사실을 전혀 알지 못한다. 예수 그리스도도 모르고, 하나님도 모른다. 왜냐하면, 마귀를 좇음으로써 죄의 세계로 떨어졌기 때문이다. 그러므로 완전한 인간성의 회복, 다시 말해서 하나님으로의 회복(다른 말로 표현하면 곧 죄로부터의 구원)은 본문의 말씀과 같이 인간이 자신도 하나님이고, 하나님도 사람이라는 사실을 깨닫는 데서부터 출발하는 것이다. 그런 사실을 알 수 있는 유일한 길이 곧 예수 그리스도를 아는 것이라는 뜻이다.

(64) 1人亦神耶人亦天. 2人之神兮知其天. 3神知人兮知其地. 4日月有數大小定. 5聖切生焉神明出.

(인역신야인역천. 인지신혜지기천. 신지인혜지기지. 일월유수대소정. 성절생언신명출.)

해석문: ①사람 역시 하나님인 예수이고 사람 역시 하늘이라. ②사람이 하나님이면 그것이 하늘을 아는 것이라. ③하나님이 인간을 알면 그것이 땅을 암이라. ④낮과 밤이 유한한 수이므로 크고 작음이 정해지네. ⑤성인의 생이 끊어지면 더욱 하나님이 명확히 출현하리라.

참고주해: 앞의 p64 5절 "神亦人耶天亦人(신역인야천역인)"에 이어서

이 단락의 1절 人亦神耶人亦天(인역신야인역천)은 같은 의미의 문장이나 人人과 神神의 위치를 바꾸어서 표현했다. 이렇게 함으로써 두 문장의 뜻의 분명함을 나타낸 것이다. 그러므로 사람 역시 하나님인 예수이고, 사람 역시 하늘임이 분명하다는 뜻이다. 이런 하나님과 인간에 대한 정의는 성경의 계시를 정확히 깨닫지 않고는 말할 수 없는 놀라운 내용이다. 격암선생은 아래의 창세기 1장 26절 및 27절의 말씀에 대해서 올바르고 명확하게 그 뜻을 설명하신 것이다.

"하나님이 가라사대 우리의 형상을 따라 우리의 모양대로 우리가 사람을 만들고," 창1:26(상반절)

"하나님이 자기 형상 곧 하나님의 형상대로 사람을 창조하시되 남자와 여자를 창조하시고," 창1:27

이와 같은 본문의 뜻을 올바르게 깨닫는 것이야말로 나를 올바로 아는 것이고, 또 하나님을 올바르게 깨닫게 되는 것이다.

③"하나님이 인간을 알면 그것이 땅을 앎이라." 하나님이 죄 아래 있는 인간을 알면 죄의 세상을 아는 것이고, 그러므로 하나님께서 인간을 죄의 세상으로부터 구원하시지 않을 수 없는 것이다.

④"낮과 밤이 유한한 수이므로 크고 작음이 정해지네." 이 세상의 수명이 정해져 있다는 뜻의 말씀이다.

(65) 1逢別幾年書家傳. 2更逢今日修源旅. 3誰知今日修源旅. 4善人英雄喜逢年. 5英雄何事從盤角.

(봉별기년서가전. 갱봉금일수원려. 수지금일수원려. 선인영웅희봉년. 영

웅하사종반각.)

해석문: ①만남과 이별은 수천 년을 글 잘 쓰는 사람들이 전한 얘기라. ②다시 만나는 오늘은 자신을 닦아 근원으로 가는 여로이라. ③누가 오늘이 몸을 닦아 근원으로 가는 여로임을 아는가? ④선한 사람과 영웅이 기쁘게 만나는 해라. ⑤영웅은 어찌 반석의 힘(角)을 좇는 일을 하는가?

참고주해: '영웅은' 선지자를 가리키고, '어찌 반석의 힘(角)을 좇는 일을 하는가?'의 반석은 그리스도이다. 선지자가 그리스도의 힘을 의지한다는 뜻이다.

(66) 1月明萬里天皇來. 2春香消息問英雄. 3昨見山城今宮闕. 4知解此書有福家. 5未解此書無福家.

(월명만리천황래. 춘향소식문영웅. 작견산성금궁궐. 지해차서유복가. 미해차서무복가.)

해석문: ①달 밝은 밤에 먼 하늘에서 하나님께서 찾아오시리라. ②춘향이 소식을 영웅에게 묻네. ③어제 본 산성이 지금은 궁궐이네. ④이 책을 깨달아 알면 복이 많은 가정이고, ⑤이 책을 깨닫지 못하면 복이 없는 가정이라.

참고주해: ①"달 밝은 밤에 먼 하늘에서 하나님께서 찾아오시리라."는 그리스도의 재림이 한밤중에 이루어질 것임을 계시한 것이다.

②"춘향이 소식을 영웅에게 묻네."의 "춘향이"는 그리스도께서 비유로 말씀하신 신랑을 맞을 준비를 잘한 다섯 처녀(마25:1~10)를 의미하고, 영웅은 선지자를 의미한다. 즉, 그리스도께서 선지자에게 그리스도의 임하심을 믿고 기다리는 세상을 이긴 사람들에 대해서

묻는다는 뜻이다.

④"이 책을 깨달아 알면"의 '이 책'은 격암유록을 가리키는 것이다. 그런 사람의 가정은 "복이 많은 가정"다. 그러나 이 책을 깨닫지 못하면 복을 받지 못한 가정이 된다.

(67) 1此言不中非天語. 2是誰敢作此書傳. 3三尺金琴萬國朝鮮化. 4利人重劍四海熱蕩.

(차언부중비천어. 시수감작차서전. 삼척금금만국조선화. 이인중검사해 열탕.)

해석문: ①이 말은 하늘의 말씀이 아닌 말이 없느니라. ②그러면 누가 감히 이 책을 써서 전하였는가? ③작은 키(三尺)의 사람이 하나님을 아는 거문고 소리로 만국을 조선화 하려는 것이라. ④이로움이 있는 사람이 무거운 칼로 사해를 열탕으로 만드니라.

참고주해: ①"이 말은 하늘의 말씀이 아닌 말이 없느니라."의 '이 말'은 이 격암유록을 지적하는 것이고, 이 책의 내용이 하늘의 말씀이 아닌 것이 없다고 주장한 말씀이다.

②"그러면 누가 감히 이 책을 써서 전하였는가?"는 이 책의 내용을 밝혀서 세상에 전한 사람이 누구인가라는 것이다.

그는 ③"작은 키(三尺)의 사람"이고, "하나님을 아는 거문고 소리로 만국을 조선화하려는" 사람이다.

(68) 1神化經云. 2河圖洛書易明理. 3太初之世牛性人. 4牛性牛性斗牛上帝子. 5乾性牛兮牛性야.

(신화경운. 하도낙서역명리. 태초지세우성인. 우성우성두우상제자. 건

성우혜우성야.)

해석문: ①하나님의 말씀을 기록한 성경이 이르기를 ②하도낙서(河圖
洛書)는 역경의 밝은 이치라. ③태초의 세상에 소의 성품인 사람이
라. ④소 성품이고 소 성품인 별 소는 하나님의 아들이라. ⑤하늘의
성품인 소는 소 성품이야.

참고주해: 2절 河圖洛書易明理(하도낙서역명리)는 주역의 근간을 이룬
두 책인 하도(河圖)와 낙서(洛書)가 이치를 밝게 했다는 뜻이다. 즉,
선천하도(先天河圖)는 그리스도를 그리고 후천낙서(後天洛書)는 선
지자를 나타낸다는 의미이다. [참조; 35. 양백가 p35 참고주해]

(69) 1乾逢坤而爲馬牛. 2坤逢乾而爲牛馬. 3牛聲在野九馬世. 4德厚道牛馬
聲의. 5何者能知出此人.

(건봉곤이위마우. 곤봉건이위우마. 우성재야구마세. 덕후도우마성의.
하자능지출차인.)

해석문: ①하늘과 땅이 만나 행하는 말과 소이니라. ②땅과 하늘이 만
나 행하는 소와 말이라. ③소가 우는 세상 밖은 아홉 마리의 말의
세상이라. ④덕을 많이 쌓은 진리의 소와 말의 울음이라. ⑤어떤 자
가 능히 세상에 나오는 이 사람임을 알겠는가?

참고주해: 1절 乾逢坤而爲馬牛(건봉곤이위마우)의 건乾은 하늘이고 곤
坤은 땅이다. 건은 그리스도를 의미하고 곤은 선지자를 의미한다.
하늘이 땅을 만난다는 것은 그리스도께서 세상에 임하셔서 선지자
를 만나는 사건을 주역의 언어를 이용해서 표현한 것이다. 그러므로
이 말씀에서 행하는 말과 소는 그리스도와 선지자를 상징한다.
2절 "坤逢乾而爲牛馬(곤봉건이위우마)"는 땅 坤坤이 앞에 있고 하늘

건乾 뒤에 나온다. 이것은 주역의 지천태괘(地天泰卦)가 이루어졌다는 의미이다. 그래서 소가 먼저이고, 말이 나중이 된다. 즉, 소인 선지자가 말인 그리스도의 앞에서 모든 일을 이룬다는 의미이다. 이러한 그리스도와 선지자의 관계를 세상 사람들은 알지 못한다.

(70) 1此人是非是眞人. 2仙藥伐病滅葬埋. 3葬埋滅夷神奇法. 4誰可覺而見不笑. 5人得是非而然後能成.
(차인시비시진인. 선약벌병멸장매. 장매멸이신기법. 수가각이견불소. 인득시비이연후능성.)

해석문: ①이 사람이 맞다 아니다 하는 그가 진실하게 하나님을 아는 사람이라. ②그리스도의 약으로 병마를 정벌해서 매장시키네. ③매장해서 멸하는 이 신기한 법을 ④누가 보고 웃지 아니하며 깨달을 수 있겠는가? ⑤사람들이 옳다 그르다 한 연후에 능히 성공하리라.

참고주해: 선지자가 세상에 나오면 이 사람들이 맞다 아니다 하는 시비가 일어난다. 그러나 그렇게 시비를 당하는 그 사람이 하나님을 진실하게 아는 사람이 맞다.

(71) 1人能得雲雨而後成變化. 2今世士者無識人. 3何可人物. 4誤貪利欲人去弓弓. 5我來矢矢. 6出判掀天.
(인능득운우이후성변화. 금세사자무식인. 하가인물. 오탐리욕인거궁궁. 아래시시. 출판흔천.)

해석문: ①하나님을 아는 사람이 구름과 비를 갖게 된 이후에 성공해서 변화하리라. ②지금 세상의 선비란 자들은 무식한 사람들이라. ③어찌 옳은 인물들이겠는가? ④옳지 못한 탐욕과 이욕의 사람들

은 하나님의 종들로부터 떠나리라. ⑤내가 와서 정직하고 바르게 하리라. ⑥출판하면 하늘을 흔들리라.

참고주해: ②"지금 세상의 선비란 자들은 무식한 사람들이라." 지금 이 시대의 지식인이라는 사람들을 가리키는 말씀이다.

③"어찌 옳은 인물들이겠는가?" 가소롭기 짝이 없는 이 시대의 학자들이라는 뜻이다.

(72) 1有勢弓弓去. 2屈無勢矢矢來. 3空中和言心中化. 4道通川地無形外.
(유세궁궁거. 굴무세시시래. 공중화언심중화. 도통천지무형외.)

해석문: ①세력이 있는 하나님의 종들은 떠나리라. ②굽히고 세력이 없으면 똑바르고 정직히 오리라. ③공중의 화합하는 말이 마음 가운데에서 이루리라. ④진리가 통하는 강과 땅은 외형이 없느니라.

⑩

새 삼 오
(賽 三 五)

(1) 1萬民之衆奉命天語. 2弓乙之人諄諄敎化. 3弱者爲雖戰勝.

(만민지중봉명천어. 궁을지인순순교화. 약자위수전승.)

해석문: ①만민은 모여 하늘의 명을 받들라. ②하나님의 종과 성도들
은 사람들을 타이르고 타일러서 교화하라. ③약한 자라 하여도 전
쟁에서 승리를 이루리라.

(2) 1爲堅却者劫萬民聽示. 2西氣東來求世眞人. 3天生化柿末世聖君.

(위견각자겁만민청시. 서기동래구세진인. 천생화시말세성군.)

해석문: ①강하고 물러날 줄 아는 자는 만민을 겁을 내고 듣고 가르치
리라. ②서양의 기운으로 동양에 온 세상을 구원할 진실한 하나님

을 아는 사람이라. ③하늘의 생명으로 변한 감람나무인 말세의 성
군이라.

(3) 1天人出豫民救地. 2其時閉目忽開. 3龍耳口亞聽取吹歌.

(천인출예민구지. 기시폐목홀개. 농이구아청취취가.)

해석문: ①하늘의 사람이 먼저 백성들에게 나와서 세상을 구원할 것
이라. ②그때 닫혔던 눈이 갑자기 열리고, ③ 벙어리의 입이 열려 말
하고, 귀머거리가 듣고 노래하리라,

(4) 1半身不隨長伸脚. 2廣野湧出沙漠流. 3泉移山倒水海枯.

(반신불수장신각. 광야용출사막류. 천이산도수해고.)

해석문: ①반신불수가 다리를 펴고 일어서고, ②광야에서 물이 솟아
나와 사막에서 물이 흐르리라. ③샘을 옮기고, 산을 무너뜨리며 바
다의 물을 고갈시키며,

(5) 1山焚大中小魚皆亡. 2愚昧行人不正路. 3天釋之人. 4兩手大擧天呼萬歲.

(산분대중소어개망. 우매행인부정로. 천석지인. 양수대거천호만세.)

해석문: ①산이 불타서 크고 작은 물고기가 다 죽으리라. ②우매한 행
인은 올바른 길로 가지 않고. ③하늘에서 용서한 사람은 ④두 팔을
크게 올리고 하늘을 향해 크게 만세를 부르리라.

(6) 1惡臭永無全消. 2中動不知末動之死. 3人皆心覺不老永生.

(악취영무전소. 중동부지말동지사. 인개심각불로영생.)

해석문: ①악취가 영원히 전부 사라져 없어지리라. ②중간에 움직이는

걸 모르면 마지막에 움직이다가 죽으리라. ③모든 사람들이 다 마음으로 깨우치면 늙지 않고 영원히 사네.

(7) 1從之弓乙永無失敗. 2我國東邦. 3萬邦之避亂之方.

　　(종지궁을영무실패. 아국동방. 만방지피란지방.)

해석문: ①하나님의 종과 성도들을 따르면 영원히 실패하지 않네. ②우리나라는 동방이라. ③세상 만방이 피난하는 지방이 되리라.

참고주해: 2절 我國東邦(아국동방)은 이 땅에서 나오는 새로운 나라를 가리켜서 한 말씀이다. 바로 앞의 2. 세론시 p25 5절 鷄龍開國達於此日(계룡개국달어차일)에서 계시한 그 나라이다. 성경도 이 나라를 계시하고 있다. 아래의 말씀이다.

"내가 동방에서 독수리를 부르며 먼 나라에서 나의 모략을 이룰 사람을 부를 것이라. 내가 말하였으니 정녕 이룰 것이요, 경영하였은즉 정녕 행하리라." 사46:11

이 말씀 중의 '동방'이 앞에서 인용한 계룡개국(鷄龍開國)의 나라이고, '독수리'는 계룡인 선지자를 가리키는 상징이다.

(8) 1民見從柿天受大福. 2不失時機. 3后悔莫及矣.

　　(민견종시천수대복. 불실시기. 후회막급의.)

해석문: ①백성들이 감람나무를 눈으로 보고 따르면 하늘로부터 대복을 받네. ②시기를 놓치지 말라. ③후회막급하리라.

11

새 사 일
(賽 四 一)

(1) 1列邦諸人緘口無言. 2火龍赤蛇. 3大陸東邦海隅半島.

(열방제인함구무언. 화룡적사. 대륙동방해우반도.)

해석문: ①열방의 각 사람은 함구무언이네. ②미국과 붉은 중국이 불
타네. ③대륙의 동방 바다의 한구석인 반도에,

참고주해: ②"미국과 붉은 중국이 불타네."는 미국과 중국의 멸망을
계시한 말씀이다. 5. 말운론 p27에서 설명한 것처럼 중국은 미국과
의 전쟁에서 패한다. 그러나 그 전쟁으로 완전히 멸망하는 것은 아
니며, 본문의 계시는 두 나라가 하늘에서 떨어지는 불과 재앙으로
멸망하는 것을 계시한 것이다.

(2) 1天下一氣再生身. 2利見機打破滅魔. 3人生秋收糟米端風.

(천하일기재생신. 이견기타파멸마. 인생추수조미단풍.)

　해석문: ①하늘 아래 첫 번째인 거듭난 몸이니. ②이가 날카로운 기계로 쳐서 마귀를 파멸시키고, ③인생을 추수할 때 풍구질 하여 알곡으로 만들고 껍질은 바람에 날리게 하여,

(3) 1驅飛糟飄風之人. 2弓乙十勝. 3轉白之死黃腹再生. 4三八之北出於聖人.

(구비조표풍지인. 궁을십승. 전백지사황복재생. 삼팔지북출어성인.)

　해석문: ①몰아내고 찌꺼기를 바람에 날려 버리는 사람이라. ②하나님의 종과 성도들의 십자가 승리네. ③선지자로 바뀐 이가 곡식으로 죽었다가 뱃속에서 재생한 사람이라. ④38 북쪽 출신의 성인이네.

　참고주해: 앞의 p1의 마지막 구절. "대륙의 동방 바다의 한구석인 반도에"는 그다음 p2에 이어서 ①"몰아내고 찌꺼기를 바람에 날려 버리는 사람이라."까지 한 문장을 이루고 있다. 이 구절들은 이 땅에서 나오는 선지자가 세상 가운데서 나온 첫 번째의 거듭난 사람인 것과 마귀를 멸하고 인류의 구원을 이루기 위해서 하게 될 일들을 설명한 것이다.

　③"선지자로 바뀐 이가 곡식으로 죽었다가 뱃속에서 재생한 사람이라." 선지자가 그리스도와 같이 죽음에서 부활하여 완전체의 한 인간으로 변화된 것을 뜻한다. 그리고 그는 "38 북쪽 출신의" 이 땅에서 태어난 사람이다.

(4) 1天授大命. 2似人不人. 3柿似眞人. 4馬頭牛角兩火冠木.

(천수대명. 사인불인. 시사진인. 마두우각양화관목.)

해석문: ①하늘로부터 큰 명을 받은, ②사람 같으면서 사람이 아닌 ③ 감람나무 같은 진실하게 하나님을 아는 사람이라. ④말의 머리와 소의 뿔 양쪽에 불의 면류관을 쓴 나무이네.

(5) 1海島眞人. 2渡南來之眞主. 3出南海島中紫霞仙境. 4世人不覺矣.

(해도진인. 도남래지진주. 출남해도중자하선경. 세인불각의.)

해석문: ①바다 섬의 진실하게 하나님을 아는 사람이, ②남쪽을 넘어서 찾아오는 진실한 주님이네. ③남해의 섬에 나타나니 섬 안이 자줏빛 노을의 선경(仙境)이라. ④세상 사람들은 깨닫지 못하는구나.

12

새 사 삼
(賽 四 三)

(1) 1上帝之子斗牛天星. 2葡隱之后鄭正道令. 3北方出人渡於南海.

(상제지자두우천성. 포은지후정정도령. 북방출인도어남해.)

해석문: ①하나님의 자녀인 북두칠성과 견우성은 하늘의 별이라. ②포은의 후예 정씨는 정正도령이라. ③북쪽 지방 출신의 사람이 남해를 넘어오니라.

참고주해: ①"하나님의 자녀인 북두칠성과 견우성은 하늘의 별이라."의 '하나님의 자녀인 북두칠성과 견우성은' 그리스도와 선지자를 가리킨다.

"포은의 후예"란 정몽주의 자손이라는 뜻이 아니라 포은 정몽주와 같은 절개를 지키는 사람이라는 의미로 칭한 것이다. '정씨는 정正도령이라'는 정씨가 올바른 길을 가는 사람이라는 의미다.

정씨는 "북쪽 지방 출신의 사람이"나 "남해를 넘어오니라."고 한 것은 그가 북쪽 지방에서 남쪽 지방으로 직접 오는 것이 아니라 바다를 건너서 남쪽 지방으로 온다는 것이다. 따라서 바다 너머에 있는 외국에서 출발하여 남해 바다를 건너 남해의 섬에 도착한다는 뜻이다.

(2) 1安定之處吉星照臨. 2南朝之紫霞仙中. 3弓弓十勝桃源地.
  (안정지처길성조림. 남조지자하선중. 궁궁십승도원지.)

 해석문: ①안정된 처소에 길한 별빛이 비추네. ②남조선의 자줏빛 노을 그리스도인들 가운데라. ③하나님의 종들과 종들이 십자가 승리를 한 별천지의 땅이네.

(3) 1二人橫三多會仙中. 2避亂之邦. 3多人往來之邊. 4一水二水鶯回地.
  (이인횡삼다회선중. 피란지방. 다인왕래지변. 일수이수앵회지.)

 해석문: ①두 사람 세 사람이 가로 지르고 많은 회중의 그리스도인들의 가운데라. ②피난하는 지방이요. ③많은 사람들이 왕래하는 옆이며, ④물이 한 번 두 번 돌아서 가는 땅이네.

 참고주해: 1절 二人橫三多會仙中(이인횡삼다회선중)은 2. 세론시 p14의 二人橫三十二月綠(이인횡삼십이월록)과 뒤의 네 문구만 다르다. 앞에서는 십이월록(十二月綠)이었는데, 여기서는 다회선중(多會仙中)으로 바뀌었다. 같은 장소이지만 그 모습이 달라진 것을 나타내고 있는 것이다. 앞에서는 '십이월에 녹색'이라고 표현했는데, 여기서는 '많은 회중의 그리스도인들의 가운데'로 바뀌었다. 이것은 세상이 바뀐 것을 의미한다. 앞에서는 속세의 세상을 표현한 것이고, 여기

서는 속세를 떠난 사람들의 모습을 표현한 것이다.

다음 구절 "피난하는 지방이요."는 이 바뀐 세상에 대한 암시의 말씀이다. 그 십이월의 녹색인 도시가 지금은 사람들의 피난지로 바뀌었다는 것이다. 그것은 전쟁이 일어나서 많은 사람들이 그곳으로 피난을 하고 있다는 뜻이다. 그러므로 앞에서 말한 속세를 떠난 많은 그리스도인의 회중들은 그 피난하는 사람들이 그리스도인들로 변화되었다는 계시이다.

그리고 다음 ③"많은 사람들이 왕래하는 옆이며,"와 ④"물이 한 번 두 번 돌아서 가는 땅이네."는 2. 세론시 p22와 같은 문장으로 앞에서 설명한 선지자가 나오는 섬과 같은 장소라는 뜻을 나타내고 있다.

(4) 1利在石井永生水源. 2一飮延壽可避瘟疫. 3沙漠泉出錦繡江山.
　　(이재석정영생수원. 일음연수가피온역. 사막천출금수강산.)

　해석문: ①이로움이 있는 돌 샘물은 영생하는 물의 수원(水源)이네. ②한 번 마시면 수명이 늘고 온역을 피할 수 있네. ③사막에서 샘물이 솟아 나오는 금수강산이라.

(5) 1一人敎化渴者永無矣.
　　(일인교화갈자영무의.)

　해석문: ①한 사람이 교화되기를 갈망하는 자는 영원히 없으리라.

　참고주해: ①"한 사람이 교화되기를 갈망하는 자는" 선지자를 가리킨다. 그가 멸망의 원수 마귀에게 미혹되어 진리를 깨닫지 못하는 세상 사람을 안타까워하며 단 한 사람이라도 하나님을 올바로 아는 사람으로 변화되기를 갈망한다는 뜻이다.

13

새 사 사
(賽 四 四)

⑴　1無后裔之血孫鄭. 2何姓不知何來鄭. 3鄭本天上雲中王.

　　(무후예지혈손정. 하성부지하래정. 정본천상운중왕.)

　해석문: ①뒤를 이을 이가 없는 임금의 혈손인 정씨라. ②무슨 성씨인
　　지 모르는가? 어찌 찾아온 정씨인가? ③정씨는 본래 하늘 위의 구
　　름 중의 왕이라.

　참고주해: ①"뒤를 이을 이가 없는 임금의 혈손"이란 정씨가 하나님의
　　아들이라는 뜻이다. 그는 세상의 한 가정에서 태어난 사람의 아들
　　이지만, 그의 본성은 하나님의 아들이라는 뜻이다. 그러나 세상 사
　　람들은 그를 알지 못한다. 무슨 성씨인지도 모르고, 어떻게 오는지
　　도 모른다. 이 말은 그가 스스로 자신을 밝히지 않는다는 뜻이다.

(2) 1再來今日鄭氏王. 2神出鬼沒此世上. 3擇之順人人山人海.

(재래금일정씨왕. 신출귀몰차세상. 택지순인인산인해.)

해석문: ①다시 찾아온 지금은 정씨 왕이라. ②신출귀몰하여 이 세상
에서 ③선택하여 교화한 사람이 인산인해를 이루네.

참고주해: ①"다시 찾아"왔다는 것은 그가 머물고 있던 곳을 떠났다가
다시 돌아왔다는 뜻이다. 그때 그는 세상의 왕으로서 온다. 그리고
그는 신출귀몰한 하나님의 능력을 행하는 사람이 되어, 수많은 사
람을 교화해서 하나님의 백성들로 거듭나게 한다.

(3) 1小木多積萬人仰見. 2突出之柿. 3枝葉茂盛綠陰裡.

(소목다적만인앙견. 돌출지시. 지엽무성녹음리.)

해석문: ①작은 나무들이 많이 쌓인 곳을 만인이 우러러보네. ②갑자
기 튀어나온 것은 감람나무라, ③가지와 잎이 무성한 녹음 속이네.

참고주해: ①"작은 나무들이 많이 쌓인 곳"이란 하나님의 백성들로 거
듭난 사람들이 많이 있는 곳이라는 뜻이다. 그러므로 선지자가 머
물고 있는 남해의 작은 섬을 가리킨다.

②"갑자기 튀어나온 것은 감람나무라"의 '감람나무'는 선지자를 상징
하고, '갑자기 튀어나온'은 사람들이 생각지도 못한 상황에서 선지
자가 갑작스럽게 세상에 나타났다는 것이다.

③ "가지와 잎이 무성한 녹음 속이네."는 감람나무가 가지가 나고 잎
이 무성해졌다는 뜻이다. 그러므로 선지자를 통해서 많은 성도들이
나왔다는 의미이다.

(4) 1往來行人閑坐避暑. 2解渴功德永生之水. 3飮之飮者永生矣.

(왕래행인한좌피서. 해갈공덕영생지수. 음지음자영생의.)

해석문: ①행인이 왕래하고, 더위를 피해 한가히 앉아 있네. ②목마름을 해갈하고 공덕을 쌓은 영생의 물이네. ③마시고 마시는 자는 영생하네.

참고주해: ①"행인이 왕래하고, 더위를 피해 한가히 앉아 있네."는 12. 새사삼 p3 3절 多人往來之邊(다인왕래지변)을 가리킨다.

②"목마름을 해갈하고 공덕을 쌓은 영생의 물"은 그리스도이고, 또 선지자의 우물의 물이다. 이 물을 "마시고 마시는 자는 영생"한다.

"누구든지 목마르거든 내게로 와서 마시라." 요7:37(하반절)

"나를 믿는 자는 성경에 이름과 같이 그 배에서 생수의 강이 흘러 나리라 하시니," 요7:38

(5) 1代代後孫傳地. 2無窮天呼萬歲.

(대대후손전지. 무궁천호만세.)

해석문: ①대대 후손에 전해지는 땅이라. ②무궁하신 하나님을 부르고 만세 하네.

참고주해: ①"대대 후손에 전해지는 땅"은 이 나라 백성들의 땅이다.

②절의 "무궁하신 하나님을 부르고 만세 하네."는 하나님께서 이 땅에 임하신다는 뜻이다.

14

라 마 단 이
(羅馬單二)

(1) 1天以鑑之善惡. 2各行報應. 3柿從之人如春之草. 4榮光尊貴.

　　(천이감지선악. 각행보응. 시종지인여춘지초. 영광존귀.)

　해석문: ①하늘이 선악을 분별하여, ②각 사람의 행위에 보응하리라.
　　　　③감람나무를 좇는 사람은 봄에 싹이 트는 풀과 같네. ④영광과 존
　　　　귀가 있으리라.

(2) 1四時不衰之生. 2生片堂之人. 3不義惡行. 4如磨刀之石. 5不免入獄.

　　(사시불쇠지생. 생편당지인. 불의악행. 여마도지석. 불면입옥.)

　해석문: ①사시사철 쇠하지 않는 생명이니. ②생생은 갈라진 집의 사
　　　　람이라. ③불의와 악행에 ④잘 갈아진 칼과 같은 돌이라. ⑤옥살이

를 면할 수 없네.

참고주해: ①"사시사철 쇠하지 않는 생명이니"란 선지자가 열심으로 일하고 수도하기를 게을리하지 않는다는 의미이고,

②"生生은 갈라진 집의 사람이라."는 선지자가 부모가 갈라진 비정상적인 집 안에서 살았다는 의미이다.

④"잘 갈아진 칼과 같은 돌이라."의 돌은 선지자를 상징한다. 따라서 ③절의 "불의와 악행"을 용납하지 않는 사람이라는 뜻이다. 그는 세상에 나오기 전에 "옥살이를 면할 수 없"다.

(3) 1重罪之人. 2惡心老日受代. 3尊守儀理不離榮冠. 4居之十勝永遠安心.
(중죄지인. 악심로일수대. 존수의리불리영관. 거지십승영원안심.)

해석문: ①중한 죄를 지은 사람이라도, ②악한 마음을 노인이 매일 받아서 대신하네. ③공경하고 예의를 지켜 다스리니 영원한 면류관이 떠나지 않으리라. ④거주하는 집은 십자가가 승리한 영원히 안심할 곳이라.

참고주해: ②"악한 마음을 노인이 매일 받아서 대신하네." 이 말씀 중의 "노인"은 선지자를 가리키는 것이다. 그가 악한 자의 마음까지도 받아주며, 그들의 마음을 돌이키기 위해서 노력한다는 의미이다.

그래서 그에게서 영원한 면류관이 떠나지 않을 것이다. 그가 거주하는 집이 십자가 승리, 즉 믿음으로 세상을 이긴 자들의 영원히 안심할 처소가 된다.

(4) 1無法罪者. 2無法之亡也. 3有罪負戍水火. 4人人心覺. 5后悔不離矣.
(무법죄자. 무법지망야. 유죄부술수화. 인인심각. 후회불리의.)

해석문: ①법이 없다고 죄를 짓는 자는 ②무법에 의해 망하리라. ③죄
가 있으면 열한 번째 지지(地支)인 개(戌, 북한)가 받을 물과 불을
짊어지는 것이라. ④사람 사람은 심각하소. ⑤후회가 떠나지 않을
것이오.

참고주해: ③"죄가 있으면 열한 번째 지지(地支)인 개戌가 받을 물과
불을 짊어지는 것이라."는 것은 무슨 뜻일까? 개戌는 띠를 나타내는
짐승이면서 또, 앞에서 말한 것처럼 세상 나라들 중의 한 나라인 북
한을 가리킨다. 주역의 오행(五行)에 의하면 북北은 물水 이고 남南
은 불火이다. 이것은 남한과 북한의 피할 수 없는 운명을 나타내고
있다. 물과 불은 상생의 관계이지만, 상생이 상극으로 변하면서 앞에
서 밝힌 것처럼 북한이 불의 미사일을 남한에 쏘아대고, 남한은 그
불을 끄기 위해서 물을 쏘아 올리는 전쟁이 일어난다. 그러므로 본
문은 "죄를 범하면 북한이 받을 물과 불을 짊어진다"는 말로 이해할
수 있다. 바꿔 말하자면 이 말은 북한은 불을 먼저 남한에 떨어뜨리
지만, 그 불과 물을 다 뒤집어쓰고 멸망하니, 죄를 지으면 북한과 같
이 된다는 뜻이다.

(5) 1六六. 十六.

(육육. 십육.)

해석문: ①육육(六六.) 십육(十六)은 아라비아 숫자로 66과 16이다.
따라서 본문은 66. 16으로 표기할 수 있다.

참고주해: 격암선생은 이 구절을 숫자만 적어 놓으셨다. 이 숫자에는
아무런 의미가 없다. 그런데 왜 적어 놓으셨을까? 독자들도 이해하
겠지만, 이 격암유록의 모든 내용은 성경과 분리해서는 아무것도 이

해할 수 없다. 그러므로 이 숫자도 성경과 연관해서 보아야 한다. 성경의 66권(구약전서 39권과 신약전서 27권)의 각 책은 장과 절로 분류되어 있다. 본문의 숫자 66. 16을 이 성경의 책들이 지닌 장과 절로 본다면, 각 책에서 66장 16절의 말씀을 지닌 책은 이사야 서 가 유일하다. 아래의 말씀이다.

"여호와께서 불과 칼로 모든 혈육에게 심판을 배푸신즉 여호와께 심판을 당할 자가 많으리니,"

죄를 지으면 북한과 같이 멸망하게 된다는 앞의 구절에 이어서 같은 내용의 이사야서의 말씀을 인용해서 다시 한번 더 경고한 것이다.

15

라마일 이십삼조
(羅馬一 二十三條)

(1)　1心覺心覺. 2喪失本心者. 3一不義. 4二魂惡. 5三貪慾. 6四惡意.

　　(심각심각. 상실본심자. 일불의. 이혼악. 삼탐욕. 사악의.)

　해석문: ①마음으로 깨닫고, 마음으로 깨달아라, ②본래의 마음을 상

　　실한 자는, ③첫 번째는 의롭지 않음이고, ④두 번째는 혼魂의 악

　　함이고, ⑤세 번째는 탐욕이고, ⑥네 번째는 악한 의도이고,

(2)　1五猜忌. 2六條人. 3七粉爭. 4八詐欺. 5九惡毒. 6十菽隱菽隱.

　　(오시기. 육조인. 칠분쟁. 팔사기. 구악독. 십숙은숙은.)

　해석문: ①다섯 번째는 시기이고, ②여섯 번째는 사람과의 연줄이고,

　　③일곱 번째는 분쟁이고, ④여덟 번째는 사기이고, ⑤아홉 번째는

악독함이고, ⑥열 번째는 수근수근거림이고,

(3) 1十一誹謗. 2十二無神. 3十三無天. 4十四凌辱. 5十五驕慢. 6十六藉慢.
　　(십일비방. 십이무신. 십삼무천. 십사능욕. 십오교만. 십육자만.)
　해석문: ①열한 번째는 비방이고, ②열두 번째는 하나님이 안 계신다
　　　　함이고, ③열세 번째는 하늘을 없다고 함이고, ④열네 번째는 능욕
　　　　함이고, ⑤열다섯 번째는 교만이고, ⑥열여섯 번째는 자만이고,

(4) 1十七諸惡圖謀. 2十八父母拒逆. 3十九愚昧. 4二十背約. 5二十一無情.
　　(십칠제악도모. 십팔부모거역. 십구우매. 이십배약. 이십일무정.)
　해석문: ①열일곱 번째는 모든 악을 꾀함이고, ②열여덟 번째는 부모
　　　　를 거역함이고, ③열아홉 번째는 우매함이고, ④스물 번째는 약속
　　　　을 어김이고, ⑤스물한 번째는 무정이고,

(5) 1二十二無慈悲. 2二十三不義. 3是忍也.
　　(이십이무자비. 이십삼불의. 시인야.)
　해석문: ①스물두 번째는 무자비함이고, ②스물세 번째는 불의라, ③
　　　　이것들을 참아야 함이라.

(6) 1此人悔心自責不然. 2不免天怒. 3天伐之毒矣.
　　(차인회심자책불연. 불면천노. 천벌지독의.)
　해석문: ①이런 사람은 잘못을 뉘우치고 자책하지 않으면, ②하늘의
　　　　진노를 면할 수 없으니, ③하늘이 칠 독이 되리라.

16

가 전
(哥 前)

(1) 1許多犯罪. 2諸惡之中. 3有罪於身外. 4身内犯罪. 5極凶之一條也.

　　(허다범죄. 제악지중. 유죄어신외. 신내범죄. 극흉지일조야.)

　　해석문: ①허다한 범죄의 ②온갖 악 가운데서 ③몸 밖으로 짓는 죄가

　　　　있어도 ④몸으로 몰래 짓는 범죄는 ⑤극도로 흉악함의 한 줄기라.

(2) 1犯内之罪. 2靑春男女. 3愼之又愼. 4六六一七七一八.

　　(범내지죄. 청춘남녀. 신지우신. 육육일칠칠일팔.)

　　해석문: ①비밀히 죄를 짓는 ②청춘의 남녀는 ③삼가고 또 삼가할

　　　　것이라. ④육육일칠칠일팔.

　　참고주해: "육육일칠칠일팔" 이 숫자들도 앞에서 설명한 것처럼 성경

의 책을 나누고 있는 장과 절로 생각할 수 있다. 앞에서와 마찬가지로 아라비아 숫자 6617718로 읽어야 한다. 첫 두 숫자 66은 앞에서 이사야서 66장을 가리켰다. 여기서도 마찬가지이며, 다음 두 숫자 17과 함께 보면 이사야66장 17절이 된다. 다음과 같은 말씀이다.

"스스로 거룩히 구별하며 스스로 정결케 하고 동산에 들어가서 그 가운데 있는 자를 따라 돼지고기와 가증한 물건과 쥐를 먹는 자가 다 함께 망하리라 여호와의 말씀이니라."

귀신과 마귀를 섬기는 자들이 행하는 제사의식을 지적한 말씀이다. 이들과 또 몰래 함께하며 숨어서 음식을 나누어 먹는 자들에게까지 멸망의 심판을 내리신다는 경고의 말씀이다.

그러면 718은 어떤 책일까? 이 격암유록을 예수 그리스도의 계시로 보는 것이 자연스럽다. 따라서 그리스도의 말씀을 기록한 성경의 책에서 찾아보면 마태복음 7장 18절이며, 아래의 말씀이다.

"좋은 나무가 나쁜 열매를 맺을 수 없고 못된 나무가 아름다운 열매를 맺을 수 없느니라."

몰래 악을 행하는 자가 선한 사람일 수 없고, 그런 사람에게서 의로운 행실을 볼 수 없다는 뜻이다.

(3) 1善男善女. 2愼此言愼行之哉. 3如何間不離夫婦. 4人男獸婦逢之願心同居. 5不棄.

(선남선녀. 신차언신행지재. 여하간불리부부. 인남수부봉지원심동거. 불기.)

해석문: ①선남선녀는 ②삼가하여 이 말을 삼가하는 행위의 첫째로

하라. ③어찌하였든 부부는 헤어질 수 없느니라. ④사람인 남자가 짐승인 여자를 만나 원하여 동거했다면, ⑤버릴 수 없느니라.

(4) 1獸男人婦願之共居. 2是亦不棄. 3蓬田如麻. 4同氣勳柔.
(수남인부원지공거. 시역불기. 봉전여마. 동기훈유.)

해석문: ①짐승인 남자를 사람인 부인이 원하여 함께 살았다면, ②이 또한 버릴 수 없느니라. ③봉래산 성도들의 모임이 베옷과 같으니, ④형제자매가 협력하고 복종하네.

참고주해: ③"봉래산 성도들의 모임이 베옷과 같으니"의 '베옷(麻)'은 무슨 의미일까? 성경에서 베옷은 죄를 범한 자가 자신의 죄를 하나님 앞에서 회개할 때 입는 옷이었다. 즉, 자신이 죄를 범해서 죽은 자와 같이 되었다는 뜻이다. 선지자 요나가 니느웨 성에 찾아가서 하나님의 경고의 말씀을 전했을 때 니느웨 백성들이 회개하며 베옷을 입었다. 아래의 말씀이다.

"니느웨 백성들이 하나님을 믿고 금식을 선포하고 무론 대소하고 굵은 베옷을 입은지라,
그 소문이 니느웨 왕에게 들리매 왕이 보좌에서 일어나 조복을 벗고 굵은 베를 입고 재에 앉으니라.
왕이 대신으로 더불어 조서를 내려 니느웨에 선포하여 가로되 사람이나 짐승이나 소 떼나 양 떼나 아무것도 입에 대지 말지니 곧 먹지도 말 것이요 물도 마시지 말 것이며,
사람이든지 짐승이든지 다 굵은 베옷을 입을 것이요, 힘써 여호와께 부를 짖을 것이며 각기 악한 길과 손으로 행한 강포에서 떠날 것이라.
하나님이 혹시 뜻을 돌이키시고 그 진노를 그치사 우리로 멸망치 않게 하시리라. 그렇지 않은 줄을 누가 알겠느냐 한지라.

하나님이 그들의 행한 것 곧 그 악한 길에서 돌이켜 떠난 것을 감찰하시고 뜻을 돌이키사 그들에게 내리리라 말씀하신 재앙을 내리지 아니하시니라." 욜3:5~10

그러므로 봉래산의 성도들도 니느웨 백성들과 같이 하나님 앞에서 자신들의 죄를 회개하고 있다는 말씀임을 알 수 있다.

(5) 1香風往來. 2獸人得生. 3天然之事. 4世不知也. 5俗世之人. 6坐井觀天.
(향풍왕래. 수인득생. 천연지사. 세부지야. 속세지인. 좌정관천.)

해석문: ①향기로운 바람이 오고 가니 ②짐승인 사람이 생명을 얻네. ③하늘이 한 일을 ④세상은 알지 못하느라. ⑤속세의 사람들은 ⑥우물 안에 앉아 하늘을 바라보니,

(6) 1心覺此言. 2運行度數時不避也. 3神出鬼沒. 4眞來邪言矣. 5十三三十.
(심각차언. 운행도수시불피야. 신출귀몰. 진래사언의. 십삼삼십.)

해석문: ①이 말을 마음으로 깨달아 알라. ②운행이 거듭될 때 피신할 수 없네, ③하나님께서 나오시면 귀신은 몰락하네. ④진실함에 나쁜 말이 돌아오는구나. ④십삼삼십(十三三十).

참고주해: ④"십삼삼십(十三三十)"도 앞에서 설명한 것과 마찬가지로 마태복음 13장 30절을 가리킨다. 아래의 말씀이다.

"둘 다 추수 때까지 함께 자라게 두어라. 추수 때에 내가 추수꾼들에게 말하기를 가라지는 먼저 거두어 불사르게 단으로 묶고 곡식은 거두어 내 곳간에 넣으라 하리라."

본문 ④"진실함에 나쁜 말이 돌아오는구나."는 이 그리스도께서 말

씀하신 추수 때를 깨닫지 못하는 세상 사람들이 그것을 전하는 하나님의 종들에게 악한 말로 대적한다는 의미이다. 이런 사람들이 그리스도께서 말씀하신 가라지인 것이다.

(7) 1行惡視四善. 2汚行實也. 3恒心守義. 4犯行作罪. 5不免天伐矣.

(행악시사선. 오행실야. 항심수의. 범행작죄. 불면천벌의.)

해석문: ①모진 짓을 할 때 네 가지 선의 표준을 보라. ②수치스러운 짓으로 얻은 이익이 있는지, ③항상 마음으로 의를 지키고 있는지, ④죄짓기를 작정하고 범행했는지, ⑤하늘이 내려침을 면하지 못하는지를 생각할 것이라.

참고주해: ①"모진 짓을 할 때 네 가지 선의 표준"은 덕행(德行), 청신(淸愼), 공평(公平), 근면(勤勉) 등 네 가지이다.

無用出世智將
(무용출세지장)

(1) 1二人橫三有一人. 2雙七向面. 3曰義眞人. 4可女生一人. 5鷄龍開國.

　　(이인횡삼유일인. 쌍칠향면. 왈의진인. 가여생일인. 계룡개국.)

해석문: ①두 사람 세 사람이 가로 지르는 곳의 유일한 사람이라. ②
　　쌍 칠(일곱)이 서로 마주 보면, ③말하기를 의롭고 진실한 하나님을
　　아는 사람이라 하네. ④올바른 여자로 살아난 한 하나님을 아는 사
　　람이니, ⑤귀신 마귀가 나라를 열었네.

참고주해: 1절 二人橫三有一人(이인횡삼유일인)은 "두 사람 세 사람이
　　가로 지르는 곳"은 앞의 12. 새사삼에서 말한 피난지인 도시를 나타
　　내는 장소이고, 그곳의 "유일한 사람이"란 선지자를 가리킨다.

　　②"쌍 칠(일곱)이 서로 마주 보면"의 쌍 칠(七)은 입 구(口)인 성도를

의미하고, 이들이 "서로 마주 보면"서 선지자를 가리켜 "말하기를 의롭고 진실한 하나님을 아는 사람이라."고 한다는 것이다.

④"올바른 여자로 살아난 한 하나님을 아는 사람이니"는 마태복음 25장의 지혜로운 다섯 처녀와 같이 올바른 믿음으로 그리스도의 신부가 되어 세상 가운데서 살아난 한 사람이라는 뜻이다.

⑤"귀신 마귀가 나라를 열었네." 이 말씀 중의 '귀신과 마귀'는 1. 남사고비결 p15에서 설명한 것처럼 세상 사람들이 선지자를 부르는 이름이다. 따라서 선지자가 새로운 나라를 열었다는 뜻이다.

(2) 1起功之臣. 2十人生産一男一女. 3辰巳眞人男女不辨. 4牛性在野.

　　(기공지신. 십인생산일남일녀. 진사진인남녀불변. 우성재야.)

해석문: ①공로를 세운 신하라. ②십자가 사람은 일 남 일 녀를 두었네. ③진사(辰巳)년의 진실하게 하나님을 아는 사람은 남녀가 변하지 않네. ④소의 성품이 세상 밖에 있네.

참고주해: ①"공로를 세운 신하"는 선지자가 하나님의 종으로서 공로를 세운 사람이라는 의미이다.

②의 "십자가 사람"이란 그리스도 안에서 죽은 사람을 의미한다. 그리스도께서 다음과 같이 말씀하셨다.

　　"또 자기 십자가를 지고 나를 좇지 않는 자도 내게 합당치 아니하니라.
　　자기 목숨을 얻는 자는 잃을 것이요 나를 위하여 자기 목숨을 잃는
　　자는 얻으리라." 마10:38, 39

그러므로 본문의 "십자가"는 선지자가 그리스도의 이 명을 따라서 자기 십자가를 지고 그리스도를 좇는 사람이고, "일남 일녀를 두"고

있는 한 가정의 아버지라는 뜻이다.

③"진사(辰巳)년의 진실하게 하나님을 아는 사람은"의 진사(辰巳)년은 갑진(甲辰; 2024)년과 을사(乙巳; 2025)년이며, 5. 말운론 p34 4절 靑槐滿庭之月矣(청괴만정지월의)에서 설명한 그리스도의 재림과 어린양의 혼인 잔치가 있는 해이다. "진실히 하나님을 아는 사람은" 그때 그리스도와 함께 세상에 나오는 선지자를 가리키는 것이다. "남녀가 변하지 않네."라는 것은 선지자가 신부로서 어린양의 혼인 잔치를 통해서 신랑인 그리스도와 하나가 되는 것이 이성간의 결혼이 아니라는 뜻이다. 이 혼인은 그리스도의 영이 선지자에게 임하여 그리스도와 선지자가 아버지 안에서 하나가 됨을 의미한다. (요 17:21~23)

④"소의 성품이 세상 밖에 있네."의 '소'는 선지자이므로 그의 "성품이 세상 밖에 있"다는 것은 그가 세상의 구원을 위해 하나님의 말씀을 세상 사람들에 전하는 일에 전념하고 있다는 뜻이다.

(3) 1非山非野. 2非野仁富之間. 3聖之出世三有. 4辰巳入於十勝. 5三時中取. (비산비야. 비야인부지간. 성지출세삼유. 진사입어십승. 삼시중취.)

해석문: ①산도 아니고 들도 아니네. ②들도 아닌 어진 사람과 부유한 사람 사이이네. ③성인이 세상에 나오면 세 가지가 있으니, ④진사(辰巳)년에 들어가서 십자가 승리를 하고, ⑤세 때에 중간을 취하리라.

참고주해: ①"산도 아니고 들도 아니네."란 사람들이 사는 도시라는 뜻이다. 그곳은 "들도 아닌 어진 사람과 부유한 사람 사이"이다.

④"진사(辰巳)년에 들어가서"는 앞에서 말한 것처럼 선지자가 갑진(甲辰 2024)년과 을사(乙巳 2025)년에 어린양의 혼인 잔치를 위해서

정해진 산 위에 오르는 것을 의미하고, "십자가 승리를 하고"란 선지자가 그리스도와 같이 세상의 죄를 짊어진 속죄의 제물로 세상 사람들에 의해서 죽임을 당하는 것을 가리키는 것이다.

⑤"세 때에 중간을 취하리라."는 세상이 멸망하는 마지막 환난 때에 구원받는 시기가 세 번 있는데[참조; 5. 말운론 p29 참고주해], 그 중간 시기에 구원의 길로 들어가라는 의미이다.

(4) 1辰巳午未先動之反. 2申酉戌亥中動之生. 3寅卯辰巳末動之死. 4巳午未樂堂.

(진사오미선동지반. 신유술해중동지생. 인묘진사말동지사. 사오미낙당.)

해석문: ①갑진(甲辰; 2024)년과 을사(乙巳; 2025)년과 병오(丙午 2026)년과 정미(丁未; 2027)년에 먼저 움직이면 반대가 일어나고, ②무신(戊申; 2028)년과 기유(己酉; 2029)년과 경술(庚戌; 2030)년과 신해(辛亥; 2031)년 중간에 움직이면 생명을 얻으리라. ③갑인(甲寅; 2034)년과 을유(乙卯; 2035)년과 병진(丙辰; 2036)년과 정사(丁巳; 2037)년 마지막에 움직이면 죽으리라. ④정사(丁巳; 2037)년과 무오(戊午; 2038)년과 기미(己未; 2039)년에 즐거움이 있으리라.

참고주해: 이 구절들은 앞의 5. 말운론 p29와 p84에서 설명한 세 시기인 초입, 중입, 말입과 다른 관점에서 사람들의 행동요령을 설명한 것이다. 그래서 시기가 약간 다른 것을 볼 수 있다.

(5) 1興盡悲來一喜一悲. 2苦盡甘來天呼萬歲. 3一日三食飢餓死. 4三旬九食不飢生.

(흥진비래일희일비. 고진감래천호만세. 일일삼식기아사. 삼순구식불기생.)

해석문: ①흥함이 약해지고 슬픔이 찾아오면 한 번 기뻐하고 한 번 슬퍼하리라. ②고생 끝에 좋은 일이 오니 하나님 만세를 외치리라. ③하루 세 끼를 먹어도 기아로 죽으나 ④삼십 일에 아홉 끼를 먹어도 굶주리지 않고 사네.

18

새 육 오
(賽 六 五)

(1) 1先擇牛之開目不示. 2開耳不聽貪慾之人. 3不知世事之變易. 4十勝之人
三豊之穀.

(선택우지개목불시. 개이불청탐욕지인. 부지세사지변역. 십승지인삼풍지곡.)

해석문: ①먼저 소를 택해서 눈을 열고 보지 않으면, ②귀를 열어도
들을 수 없는 탐욕의 인간이라. ③세상일을 알지 못하면 변하여 바
뀌네. ④십자가 승리의 사람은 세 가지 복음의 곡식이네.

(2) 1三年恒食不飢長生. 2先擇牛文世穀恒食. 3不飽飢渴弓乙之人. 4無愁
恒樂. 5假牧從民不免羞恥.

(삼년항식불기장생. 선택우문세곡항식. 불포기갈궁을지인. 무수항락. 가

목종민불면수치.)

해석문: ①삼 년을 계속 먹으면 굶주리지 않고 장수하여 사네. ②먼저 소의 글을 선택하면 세상 곡식을 항상 먹네. ③배부르지도 굶주리지도 목마르지도 않는 하나님의 종과 성도들의 사람이라. ④슬픔이 없는 계속된 즐거움이라. ⑤가짜 목자를 따르는 백성은 수치를 면치 못할 것이라.

참고주해: ①"삼 년을 계속 먹"는 것은 p1의 마지막 절 '세 가지 복음의 곡식'을 가리키는 것이다. 그 복음의 곡식을 삼 년을 먹으면, 바꿔 말해서 복음을 삼 년동안 배워서 알게 되면, "굶주리지 않고 장수하여" 산다.

②"먼저 소의 글을 선택하면 세상 곡식을 항상 먹네."의 '소의 글'은 선지자가 쓴 책을 가리키는 것이고, "세상 곡식을 항상 먹네."란 그것을 보면 세상을 알게 된다는 뜻이다.

선지자가 세상에 나와서 그리스도의 복음을 전파하고 있음에도 ⑤ "가짜 목자를 따르는 백성"들이있다. 불행하게도 가짜 목자들이 말세의 세상에 나오는 것은 정해진 일이며 어쩔 수 없는 일이다. 세상 사람들이 진리를 찾을 수 없게 하기 위해 마귀가 이런 사악한 자들을 이용해서 진리의 길을 혼잡하게 만들기 때문이다. 이와 같은 일을 경계하라는 그리스도의 말씀이 마23:5에 기록되어 있다.

"많은 사람이 내 이름으로 와서 이르되 나는 그리스도라 하여 많은 사람을 미록케 하리라."

이런 그리스도의 말씀을 경솔히 여기는 사람들이 미혹에 빠지는 것이다. 이런 사람들은 수치를 면치 못한다.

(3) 1兩白之人 歌踏舞. 2不吠之狗切齒通歎. 3三豊之人入於仙境. 4獸從之人窂於火獄.

(양백지인영가답무. 불폐지구절치통탄. 삼풍지인입어선경. 수종지인정어화옥.)

해석문: ①양 선지자는 하나님을 아는 사람이며, 노래하고 춤을 추며 뛰어노네. ②짖지 못하는 북한(구, 狗)이 이를 갈고 통탄해하리라. ③세 가지 복음의 하나님을 아는 사람은 그리스도인들이 사는 곳으로 들어가고, ④짐승을 따르는 사람들은 함정에 빠져 지옥불에 들어가네.

참고주해: ①"양 선지자는" 그리스도와 선지자를 가리킨다. 두 분은 하나님을 아는 사람이고 사람들과 함께 노래하고 춤을 추고 뛰어논다. 그때 그리스도께서 임하셨다는 소식을 들은 북한은 말 한마디도 못하고 이를 갈고 통탄해한다.

④"짐승을 따르는 사람들은" 세상을 따르는 사람들을 가리킨다. 그들은 스스로 "함정에 빠져 지옥불에 들어" 간다. 즉, 멸망의 길로 스스로 들어가는 사람들이다.

(4) 1善行之人歲歲彈琴. 2惡行之人年年彈胸. 3聖山聖地仁富之出. 4有知者生無知者死.

(선행지인세세탄금. 악행지인연년탄흉. 성산성지인부지출. 유지자생무지자사.)

해석문: ①착한 일을 하는 하나님을 아는 사람은 세세토록 가야금을 타고, ②악을 행한 사람은 매년마다 흉한 일을 당하리라. ③거룩한 산과 거룩한 땅에 어진 사람과 부자가 출현하네. ④아는 사람은 살

고 모르는 사람은 죽으리라.

(5) 1嗟呼三呼. 2三災不遠日. 3覺者其間幾何人. 4美哉! 5仙中兮! 6哀哭之
聲永不聽之.

(차호삼호. 삼재불원일. 각자기간기하인. 미재! 선중혜! 애곡지성영불청지.)

해석문: ①탄식하고 세 번을 외치리라. ②세 가지 재난이 멀지 않은 날
이네. ③깨닫는 자가 그 기간에 얼마나 되고, 어떤 사람인가? ④아
름답구나! ⑤그리스도인들의 중앙아! ⑥애곡하는 소리가 영원히 들
리지 않으리라.

(6) 1惡死幼兒無不滿壽. 2落胎之死. 3百歲之上壽. 4木人神屋別天地. 5海
印役使. 6萬事如意亨通.

(악사유아무불만수. 낙태지사. 백세지상수. 목인신옥별천지. 해인역사.
만사여의형통.)

해석문: ①어린아이가 악하게 죽어 수명을 다 누리지 못함이 없으리라.
②낙태로 인한 죽음도, ③백 세 이상 살리라. ④나무 사람의 하나님의
집은 별천지라. ⑤해인이 일하니, ⑥모든 일이 뜻대로 다 통하리라.

참고주해: ⑤절의 "해인이 일하니"의 '해인'은 선지자가 그리스도로부
터 받은 능력을 가리킨다. 그것은 능치 못함이 없는 하나님의 능력
이다. 선지자가 그 해인을 가지고 일하여 무엇이든지 원하는 대로
그 뜻을 이룬다는 뜻이다.

(7) 1風驅惡疾雲中去. 2雨洗寃魂海外消. 3別有天地非人間. 4武陵仙境種
桃地. 5人壽如桂永不衰.

(풍구악질운중거. 우세원혼해외소. 별유천지비인간. 무릉선경종도지. 인수여계영불쇠.)

해석문: ①바람은 악한 질병을 구름 가운데로 몰아내고, ②비는 억울한 원혼을 씻어 바다 밖에서 소멸시키리라. ③달리 되면 하늘과 땅은 인간이 아니라. ④무사들의 언덕 위가 그리스도인들의 복숭아나무 씨를 뿌린 땅이라. ⑤사람의 수명이 계수나무와 같이 영원히 쇠하지 않으리라.

(8) 1白髮忽然黑首化. 2落齒神化復達塞. 3擇人手苦不歸虛. 4生産之物不逢災. 5非山非野居住人..

(백발홀연흑수화. 낙치신화부달새. 택인수고불귀허. 생산지물불봉재. 비산비야거주인.)

해석문: ①백발이 홀연히 자연스럽게 흑색의 머리로 변화하리라. ②빠진 이빨도 하나님께서 다시 나오게 하시니라. ③택함을 받은 사람이 고생하고 자기 곳으로 돌아가지 못하면 허망하네. ④생산한 물건은 재난을 만나지 않고, ⑤산도 아니고 들도 아닌 곳에 거주하는 사람은,

참고주해: ⑤"산도 아니고 들도 아닌 곳에 거주하는 사람은" 선지자가 복음을 전하는 도시에서 선지자와 함께 거주하고 있는 성도들을 가리킨다.

(9) 1子孫世世萬代榮華. 2獸動物心政和. 3弓弓聖地無害喪. 4聖人敎化諄諄日.

(자손세세만대영화. 수동물심정화. 궁궁성지무해상. 성인교화순순일)

해석문: ①자손 대대로 만대를 영화를 누리리라. ②짐승은 동물의 마음을 정화하니, ③하나님의 종들의 거룩한 땅에서 아무 해나 상을

당하지 않으리라. ④성인이 교화하고 매일 타이르고 타이르니라.

참고주해: ②"짐승은 동물의 마음을 정화하니" 세상에 속했던 사람이 하나님의 말씀으로 변화되어 간다는 뜻이다.

(10) 1德及禽獸天下化. 2被草木賴及萬邦.

（덕급금수천하화. 피초목뢰급만방.）

해석문: ①덕德이 새나 짐승에게까지 미치면 천하(天下)가 변화하며, ②초목에도 영향을 미쳐 세상 만방(萬方)에 어진 덕德이 고루 미치게 되리라.

19

궁을론
(弓乙論)

(1) 1弓弓不和向面東西. 2背弓之間出於十勝. 3人覺從之所願成就. 4弓弓相和向面對坐.

(궁궁불화향면동서. 배궁지간출어십승. 인각종지소원성취. 궁궁상화향면대좌.)

해석문: ①하나님의 종들이 화합하지 않고 동과 서를 향해 바라보면, ②등을 진 하나님의 종의 사이로 십자가 승리가 나오리라. ③깨닫고 따르는 사람은 소원성취하니. ④하나님의 종과 종들이 서로 화합하여 마주 보고 앉으리라.

참고주해: ①"하나님의 종들이 화합하지 않고"는 그리스도의 제자들과 선지자의 제자들이 서로 화합하지 않는 가운데서라는 말씀이며,

"동과 서를 향해 바라보면"이란, 그리스도의 제자들은 서양에서 시작된 그리스도의 복음을 통해서 나온 성도들의 문제에만 관심을 갖고, 선지자의 제자들은 동양에서 시작된 그리스도의 복음을 통해서 나온 성도들에게만 관심을 둔다는 의미이다. 즉, 서양에서 나온 그리스도의 제자들과 동양에서 나온 선지자의 제자들이 각각 자기쪽에서만 복음전도를 한다는 의미이다.

②"등을 진 하나님의 종의 사이로"는 하나님의 종들이 한마음으로 화합하지 못한 연고라는 뜻이며, "십자가 승리가 나오리라."는 것은 순교자들이 나오게 된다는 뜻이다.

(2) 1灣弓之間出於神工. 2人人讀習無文道通. 3右乙雙爭一勝一敗. 4縱橫之間出於十字.

(만궁지간출어신공. 인인독습무문도통. 우을쌍쟁일승일패. 종횡지간출어십자.)

해석문: ①굽어진 해안의 하나님 종들 사이에서 나온 재주가 비상한 기술자(工匠)라. ②사람 사람마다 읽고 배우니 글을 모르고도 진리에 도달하네. ③우편의 성도들이 두 번 싸워 한 번 이기고 한 번 패하리라. ④가로와 세로의 사이에서 나오는 것은 십자가이네.

참고주해: 1절 灣弓之間出於神工(만궁지간출어신공)의 만灣은 "굽어진 해안"을 뜻하고, 궁弓은 하나님의 종을 의미한다. 그러므로 만궁지간출어(灣弓之間出於)는 "굽어진 해안의 하나님 종들의 사이에서 나온다"는 뜻이 된다. 신공(神工)은 "재주가 비상한 기술자(工匠)"라는 뜻이며, 선지자를 가리킨다.

④"가로와 세로의 사이에서 나오는 것은 십자가이네."의 '가로와 세

로'는 그리스도와 선지자를 가리키는 것이며, 십자가의 도를 이루고 있다는 뜻이고, '사이에서 나오는 것은 십자가이네.'는 두 분의 사이에서 십자가를 짊어진 성도들이 나왔다는 뜻이다.

(3) 1人覺得智永保妻子. 2左乙相交一立一臥. 3雙乙之間出於十勝. 4性理之覺無願不通.

(인각득지영보처자. 좌을상교일립일와. 쌍을지간출어십승. 성리지각무원불통.)

해석문: ①사람이 깨닫고 지혜를 얻으면 영원히 처자식을 보존하리라. ②좌편의 성도들이 서로 교환해서 한 사람은 일어서고 한 사람은 엎드리니, ③양쪽의 성도들 사이에서 나오는 것은 십자가 승리이네. ④인성과 원리의 성리학을 깨달아도 되는 일이 없이 막히네.

참고주해: ③"양쪽의 성도들 사이에서 나오는 것은 십자가 승리이네." 의 양쪽은 그리스도와 선지자를 의미하고 두 분의 사이에서 많은 성도들이 십자가를 지고 나온다는 의미이다.

④"인성과 원리의 성리학"은 유교의 가르침을 의미하며, 그 가르침을 깨달아서 따르는데도 아무것도 되는 일이 없다는 뜻이다.

(4) 1四口合 入禮之田. 2四口之間出於十字. 3骸垢世沐浴湯田. 4五口達交達成之田.

(사구합체입례지전. 사구지간출어십자. 해구세정목욕탕전. 오구달교달성지전.)

해석문: ①네 개의 성도의 입 구口가 합하여 예禮로 들어가면 성도들의 모임(田)이니라. ②네 명의 성도들의 사이에서 나오는 것은 십자

가라. ③때가 끼어 더러워진 세상을 씻는 목욕탕이 성도들의 모임이라. ④다섯째 성도가 통달하면 나누고 교환하여 이룸이 성도들의 모임이라.

참고주해: 이 단락은 성도들의 모임이 구성되는 참뜻과 의의를 설명하고 있다. 그리스도의 복음을 좇아서 속세를 떠난 사람들이 넷이 모여 한 모임을 이루고 하나님의 말씀으로 서로를 가르치고 도우면서 참 성도로 성장하는 구도(求道)의 길을 제시한 것이다. 이것을 다르게 표현하자면, 세상에 속해 있던 사람이 참 그리스도인으로 변화되는 양육의 과정이라고 할 수 있다. 초신자가 성도들의 모임에 들어가서 하나님의 말씀으로 가르침을 받아 세상의 더러운 것들을 씻어내고 자기 십자가를 지고 그리스도를 좇는 사람으로 거듭나는 것이 성도들의 모임의 참 의의인 것이다. 이런 사람들이 아래의 말씀과 같은 그리스도의 몸의 지체이다.

"그에게서 온몸이 각 마디를 통하여 도움을 입음으로 연락하고 상합하여 각 지체의 분량대로 역사하여 그 몸을 자라게 하며 사랑 안에서 스스로 세우느니라." 엡4:16

본문의 "예(禮)를 갖추어 들어가는"은 위에 인용한 말씀 중의 '사랑 안에서 스스로 세우느니라.'와 같은 의미의 말씀이다. 예를 갖출 때 진정한 사랑이 이루어지고, 사랑하기 때문에 예를 갖추게 되는 것이다. 이와 같은 성도들이 다섯으로 늘어나면 그들 중 가장 뛰어나게 하나님을 아는 지식을 갖춘 신실한 믿음의 형제가 분활해 나가서 새로운 성도들의 모임을 이루고, 다시 다섯으로 늘어나면 또 분활하면서 성도들의 모임이 이 온 땅과 온 세상에 퍼져 나가서 세상을 하나님을 아는 지식으로 충만하게 하는 것이다.

이렇게 하여 온 세상이 엡2:20~23의 말씀을 이루게 된다.

"너희는 사도들과 선지자들의 터 위에 세우심을 입은 자라 그리스
도 예수께서 친히 모퉁이돌이 되셨느니라.

그의 안에서 건물마다 서로 연결하여 주 안에 성전이 되어가고,

너희도 성령 안에서 하나님의 거할실 처소가 되기 위하여 예수 안
에서 함께 지어져 가느니라."

이 일을 위해 그리스도께서 '또 다른 보혜사'를 우리에게 보내시고,
또 그분과 성도들 안에 계신다. (요14:16)

"그 날에 내가 아버지 안에, 너희가 내 안에, 내가 너희 안에 있는
것을 너희가 알리라." 요14:20

이 말씀에서 '그 날에'는 이 마지막 시대를 가리키는 것이고, '너희'
는 성도들의 모임 안에 있는 그리스도인들을 가리키는 말씀이다.

(5) 1五口之間出於十勝. 2脫劫重生變化之田. 3精脫其右米盤之圖. 4落盤高
四乳出於十字.

(오구지간출어십승. 탈겁중생변화지전. 정탈기우미반지도. 낙반고사유출
어십자.)

해석문: ①다섯 성도들 사이에서 나오는 십자가 승리라. ②두려움에서
벗어난 백성들로 변화함이 성도들 모임이라. ③정할 精 자에서 그
오른쪽을 벗기면 쌀 반석의 책이라. ④하늘에서 떨어진 반석의 높
은 곳의 사방 우유에서 나오는 것은 십자가라.

참고주해: ①"다섯 성도들 사이에서 나오는 십자가 승리라."는 것은 네
명의 성도가 모인 성도들의 모임이 다섯 성도가 되었을 때 그 안에
서 나온 하나님을 아는 지식이 가장 뛰어난 성도는 자기 십자가를
짊어진 그리스도의 진정한 제자로 거듭난다는 뜻이다.

②"두려움에서 벗어난 백성들로 변화함이 성도들 모임이"란 '성도들
의 모임'이 백성들을 두려움에서 벗어난 사람들로 변화시키는 곳이
라는 뜻이다. 즉, 마귀가 씌운 죽음의 굴레에서 벗어나는 곳이라는
의미이다.

③'정할 정精 자에서 그 오른쪽을 벗기면'은 정精 자에서 오른쪽의
청青을 떼어내면, 쌀 미米가 남는다는 뜻이다. 쌀(곡식)은 믿음으로
거듭난 성도를 의미한다. 따라서 '쌀 반석의 책이라'는 것은 믿음으
로 거듭난 성도인 선지자(반석)의 책이라는 의미이다. 그러므로 '책'
은 그가 쓴 그의 믿음을 나타낸 글이라는 뜻이다.

(6) 1先師此運覺者得福. 2一鮮成胎四方連交. 3四角虛虧出於十字.　　4奧
妙遠理世人難知.

(선사차운각자득복. 일선성태사방연교. 사각허휴출어십자. 오묘원리세
인난지.)

해석문: ①세상을 떠난 스승의 이 운을 깨닫는 자는 복을 받으리라.
②한 마리의 물고기가 임신해서 사방과 맞닿고, 교제하리라. ③사방
의 힘이 허약해지고, 줄어들어 나타나면 십자가가 있으리라. ④심오
하고 미묘한 깊은 이치를 세상 사람들은 이해하기 어렵네.

참고주해: ①"세상을 떠난 스승의 그 운을 깨닫는"다는 것은 선지자가
세상의 죄를 지고 죽임을 당한 뒤에, 부활해서 승천했다가 다시 세

상에 임하는 운명을 의미한다. 그런 선지자의 운명을 깨닫는 "자는 복을 받으리라."는 것이다.

②"한 마리의 물고기가 임신해서"의 "물고기"는 선지자를 의미하고 "임신해서"는 그가 그리스도와 하나가 됨으로써 하나님의 말씀을 잉태하게 됐다는 의미이다. 그런 후 그가 "사방과 맞닿고, 교제하리라."는 것은 복음을 온 세상에 전파한다는 의미이다.

③"사방의 힘이 허약해지고, 줄어들어 나타나면"이란 복음이 전파되어 세상의 힘이 약화되고 마귀의 세력이 줄어들게 될 때라는 의미의 말씀이고 "십자가가 있"다는 것은 위기를 느낀 마귀를 따르는 짐승들이 성도들을 핍박하여 죽임을 당하게 한다는 뜻이다.

(7) 1龍馬太白靈龜小白. 2背山之間出於十字. 3求人兩白避亂之本. 4黃字入腹再生之身.

(용마태백영귀소백. 배산지간출어십자. 구인양백피란지본. 황자입복재생지신.)

해석문: ①용마(龍馬)는 큰 선지자이고 신령한 거북은 작은 선지자이네. ②등지고 있는 산 사이로 나오는 십자가라. ③사람을 구하는 양 선지자는 피란의 근본이라. ④누른 황 자가 뱃속에 들어가서 거듭 태어남의 몸이 되네.

참고주해: 여기서는 주역을 이용해서 그리스도와 선지자의 관계를 설명하고 있다.

'용마(龍馬)는 큰 선지자이고'는 복희(伏羲)씨의 하도(河圖)가 큰 선지자인 그리스도를 의미한다는 것이고, '거북 작은 선지자이네.'는 우왕(禹王)의 낙서(洛書)가 작은 선지자인 정씨를 의미한다는 것이

다. [참조; 35. 양백가 p35 참고주해]

③"사람을 구하는 양 선지자는 피란의 근본이라."는 것은 그리스도와 선지자가 세상의 환난 때에 사람들이 피난하여 목숨을 보존하는 피난처라는 뜻이다.

④"누른 황 자가 뱃속에 들어가서 거듭 태어난 몸이 되네."의 "누른 황 자"는 곡식이고 하나님의 말씀을 의미한다. 따라서 곡식인 하나님의 말씀이 몸 안에 들어가서 거듭 태어나는 생명이 된다는 뜻이다.

(8) 1脫衣冠履出於十字. 2命哲保身天坡祈禱. 3須縱白虎靑林走東.　　4西氣東來再生神人.

(탈의관리출어십자. 명철보신천파기도. 수종백호청림주동. 서기동래재생신인.)

해석문: ①옷을 벗은 관리가 나오는 십자가라. ②목숨과 슬기로 몸을 보존하는 하늘 언덕 위의 기도라. ③마침내 놓아주니 유럽(백호)이 푸른 숲을 지나 동쪽으로 달려가네. ④서방의 기운을 가지고 동방에 온 거듭난 하나님의 사람이라.

참고주해: ①"옷을 벗은 관리가 나오는 십자가라."는 관리가 관직을 버리고, 자기 십자가를 지고 그리스도를 좇는다는 뜻이다.

③"마침내 놓아주니 유럽(백호)이 푸른 숲을 지나 동쪽으로 달려가네."의 '푸른 숲'은 하나님의 백성들을 의미한다. 그러므로 유럽이 마지막 때 이스라엘을 침략하기 위해 달려간다는 뜻이다.

④"서방의 기운을 가지고 동방에 온 거듭난 하나님의 사람이라."는 선지자가 서양에서 온 믿음으로 거듭난 사람이라는 뜻이다.

(9) 1木變爲馬何姓不知. 2乙乙合身向面左右. 3背乙之間出於工字. 4世人覺
之科學超工.

(목변위마하성부지. 을을합신향면좌우. 배을지간출어공자. 세인각지과학
초공.)

해석문: ①나무가 변해서 일하는 말이 되었다 하는데, 어찌 성씨를 모
르는가? ②성도와 성도가 합한 몸이 좌우쪽을 향해 마주 보네. ③
등을 지고 있는 성도들 사이에서 나오는 장인 공자(工字)라. ④세상
사람들이 깨달으니 과학의 초보 기술자라.

참고주해: ①절의 "나무(木)"는 하나님의 말씀으로 변화된 사람임을
뜻하므로 첫 번째 나무인 선지자를 상징하고, 또 오행에서 동東에
속하므로 선지자가 동쪽에서 나오는 사람임을 뜻하며, "말"은 선지
자가 하늘에서 받은 하나님의 종으로서의 직위이다. "어찌 성씨를
모르는가?" 사람들이 그가 세상에서 나왔음에도 그의 이름을 모른
다는 것이다.

③절의 "장인 공자(工字)"는 선지자가 세상에서 가졌던 직업을 가리
킨다. 그래서 세상 사람들이 깨닫고 보니 그가 "과학의 초보 기술
자"였다는 것이다.

(10) 1雙乙相和向面相顧. 2乙乙之合出於凡字. 3理氣之中大元之數. 4天地應
火諸惡消滅.

(쌍을상화향면상고. 을을지합출어범자. 이기지중대원지수. 천지응화제악
소멸.)

해석문: ①양쪽 성도들은 서로 어울려서 마주 바라보며 서로를 원하
네. ②하나님의 백성과 백성의 합함에서 나타나는 무릇 범(凡) 자

라. ③이(理)와 기(氣)가 중앙의 가장 크고 높은 수이네. ④하늘과 땅이 응하여 불로 모든 악을 소멸하리라.

참고주해: ①절의 "양쪽 성도들"이란 그리스도의 백성들과 선지자의 백성들을 의미한다. 그들은 "서로 어울려서 마주 바라보며 서로를 원"한다. 그리스도 안에서 모두가 하나가 된다는 뜻이다. 높고 낮음이 없고, 그리스도의 사랑 안에서 모두가 다 같다. 그래서 무릇 범凡 자인 것이다.

3절 "理氣之中大元之數(이기지중대원지수; 이(理)와 기(氣)가 중앙의 가장 크고 높은 수이네)"의 이기(理氣)는 중국 송나라 때의 송유(宋儒)가 처음으로 제시한 것으로 관념적 존재인 본체의 이理와 유물적인 존재인 현상의 기氣에 의하여 세계를 풀이하고자 한 철학설이다. 본문은 이 이기설(理氣說)을 바탕으로 한 명(明) 나라의 왕양명(王陽明)의 설인 지행합일(知行合一; 참 지식은 반드시 실행이 따라야 한다)을 가리키는 것이다. 여기서 '지知'가 의미하는 '참 지식'은 믿음을 의미하는데, 왜냐하면 하나님을 아는 지식을 통해서 믿음을 갖게 되기 때문이다. 그리고 '실행'은 실천적인 믿음을 의미한다. 이것을 성경은 다음과 같이 말씀하셨다.

"그러므로 믿음은 들음에서 나며 들음은 그리스도의 말씀으로 말미암았느니라." 롬10:17

이 말씀 중의 '들음'이 곧 하나님을 아는 지식을 의미한다. 그리고 실행에 대한 야고보2:14(상반절)의 말씀이다.

"내 형제들아 만일 사람이 믿음이 있노라 하고 행함이 없으면 무슨 이익이 있으리요?"

위에 기술한 그런 믿음이 행함을 통해서 나타난다는 말씀이다. 그러므로 "중앙의 가장 크고 높은 수"는 이런 실천적인 믿음이 지식의 가장 높은 수라는 의미이다.

(11) 1心裂門開死後極樂. 2三印之中之火雨露. 3如雨遍濟心靈變化. 4恒常喜盤不老長春.

(심렬문개사후극락. 삼인지중지화우로. 여우편제심령변화. 항상희반불로장춘.)

해석문: ①마음을 찢어서 문을 열면 죽은 후에는 천국에 가네. ②세 가지 인印의 중앙이 불과 비와 이슬이라. ③어지러운 것들을 두루 도와주면 마음의 영이 변화하네. ④항상 반석을 기뻐하면 늙지 않고 오래도록 청춘이네.

참고주해: ①"마음을 찢어서"란 자신의 죄를 깨닫게 된 죄인이 가슴을 치며 회개하는 것을 의미하고, "문을 열면"은 닫혔던 마음의 문을 열고 복음을 받는 사람으로 변화된 것을 의미한다. 죽기 직전에 그렇게 변화됐어도 그런 사람은 "죽은 후에는 천국에" 들어간다.

"달린 행악자 중 하나는 비방하여 가로되, 네가 그리스도가 아니냐 너와 우리를 구원하라 하되

하나는 그 사람을 꾸짖어 가로되, 네가 동일한 정죄를 받고서도 하나님을 두려워 아니하느냐?

우리는 우리의 행한 일에 상당한 보응을 받는 것이니 이에 당연하거니와 이 사람의 행한 것은 옳지 않은 것이 없느니라 하고,

가로되 예수여 당신의 나라에 임하실 때 나를 생각하소서 하니,

예수께서 이르시되, 내가 진실로 네게 이르노니 오늘 네가 나와 함께 낙원에 있으리라 하시니라." 눅23:39~43

그러므로 자신의 죄를 깨닫고 마음의 문을 열어 그리스도를 영접한 자는 반드시 천국으로 들어간다. 그러나 죄에 대한 깨달음이 없이 그리스도를 영접했다고 주장하는 자는 그리스도의 죽음을 욕되게 하는 죄를 범하는 것이므로 지옥을 피할 수 없다. 자기 죄를 깨닫고 마음을 찢으며 회개하는 자만이 천국으로 들어간다.

(12) 1三印之中海印之水. 2甘露霧臨重生之理. 3心發白花不死永生. 4無穀豊 登三印糧露.

(삼인지중해인지수. 감로무림중생지리. 심발백화불사영생. 무곡풍등삼 인양로.)

해석문: ①세 가지 인의 중심은 해인의 물이라. ②맛있는 이슬 안개를 내림이 거듭남의 이치라. ③마음에 선지자의 꽃이 활짝 피면 죽지 않고 영원히 사네. ④곡식이 없는 풍년에 오르는 것은 세 가지 인印 의 양식인 이슬이라.

(13) 1石井妙理水昇火降. 2湧泉心中毒氣不喪. 3天牛耕田利在石井. 4彌勒出 世萬法敎主.

(석정묘리수승화강. 용천심중독기불상. 천우경전이재석정. 미륵출세만 법교주.)

해석문: ①돌 샘물의 그 묘한 이치는 물이 솟아오르고 불이 떨어짐이 네. ②솟아나는 샘물은 마음속의 독기에도 죽지 않게 하네. ③하늘 의 소가 밭을 갈고 이로움이 있는 돌 샘물이네. ④미륵으로 세상에 나온 만법의 교주라네.

참고주해: ①"하늘의 소가 밭을 갈고 이로움이 있는 돌 샘물이네."의

'하늘의 소'는 선지자가 지닌 세상에서의 속죄 제물인 운명을 상징하고, 돌 샘물은 사람들을 살리는 생명수가 나오는 선지자의 샘물이다. 그러므로 그가 생명수라는 뜻이다. 그리고 그는 불교의 "미륵(구세주)으로 세상에 나온 만법의 교주"이다.

(14) 1儒佛仙合一氣再生. 2紫霞南鮮葡隱后裔. 3柿木出聖東西敎主. 4龍蛇渡南辰巳之間.

(유불선합일기재생. 자하남선포은후예. 시목출성동서교주. 용사도남진사지간.)

해석문: ①유교와 불교와 그리스도교가 합하여 처음으로 거듭난 생명이라. ②자줏빛 노을의 남조선 포은(정몽주)의 후예라네. ③감람나무가 성스러운 동양과 서양의 교주로 나왔네. ④미국과 중국이 남쪽으로 건너온 건 갑진(甲辰, 2024)년과 을사(乙巳, 2025)년 사이라네.

참고주해: ②절의 "포은(정몽주)의 후예"는 선지자가 절개를 지킨 포은과 같은 사람이라는 의미이다.

③"감람나무가 성스러운 동양과 서양의 교주로 나왔네." 이 말씀에서 "감람나무"는 이미 설명한 것처럼 선지자를 상징하는 나무이다. [참고: 슥4:11~12]

④"미국과 중국이 남쪽으로 건너온 건 갑진(甲辰; 2024)년과 을사(乙巳; 2025)년 사이라네."는 앞의 5. 말운론 p12의 "미국과 중국이 발동하는 2년"이 미국과 중국이 자신들의 세력을 확장하기 위해 경쟁하는 관계에 들어간 것이라고 설명했다. 그런 후에 남한 정권은 3. 계룡론 p6의 천지진동화조석(天地震動花朝夕)에서 설명한 바와 같이 북한의 핵폭탄 공격을 받고 멸망한다. 살아남은 이 땅의 백성들

이 미국에게 전쟁의 책임이 있다고 주장하며, 주한 미군에게 남쪽 땅에서 떠날 것을 요구하면서 소요를 일으키자, 미국은 그들의 요구를 받아들여 미군을 남쪽 땅에서 완전히 철수시킨다. 미군이 한반도에서 떠나자 중공군이 북한을 무혈 점령하고, 남쪽 땅까지 점령하기 위해 세 번이나 침략하지만, 선지자가 중무장한 침략자들에게 재앙을 내려 진로를 막으면서 실패하고 만다.

2024년과 2025년에 어린양의 혼인 잔치가 남해 섬의 산 위에서 이루어지고, 선지자가 그리스도와 하나가 됨을 통해서 그리스도와 같은 구원자로 변화한다. 그런 뒤에 하나님의 명하심에 따라서 선지자가 그리스도의 나라 동방국을 선지자의 섬에서 세운다. (5. 말운론 p76의 동국회생사방립초(東國回生四方立礎)는 남한 땅에 세워지는 동방국에 대한 계시이다.) 동방국이 건국을 정식으로 선포하자 중국 정부는 이 새로운 그리스도인들의 세력이 자신들에게 위협이 된다고 보고, 동방국을 한반도의 남쪽 땅을 관할하는 국가라고 인정하지 않는다. 그리고 또다시 남쪽 땅에 군대를 보내 침략을 감행한다. [참조: 40. 삼팔가 p3과 48. 가사총론 p22 및 54. 송가전 p5에도 계시가 되어있다.] 그러나 미국은 그리스도인들의 국가인 동방국이 자국의 이익과 부합된다고 보고, 2024년과 2025년 사이에 다시 남쪽 땅으로 돌아와서 침략해 오는 중공군을 막아서면서 두 나라 군대 간의 전투가 벌어지고, 결국 두 나라 사이의 전면적인 전쟁으로 확전하게 된다. (40. 삼팔가 p3 및 p4는 미국과 중국 간의 전쟁에 대한 계시이다.) 이 전쟁은 미국의 완전한 승리로 끝이 난다. 그런 후 미국이 이 전쟁에서 승리하면서 온 세상 나라들의 제후로 등극하게 된다.

이렇게 미국과 중국 간의 전쟁이 일어나면서 온 세상 나라들이 혼란 속에 빠져 있는 동안에 선지자는 이스라엘로 가서 칠십이레의 일을 다 이룬다. 그런 뒤에 세상 사람들의 손에 의해 그들의 죄를 대속하는 제물로서 죽임을 당하고, 사흘만에 다시 부활한 후 승천한다.

그런 뒤에 동방국에는 선지자의 뒤를 잇는 지도자가 세워지고, 그에게 하나님의 성령이 임하시면서 그가 땅 위의 모든 악의 세력을 멸망시키는 공포의 장군이 된다. 이 동방국의 지도자가 5. 말운론 p6의 임林 장군과 56. 도부신인 p8의 백면천사흑비공자(白面天使黑鼻公子) 영상출인대장(嶺上出人大將)으로 계시된 사람이다. (57. 성운론 p5와 59. 말중운 p3의 흑비장군(黑鼻將軍)도 같은 사람에 대한 계시이다.)

지금까지 기술한 내용이 이 땅에서 일어나는 장래의 일들에 대한 대강의 줄거리이다.

(15) 1桃源仙地海島眞人. 2鷄有四角邦無手入. 3人間超道鄭彌蘇神. 4馬頭生角十五眞主.

(도원선지해도진인. 계유사각방무수입. 인간초도정미소신. 마두생각십오진주.)

해석문: ①별천지인 그리스도인들의 땅인 바다 섬의 진실하게 하나님을 아는 사람이라. ②정유(丁酉; 2016)년에 귀신이 사방에서 난리를 일으키니 나라가 들어오는 것을 막지 못하리라. ③인간을 초월한 진리의 정미륵이 신으로 되살아나네. ④말 머리의 살아 있는 힘이 15 진주 자리의 진실한 주인이네.

참고주해: 2절 鷄有四角邦無手入(계유사각방무수입)은 3. 계룡론 p5

4절 一鷄四角邦無手(일계사각방무수)와 매우 유사한 문장이다. 이 구절의 일계(一鷄)는 한 마리 귀신이라는 뜻이고, 본문의 계유(鷄有)는 귀신이 있다는 뜻이다. 여기서 계鷄는 지지에서 유酉이므로 계유(鷄有)를 '유酉년이다'라는 뜻으로 해석할 수도 있다. 그래서 "정유(丁酉; 2016)년에 귀신이 사방에서 난리를 일으키니 나라가 들어오는 것을 막지 못하리라."고 해석했다. 2016년에 유럽과 미국을 비롯해서 세상 여러 나라에서 계속해서 발생된 테러 사건들을 가리키며, 그 나라들이 테러를 일으키기 위해 들어오는 자들을 막을 방도가 없다는 의미이다.

③절의 "정미륵"은 정도령과 미륵을 합성해서 선지자를 가리켜 부른 것이다.

④"말 머리의 살아 있는 힘이 15진주 자리의 진실한 주인이네."의 '말 머리'는 하나님으로부터 받은 하늘나라의 직분을 상징하고, '살아있는 힘'은 하나님의 권능을 의미한다. 선지자가 다시 세상에 임할 때를 상징적으로 형용(形容)한 것이다. '15진주 자리'는 주역의 64괘에서 상괘(上卦)의 곤(坤)과 하괘(下卦)의 간(艮)이 만나는 지산겸(地山謙)의 자리이다. "땅의 산에서 나온 진실한 주인이"라는 뜻이며, 선지자를 의미한다.

(16) 1午未樂堂靑龍之后. 2女上加一地邊去土. 3狗驚羊喜五十八年. 4擲栖消目檀東致基.

(오미낙당청룡지후. 여상가일지변거토. 구경양희오십팔년. 척사소목단동치기.)

해석문: ①오미(병오(丙午); 2026, 정미(丁未), 2027)년에 즐거운 집이

되니 동쪽 방위의 청룡(미국)이 왕이 됐네. ②높아진 여자가 땅의 변방에 하나 더 가해지니 그 국토가 버려지리라. ③북한(개狗)이 놀라고 이스라엘(양羊)이 기뻐하니 오십팔년(五十八年)에, ④윷놀이가 없어지고, 단군(檀君)의 동쪽에 토대가 이뤄짐을 보리라.

참고주해: 이 단락에는 오미[병오(丙午); 2026, 정미(丁未); 2027]년에 일어나는 다섯 가지의 사건들이 동시에 계시되어 있다. 첫 번째는 '즐거운 집이 되니'이다. 무슨 의미일까? 이미 설명한 것처럼 선지자가 진사[갑진(甲辰); 2024, 을사(乙巳); 2025]년에 남해의 섬에 재림하신 그리스도와 함께 이스라엘로 찾아가서 이스라엘 백성들을 이끌고 예루살렘성과 성전을 재건축한다. 그리고 오미년에 재건축이 완전히 이루어진다. 그러므로 재건축된 성전이 이스라엘 백성들의 즐거운 집이 된 것이다.

다음은 "동쪽 방위의 청룡(미국)이 왕이 됐"다는 동쪽 방위의 청룡(靑龍)은 이미 설명한 것처럼 미국을 상징한다. 그러므로 미국이 세상 나라들을 지배하는 왕이 됐다는 말씀이다. 어떻게 미국이 세상의 왕이 된 것일까? 그 이유는 앞의 p14에서 설명한 것처럼 북한의 핵무기 공격을 받고 멸망한 남한 땅을 중국이 침략하면서 미국과 중국이 전면적인 전쟁을 벌여 미국이 중국을 완전히 제압하기 때문이다. [참조; 40. 삼팔가 p4 참고주해] 이 전쟁에서 미군이 사용하는 무기들은 지금의 세상 나라들이 지니고 있는 무기들을 완전히 압도하는 상상을 초월할 정도의 강력한 것들이다. 그것을 본 세상 모든 나라들은 미국을 두려워하여 백기 투항하듯이 자국의 주권을 포기하고 미국의 지배 아래 들어가게 된다.

세 번째는 "높아진 여자가 땅의 변방에 하나 더 가해지니"이다. 이 말씀 중의 '높아진 여자'는 계시록17장 3절의 음녀이다. 이 음녀는 용이된 창세기의 뱀 마귀이고, 미국의 어미이다. 미국이 중국을 멸망시킨 후 온 세상 나라들의 제후가 되면서 그 마귀의 그 위상이 더욱 높아졌다는 것이다. '땅의 변방에 하나 더 가해지니'란 땅의 변방인 이스라엘 땅마저 미국이 점령했다는 뜻이다. 미국이 중국을 붕괴시키고 세상을 통일하는 일에 집중하고 있을 때 유럽은 이스라엘 백성들이 예루살렘 성과 성전을 재건축한 일을 두고 문제를 삼으며, 국제적인 분쟁을 일으킨다. 이때 미국이 유럽 편에 서서 이스라엘에게 예루살렘을 포기할 것을 요구하지만, 이스라엘이 선지자의 지시를 따르며, 그들의 요구를 거부한다. 그러자 미국과 유럽이 주축이 된 국제연합군이 이스라엘을 침략해 들어가서 예루살렘시를 파괴하고, 성전을 모독하며 그 땅을 점령한다. '그 국토가 버려지리라.'는 음녀의 나라인 미국의 국토가 이스라엘을 점령한 죄의 대가로 바빌론과 같이 지구상에서 아주 없어지게 된다는 뜻이다. 이와 같은 이유로 성경의 계시록 17:3은 미국을 바빌론으로 표현하고 있다.

네 번째는 "북한(개)이 놀라고 이스라엘(양)이 기뻐하니"이다. 북한이 놀라는 것은 중국이 미국에 의해 괴멸당하면서 남북의 완전한 통일이 이루어지고 김정은과 그 족속이 모두 죽임을 당하는 것을 보기 때문이고, 이스라엘이 기뻐하는 것은 예루살렘 시와 성전 재건축이 이루어진 뒤에 이스라엘 백성들이 예루살렘 시의 감람산 위에 임하신 예수 그리스도를 선지자와 함께 영접함으로써 성경의 예언이 성취되었기 때문이다.

마지막 다섯 번째 "오십팔년(五十八年)에"는 오미년 당시서부터 58년 후라는 뜻이고, "윷놀이가 없어지고"는 그때 조선사람들의 전통적인 풍습이 없어지고 새로운 천년시대를 맞는다는 의미이며, "단군(檀君)의 동쪽에 토대가 이뤄짐을 보리라."는 것은 이 땅의 동방국이 단군(檀君)의 땅 동쪽에서 단군과 같은 큰 나라를 시작하게 된다는 의미이다.

(17) 1五卯一乞丹東佛出. 2末判之圖午未樂堂. 3堂仙李一枝誰保命. 4柿林扶李守從之生.

(오묘일걸단동불출. 말판지도오미낙당. 당선리일지수보명. 시림부이수종지생.)

해석문: ①다섯 토끼띠와 한 걸인이 단풍 진 동쪽에서 부처로 출현하리라. ②마지막 판의 그림은 오미(丙午 2026, 丁未 2027)년에 즐거운 집이라. ③그리스도 교회당의 오얏나무 한 가지를 누가 생명을 보존하는가? ④감람나무가 오얏나무를 도우니 지키고 따르는 생명이 됐네.

참고주해: ①"다섯 토끼띠와 한 걸인이 단풍 진 동쪽에서 부처로 출현하리라."는 다섯 토끼띠의 사람들과 한 거지가 단풍 진 가을에 동쪽에서 진리로 거듭난 사람이 되어 나타난다는 의미이다.

②"마지막 판의 그림은 오미[병오(丙午); 2026, 정미(丁未); 2027]년에 즐거운 집이라."는 2026년과 2027년에 예루살렘 성전이 재건축되어 모든 성도들이 기뻐하는 집이 되었다는 뜻이다.

③"그리스도 교회당의 오얏나무 한 가지를 누가 생명을 보존하는가?" 여기서 "오얏나무 한 가지"는 전주 이씨인 사람이라는 뜻이고, "그리스도 교회당"은 그가 그리스도교에 속해 있다는 의미이다. "누가 생명을 보존하는가?"라는 것은 이 사람을 누가 구원의 길로 인

도하는가 하고 묻는 말씀이다.

④"감람나무가 오얏나무를 도우니 지키고 따르는 생명이 됐네." 앞에서 말한 전주 이씨의 생명을 보존한 사람이 감람나무 선지자였고, 그런 뒤에 전주 이씨는 선지자를 좇고 그를 지키는 하나님의 사람으로 변화됐다는 의미이다.

(18) 1不顧聖人無福可歎. 2李鄭黑猴申望綠蛇. 3頭尾鄭初飛鳥鳩月. 4 五七四年天受禪堯.

(불고성인무복가탄. 이정흑후신망록사. 두미정초비조구월. 오칠사년천수선요.)

해석문: ①돌보지 않는 성인은 복이 없음을 탄식할 만하구나. ②이씨와 정씨가 나쁜 마음으로 병신(丙申; 2016)년에 중국(蛇)에게 푸르기를 바라리라. ③정씨의 앞과 끝에 최초로 성령이 임하신 달이라. ④574년에 하늘로부터 요임금의 양위를 받으리라.

참고주해: ②"이씨와 정씨"는 현재의 정치인을 가리키는 것이다. "나쁜 마음으로 병신(丙申; 2016)년에 중국(蛇)에게 푸르기를 바라"는 것은 사드 미사일 문제를 협상한다며 중국으로 찾아간 지금의 정치인들이 나쁜 마음으로 중국의 마음을 얻고자 했다는 뜻이다. 당파의 이익을 위한 정치적인 의도를 가지고 굴욕적인 자세로 중국의 마음을 얻고자 했다는 것이다.

③"정씨의 앞과 끝에 최초로 성령이 임하신 달이라." "정씨"는 선지자이고 그에게 '앞과 끝에 최초로 성령이 임하신 달'은 그에게 놀라운 성령의 역사가 나타나는 달이 온다는 뜻이다.

④"574년에 하늘로부터 요임금의 양위를 받으리라."는 선지자가 중

국 전설의 성군인 요임금의 위를 하늘로부터 받는다는 말씀인데, 여기서 574년은 조선의 수명을 가리키는 것이다. 조선의 수명을 505년이 아닌 574년이라고 한 것은 태조 이성계가 조선을 건국한 1392년부터 일본에게 국권을 빼앗긴 1897년까지 505년과 이승만 초대 대통령이 건국한 1948년 8월 15일부터 다시 계산해서 574년이 되었을 때를 가리킨다. 이렇게 계산하는 이유는 앞에서 말한 것처럼 격암유록은 이 나라가 조선을 계승한 나라로 보기 때문이다. 그러므로 정유(丁酉), 2017년이 선지자가 하늘로부터 요임금의 양위를 받는 해이다. 선지자가 양위를 받고 난 뒤에 대한민국의 수명은 건국 70년이 다 차는 무술(戊戌; 2018)년과 기해(己亥; 2019)년에 끝나게 되며, 그 후서부터 선지자의 시대가 열리게 된다.

(19) 1鷄龍太祖登位飛上. 2玉燈秋夜戊己之日. 3海印金尺天呼萬歲. 4三分鼎峙龍兎之論.

(계룡태조등위비상. 옥등추야무기지일. 해인금척천호만세. 삼분정치용토지론)

해석문: ①귀신 마귀가 태조 대왕의 위에 올라 날아오르네. ②옥등이 켜진 가을밤은 戊戌(무술, 2018)과 기해(己亥, 2019)년의 날이라네. ③해인(海印)의 하나님을 아는 자(尺)는 만세하고 하늘을 향해서 외치네. ④삼분정립(三分鼎立) 대치하여 멈춤은 용띠와 토끼띠가 말을 함이니.

참고주해: 1절 鷄龍太祖登位飛上(계룡태조등위비상; 귀신과 마귀가 태조 대왕의 위에 올라 날아오르네)의 계룡(鷄龍)은 선지자에 대한 호칭이 아니다. 왜냐하면, 선지자는 이 계시의 사건이 일어나는 시

점에는 아직 세상에 등장하지 않았기 때문이다. 여기서는 선지자와 다른 어떤 인물을 상징한다. 지금까지 계룡은 사람들이 선지자를 악평하며 부르는 별명이었지만, 여기서는 이 인물의 본성을 나타내는 이름인데, 왜냐하면 다음 단어 등위(登位)가 이 사람이 태조대왕의 위位에 스스로 올랐음을 보여주고 있기 때문이다. 선지자는 스스로 왕이 되는 사람이 아니다. 그러므로 불의하게 왕위에 오른 귀신이고 마귀라는 뜻이다. 그다음 단어 비상(飛上)은 높이 날아오른다는 뜻이므로 이 사람이 한참 잘나가서 많은 사람들이 따르고 있다는 의미를 나타내고 있다. 따라서 본문의 계룡은 사람들이 악평하는 이름이 아니라 하나님께서 판단하시는 그 사람의 성품이며, 이 나라가 이 악한 자로 인해서 귀신 마귀의 나라가 되었다는 비유적인 의미를 나타낸 것이다.

②"옥등이 켜진 가을밤"은 1. 남사고비결 p2의 옥등추야삼팔일(玉燈秋夜三八日)에서 설명한 것처럼 강력한 수소폭탄이 폭발하면서 일으키는 버섯 모양의 구름 기둥과 섬광을 비유적으로 표현한 말씀이다. 앞에서는 오행의 동방을 가리키는 삼팔일(三八日)이었는데, 여기서는 무기지일(戊己之日)로 바뀌었다. 무기(戊己)는 "무술(戊戌; 2018)년과 기해(己亥; 2019)년"이다. 그러므로 이 말씀은 2018년과 2019년에 제2차 남북한 전쟁이 일어나면서 가을밤 하늘을 밝히는 수소폭탄이 남쪽 땅에서 폭발한다는 계시이다.

③"해인(海印)의 하나님을 아는 자(尺)는 만세하고 하늘을 향해서 외치네."의 '해인'은 하나님의 능력을 의미한다. 그러므로 "해인의 하나님을 아는"은 하나님의 말씀과 능력을 안다는 의미이고, 자尺는 정씨가 아직 선지자로 변화되지 않은 상태에 있으나 하나님의 뜻과

세상을 올바르게 관찰하고 있다는 의미이다. 그래서 그가 "만세하고 하늘을 향해서 외"친 것은 귀신 마귀의 멸망의 때가 하나님께서 정하신 대로 이루어지는 것을 보고 기뻐했다는 뜻이다.

④"삼분정립(三分鼎立) 대치하여 멈춤은 용띠와 토끼띠가 말을 함이니" 이 말씀에서 용띠는 5. 말운론 p45 1절 龍巳之人不免獄(용사지인불면옥)에서 설명한 용띠의 사람이고, 토끼띠는 그와 반대편에 섰던 이 시대의 대표적인 정치인 중 한 사람이다. 이 두 사람이 국회의원 선거를 앞두고 서로 자신의 주장만을 고집하면서 국회의 권력이 여러 개의 당으로 분산되는 결과를 가져왔고, 그런 뒤에 한국의 정치가 멈춰서게 되었다는 뜻이다.

(20) 1李鄭爭鬪各守一鎭. 2無罪蒼生萬無一生. 3長弓射矢萬人求活. 4山鳥騎豚渡野溪邊.

(이정쟁투각수일진. 무죄창생만무일생. 장궁사시만인구활. 산조기돈도야계변.)

해석문: ①이씨와 정씨가 싸움을 벌여 각각 방어하며 한 번씩 진압하네. ②죄가 없는 백성은 만의 한 생명도 없네. ③큰 선지자가 쏜 시위가 만인을 구하고 살리리라. ④산의 귀신이 말을 타고 돼지를 몰아서 물을 건너고 들을 지나 계곡 옆으로 가네.

참고주해: ①"이씨와 정씨가 싸움을 벌여 각각 방어하며 한 번씩 진압하네."는 3. 계룡론 p5 5절 鄭趙之變一人鄭矣(정조지변일인정의)에서 설명한 것처럼 본문의 이씨가 정조지변을 일으킨 정씨의 세력을 진압하기 위해서 일으키는 전쟁에 대한 계시이다. 두 세력은 한 번 이기고 한 번 지게 된다. 즉 어느 쪽도 완전히 진압되지 않은 것이

다. 따라서 본문의 이씨와 정씨 간의 싸움이 나라가 분열하는 때를 묻는 5. 말운론 p81 2절 又分何之年(우분하지년; 그런 다음 분열되는 해는 언제인가)의 원인이 되는 사건인 것을 알 수 있다.

②'죄가 없는 백성은 만의 한 생명도 없'다. 모든 사람은 다 죄인이라는 뜻이다. 죄인은 죽을 수밖에 없다.

3절 "長弓射矢萬人求活(장궁사시만인구활; 큰 선지자가 쏜 시위가 만인을 구하고 살리리라)의 장궁(長弓)은 그리스도를 상징하고, 사시(射矢)는 하나님의 말씀, 다시 말해 복음을 의미한다. 그러므로 그리스도께서 전한 복음이 만인을 구하고 살게 한다는 뜻이 된다.

(21) 1鼠女隱日三床後臥. 2走肖神將葛羌勇士. 3白眉將軍渴川之魚. 4八鄭之中三傑一人.

(서녀은일삼상후와. 주초신장갈강용사. 백미장군갈천지어. 팔정지중삼걸일인.)

해석문: ①쥐처럼 부정한 여자가 은밀히 숨는 날에, 세 개의 상에 임금이 엎드리니라. ②달려가는 갈포(葛布)를 입은 신장(神將) 같은 자는 오랑캐 용사이네. ③하얀 눈썹의 장군이 메마른 내에서 물고기를 건지네. ④여덟 정씨 가운데 뛰어난 사람이 셋이 있고, 하나만 하나님을 아는 사람이네.

참고주해: 1절 鼠女隱日三床後臥(서녀은일삼상후와)는 5. 말운론 p45에 이어서 다시 반복해서 나온 구절이다. 이렇게 같은 문장을 반복함으로써 그 뜻을 더욱 강조한 것이다. 즉, 이 계시 속의 여자가 하나님 앞에서 범한 부정한 죄가 이 나라 백성들이 멸망의 죄에 빠지는 원인이 된다는 것을 한 번 더 강조하여 지적했다는 것이다.

②"갈포(葛布)를 입은 신장(神將) 같은 자는 오랑캐 용사이네."의 '갈포(葛布)'는 군복을 의미하고, '신장(神將) 같은 자는' 막강한 무력을 지니고 있는 자라는 뜻이며, '오랑캐 용사'라고 한 것은 그 군사가 중국군이라는 뜻이다. 그러므로 북한이 핵무기로 남한 땅을 공격해서 남한 정부를 무너뜨리자 오랑캐인 중국이 남침을 했다는 뜻이다.

③"하얀 눈썹의 장군"은 선지자를 가리키는 것이고, 그가 "메마른 내에서 물고기를 건"진다는 것은 전쟁으로 황폐해진 세상 가운데서 사람들을 구원한다는 의미이다.

④"여덟 정씨 가운데 뛰어난 사람이 셋이 있고"는 전쟁의 참화로 혼돈에 빠진 세상 속에서 많은 거짓 선지자들이 나타나고, 그 가운데서 세 사람을 많은 사람들이 좇는데, 세 사람 중에서 한 사람만 "하나님을 아는 사람이"다. 즉, 남해 섬에서 나온 선지자만이 진실한 하나님의 종이라는 뜻이다.

(22) 1靑眉大將異陵非衣. 2人王四維千人得生. 3分國爭雄三傑之人. 4南步老將白首君.

(청미대장이릉비의. 인왕사유천인득생. 분국쟁웅삼걸지인. 남보노장백수군.)

해석문: ①푸른 눈썹의 대장이 큰 무덤을 옮기고 옷도 입지 않았네. ②사람의 왕이 사유의 네 가지가 있으면 천 사람이 생명을 얻네. ③나라가 갈라져 싸우는 가운데서 세 호걸의 사람이라. ④남쪽에서 걷는 늙은 장수는 흰머리의 군왕이네.

참고주해: ①"푸른 눈썹의 대장"의 '푸른 눈썹'은 동양인이 아니라는 의미이다. 따라서 남한이 붕괴된 뒤에까지 남아 있던 미군의 지휘자

로 보인다. "큰 무덤을 옮기고 옷도 입지 않았"다는 것은 그가 많은 악행을 저지르고도 부끄러움을 모른다는 뜻이다.

②의 "사유(四維)의 네 가지"는 예禮(예절禮節), 의義(법도法道), 염廉(염치廉恥), 치恥(부끄러움)을 말한다. 이것이 '있으면 천 사람이 생명을 얻'는다. 즉, 나라를 올바르게 다스리는 왕은 많은 생명을 살린다는 뜻이다.

④"남쪽에서 걷는 늙은 장수는 흰머리의 군왕이네."는 선지자를 가리킨다. 선지자가 하나님의 복음을 전할 뿐만 아니라 난세(亂世)를 평정(平定)시키는 장수이고 군왕이라는 뜻이다.

(23) 1七李相爭勝利一人. 2三分天下假鄭三年. 3道下止人天破修身. 4口出刃劍奮打滅魔.

(칠이상쟁승리일인. 삼분천하가정삼년. 도하지인천파수신. 구출인검분타멸마.)

해석문: ①일곱 이씨가 서로 싸우나 승리는 한 사람이 하리라. ②셋으로 나눠진 천하(天下)에서 삼 년간 가짜 정씨가 나오리라. ③길 아래에서 머무는 사람은 하늘이 몸과 마음을 다 바르게 닦게 하시네. ④선지자의 입에서 나온 날카로운 칼이 마귀를 쳐서 부서뜨려 멸망시키네.

참고주해: ①"일곱 이씨가 서로 싸우나 승리는 한 사람이 하리라."의 '일곱 이씨'는 이성계처럼 권력을 탐하는 사람들이다. 권력을 두고 다투는 이 시대의 잘나가고 있는 정치인들과 혼란한 정치 상황을 표현한 말씀이다. 그러나 그 일곱 중 한 사람이 권력을 쥐게 된다.

②절의 "셋으로 나눠진 천하(天下)에서"는 앞의 p20 1절의 이정쟁

투(李鄭爭鬪)에 의해서 남쪽이 분열되었다는 뜻이고, "삼 년간 가짜 정씨가 나오리라."는 것은 그때서부터 혼란에 빠진 세상 가운데서 삼 년 동안 자신이 예언서의 정도령이라고 주장하는 많은 거짓 선지자들이 나온다는 뜻이다.

3절 "道下止人天破修身(도하지인천파수신)의 도하지인(道下止人)은 직역하면 길 아래에서 머물고 있는 사람이 된다. 세상의 길에서 떠나 있는 사람이라는 의미이다. 그다음 천파수신(天破修身)의 파破는 깨트릴 파破가 아니라 다할 파破이다. 하늘에서 몸과 마음을 다 바르게 닦게 하신다는 뜻이다. 그러므로 세상의 길에서 떠나 있는 사람은 하늘이 몸과 마음을 다 바르게 하도록 돕는다는 뜻이다.

4절 口出刃劍奮打滅魔(구출인검분타멸마)의 구口를 '성도의 입구'로 의역해 왔으나 여기서는 입 구口로 해석했다. 왜냐하면, 이 말씀은 선지자의 능력과 권능을 표현한 것으로 아래의 성경 말씀을 가리키기 때문이다.

"그 오른손에 일곱 별이 있고 그 입에서 좌우에 날 선 검이 나오고," 계1:16(상반절)
"내 입을 날카로운 칼 같이 만드시고," 사49:2(상반절)

위에 인용한 성경 말씀들은 모두 말세의 선지자에 대한 계시이다. 그러므로 본문의 "입에서 나온 날카로운 칼"은 선지자가 하나님으로부터 받은 권능을 가리킨다. 그가 하나님으로부터 받은 그 권능으로 "마귀를 쳐서 부서뜨려 멸망시"킨다는 뜻이다.

(24) 1跪坐誦眞萬無一傷. 2鬼不矢口六千歲龍. 3權柄之世坐居龍床. 4妖鬼

猖獗火滅其中.

(궤좌송진만무일상. 귀불시구육천세용. 권병지세좌거용상. 요귀창궐화
멸기중.)

해석문: ①꿇어앉아 진리의 말씀을 암송하면 상할 염려가 전혀 없네.
②육천 세의 마귀가 귀신 화살을 성도에게 쏘지 못하네. ③권력과
힘에 휘둘리는 세상은 앉아서 편안히 거하는 사단의 상이라. ④요귀
가 창궐하니 그 속에 불을 떨어뜨려 멸하리라.

참고주해: ①"꿇어앉아 진리의 말씀을 암송하면 상할 염려가 전혀 없
네!"라는 모든 것을 파괴시키는 전쟁이나 재앙이 임하는 환난 속에서
도 꿇어앉아 성경의 말씀을 암송하면 아무런 해를 당하지 않는다.

②절의 "육천 세의 마귀"는 하나님의 지으심을 받은 마귀가 타락한
지 6천 년이 됐다는 것이고, "귀신 화살을 성도에게 쏘지 못"한다는
것은 그가 귀신을 이용해서 성도를 미혹하는 짓을 하지 못한다는 뜻
이다.

③"권력과 힘에 휘둘리는 세상은" 권력과 힘 있는 자들이 온갖 불법
과 불의를 휘둘러 대며 악을 쌓아 가고 있는 지금의 이 나라를 가리
켜서 한 말씀이다. 이런 세상은 "앉아서 편안히 거하는 사단의 상이
라." 즉, 마귀가 좋아하는 밥상이라는 뜻이다.

④"요귀가 창궐하니" 그런 세상 속에서 마귀를 따르는 악한 귀신이
많아졌다는 뜻이고, "그 속에 불을 떨어뜨려 멸하리라."는 것은 하
나님께서 곧 불의 재앙을 일으켜서 그 악한 귀신이 창궐해진 불의한
세상을 멸하신다는 뜻이다. 곧 이 나라의 멸망이 있을 것임을 경고
한 말씀이다.

20

도 하 지
(道 下 止)

(1) 1道者弓弓之道. 2無文之通也. 3行惡之人不覺之意. 4尋道之人覺之得也.

(도자궁궁지도. 무문지통야. 행악지인불각지의. 심도지인각지득야.)

해석문: ①도道를 닦는 자는 하나님 종들의 도를 닦으라. ②글을 몰라도 통하는 것이네. ③악을 행하는 사람은 그 뜻을 깨닫지 못하고, ④진리를 찾는 사람은 깨달아서 갖네.

(2) 1生也訣云. 2人惠無心村十八退. 3丁目雙角三卜人也. 4千口人間以着冠也.

(생야결운. 인혜무심촌십팔퇴. 정목쌍각삼복인야. 천구인간이착관야.)

해석문: ①살아 있어 결론적으로 말하는데, ②사람의 자애로운 마음이 없는 마을이면 열여덟 번 퇴보하리라. ③장정의 눈과 쌍뿔의 세

분은 헤아리는 사람이라. ④천 명의 성도의 입구인 사람들이 갓 관을 머리에 썼다네.

참고주해: ②"사람의 자애로운 마음이 없는 마을이면 열여덟 번 퇴보하리라." 남을 사랑할 줄을 모르는 마을은 한 괘도 얻지 못하므로 멸망한다는 뜻이다. 환난에 빠진 사람들에게 도움을 주지 않는 마을은 멸망한다.

③"장정의 눈과 쌍뿔의 세 분은 헤아리는 사람이라." 아버지 하나님과 예수 그리스도와 선지자 세 분이 세상을 헤아려서 살펴보고 계신다는 뜻이다.

④"천 명의 성도의 입구인 사람들이 갓 관을 머리에 썼다."는 것은 앞에서 말한 니느웨 백성들과 같이 회개하며 베옷을 입고 관을 썼다는 의미이다.

(3) 1破字妙理. 2出於道下止也. 3不覺此意平生修身. 4不免怨無心矣. 5愼覺之哉.

(파자묘리. 출어도하지야. 불각차의평생수신. 불면원무심의. 신각지재.)

해석문: ①파자의 미묘한 이치라. ②나와야 하느니 길 아래에서 머물라 (道下止; 도하지). ③이 뜻을 깨닫지 못하면 평생동안 몸과 마음을 올바르게 닦아야 하리니, ④원통함을 면치 못하리라. ⑤삼가고 깨달아 알라.

참고주해: "파자의 미묘한 이치라." 첫 구절의 파자의 미묘함이란 한 단어나 문장의 형태를 바꾸거나 변형시킨다는 의미이다.

2절 "出於道下止也(출어도하지야)"를 직역하면 '나와서 길 아래에서 머물라.'가 된다. 도하지(道下止)의 뜻을 앞의 19. 궁을론 p23에서 세상의 길에서 떠남이라고 설명했다. [도하지에 대한 뜻 해석은 21.

은비가 p57과 59. 말중운 p10 및 p12 참조]

이런 도하지(道下止)의 "뜻을 깨닫지 못하면 평생동안 몸과 마음을

올바르게 닦아야" 하고 "원통함을 면치 못"하게 된다. 그러니 깊이

생각하고 그 참뜻을 깨닫지 않으면 안 된다.

(4) 1弓弓之道. 2儒佛仙合一之道. 3天下之倧也.

　(궁궁지도. 유불선합일지도. 천하지종야.)

　해석문: ①하나님의 종들의 도(道)는, ②유교와 불교와 그리스도교가

　　합하여 하나의 도(道)가 되니, ③천하(天下)의 옛 신인(神人)들이라.

　참고주해: ①의 "하나님의 종들의 도(道)는" 그리스도와 선지자의 복

　　음을 의미한다. 그 복음은 유교와 불교와 그리스도교가 합하여진 유

　　일한 진리이고, 곧 그것이 태초의 사람들이라는 뜻이다. 다시 말해

　　서 하나님께서 창조하신 사람의 태초 때의 본 모습이라는 의미이다.

(5) 1訣云. 2利在弓弓乙乙田田. 3是天坡之三人一夕. 4柿從者生矣. 5一云人

　合千口以着冠.

　(결운. 이재궁궁을을전전. 시천파지삼인일석. 시종자생의. 일운인합천구

　이착관.)

　해석문: ①결론지어 말하건대, ②하나님의 종들과 성도들과 성도들의

　　모임에 이로움이 있네. ③이 하늘 언덕의 세 사람이 하나인 저녁,

　　④감람나무를 따르는 자는 살리라. ⑤한마디로 말하면 천 명의 사

　　람이 함께 성도들의 입구에서 갓 관을 쓰니라.

　참고주해: ③의 "이 하늘 언덕의 세 사람이 하나인 저녁"이란 무슨 의

미일까? "하늘 언덕"은 선지자가 성도들과 함께 있는 남해의 섬을 가리킨다. "세 사람"은 하나님 아버지와 그리스도와 선지자를 의미하며, "하나인 저녁"이란 세 분이 함께 모여 하나가 된 저녁이라는 의미이다. 여기서 하나님 아버지를 세 사람 중의 하나라고 설명하는 데 대해서 9. 생초지락 p63의 神亦人耶天亦人(신역인야천역인)을 이해하면 쉽게 수긍이 될 것이다. 창세기에서 하나님께서 인간을 창조하셨을 때 이렇게 말씀하셨다.

"하나님이 가라사대, 우리의 형상을 따라 우리의 모양대로 우리가 사람을 만들고 그로 바다의 고기와 공중의 새와 육축과 온 땅과 땅에 기는 모든 것을 다스리게 하자 하시고,
하나님이 자기 형상 곧 하나님의 형상대로 사람을 창조하시되, 남자와 여자를 창조하시고" 창1:26, 27

그러므로 사람도 하나님이며 하나님도 사람인 것이다. 지금의 인간은 아담의 죄로 말미암아 하나님의 성품을 잃었으나 본래는 하나님과 똑같은 존재였다.
④"감람나무를 따르는 자는 살리라."라고 한 것은 앞에서 말한 것처럼 하나님께서 임하신 것을 깨닫고, 그런 사실을 전하는 선지자를 믿고 따르는 자는 구원을 얻는다는 뜻이다.
⑤"한마디로 말하면 천 명의 사람들이 함께 성도들의 입구에서 갓관을 쓰니라."는 선지자가 전하는 구원의 복음을 믿고 앞의 16. 가전 p4에서 설명한 것처럼 니느웨 백성들과 같이 천 명의 사람들이 베옷과 관을 쓰고 자기 죄를 회개하고 있다는 뜻이다.

⑹ 1此言不中非天語. 2時運不開否道令.

(차언부중비천어. 시운불개부도령.)

해석문: ①이 말은 하나님의 말씀이 아닌 것이 없느니라. ②때의 운이
아직 열리지 않았음을 정도령은 부정하지 않네.

참고주해: ①"이 말은 하나님의 말씀이 아닌 것이 없느니라."의 '이 말
은' 이 예언서를 가리키는 것이며, 이 책의 내용이 다 하나님의 말씀
이라는 것이다. 다시 말해서 성경의 묵시와 같다는 것이다.

은비가
(隱秘歌)

(1) 1兩白三豊名勝地. 2望遠耳聽心不安. 3時來運到細推究. 4從橫一字分日月. 5弓不在山弓不水.

(양백삼풍명승지. 망원이청심불안. 시래운도세추구. 종횡일자분일월. 궁불재산궁불수.)

해석문: ①양 선지자의 세 복음은 이름하여 승리한 땅이라. ②먼 곳을 바라보고 귀로 들어도 마음이 불안하니, ③때가 되어 운이 돌아오면 작은 것도 자세히 알아서 규명하리라. ④가로와 세로로 일(一)자가 나뉘는 날과 달에, ⑤하나님의 종은 산에 머물지 않고, 하나님의 종은 물에도 없으리라.

참고주해: ②"먼 곳을 바라보고 귀로 들어도 마음이 불안하니"는 하

나님의 종으로 세상에 나올 때를 기다리고 있는 선지자의 마음을
표현한 것이다.

③"때가 되어 운이 돌아오면 작은 것도 자세히 알아서 규명하리라."
고 한 것은 선지자가 하나님의 종으로 세움을 받기 이전서부터 때가
되어 세상에 나오면 작은 악이라도 소홀하게 넘기지 않고 철저하게
규명하여 악을 세상으로부터 몰아내고 만다고 스스로 다짐해 왔다
는 것이다.

(2) 1牛性在野四乙中. 2武陵桃源仙境地. 3一片福州聖山地. 4鷄龍白石平砂
　　間. 5三十里局天藏處.

　　(우성재야사을중. 무릉도원선경지. 일편복주성산지. 계룡백석평사간. 삼
　　십리국천장처.)

　해석문: ①소의 성품인 사람이 세상 밖에서 네 명의 성도들 가운데 있
　　　네. ②별천지인 그리스도인들이 머무는 땅이라. ③한 조각의 복주
　　　(福州)인 거룩한 산의 땅이라. ④귀신 마귀인 선지자 돌이 모래 개
　　　펄 사이에 있네. ⑤삼십 리의 하늘이 감추어 놓은 마을이라.

　참고주해: ①의 "소의 성품인 사람"은 선지자가 하나님의 종으로서 세
　　　상에 나온 사실을 표현한 것이며, 그리스도께서 어린양으로 세상에
　　　나오신 것과 같다. "네 명의 성도들"은 그가 최초로 성도들의 모임
　　　을 이룬 하나님의 백성들을 의미한다.

　　　②"별천지인 그리스도인들이 머무는 땅"은 그 최초의 성도들의 모임
　　　을 이룬 곳을 가리킨다. 그곳을 ③"한 조각의 복주(福州)인 거룩한
　　　산의 땅이라."고 말씀했다. '복주(福州)'는 중국의 무역항으로 최초의
　　　성도들의 모임이 출현한 곳이 작은 항구라는 뜻이고, 또 그곳은 거

룩한 산이 있는 땅으로 아버지 하나님과 예수 그리스도께서 임하시기 위해서 세상 가운데서 거룩하게 구별된 곳이다.

그리고 ④"귀신 마귀인 선지자 돌"은 그곳의 "모래 개펄 사이에 있"고, 그 땅은

⑤"삼십 리의 하늘이 감추어 놓은 마을"이다.

(3) 1三神聖山何處地. 2東海三神亦此地. 3甘露如雨海印理. 4小弓武弓生殺權. 5天下一氣弓乙化.

(삼신성산하처지. 동해삼신역차지. 감로여우해인리. 소궁무궁생살권. 천하일기궁을화.)

해석문: ①세 분 하나님의 거룩한 산이 어느 곳의 땅인가? ②동해의 세 분 하나님 역시 이 땅이라. ③비 같이 내리는 맛있는 이슬이 해인의 이치라. ④작은 하나님의 종은 무사인 종으로 죽이고 살릴 권한이 있네. ⑤천하(天下)에 한 번의 기운이 하나님의 종과 성도들로 변화했네.

참고주해: ①"세 분 하나님의 거룩한 산이 어느 곳의 땅인가"의 "세 분 하나님"은 앞에서 말한 것처럼 아버지 하나님과 예수 그리스도와 선지자 세 사람이다. 그리고 "거룩한 산"은 아버지 하나님과 그리스도께서 어린양의 혼인 잔치를 위해 임하시는 산이며, 세 사람이 모인 곳이다.

④의 "작은 하나님의 종은" 선지자이고, 또 그는 "무사인 종"이고, 그에게는 인간을 '죽이고 살릴 권한이 있"다.

⑤"천하(天下)에" 일어난 "한 번의 기운"은 선지자가 전하는 복음을 의미한다. 그리고 이 복음이 많은 사람들을 "하나님의 종과 성도들

로 변화"시킨다.

(4) 1東走者死西入生. 2靑春男女老少間. 3虛火亂動節不知. 4天地震動無哭
聲. 5生死判端仰天祝.

(동주자사서입생. 청춘남녀노소간. 허화난동절부지. 천지진동무곡성. 생
사판단앙천축.)

해석문: ①동쪽으로 달려가는 자는 죽고 서쪽으로 들어가면 살리라.
②청춘 남녀이고 노인과 어린아이고 간에 ③헛된 불로 난동을 부리
니 절제를 모르네. ④하늘과 땅이 진동(震動)을 하면 곡성도 없네.
⑤생과 사의 판단은 하늘을 바라보며 비는 것이라.

참고주해: ①"동쪽으로 달려가는 자는 죽고"는 동쪽 방향으로 달아나
는 자는 죽는다는 뜻이다. 사람들이 동쪽으로 달아난다는 것은 전
쟁이 일어났을 때 미국과 일본 같은 나라들로 달아난다는 것이다.
이런 사람들은 반드시 죽는다. 왜냐하면 그들은 하나님을 믿지 않
고 그 나라들을 의지해서 살아남겠다는 태도를 보인 것이기 때문이
다. "서쪽으로 들어가면 살리라."고 한 것은 환난이 임한 곳으로 들
어가는 사람들은 오히려 살게 된다는 뜻이다. 왜냐하면 그들은 하
나님을 믿고, 이 땅을 떠나지 않았을 뿐만 아니라 환난에 빠진 사람
들과 함께하며, 그들을 구제하고, 사회를 혼란으로부터 벗어나게 하
기 위해서 노력하기 때문이다.

②"청춘 남녀이고 노인과 어린아이고 간에, 헛된 불로 난동을 부리
니 절제를 모르네." 이 말세의 사람들은 남녀노소를 가리지 않고 모
두가 음란한 욕망을 절제하지 못하고 행음하고 있다는 말씀이다. 그
러므로 이 시대는 소돔과 고모라와 다름이 없으니 이 시대의 멸망

또한 소돔과 고모라와 같이 있게 된다. 그 날에,

④"하늘과 땅이 진동(震動)을 하면 곡성도 없네." 소돔과 고모라와 같이 멸망을 당한다는 뜻이다. 이 말씀이 올바르다고 생각되는 사람은 "생과 사의 판단"을 스스로 하고, "하늘을 바라보며 비는 것이" 살아남는 유일한 길이다.

(5) 1山魔海鬼隱藏世. 2陽來陰退肇乙知. 3六角八人天火降. 4善惡分別仔細知. 5苦待春風訪道者.

(산마해귀은장세. 양래음퇴조을지. 육각팔인천화강. 선악분별자세지. 고대춘풍방도자.)

해석문: ①산에는 마귀가 바다에는 귀신이 은밀하게 감춰져 있는 세상이라. ②밝음이 오면 어둠은 물러가니, 시초의 성도들은 알리라. ③여섯 뿔의 여덟 사람이 하늘에서 불을 떨어뜨리니, ④선과 악을 아주 작고 미세한 부분까지 분별하여 알리라. ⑤매우 기다리던 봄바람의 진리를 찾는 자라.

참고주해: ①"산에는 마귀가 바다에는 귀신이 은밀하게 감춰져 있는 세상이라." 마귀와 귀신이 숨어서 악이 만연한 이 시대를 만들고 있다는 뜻이다. 그러나,

"밝음이 오면 어둠"이 물러가듯이 참 진리가 전파되면 마귀와 귀신은 세상에서 쫓겨난다. 그래서 이제 세상으로부터 나오는 "시초의 성도들은 알리라."고 했다.

3절 六角八人天火降(육각팔인천화강; 여섯 뿔의 여덟 사람이 하늘에서 불을 떨어뜨리니)은 1장 남사고비결 p7 1절 六角八人天火利(육각팔인천화리)와 마지막 한 문자 이로울 이利를 내릴 강降으로 바

꾼 문장이다. "육각(六角; 여섯 뿔)"은 앞에서 설명한 것처럼 계시록의 일곱 나팔 중에서 재앙을 일으키는 여섯 나팔을 가리키고, 팔인(八人; 여덟 사람)은 그리스도와 선지자 그리고 재앙을 일으키는 여섯 나팔의 천사들을 가리킨 것이다. 이들을 주역의 원리대로 말한다면 세상을 바꾸는 여덟 사람이다. 천화리(天火利; 하늘 불의 이로움)가 천화강(天火降; 하늘에서 불을 떨어뜨림)이 된 것은 하늘에서 떨어뜨리는 불로 세상의 악을 소멸시켜 새로운 세상으로 변화시키기 때문이며, 따라서 악을 소멸시키는 그 불이 세상에 이로운 것이다. 그때 세상은 ④"선과 악을 아주 작고 미세한 부분까지 분별하여 알"게 된다.

⑤"매우 기다리던 봄바람의 진리를 찾는 자라"는 기다리던 선지자가 봄에 세상에 나오게 된다는 말씀이다.

(6) 1肇乙矢口天乙來. 2山水前路預言中. 3四乙之中三聖出. 4西方結寃東方解. 5願日見之修源旅.

(조을시구천을래. 산수전로예언중. 사을지중삼성출. 서방결원동방해. 원일견지수원려.)

해석문: ①초기의 성도가 말씀의 입구로 들어가니 하늘의 성도들이 찾아오네. ②산과 물의 앞날에 대한 예언 가운데서, ③네 성도들의 중앙에 세 분 성인이 출현하네. ④서방에서 맺혔던 원한을 동방에서 해결하네. ⑤매일 보고 알기를 원했던 먼 배움의 여로였네.

참고주해: 원문 조을시구(肇乙矢口)를 "비로소 성도가 들어가는 하나님의 말씀의 입구"로 해석한 이유는 1. 남사고비결 p30에서 설명했다. 이제 시작된 성도가 들어가는 하나님의 말씀의 입구에 '하늘의

성도들이 찾아오'면서 성도들의 모임이, 다시 말해 그리스도의 몸인 참 교회가 시작됐다는 뜻이다.

3절 "四乙之中三聖出(사을지중산성출; 네 성도들의 중앙에 세 분 성인이 출현하네)"의 '사을(四乙)은 네 성도들이라는 뜻이다. 6. 성산심로 p15 5절 四口交人留處(사구교인유처)에서 설명한 가장 작은 단위의 교회(성도들의 모임)를 가리키며, 그 구성원인 성도들을 의미한다. 그러므로 네 성도들이 모인 성도들의 모임 안에서 하나님과 그리스도와 선지자가 함께 하신다는 뜻이다.

④"서방에서 맺혔던 원한"이란 선지자가 서양에서 세상의 악이 무엇인지 깨닫고, 그 악을 일으킨 마귀에 대한 원한을 품게 되었다는 의미이고, "동방에서 해결하네'는 그런 이유로 동양으로 돌아와 마귀를 멸하고자 하는 자신의 뜻을 이룬다는 뜻이다.

⑤"매일 보고 알기를 원했던 먼 배움의 여로였네."는 선지자가 그 원한을 풀기 위하여 배움으로 살아온 긴 삶의 여정이었다는 것이다.

(7) 1須從白兎走靑林. 2世上四覽誰可知. 3祈天禱神天神指. 4西氣東來獨覺士. 5一鷄四角邦無手.

(수종백토주청림. 세상사람수가지. 기천도신천신지. 서기동래독각사. 일계사각방무수.)

해석문: ①마침내 선지자를 따르는 토끼띠의 사람이 푸른 숲으로 달려가네. ②세상에서 네 가지 보아야 할 일을 누가 알 수 있겠는가? ③하나님께 기도드리면 하늘의 하나님께서 지시하시리라. ④서양의 기氣로 동양에 와서 홀로 깨달은 선비라. ⑤한 마리 귀신이 사방에서 난리를 일으키니 나라도 어찌하지 못하네.

참고주해: 1절 世上四覽誰可知(세상사람수가지)의 사람(四覽)은 네 가지 볼 것이라는 뜻이다. 그러므로 "세상에서 네 가지 보아야 할 일을 누가 알 수 있겠는가?"라는 의미이다. 선지자가 본 세상의 일들을 가리키는 것이다. 즉, 마귀의 세계를 이루고 있는 인류사와 문명과 종교 그리고 그 세상으로부터 구원을 이루게 하는 하나님의 복음이다. 그는 홀로 서양에서 그것들을 깨닫고 동양으로 왔다.

(8) 1萬人苦待直八人. 2西方庚辛四九金. 3聖神降臨金鳩鳥. 4東方甲乙三八木. 5木兎再生保惠士.

(만인고대직팔인. 서방경신사구금. 성신강림금구조. 동방갑을삼팔목. 목토재생보혜사.)

해석문: ①만인이 고대하던 여덟 명의 곧바른 사람들이라. ②서방의 서력49가 하나님을 아는 사람이라. ③성신이 금 비둘기처럼 강림하시리니, ④동방의 음력 삼월 팔일 목요일이라. ⑤목요일 계묘(癸卯, 2023)년에 재생(再生)하는 보혜사(保惠士)이네.

참고주해: 2절 西方庚辛四九金(서방경신사구금; 서방의 서력 49가 하나님을 아는 사람이라) 의 경신庚辛은 오행으로는 금이고, 방위로는 서(西)이다. 즉, 서력을 의미한다. 서력(西曆)으로 49년 생이 하나님을 아는 사람이라는 뜻이다.

⑤"목요일 계묘(癸卯, 2023)년에 재생(再生)하는 보혜사(保惠士)이네." '재생(再生)'은 다시 태어난다는 말씀이고, '보혜사'는 돕는 사람(helper)이라는 뜻이다. 즉, 세상 사람들을 진리의 길로 들어갈 수 있도록 돕는 사람을 이르는 말이다. 성경에서도 똑 같은 단어를 볼 수 있다. 예수 그리스도께서 스스로를 보혜사라고 부르셨고, 또 다

른 보혜사도 약속하셨다. 아래의 말씀이다.

"내가 아버지께 구하겠으니, 그가 또 다른 보혜사를 너희에게 주사 영원토록 너희와 함께 있게 하시리니
저는 진리의 영이라 세상은 능히 저를 받지 못하나니, 이는 저를 보지도 못하고 알지도 못함이라. 그러나 너희는 저를 아나니 저는 너희 안에 거하심이요, 또 너희 속에 계시겠음이라." (요14:16, 17)

본문의 보혜사가 이 그리스도께서 언약하신 보혜사이다. 왜냐하면 '재생(再生)하는' 즉, 다시 태어나는 '보혜사(保惠士)'라고 말씀했기 때문이다. 본래의 보혜사가 아닌 또 다른 보혜사가 세상에서 나온 다는 뜻이다. 그러므로 위에 기술한 요한복음의 말씀에서 그리스도 께서 약속하신 보혜사가 본문의 보혜사를 가리키는 말씀임을 알 수 있다. 왜냐하면 9. 생초지락 p63에서 볼 수 있었던 것처럼 이 격암 유록의 주요 주제 중 하나가 그리스도를 증거하는 것이고, 또 그분 의 재림을 선지자를 통해서 세상에 알리고, 택하신 그리스도의 백 성들을 찾는 일에 대한 계시이기 때문이다.
또 본문의 말씀을 통해서 더욱 분명하게 깨닫게 되는 것은 머리말 에서 말한 바와 같이 격암유록이 하나님께서 우리 민족에게 주신 예언서라는 사실이다. 왜냐하면 위에 기술한 그리스도의 말씀을 격 암유록의 말씀과 연결시켜서 볼 때 보혜사의 계시적인 뜻이 분명하 게 드러나고 있기 때문이다. 이런 예는 비단 이 한 가지만이 아니다. 성경 안에서 그 뜻을 드러내지 않는 여러 가지 계시가 이 예언서를 통해서 그 뜻이 드러나고 있는 것이다. 이 얼마나 놀라운 일인가!
독자도 지금까지 읽은 이 책의 내용만으로도 격암유록이 하나님의

세상 경영의 비밀을 기록한 예언서라는 사실을 깨닫게 되었을 것이다. 그리고 독자는 우리 민족에게 이런 위대한 예언서가 있다는 사실에 대해 매우 의아하게 느껴졌을 것이다. 우리 민족은 조상 대대로 하나님의 계명을 어기고 우상과 귀신을 좇으며 살아온 하나님과 원수가 된 족속이다. 그럼에도 하나님께서 이런 위대한 예언서를 우리 민족에게 주셨으니 어찌 놀라지 않을 수 있겠는가? 참으로 놀랍고 놀라운 하나님의 은혜인 것이다. 그러므로 이 예언서가 우리에게 부여하는 그 의의를 깊히 생각해보지 않을 수 없다.

이 예언서를 통해서 더욱 놀라지 않을 수 없는 것은 우리민족이 예수 그리스도의 택하심을 받은 하나님의 선민이라는 사실이다. 위에 기술한 예수 그리스도의 말씀 중에 '내가 아버지께 구하겠으니 그가 또 다른 보혜사를 너희에게 주사' 중의 '너희에게'가 곧 우리 민족을 향해서 하신 말씀이 되고 있기 때문이다. '너희에게'는 그리스도의 성도들을 지칭한 것이고, 당시의 성도들이 아니라 장차 세상에 나오는 성도들인 것이다. 즉, 다른 보혜사가 세상에 나오는 그 때의 성도들이다. 그러므로 본문의 그 보혜사가 나오는 이 땅의 백성들이 곧 그리스도의 성도들이고, 말세의 선택된 하나님의 백성들이다.

도대체 이건 무슨 일인가? 우리가 어떻게 하나님의 택하심을 받은 백성일 수 있는가? 우리는 하나님의 백성인 이스라엘 민족과 다른 이방민족이다. 그리고 우리 민족은 하나님을 알지도 못할 뿐만 아니라, 귀신을 섬기면서 살아온 이방족속이다. 그럼에도 본문과 위에 인용한 그리스도의 말씀은 우리 민족이 또 다른 하나님의 선민(選民)임을 증거하고 있음이 분명하다. 이와 같은 사실을 억지 논리라고 치부하며 귀를 닫아서는 안 된다. 그렇다면 무슨 이유일까? 이

의문에 대한 답을 알려면 본문의 '보혜사'가 성경을 통해서 그리스도의 언약의 사람인 사실을 알게 된 것처럼 성경에서 그 답을 찾아야한다. 성경의 증거가 있어야 우리 민족이 어떻게 하나님의 선민이 되는지를 알 수 있고, 또 왜 이 예언서를 통해서 우리 민족에게 세상의 장래 일들을 말씀하시는지도 알 수 있다. 아래의 사65:1의 말씀에서 그 답을 찾을 수 있다.

"나는 나를 구하지 아니하던 자에게 물음을 받았으며, 나를 찾지 아니하던 자에게 찾아냄이 되었으며, 내 이름을 부르지 아니하던 나라에게 내가 여기 있노라. 내가 여기 있노라 하였노라."

이 성경의 말씀과 같이 우리 민족은 하나님을 구하지도 또 찾지도 않았고, 하나님의 이름조차 알지 못하던 이방민족이다. 그런 우리 민족에게 그리스도의 복음이 전해졌고, 그분의 복음을 좇는 많은 그리스도인들이 이 땅에서 나왔다. 그리고 그리스도께서 그 사람들 가운데서 한 사람을 택하시고, 그를 하나님을 찾아낸 사람이 되게 하셨다. 그가 바로 본문의 보혜사이고, 이 예언서의 선지자이다. 위에 기술한 이사야서의 말씀은 하나님께서 이 사람을 의인 아브라함을 보시는 것과 같이 기뻐하시며, 그를 통해서 이 땅의 백성들을 인치시기 위해 "내가 여기 있노라 내가 여기 있노라 하였노라."하고 부르신다는 뜻이다. 그러므로 격암유록은 그 하나님을 찾아낸 사람을 부르시는 하나님의 목소리가 담긴 책이다. 그것은 그에게 하나님께서 정하신 세상의 장래 일들을 알게 하고, 또 이 땅이 종말의 날에 인류의 구원을 위한 방주로서 하나님께서 세상 가운데서 택하신 곳임을 알게 하는 것이다. 따라서 격암유록은 세상을 경영하시는 하나님의 계획을 밝히는 예언서일 뿐만 아니라 우리 민족을 위한 하나님의 또 다른 복음서인 것이다. 이 복음서를 우리 민족에게 주신 이유를 하나님께서 다음과 같이 말씀하셨다.

"보라 전에 예언하였던 일이 이미 이루었느니라. 이제 내가 새 일을 고하노라. 그 일이 시작되기 전이라도 너희에게 이르노라.
항해하는 자와 바다 가운데 만물과 섬들과 그 거민들아. 여호와께 새 노래로 노래하며 땅끝에서부터 찬송하라." 사42:9, 10

이 말씀 중의 '보라. 전에 예언하였던 일이 이미 이루었느니라.'는 그리스도께서 이스라엘 백성들에게 전하신 복음을 가리키며, 그것이 성취되었다는 뜻이다. 그리고 '이제 내가 새 일을 고하노라.'의 '새 일'은 새로운 복음이라는 뜻이고, '고하노라.'는 그 일을 결정하셨다는 뜻이다. '그 일이 시작되기 전이라도 너희에게 이르노라.'는 그 새 복음이 전파되기 이전에 먼저 하나님께서 정하신 일들을 복음이 전파되는 그 땅의 백성들에게 알리신다는 말씀이다. 그 알리시는 말씀을 구체적으로 밝힌 예언서가 바로 격암유록이다. 그러므로 이 예언서가 곧 우리 민족의 복음서인 것이다.

이와 같은 사실을 깨닫게 되면, 하나님께서 우리 민족을 택하신 이유를 알게 된다. 그것은 바로 '여호와께 새 노래로 노래하며 땅끝에서부터 찬송하라.'고 하신 계시의 말씀을 이루시기 위해서이다. '새 노래'는 이 땅에서 나오는 새로운 선지자가 전하는 그리스도의 복음을 의미하고, '땅끝에서부터'의 땅끝은 대륙의 동쪽 끝에 있는 이 조선반도를 가리킨다. 그러므로 이 땅에서부터 하나님을 찬송하는 새 노래를 부르는 자들이 나오게 하기 위해서이다. 이 일을 위해서 그리스도께서 또 다른 보혜사를 이 땅에서 나오게 하시는 것이다. 그가 이 예언서에서 말하고 있는 정도령이고, 진인(眞人; 하나님을 아는 사람)이고, 계룡(鷄龍)이다. 그는 외치지도 않고 목소리도 높이지 않는(사42:1~3) 가운데서 이 나라가 전쟁으로 멸망한 뒤인 경자(庚子; 2020)년과 신축(辛丑; 2021)년에 환난에 빠진 이 땅의 백성들에게 나타날 것이다. [참조; 27. 정각가 p12 庚辛金鳩四九理(경신금구사구리)] 그리고 우리 민족을 땅끝에서부터 새 노래로 찬송하고, 하나님의 영광을 드러내는 민족으로 변화시킬 것이다.

독자 제위가 이 말을 믿고 이 땅의 죄의 길에서 돌이키면 곧 하나님의 영광을 눈으로 보게 될 것이다.

⑼ 1奄宅曲阜牛性野. 2多人往來牛鳴地. 3鷄鳴龍叫道下止. 4淸水山下定道處. 5小頭無足飛火理.

(엄택곡부우성야. 다인왕래우명지. 계명용규도하지. 청수산하정도처. 소두무족비화리.)

해석문: ①언덕 위의 궁전에 있는 소의 품성은 세상이라. ②많은 사람들이 왕래하는 소가 우는 땅이네, ③귀신이 울고 마귀가 울부짖는 도하지(道下止)라, ④맑은 물과 산 아래에 정해진 진리의 처소이네. ⑤작은 머리에 다리가 없는 불이 날아와서 떨어지는 다스림이라.

참고주해: 1절의 奄宅曲阜(엄택곡부)는 주공(周公)이 백금(伯禽)을 위해 노(魯)나라의 곡부에 궁전을 세웠다는 고사로 언덕 위의 집을 의미한다(네이버 한자 사전 참조). 牛性野(우성야)의 소牛는 선지자를 상징하므로 그의 품성이 세상이라는 뜻이 된다. 즉, 세상 안에서 존재하는 그 자신이 곧 세상이라는 의미이다.

②"많은 사람들이 왕래하는 소가 우는 땅이네."는 2. 세론시 p22의 多人往來之邊(다인왕래지변) 一水二水鶯廻地(일수이수앵회지)에서 계시한 선지자가 활동하는 장소를 가리킨다.

3절 鷄鳴龍叫道下止(계명용규도하지; 귀신이 울고 마귀가 울부짖는 도하지(道下止)라)의 계명용규(鷄鳴龍叫)는 1. 남사고비결 p14에서 선지자의 고향을 가리키면서 나왔던 구절이다. 세상에 갓 태어난 선지자를 죽이기 위해 '귀신이 울고 마귀가 울부짖'었던 것처럼 세상의 길에서 떠난 사람들이 하나님의 백성으로 거듭나는 것을 훼방하고자 극렬하게 활동하고 있다는 뜻이다. 도하지(道下止)는 앞에서 세상의 길에서 떠남이라고 설명했다. [참조; 19. 궁을론 p23 및 20. 도하지 p3 참고주해] 그리고 이런 사람은 하늘에서 몸과 마음을 바르게 하도록 돕는다고 했다. 그러므로 선지자가 나와서 활동하는 땅이 곧 도하지라는 의미이고, 그곳에서 귀신과 마귀도 또한 극렬하게 활동하며, 세상의 길에서 떠나는 사람들을 막고 있다는 뜻이다. "작은 머리에 다리가 없는 불이 날아와서 떨어지는 다스림이라."는 하늘에서 떨어지는 불의 재앙을 통해서 세상의 죄악을 멸한다는 뜻이다.

(10) 1化在其中從鬼死. 2雙弓天坡乙乙地. 3三人一夕修道生. 4夜鬼發動鬼不知. 5鬼殺神活銘心覺.

(화재기중종귀사. 쌍궁천파을을지. 삼인일석수도생. 야귀발동귀부지. 귀살신활명심각.)

해석문: ①변화가 있는 그중에 귀신을 좇는 자는 죽으리라. ②두 하나님의 종들의 하늘 언덕은 성도들의 땅이라. ③세 사람이 하나인 저

녁 도를 닦아 생명을 얻네. ④야귀가 발동해도 귀신은 알지 못하네. ⑤귀신은 죽이고, 하나님은 살리시니 마음에 새기고 깨달으라.

참고주해: ①"변화가 있는 그 중"이란 복음이 전파되어 세상의 악이 드러나고 진리가 세워지는 가운데 있는 중이라는 의미이다. 그럼에도 "귀신을 좇는 자는 죽"는다. (지금까지와 다르게 귀신 귀鬼로 말씀했다. 이 나라 사람들의 죄가 무엇인지 직설적으로 지적하고 그로 인한 심판이 있을 것임을 경고한 것이다.) 그러므로 귀신을 좇는 죄의 길에서 떠나야 한다.

'귀신은 죽이고', 즉 귀신이 하는 짓은 사람을 죽이는 것이다. 자신처럼 죄에 빠지게 해서 죽이고, 병 들게 해서 죽인다. 그러나 '하나님은 살리시니 마음에 새기고 깨달'아야 귀신 때문에 죽지 않는다.

(11) 1眞人出世朴活人. 2弓弓合德末世聖. 3三豊妙理人不信. 4一日三食飢餓死. 5眞理三豊人人覺.

(진인출세박활인. 궁궁합덕말세성. 삼풍묘리인불신. 일일삼식기아사. 진리삼풍인인각.)

해석문: ①진실하게 하나님을 아는 사람이 세상에 나오니 박씨로 소생한 사람이네. ②하나님의 종들이 합하여 덕을 이룬 말세의 성인이네. ③세 가지 복음의 미묘한 이치를 사람들은 믿지를 않네. ④하루 세 끼를 먹어도 기아로 죽는다오. ⑤진리의 세 가지 복음을 사람 사람마다 깨달으면,

(12) 1天下萬民永不飢. 2兩白隱理人不尋. 3天祖一孫亞合心. 4十勝兩白世人覺. 5一祖十孫女子運.

(천하만민영불기. 양백은리인불심. 천조일손아합심. 십승양백세인각. 일
조십손여자운.)

해석문: ①천하의 모든 백성들에게 영원히 기아가 없네. ②양 선지자
의 숨은 이치를 사람들은 찾지 않으니, ③천 조상에 한 자손이 동
아리의 합의(合意)한 마음이라. ④십자가 승리의 양 선지자를 세상
사람들이 깨달으면, ⑤한 조상에 열 명의 자손인 여자의 운이라.

참고주해: ③"천 조상에 한 자손이 동아리의 합의(合意)한 마음이라."
의 '동아리'는 성도들의 모임을 가리킨다. 곧 진리를 좇는 하나님의
백성들을 의미하고, '합의(合意)한 마음이'란 그들이 세상의 멸망이
철저하게 이루어져 천 조상에 한 자손만 살아남기를 원한다는 의미
이다.

④"십자가 승리의 양 선지자"는 세상의 구원을 위한 속죄의 제물이
되신 그리스도와 선지자를 가리키고, 세상 사람들이 그런 두 분을
깨달으면, "한 조상에 열 명의 자손인 여자의 운이" 된다. 즉, 많은
후손을 두게 된다는 뜻이다.

(13) 1畵牛顧溪仙源川. 2心火發白心泉水. 3寺畓七斗石井崑. 4天縱之聖盤石
井. 5一飮延壽永生水..

(화우고계선원천. 심화발백심천수. 사답칠두석정곤. 천종지성반석정. 일
음연수영생수.)

해석문: ①그림 속의 소가 계곡을 돌아보는 그리스도인이 원류인 시내
川라. ②마음에서 불이 일어나니, 선지자의 마음의 샘의 물이네. ③
교회의 논과 일곱 별과 돌 샘물 산은 ④하늘을 좇는 성인의 반석의
샘물이라. ⑤한 번 마시면 수명이 연장되고 영생하는 물이라.

참고주해: ①"그림 속의 소가 계곡을 돌아보는 그리스도인이 원류인 시
내"는 선지자가 그리스도의 복음의 원류인 시내川가 된다는 뜻이다.
3절 寺沓七斗石井崑(사답칠두석정곤)의 절 寺와 논 沓은 하나
님의 말씀의 씨를 뿌린 교회를 의미한다. (고전9:9~11) 칠두(七斗)
는 일곱 별이며, 일곱 교회의 사자를 상징한다.

"일곱별은 일곱 교회의 사자요." 계1:20(중반절)

석정(石井; 돌 우물)은 선지자의 생명수라는 뜻이고, 곤崑은 오랑캐
라는 뜻이다. 그러므로 선지자가 오랑캐의 생명수라는 뜻이다.

(14) 1飮之又飮紫霞酒. 2浮金冷金從金理. 3似人不人天神鄭. 4不利山水聖
島山. 5孼蛇秋月降明世.
(음지우음자하주. 부금냉금종금리. 사인불인천신정. 불리산수성도산. 얼
사추월강명세.)

해석문: ①마시면 또 마시는 자줏빛 노을의 술이라. ②떠오르는 하나
님을 아는 지식, 냉철한 하나님을 아는 지식, 따르는 하나님을 아는
직식이 이치라. ③사람 같으면서 사람이 아닌 하늘의 신神인 정씨
라. ④이로움이 없는 산과 물의 거룩한 섬의 산이라. ⑤서자 중국이
가을 달에 밝은 세상에 내려오네.

참고주해: ④"이로움이 없는 산과 물의 거룩한 섬의 산이라." 선지자가
세상에 나오는 섬의 산이 이로움이 있는 특별한 지형의 곳이 아니라
는 뜻이다. 즉, 속리산이나 지리산과 같은 명산이 아니라는 뜻이다.
5절 孼蛇秋月降明世(얼사추월강명세)의 얼사(孼蛇)는 서자 얼孼과
뱀 사蛇이므로 중국이 마귀의 서자라는 뜻이다. 앞의 5. 말운론 p3

의 龍蛇魔動三八相隔(용사마동삼팔상격)에서 중국과 미국이 이 나라의 멸망을 일으키는 전쟁의 원인 제공을 한 나라라고 밝혔다. 언론 보도에 따르면 북한의 핵무기와 미사일 개발을 중국이 조장해왔다고 한다. 그런 반면에 이 나라의 사드 도입은 적극 반대하면서 남의 나라의 주권까지 침해하며 여러 가지 경제적인 제재로 압박을 가하고 있다. 이런 것들이 그 나라가 이 한반도에서 또 다른 전쟁을 일으키는 원흉임을 보여 주는 것이다. 또 그 뿐만 아니라 이 예언서에 의하면 이 땅을 세 번에 걸쳐 침략한다. 아래 59. 말중운 p26 4절 淸兵三萬再入亂에(청병삼만재입란에)는 중국의 두 번째 침략에 대한 계시이다. 중국에 대한 다른 계시들은 상징적인 단어들을 이용하고 있으나 이 구절에서는 명백하게 중국(淸兵)의 국가 이름을 밝히고 있다. 따라서 본문 孼蛇秋月降明世(얼사추월강명세)는 이런 중국의 침략이 언제 어떻게 있게 되는지를 계시한 것이다. 추월(秋月)은 가을의 어느 달이라는 의미이고, 강명세(降明世)는 세상이 밝아졌을 때 내려온다는 뜻이다. 세상이 밝아졌다는 것은 1. 남사고비결 p2의 옥등추야(玉燈秋夜)를 가리키는 것이다. 그러므로 이 땅에 핵폭탄이 폭발한 뒤에 나타난다는 뜻이다.

(15) 1小頭無頭何運當. 2兎丈水火能殺我. 3三人一夕自下上. 4斥儒尙佛是從金. 5寺畓七斗文武星.

(소두무두하운당. 토장수화능살아. 삼인일석자하상. 척유상불시종금. 사답칠두문무성.)

해석문: ①머리가 작고 머리가 없는데 어찌해서 운송함이 당연한가? ②계묘(癸卯; 2023)년의 노인은 물과 불로 나를 죽일 수 있네. ③세

사람이 한 날 저녁에 자신을 낮추고 높이니라. ④유교를 배척하고 불교를 숭상하는 이것도 하나님을 아는 지식을 따르는 것이라. ⑤교회의 밭과 일곱 별과 문과 무의 별이라.

참고주해: ①"머리가 작고 머리가 없는" 것은 불타는 행성을 의미하며, "어찌해서 운송함이 당연한가?"는 어떻게 날아와서 땅에 떨어지는 게 가능한가 라는 질문이다.

2절 兎丈水火能殺我(토장수화능살아)의 토끼 토兎는 띠를 의미하지 않고, 계묘(癸卯; 2023)년을 가리키는 것이다. 왜냐하면, 앞의 p8 5절 木兎再生保惠士(목토재생보혜사)에서 계시된 성령이 선지자에게 임하시는 해를 가리키기 때문이다.

③"세 사람이 한 날 저녁에 자신을 낮추고 높이니라." 하나님 아버지와 예수 그리스도와 선지자가 한 날 저녁에 모여서 서로 자신을 낮춤으로 높임을 받게 된다는 뜻이다.

⑤의 "교회의 밭"은 복음의 씨를 뿌려 성도가 자라는 곳을 의미하고, "일곱 별"은 계시록 일곱 교회의 일곱 별이며, "문과 무의 별은" 선지자의 별인 북두칠성을 의미한다. 그러므로 계시록의 교회가 땅 위에 세워져 하나님께서 성도들을 양육하고 계신다는 의미이다.

(16) 1農土辰丹寸田農. 2水田長源小豊理. 3二人太田水田穀. 4利在田田陰陽田. 5田中十勝我生者.

(농토진단촌전농. 수전장원소풍리. 이인태전수전곡. 이재전전음양전. 전중십승아생자.)

해석문: ①농토에 별들이 붉게 비추는 작은 성도들의 모임의 농사네. ②물의 성도들의 모임이 넓게 퍼지는 원류는 작은 복음의 이치라. ③

두 사람이 태초의 성도들의 모임이고, 물과 성도들의 모임의 곡식이
라. ④이로움이 있는 성도들의 모임과 모임은 음(陰)과 양(陽)의 성도
들의 모임이라. ⑤성도들의 모임 중에 십자가의 승리로 나를 살린 자
가 있네.

참고주해: 1절 農土辰丹寸田農(농토진단촌전농)의 농토(農土)는 하나
님의 말씀의 씨를 뿌린 땅을 의미한다. (마13:2~8) 진단(辰丹)은 붉
은 별이 비춘다는 뜻이고, 촌전농(寸田農)은 작은 성도들의 모임의
농사라는 의미이다. 그러므로 본문을 의역하면 '하나님의 말씀의 씨
를 뿌린 농토에 별들이 붉게 빛 비추는 작은 성도들의 모임의 농사'
라는 의미의 말씀이다.

3절의 "二人太田(이인태전)"을 "두 사람이 태초의 성도들의 모임이"
라고 해석했다. 여기서 "두 사람(二人)"은 아버지 하나님과 그리스도
이시고, 태전(太田)은 두 분께서 태초의 성도들의 모임이라는 뜻이
다. 아래의 말씀이 이와 같은 사실을 증거한다.

"아버지께서 내 안에 내가 아버지 안에 있는 것 같이" 요17:21(상반절)

水田穀(수전곡)은 물과 성도들의 모임은 곡식이라는 뜻이다. '물과
성도들의 모임은' 교회의 밭을 의미하고, '곡식'은 그 교회의 밭에서
자란 알곡, 즉 성도를 의미한다.

⑤"성도들의 모임 중에 십자가의 승리로 나를 살린 자가 있네."라는
것은 선지자가 성도들의 구원을 위해 속죄의 제물이 된 것을 가리키
는 것이다.

(17) 1田中又田又田圖. 2當代千年訓諫田. 3弓弓乙乙我中入. 4隱然十勝安心

處. 5精脫其右昔盤理.

(전중우전우전도. 당대천년훈간전. 궁궁을을아중입. 은연십승안심처. 정탈기우석반리.)

해석문: ①성도들의 모임 중의 또 성도들의 모임이고, 또 성도들의 모임을 도모하네. ②당대의 천 년을 위한 훈련원인 성도들의 모임이라. ③하나님의 종들과 성도들이 내 안에 들어오네. ④은연히 십자가의 승리가 안심하는 처소이네. ⑤깨끗하게 벗긴 그 오른쪽 옛 반석이 이치라.

참고주해: 성도들의 모음은 점점 그 수를 늘려나간다. 그 늘어나는 성도들의 모임은 "당대의 천 년을 위한 훈련원"이다. 즉, 다가오는 천년시대를 맞을 준비하는 곳이 "성도들의 모임이"라는 뜻이다.

③"하나님의 종들과 성도들이 내 안에 들어"온다는 것은 19. 궁을론 p4 1절 四口合 入禮之田(사구합 입예지전)에서 설명한 것처럼 그리스도 안에서 성도들이 한 몸을 이루고 하나가 됨을 의미한다. 즉, 앞에서 인용한 요17:21의 말씀을 이루는 것이다.

"저희도 다 하나가 되어 우리 안에 있게 하사, 세상으로 아버지께서 나를 보내신 것을 믿게 하옵소서." 요17:21(하반절)

(18) 1落盤四乳十勝出. 2先入者還心不覺. 3馬羊二七洪烟數. 4中入者生何時定. 5猴牛六畜當運時.

(낙반사유십승출. 선입자환심불각. 마양이칠홍연수. 중입자생하시정. 후우육축당운시.)

해석문: ①하늘에서 반석이 떨어져 사방에 우유와 십자가 승리가 나오

리라. ②먼저 들어간 자는 마음을 돌이키고 깨닫지 못하리라. ③말과 양이 이십칠의 넓은 연기 속에서 셈을 하리라. ④중간에 들어온 자가 사는 것은 어느 때로 정해졌는가? ⑤원숭이해에 소가 육축(六畜)과 같이 죽임을 당하는 운의 때라.

참고주해: ②의 "먼저 들어간 자는" 성도들의 모임이 시작되면서 복음의 씨 뿌림을 받았으나, 그 뜻을 올바로 깨닫지 못한 상태에서 성도들의 모임에 들어 간 사람들이다. 그들은 "마음을 돌이키고 깨닫지 못" 한다. 따라서 깨달음이 없기 때문에 세상으로 돌아가는 사람들이다.

③"말과 양이 이십칠일 넓은 연기 속에서 셈을 하리라."의 "말"은 선지자를 상징하고, "양"은 그리스도를 상징한다. "이십칠"은 주역의 팔괘64효수(八卦六十四爻數)의 간艮과 진震이 만나는 산뇌(山雷; 벼락치는 산)를 나타내는 자리로 그리스도와 선지자가 만나 하나가 되는 날을 의미하며, "연기 속에서 셈을" 하는 것은 그리스도께서 임하시는 산에 빽빽이 구름이 덮인 가운데서 두 분이 함께 모여 세상의 짐승들을 심판하고, 하나님의 백성들을 구원하는 계획을 세운다는 의미이다.

④"중간에 들어온 자가 사는 것은 어느 때로 정해졌는가?"는 5. 말운론 p29에서 설명한 중간에 들어오는 시기를 묻는 말씀이다.

⑤"원숭이해"는 무신戊申, 2028년이며, 이때 "소가 육축(六畜)과 같이 죽임을 당하는 운의 때라."는 것은 선지자가 세상의 죄를 짊어지고 그리스도처럼 세상의 악인들의 손에 죽임을 당하는 운의 때라는 뜻이다.

(19) 1末入者死虎兔爭. 2天下紛紛大亂世. 3入者動理同一理. 4訪道君子尋牛

活. 5死人失衣出世世.

(말입자사호토쟁. 천하분분대란세. 입자동리동일리. 방도군자심우활. 사

인실의출세세.)

해석문: ①마지막에 들어온 자는 죽고, 갑인(甲寅; 2034)년과 을묘(乙

卯; 2035)에 전쟁을 하리라. ②천하가 흩어지고 흩어지며 세상에

큰 난리가 나리니. ③들어온 자는 움직이는 이치고 동일하게 되는

이치라. ④진리를 찾는 군자는 소를 찾으면 사네. ⑤죽은 사람이 옷

을 벗고 세상 곳곳에 나타나리라.

참고주해: 1절 末入者死虎兔爭(말입자사호토쟁)의 말입자사(末入者

死)는 성도들의 모임에 마지막으로 들어온 사람들이 순교하게 된다

는 의미이다. 호토쟁(虎兔爭)의 호虎는 갑인(甲寅; 2034)년이고 토

는 을묘(乙卯; 2035)이며, 이때에 세상에서 마지막 전쟁이 일어난다

는 계시이다. 즉, 계시록의 아마겟돈 전쟁을 가리킨다.

2절 天下紛紛大亂世(천하분분대란세)의 천하분분(天下紛紛)은 온

세상이 흩어지고 흩어진다는 뜻이고, 대란세(大亂世)는 세상에 큰

난리가 일어난다는 뜻이다. 그러므로 앞에서 말한 아마겟돈 전쟁이

있을 때 온 세상 나라들이 지리멸멸 멸망하게 된다는 의미이다.

④"진리를 찾는 군자는 소를 찾으면 살리라." 이런 환난의 때가 오기

전에 선지자를 찾아서 중간 시기에 들어오는 자가 되면 구원을 받게

된다.

⑤"죽은 사람이 옷을 벗고 세상 곳곳에 나타나리라." 이 말씀은 죽

은 자의 부활에 대한 계시이다. 마지막 아마겟돈 전쟁에 의해 온 세

상이 완전히 멸망한 뒤에 죽은 자들이 벌거벗은 상태로 세상 곳곳

에 나타나는 놀라운 일이 일어나게 된다.

(20) 1先動反還不入時. 2長弓出世當時運. 3中動自生道覺人. 4二十九日土人卜. 5重山急逝次出時.

(선동반환불입시. 장궁출세당시운. 중동자생도각인. 이십구일토인복. 중산급서차출시.)

해석문: ①먼저 움직이고 뒤돌아서 나가 들어오지 않을 때, ②큰 하나님의 종이 세상에 나타나는 당시의 운이라. ③중간에 움직이는 나는 사니 진리를 깨달은 사람이라. ④29일 땅의 사람들이 점을 치리라. ⑤큰 산이 급하게 죽고 그다음에 나올 때,

참고주해: ①"먼저 움직이고 뒤돌아서 나가 들어오지 않을 때" 먼저 들어 온 사람들이 성도들의 모임에서 나간 후 돌아오지 않을 때라는 의미이다.

②"큰 하나님의 종이 세상에 나타나는 당시의 운이"란 먼저 움직인 사람들이 나간 바로 그때 그리스도께서 세상에 재림하신다는 의미의 말씀이다.

③'중간에 움직이는' 시기는 5. 말운론 p29에서 설명한 것처럼 세상 나라들이 이스라엘을 무력으로 짓밟고 예루살렘 성전을 모독하는 사건이 일어난 뒤에 선지자가 세상 사람들에 의해서 죽임을 당한 후서부터 부활하여 승천했다가 다시 땅으로 돌아올 때까지이다. 이 시기에 세상으로부터 떠나는 '나는 사니 진리를 깨달은 사람이라'는 뜻이다.

⑤"큰 산이 급하게 죽고 그다음에 나올 때" 여기서 '큰 산'은 선지자를 의미한다. 그러므로 이 말씀은 선지자가 급작스럽게 죽임을 당한

뒤에 부활해서 다시 세상에 나올 때라는 의미이다.

(21) 1末入者死預定論. 2先覺者末世定論.

　　(말입자사예정론. 선각자말세정론.)

　해석문: ①나중에 들어온 자가 죽는 것은 예정되었다고 말하네. ②먼
　　　　저 깨달은 자들이 말세의 세상이라고 말하네.

　참고주해: ①의 "나중에 들어온 자"는 승천했던 선지자가 다시 세상에
　　　　나타나서 그리스도와 함께 복음을 전하는 마지막 시기에 세상으로
　　　　부터 떠난 사람들을 의미하고, 그들이 세상 사람들에 의해서 "죽는
　　　　것은 예정되었다."는 뜻이다.

(22) 1申酉兵事起何時. 2八人登天役事時. 3戌亥人多死何意. 4林中出聖不
　　利時. 5子丑猶未定何事.

　　(신유병사기하시. 팔인등천역사시. 술해인다사하의. 임중출성불리시.
　　자축유미정하사.)

　해석문: ①신유(申酉)의 군사들의 일이 일어나는 것은 어느 때인가? ②
　　　　여덟 사람이 하늘에 올라 일할 때라. ③술해(戌亥)에 많은 사람이
　　　　죽는다니 무슨 뜻인가? ④숲속에서 나온 성인이 불리할 때인, ⑤자
　　　　축(子丑; 경자(庚子) 2020년과 신축(辛丑) 2021년과 유미(猶未; 정
　　　　미(丁未) 2027년과 戊申(무신) 2028년)에 정해진 것은 어떤 일인가?

　참고주해: "신유(申酉)의 군사들의 일이 일어나는 것은 어느 때인가?"
　　　　의 신유(申酉)는 병신(丙申; 2016년)과 정유(丁酉; 2017)년이다. 이
　　　　말씀 중의 "군사들이 일어나는 것은" 2016년서부터 세상 곳곳에서
　　　　일어난 테러 사건들을 가리키는 것이다. 이런 사건들이 2017년에도

지속되고 있다.

"술해(戌亥)에 많은 사람들이 죽는다니 무슨 뜻인가?"의 술해(戌亥)는 무술(戊戌; 2018)년과 기해(己亥; 2019)년이고, '많은 사람이 죽는다니'라는 것은 3. 계룡론 p6 5절 天地震動花朝夕(천지진동조화석)에서 설명한 북한의 수소폭탄 공격에 의해서 이 땅의 수많은 사람들이 죽게 되는 것을 지적한 말씀이다.

(23) 1金運發動混沌世. 2寅卯事可知人覺. 3三災八難竝起時. 4辰巳聖人出三時. 5火中綠水産出降.
(금운발동혼돈세. 인묘사가지인각. 삼재팔난병기시. 진사성인출삼시. 화중록수산출강.)

해석문: ①하나님을 아는 지식의 운이 발동하여 혼란한 세상이라. ②인묘(寅卯)의 일들을 사람들이 깨달아서 아는 것이 가능하네. ③세 가지 재난과 여덟 가지 난리가 동시에 일어나는 때이라. ④진사(辰巳)에 성인이 나오는 세 시에 ⑤불 가운데서 푸른 물이 생산되며 떨어지리라.

참고주해: ①"하나님을 아는 지식의 운이 발동하여"라는 것은 온 세상에 하나님을 올바로 아는 운이 시작된다는 의미이고, 그러면서 더욱 "혼란한 세상이" 된다. 왜냐하면 모든 세상 사람들이 지금까지 하나님을 올바로 알지 못하는 가운데 있었고, 이 세계가 마귀의 세상인 것을 깨닫게 되기 때문이다.

②"인묘(寅卯)는 임인(壬寅; 2022)년과 계묘(癸卯; 2023)년이다. 이 때의 "일들을 사람들이 깨달아서 아는 것이 가능하"게 된다는 것은 2020년과 2021년부터 환난에 빠진 이 땅에 하나님의 성령의 역사

가 강력하게 나타나면서 사람들이 이 땅에서 일어난 일들이 하나님의 뜻임을 깨닫게 된다는 뜻이다.

그때 세상에 "세 가지 재난과 여덟 가지 난리가 동시에 일어"난다. 마태복음 24장에 기록된 민족과 민족이 나라와 나라가 대적하여 일어나고 환난의 징조가 보일 것이라고 한 그리스도의 말씀은 이때를 가리킨 것이다.

"④진사(辰巳)에 성인이 나오는 세 시에"의 진사(辰巳)는 갑진(甲辰; 2024)년과 을사(乙巳; 2025)년이다. '성인이 나오는 세 시에"는 앞의 1. 남사고비결 p31의 靑槐滿庭之月矣(청괴만정지월의)를 가리키는 것이다. 앞에서 설명한 것처럼 그리스도께서 아버지 하나님과 함께 남해의 섬의 산 위에 재림하시고, 선지자와 그리스도의 어린양의 혼인 잔치가 이루어지는 것을 가리키는 것이며, 본문은 이를 통해 선지자가 그리스도 안에서 두 번째로 변화한 후에 세상에 나온다는 뜻이다.

⑤"불 가운데서 푸른 물이 생산되며 떨어지리라."고 한 것은 세상을 구원하는 생명의 물이 그리스도로부터 나오기 시작한다는 뜻이다.

(24) 1午未樂當當運世. 2死生末初新天地. 3自戌至羊欲知間. 4一喜一悲善惡分. 5兵事兵事眞人兵.

(오미낙당당운세. 사생말초신천지. 자술지양욕지간. 일희일비선악분. 병사병사진인병.)

해석문: ①오미(午未)의 즐거움이 집집마다 있는 운의 세상이라. ②마지막에 죽은 자가 살아나고, 초기의 신천지(新天地)라. ③내가 개에서 양에 이르러 욕심과 지식 사이에서, ④한 번 웃고 한 번 슬퍼하

면서 선과 악을 분별하리라. ⑤병사의 일, 병사의 일이라는데, 진실하게 하나님을 아는 사람이 병사라.

참고주해: ①"오미(午未)에 "즐거움이 집집마다 있는 운의 세상이라."의 오미(午未)는 무오(戊午; 2038)년과 기미(己未; 2039)년 이다. 즐거움이 집집마다 있는 운의 세상"인 것은 환난이 다 끝나고, 모든 것이 새롭게 소생하기 때문이다. 이때,

②"마지막에 죽은 자가 살아나고, 초기의 신천지(新天地)"가 나타난다. 즉, 땅과 하늘이 지금과 다른 모습으로 완전히 바뀌게 된다.

③"내가 개에서 양에 이르러 욕심과 지식 사이에서"란 사람들이 북한과 같이 악을 부끄러워하지 않던 존재에서 이스라엘과 같이 하나님의 백성에 이르고자 하는 욕심과 지식의 사이에 있다는 의미이다.

④"한번 웃고 한번 슬퍼하면서 선과 악을 분별하리라."는 것은 새천년이 시작된 것을 기뻐하나 멸망한 지난 세계를 생각하며 슬퍼하면서 선과 악을 분별하는 사람이 된다는 의미이다.

(25) 1世人不知接戰時. 2多死多死鬼多死. 3魂去人生悵心事. 4未定未定疑心未. 5半信半疑有志士.

(세인부지접전시. 다사다사귀다사. 혼거인생창심사. 미정미정의심미. 반신반의유지사.)

해석문: ①세상 사람이 알지 못하는 치열한 전투가 벌어질 때, ②많이 죽고 많이 죽으리니 귀신이 많이 죽으리라. ③사람의 생명에서 혼이 떠나면 원망하는 마음뿐이네. ④결정하지 못하고 결정하지 못하니 의심뿐이니라. ⑤반은 믿고 반은 의심하는 유력한 사람이라.

참고주해: ①"세상 사람들이 알지 못하는 치열한 전투가 벌어질 때"는

마지막 때 일어나는 하늘에서의 전쟁을 가리키는 것이다. 선지자가 이끄는 하나님의 군대와 마귀의 세력 간에 치열한 전쟁이 벌어진다. 그때 모든 귀신이 다 죽고 마귀는 사로잡혀 천 년동안 옥에 갇힌다. (계19:11~21 및 계20:1~3)

④"결정하지 못하고 결정하지 못하니 의심뿐이니라." 환난 가운데서 복음을 받은 사람들이 세상이 멸망의 길로 가고 있는 것을 보면서도 세상의 길에서 떠나지 못하고 의심만 하며 우유부단함을 보인다는 것이다. 사람들은 이 책의 내용도 반신반의하며 심각하게 받아들이지 않을 것이다. 그것이 이 시대의 모든 사람이 짊어진 어쩔 수 없는 운명이다.

(26) 1可知可知四海知. 2新天運到化戰時. 3人出人出眞人出. 4天時三運三時出. 5初出預定人間出.

(가지가지사해지. 신천운도화전시. 인출인출진인출. 천시삼운삼시출. 초출예정인간출.)

해석문: ①알 수 있고, 알 수 있으니 사해(四海)가 아네. ②새로운 하늘의 운이 도착해서 전투가 이루어질 때, ③사람이 나오고 나오니 진실하게 하나님을 아는 사람이 나오네. ④하늘의 때에 세 가지 운과 세 때가 나오리라. ⑤첫 번째 나오기로 예정된 것은 인간이 나오는 것이라.

참고주해: ①"알 수 있고, 알 수 있으니 사해(四海)가 아네." 앞에서 말한 것처럼 지금 세상 사람들은 아무것도 알 수 없으나 이제 곧 온 세상 사람이 다 알게 되는 날이 온다는 뜻이다. ②"새로운 하늘의 운이 도착해서"는 하나님께서 세상을 구원하시는 일을 시작할 때라

는 말씀이고, "전투가 이루어질 때"란 그때 하나님의 군사들이 마귀의 세력과 전투를 벌인다는 뜻이다.

③"사람이 나오고 나오니 진실하게 하나님을 아는 사람이 나"온다. 즉, 그때서부터 선지자와 같이 하나님을 아는 사람들이 나온다는 의미이다.

④"하늘의 때에 세 가지 운과 세 때가 나오리라."의 이 '하늘의 때'는 하나님의 구원과 심판의 때라는 뜻이고, 이때 선지자가 세 번의 변화를 통해서 세상에 나오는 운명이라는 뜻이다. 즉, 처음에는 선지자로 나오고, 그 다음에는 구원자로 나오고, 그리고 마지막으로 세상을 심판하는 하나님의 장군으로 세상에 나온다는 것이다.

⑤"첫 번째 나오기로 예정된 것은 인간이 나오는 것이"다. 즉, 선지자가 먼저 하나님을 아는 사람으로서 세상에 나오는 것이 예정된 그의 운명이라는 뜻이다.

(27) 1火中初産龍蛇時. 2次出眞人動出世. 3水中龍蛇天使出. 4三聖奠乃降島山. 5三辰巳出三聖出.

(화중초산용사시. 차출진인동출세. 수중용사천사출. 삼성전내강도산. 삼진사출삼성출.)

해석문: ①불 속에서 첫 번째 낳는 미국과 중국의 때에, ②두 번째로 나오는 진실하게 하나님을 아는 사람이 움직여서 세상에 나오니라. ③물속의 미국과 중국에게 천사가 나오네. ④세 성스러운 분께 제사를 올리자 이내 섬의 산에 임하시네. ⑤삼진사(三辰巳)에 나오고 세 성스러운 분이 나오네.

참고주해: ①"불 속에서 첫 번째 낳는" 의 '불 속에서'는 불을 일으키

며 싸우는 전쟁을 의미한다. 왜냐하면 이어서 '미국과 중국의 때'라고 말씀함으로써 그 불이 두 나라 간에 일어난 전쟁임을 밝혔기 때문이다. 그러므로 이 불은 인류가 만든 불을 일으키는 무기인 핵폭탄을 사용하면서 전쟁을 했다는 암시이며, '첫 번째 낳는'은 핵무기를 만든 이래 그 첫 번째라는 뜻이다. 다시 말하면 미국과 중국 간의 전쟁이 인류가 벌인 첫 번째 핵전쟁이라는 것이다. [참조; 40. 삼팔가 p3 및 p4 참고주해]

②"두 번째로 나오는 진실하게 하나님을 아는 사람이 움직여서 세상에 나오니라."는 중국과 미국 간의 전쟁이 벌어지는 그 시점에 선지자가 두 번째로 변화되어 세상에 나온다는 뜻이다.

"삼 진사(三辰巳)에 나오고"는 선지자가 세 번의 진사년에 나온다는 뜻으로 임진(壬辰; 2012)년과 계사(癸巳; 2013)년, 갑진(甲辰; 2024)년과 을사(乙巳; 2025)년, 그리고 병진(丙辰; 2036)년과 정사(丁巳; 2037)년을 가리킨다. 그러므로 하나님을 아는 사람으로 나오는 첫 번째 진사년은 이미 성취된 것이다.

(28) 1地上出人世不知. 2父子神中三人出. 3世上眞人誰可知. 4三眞神中一人出. 5島山降人亦誰人.

(지상출인세부지. 부자신중삼인출. 세상진인수가지. 삼진신중일인출. 도산강인역수인.)

해석문: ①사람이 지상에 나옴을 세상은 알지 못하리라. ②아버지와 아들이신 하나님 안에서 세 사람이 나오네. ③세상에서 진실하게 하나님을 아는 사람을 누가 알 수 있겠는가? ④세 분 하나님 중에서 한 분만 나오시네. ⑤섬의 산에 임하신 사람은 역시 누구인가?

참고주해: ①"사람이 지상에 나옴을 세상은 알지 못 하리라." 앞에서 말한 첫 번째 진사년에 선지자가 세상에 나오지만, 세상 사람들이 알지 못한다는 뜻이다.

②"아버지와 아들이신 하나님 안에서" 나오는 세 사람은 아버지 하나님과 아들이신 그리스도와 그리스도의 종인 선지자이다.

③"세상에서 진실하게 하나님을 아는 사람을 누가 알겠는가?" 세상 사람들이 선지자를 알아볼 수 없다는 뜻이다.

④"세 분 하나님 중에서 한 분만 나오시네."는 앞에서 말한 세 분 중에서 선지자만 세상 사람들에게 나타난다는 뜻이다. 그러나 두 분이 선지자로부터 떠나신 것이 아니라 언제나 선지자와 함께 계시기 때문에 선지자 한 사람을 통해서 세 분이 함께 나타나시는 것이다. 다시 말해 세 분은 한 분 하나님이시라는 뜻이다.

⑤"섬의 산에 임하신 사람은 역시 누구인가?" 앞에서 말한 아버지 하나님과 아들이신 그리스도를 가리키는 말씀이다.

(29) 1三聖一一人出. 2三辰巳出三聖合. 3末復合理一人出. 4八萬念佛藏經中. 5彌勒世尊海印出.

(삼성일체일인출. 삼진사출삼성합. 말복합리일인출. 팔만염불장경중. 미륵세존해인출.)

해석문: ①세 성스러운 분들은 한 분이고, 한 사람이 나오네. ②삼진사에 나오심은 세 성스러운 분들의 합의이네. ③마지막에 돌아와서 합의한 이치는 한 사람이 나오는 것이라. ④팔만염불 장경 중에, ⑤미륵이 세상에 존귀한 해인으로 나오시네.

참고주해: ① "세 성스러운 분들은 한 분이고, 한 사람이 나오네."의

'세 성스러운 분들은' 앞의 p28 ④의 세 분 하나님을 가리키는 말씀이고, 앞에서 말한 것처럼 그 세 하나님 중에서 선지자 한 분만 세상에 나온다는 뜻이다. 그리고 이렇게 선지자 한 분만 나오는 것은 세 분의 합의에 의한 것이다.

④"팔만염불 장경 중에", ⑤"미륵이 세상에 존귀한 해인으로 나오시네."는 세 분 중에서 혼자 세상에 나오는 선지자가 곧 불교의 경전에 기록된 미륵이라는 뜻이다.

(30) 1五車詩書易經中. 2海中道全紫霧出. 3斥儒尙佛道德經. 4上帝降臨東半島. 5彌勒上帝鄭道令.

(오거시서역경중. 해중도전자무출. 척유상불도덕경. 상제강림동반도. 미륵상제정도령.)

해석문: ①수많은 시서와 주역 중에도 ②바다 가운데 길의 전체에서 자줏빛 안개가 나오고, ③유교를 배척하고 불교를 숭상하는 도덕경에도 ④하나님께서 동쪽의 반도에 강림하신다 했네. ⑤미륵이고 하나님이신 정도령이라.

(31) 1末復三合一人定. 2三家三道末運一. 3仙之造化蓮花世. 4自古由來預言中. 5革舊從新訪道覺.

(말복합일일인정. 삼가삼도말운일. 선지조화연화세. 자고유래예언중 혁구종신방도각.)

해석문: ①마지막 복귀는 세 분이 합의한 한 사람으로 정한 것이네. ②세 가문의 세 가지 도(道)의 마지막 운은 하나이네. ③그리스도교의 조화인 연화세계라. ④옛부터 내려오는 예언의 말씀 중에 ⑤옛것

을 혁파하고 새것을 좇아서 진리를 찾는 깨달음이라.

참고주해: ①"마지막 복귀는 세 분이 합의한 한 사람으로 정한 것이"
란 무슨 의미일까? 말세의 세상이 시작될 때 예수 그리스도와 아버
지 하나님께서 선지자의 섬에 임하신다. 그리고 세 분 하나님께서
함께하신 가운데서 마귀의 세력을 세상 안에서 완전히 멸하신 뒤에
한 분만 세상에 남아 있고 두 분 하나님은 다시 천국으로 복귀하신
다는 뜻이다.

②"세 가문의 세 가지 도(道)"란 아버지 하나님과 그리스도와 선지
자가 각각 다르게 세상에 복음을 전했다는 의미이다. 그러나 세 분
의 복음의 "마지막 운은 하나이"다.

(32) 1末世聖君容天朴. 2弓乙之外誰知人. 3瀛州蓬萊三神山. 4十勝中地朴
活處. 5養生工夫人不離.

(말세성군용천박. 궁을지외수지인. 영주봉래삼신산. 십승중지박활처.
양생공부인불리.)

해석문: ①말세의 성군인 하늘의 박혁거세라. ②하나님의 종과 성도를
제외하고 누가 사람을 아는가? ③신선들이 산다는 영주 봉래산은
세 하나님의 산이라. ④십자가 승리의 중앙의 땅이 박씨가 살며 활
동하는 처소이네. ⑤오래 살기 위해 몸과 마음을 닦고 병에 걸리지
않게 노력(努力)하며, 배움을 떠나지 않는 사람이라.

참고주해: ①"말세의 성군인 하늘의 박혁거세라." 신라의 시조인 박혁
거세와 같이 선지자가 이 땅에 세워지는 하나님의 나라 동방국의
시조라는 의미이다.

②"하나님의 종과 성도를 제외"하면 이 세상 모든 사람들은 하나님

을 아는 사람에 대해서 올바로 알지 못한다.

③"신선들이 산다는 영주 봉래산은 세 하나님의 산이라."는 세 분 하나님께서 계시는 산이라는 뜻이다. '영주 봉래'산은 중국의 전설에 나오는 신선들이 산다는 영주산, 방장산, 그리고 봉래산을 가리키는 것이다.

한국에는 영월에 봉래산이 있고, 부산시 영도구에도 봉래산이 있다. 영도구는 부산시의 두 번째로 큰 섬이며, 영도 다리와 남항이 위치하고 있다. 영주산은 제주도에 서귀포시에 위치하고 있고, 방장산은 전라북도 고창군과 전라남도 장성군에 걸쳐 있는 산이다.

(33) 1脫劫重生更無變. 2若求不死願永生. 3須問靈神木將軍. 4天地牛馬世不知. 5鄭氏天姓誰可知.

(탈겁중생갱무변. 약구불사원영생. 수문영신목장군. 천지우마세부지. 정씨천성수가지.)

해석문: ①두려움에서 벗어 난 백성들로 바뀌려면 변화가 없이 안 되네. ②약한 자를 구하고 죽지 않는 영원한 생명을 원하여, ③마침내 묻는 영검(靈劍)의 신(神)인 목木의 장군이라. ④하늘과 땅의 소와 말을 세상은 알지 못하네. ⑤정씨의 하늘의 성씨를 누가 알 수 있겠는가?

참고주해: ①"두려움에서 벗어 난 백성들"은 죽음을 두려워하지 않는 사람들이라는 뜻이다. 인간은 누구나 죽음에 대한 두려움에서 벗어나지 못한다. 이런 두려움에서 벗어나서 두려움이 없는 사람들로 바뀌려면 그리스도 안에서 거듭나야 한다. 거듭난 사람은 비록 육신의 생명을 잃을지라도 그리스도 안에서 부활하게 됨을 알기 때문에

세상을 두려워하지 않는다. 이런 거듭난 사람이 세상으로부터 나오려면 변화가 없이는 안 되는데, 이 변화는 이 세상의 멸망을 일으키는 마지막 환난을 의미한다. 그러므로 본문의 변화가 없이 안 된다는 것은 이 땅에 환난이 있게 된다는 뜻이다.

③의 "영검(靈劍)의 신(神)"은 초능력의 권능과 힘을 나타내는 하나님이시라는 뜻이고, 그분이 곧 "목木의 장군"으로 변화한 선지자라는 것이다. 즉, 목木은 오행(五行)에서 동방(東方)에 속하므로 선지자가 동방에서 나온 장군이라는 뜻이다.

④의 "하늘과 땅의 소와 말"은 선지자가 지닌 성품과 운명을 상징한다. 그러나 그런 선지자를 "세상은 알지 못" 한다.

(34) 1容天朴人容天伯. 2何姓不知鄭道令. 3無后裔之血孫出. 4無父之子天縱聖. 5西讐東逢解寃世.

(용천박인용천백. 하성부지정도령. 무후예지혈손출. 무부지자천종성. 서수동봉해원세.)

해석문: ①하늘의 박혁거세인 사람이 하늘에서 벼슬한 사람이라. ②무슨 성씨인지 알지 못하는 정도령이라. ③후예가 없는 분의 혈손으로 나왔으니, ④부모가 없는 자식이며 하늘을 좇는 성인이라. ⑤서양에서 원수를 맺고 동양에서 만나 세상의 원한을 푸네.

참고주해: ③"후예가 없는 분의 혈손으로 나왔으니"는 하나님의 자녀로서 세상에 태어났다는 뜻이다.

④"부모가 없는 자식이며 하늘을 좇는 성인이라." 인륜에 얽매이지 않고 하늘을 좇는다는 뜻이다.

⑤의 "서양에서 원수를 맺고"란 선지자가 서양에서 마귀의 실체를

알게 되었고, 그가 사람들을 미혹하여 세상을 지배하고 있는 실체적인 사실을 보고 그에게 원한을 맺게 되었다는 의미이다. 그 원수 마귀를 "동양에서 만나"서 멸망시킴으로써 "세상의 원한을" 푼다는 뜻이다.

(35) 1長安大道正道令. 2鄭本天上雲中王. 3再來春日鄭氏王. 4馬枋兒只誰可知. 5馬姓何姓世人察.

(장안대도정도령. 정본천상운중왕. 재래춘일정씨왕. 마방아지수가지. 마성하성세인찰.)

해석문: ①도시의 큰 도로에서 올바른 도를 외치네. ②정씨는 본래 하늘의 구름 중의 왕이라. ③다시 오는 봄날의 정씨 왕이네. ④단지 말 벼슬의 아이를 누가 알겠는가? ⑤말의 성씨는 무슨 성씨인가? 세상 사람들이 살펴보네.

참고주해: ①"도시의 큰 도로에서 올바른 도를 외치네."는 선지자가 도시의 큰길에 서서 하나님의 복음을 세상 사람들에게 전하며, 그들을 세상의 죄의 길에서 떠나도록 가르친다는 뜻이다.

앞의 p35 ①"하늘의 박혁거세인 사람이 하늘에서 벼슬한 사람이라." 했고, 여기서는 그 박혁거세인 사람이 정씨이고 그의 벼슬이 "구름 중의 왕"이라고 밝히고 있다.

④"단지 말 벼슬의 아이를 누가 알겠는가?"는 세상에서의 그의 위치는 말을 돌보는 아이와 같기 때문에 세상 사람들이 그를 알아볼 수 없다는 의미이다. 그래서 사람들은 선지자가 누구인지를 알아내고자 그의 성씨를 살펴본다.

(36) 1眞人出世分明知. 2愼之愼之僉君子. 3銘心不忘弓乙歌. 4運來前路松松開.

　　(진인출세분명지. 신지신지첨군자. 명심불망궁을가. 운래전로송송개.)

　해석문: ①진실하게 하나님을 아는 사람이 세상에 나오는 것은 분명하네. ②모든 걸 다 삼가고 삼가는 군자라. ③마음에 명심하고 오래오래 잊지 않는 하나님의 종과 성도들이 노래하네. ④운이 찾아와서 앞날이 송송 열리리라.

(37) 1蘇城白鰕殺氣滿. 2四面百里人影絶. 3欲求人生安心處. 4訪道君子拯濟蒼. 5二加一橫二人立.

　　(소성백하살기만. 사면백리인영절. 욕구인생안심처. 방도군자증제창. 이가일횡이인립.)

　해석문: ①되살아난 나라의 흰 도롱뇽이 살기가 가득하네. ②사면 백리에 사람의 그림자 하나 보이지 않으리라. ③살고자 하는 사람들의 안심할 처소는, ④진리를 찾는 군자(君子)를 건지고 구제하는 우거진 곳이라. ⑤이(二)를 덧붙이고 일(一)이 이(二)에 가로지른 사람이 일어서네.

　참고주해: 1절 蘇城白鰕殺氣滿(소성백하살기만)의 소성(蘇城)은 되살아난 나라라는 뜻이다. 소비에트 연방이 망한 뒤에 다시 살아난 러시아를 의미한다. 계17:10은 이런 러시아를 예언한 말씀이다. 아래에 기술했다.

　　"또 일곱 왕이라 다섯은 망하였고 하나는 있고 다른 이는 아직 이르지 아니하였으나, 이르면 반드시 잠깐동안 계속하리라."

이 계시록의 말씀에서 "잠깐동안 계속하리라."는 나라는 구 소련이다. 소련은 공산주의 국가들의 종주국으로 세상에 나타나지만 그 수명이 길지 못하다는 뜻이다.

그러므로 본문은 이 수명이 길지 못한 나라가 무너진 뒤에 러시아로 되살아났다는 뜻이다. 백하(白鰕)는 흰 도롱뇽이다. 이 나라의 상징을 흰 도롱뇽으로 표현했는데, 무슨 이유일까? 도롱뇽은 뱀과 생긴 모습이 비슷하다. 그러므로 이 나라도 중국이나 용인 미국과 같이 마귀의 품성을 지닌 마귀를 좇는 나라라는 뜻이다.

살기만(殺氣滿)은 살기가 가득하다는 뜻이다. 소련의 멸망으로 나약한 모습이던 이 나라가 러시아로 바뀐 후 다시 강해지면서 이전의 소련처럼 호전적인 태도를 보이면서 다른 나라들을 침략하고 협박하는 나라가 됐다는 뜻이다.

②"사면 백 리에 사람의 그림자 하나 보이지 않"게 된다는 것은 이 나라가 불의 재앙을 당하여 그 땅에 사람 하나 볼 수 없게 된다는 뜻이다.

④"진리를 찾는 군자(君子)를 건지고 구제하는 우거진 곳"은 그런 재앙의 때에 사람들이 안심할 처소는 하나님의 백성들이 모여 있는 곳이라는 뜻이다.

"이(二)를 덧붙이고 일(一)이 이(二)에 가로지른 사람이 일어서"는 곳이란 선지자의 이름을 암시한 것이며, 선지자가 있는 곳을 찾으라는 뜻이다.

(38) 1八十一俱富饒地. 2兩白三豊有人處. 3彌勒出世亦此地. 4金鳩班鳥聖神鳥. 5紅鸞異蹟降雨露.

(팔십일구부요지. 양백삼풍유인처. 미륵출세역차지. 금구반조성신조. 홍란이적강우로.)

해석문: ①팔십일의 어구(漁具)업 하는 이가 다 부요한 땅이라. ②양 선지자의 세 가지 복음이 있는 사람들의 처소라. ③미륵이 세상에 나오는 곳이 역시 이 땅이라. ④금비둘기는 나누는 새이고 성신(聖神)의 새이네. ⑤붉은 란새가 이적을 행하여 비와 이슬을 내리네.

참고주해: 선지자가 나오는 땅은 어구(漁具)업으로 부유하게 사는 사람들이 모여 있는 곳이고, 두 선지자의 세 가지 복음으로 변화된 사람들이 사는 곳이며, 구세주인 미륵이 세상에 나오는 곳이다. 그 땅에 성령이 임하고, 성령의 놀라운 이적과 기사가 나타난다.

5절 紅鸞異蹟降雨露(홍란이적강우로)의 홍란(紅鸞)은 중국의 전설의 새이며, 중국을 가리킨다. 이적강우로(異蹟降雨露)는 이적을 행해서 비와 이슬을 내린다는 의미이다. 즉, 중국이 자연환경을 바꾸어서 비와 이슬을 내리게 한다는 뜻이다. 중국이 비행기에서 수은을 뿌려 비를 내리게 하는 짓을 지적한 말씀이다. 앞으로 더욱 열심히 할 것이다.

(39) 1木兎再生鄭姓運. 2三時重生鄭本人. 3儒佛仙三各人出. 4末復合一聖一出. 5武弓白石三豊理.

(목토재생정성운. 삼시중생정본인. 유불선삼각인출. 말복합일성일출. 무궁백석삼풍리.)

해석문: ①목木과 토끼해에 거듭나는 정씨 성의 운이라. ②세 때에 거듭나는 정씨는 본래 사람이라. ③유교와 불교와 그리스도교에서 각기 한 사람씩 나와서 세 사람이나, ④말세에 다 합해져 하나만 성

(聖)이고 하나만 나오네. ⑤무사(武士)이고 하나님의 종인 선지자 돌은 세 가지 복음의 이치라.

참고주해: ①의 "목木과 토끼해"는 계묘(癸卯, 2023)년이다. 이 해에 선지자에게 성령의 임하고 첫 번째로 변화된다.

②"세 때 거듭나는 정씨는 본래 사람이라."는 앞에서 설명한 것처럼 선지자가 세 번의 변화를 통하여 신神으로 변화하지만 본래는 사람이라는 뜻이다.

(40) 1移山倒海變化運. 2乾上坤下天地否. 3羲易之理先天運. 4離上坎下火水未. 5周易之理後天運.

(이산도해변화운. 건상곤하천지비. 희역지리선천운. 이상감하화수미. 주역지리후천운.)

해석문: ①산을 옮기고 바다를 건너는 변화하는 운이네. ②하늘이 위이고 땅이 아래인 천지를 부인하네. ③복희씨의 주역의 이치는 하늘의 운이 먼저이네. ④위에서 떠나 밑으로 내려오는 불(火)과 물(水)은 정미(丁未, 2027) 년이라. ⑤주역의 이치는 후천(後天)의 운이네.

참고주해: 앞의 p38 4절 金鳩班鳥聖神鳥(금구반조성신조; 금비둘기는 나누는 새이고 성신(聖神)의 새이네)가 말한 성령의 역사가 나타나면서 "산을 옮기고 바다를 건너는 변화하는 운이" 시작된다.

②"하늘이 위이고 땅이 아래인 천지를 부인하네." 하늘과 땅의 정해진 관계를 부인한다는 뜻이며, 사람들이 하늘을 알지 못한다는 의미이다.

④"위에서 떠나 밑으로 내려오는 불(火)과 물(水)은" 행성이 지구와 충돌하는 상황을 설명한 것이고, 그때가 "정미(丁未, 2027)년이라."

고 계시한 것이다.

(41) 1春氣度數發芽期. 2九十八土中用年. 3夏期度數長成期. 4五十八土中用
事. 5天根月窟寒來地.

(춘기도수발아기. 구십팔토중용년. 하기도수장성기. 오십팔토중용사. 천
근월굴한래지.)

해석문: ①봄기운의 온도에 새싹이 나는 시기(發芽期)에. ②구십팔토
(九十八土) 가운데서 이용(用)하는 해이고, ③여름철의 온도가 길어
지고 이뤄지는 시기에. ④오십팔토(五十八土) 가운데서 이용하는 일
이라. ⑤하늘의 뿌리에서 한 달 동안 한파의 굴이 땅에 찾아오리라.

참고주해: 2절 九十八土中用年(구십팔토중용년)의 구십팔(九十八)을
오행상생(五行相生)으로 풀어 보면, 8은 을乙의 수이고, 동에 속하
며 봄을 가리킨다. 9는 경庚의 수이고 금金에 속한다. 10은 기己
의 수이고 중앙에 속한다. 그리고 토는 중앙에 위치한다. 그러므로
기己와 경庚이 봄이 시작되는 해라는 의미가 된다. 기己는 기해(己
亥) 2019년이고, 경庚은 경자(庚子) 2020년이다. 따라서 2019년과
2020년이 동방의 중앙에서 새로움이 시작되는 해라는 뜻이다.

4절 五十八土中用事(오십팔토중용사)의 오십팔(五十八)을 오행상생
(五行相生)으로 풀면, 5는 무戊의 수이고 중앙에 속한다. 나머지는
상기와 동일하다. 그러므로 무술(戊戌) 2018년과 기해(己亥) 2019
년을 가리키며, 그때에 '여름철의 온도가 길어지고 이뤄지는 시기'이
므로 동방의 중앙의 일을 이용한다는 뜻이다. '여름철의 온도가 길
어지고 이뤄지는 시기'는 남북의 관계가 악화돼 전쟁이 일어나면서
하나님께서 정하신 일이 시작됐다는 비유적인 표현이다. '여름철의

온도가 길어지고'는 수소폭탄이 폭발해 긴 여름이 시작된다는 뜻이며, 3. 계룡론 p7 1절 江山熱蕩鬼不知(강산열탕귀부지)를 가리키는 것이다.

(42) 1三十六宮都是春. 2甲子年月日時定. 3日餘不足定日數. 4萬物苦待新天運. 5不老不死人永春.

(삼십육궁도시춘. 갑자년월일시정. 일여부족정일수. 만물고대신천운. 불로불사인영춘.)

해석문: ①삼십육 궁전의 도시는 그때 봄이라. [참조; 9. 생초지락 p16] ②음력으로 해와 월과 날과 시가 정해졌네. ③하루가 부족하여 정해진 날의 수라. ④만물이 고대하는 새로운 하늘의 운이라. ⑤늙지 않고 죽지도 않는 사람들의 영원한 봄날이라.

(43) 1不耕田而食之. 2不織麻而衣之. 3不埋地而葬之. 4不拜祀而祭之. 5不乘馬而行之. 6不食穀而飽之.

(불경전이식지. 불직마이의지. 불매지이장지. 불배사이제지. 불승마이행지. 불식곡이포지.)

해석문: ①밭을 경작하지 않아도 먹을 양식이 있고, ②삼으로 베를 틀지 않아도 입을 옷이 있으며, ③매장할 땅이 없이 장사를 지내고, ④경배하지 않고 제사를 올리며, ⑤말을 타지 않고도 갈 수 있고, ⑥곡식으로 음식을 먹지 않아도 배가 부르리라.

(44) 1不流淚而生之. 2不飮藥而壽之. 3不交媾而産之. 4不四時而農之. 5不花發而實之. 6死末生初末運.

(불유루이생지. 불음약이수지. 불교구이산지. 불사시이농지. 불화발이
실지. 사말생초말운.)

해석문: ①눈물이 흐르지 않는 삶이고, ②약을 먹지 않아도 장수하니
라. ③교합이 없이 아이를 생산하고, ④사계절이 없이 농사를 지으
며, ⑤꽃이 발화하지 않고도 결실이 되니라. ⑥사망의 마지막에 살
아나는 최초의 생명이 마지막 운이라.

(45) 1雲王眞人降島. 2逆天者亡順天者興. 3三人日而春字定.
　　(운왕진인강도. 역천자망순천자흥. 삼인일이춘자정.)

해석문: ①구름 왕인 진실하게 하나님을 아는 사람이 섬에 강림하네.
②하늘의 뜻을 거스르는 자는 망하고 하늘의 뜻에 순종하는 자는
흥하리라. ③세 사람의 날이 봄의 한 날로 정하였네.

참고주해: ③"세 사람의 날이 봄의 한 날로 정하"여졌다는 것은 아버
지 하나님과 그리스도와 선지자가 상봉하는 날이 봄의 한 날에 이
루어진다는 뜻이다.

(46) 1殺我者誰. 2女人戴禾. 3人不知. 4兵在其中.
　　(살아자수. 여인대화. 인부지. 병재기중.)

해석문: ①나를 죽이는 자가 누구인가? ②여자가 벼를 머리에 이고 있
는 것이라. ③사람들이 모르니 전쟁이 있는 그 가운데라.

참고주해: ②"여자가 머리에 벼를 이고 있는"은 미국의 뉴욕 하버
(New York Harbor) 앞의 리버티섬(Lyberty Island)에 서 있는 자
유의 여신상(Statue of liberty)과 워싱턴 시의 자유의 여신(Statue
of Freedom)을 가리키는 것이다. 이 형상들은 고대 로마의 전쟁

과 평화의 여신 리베르타스(Libertas)를 형상화한 것이다. 본문의
"여자가 벼를 머리에 이고"는 이 여신상이 쓰고 있는 월계관(laurel
wreath)을 의미한다. 이 형상이 마귀를 섬기는 자들의 우상이다.
① "나를 죽이는 자가 누구인가?"는 이 우상을 가리키는 말씀이다.
③"사람들이 모르니 전쟁이 있는 그 가운데라."는 자유의 여신상으로
세상에 나타난 마귀가 모든 전쟁을 일으키는 자이고, 그 배후에서 승
패를 주장하는 전쟁의 신이라는 사실을 사람들은 알지 못한다는 의
미이다.

(47) 1殺我者誰. 2雨下橫山. 3天不知. 4裏在其中.

　　　(살아자수. 우하횡산. 천부지. 이재기중)

해석문: ①나를 죽이는 자가 누구인가? ②비가 오는데 산을 가로지름
　　　이니. ③하늘이 모르니 ④가슴 속에 있는 그 가운데라.

참고주해: ②"비가 오는데 산을 가로지"르면 나를 죽이는 짓이 된다.
　　　왜냐하면 남쪽의 대부분의 산은 화생방 무기들과 핵폭탄이 폭발하
　　　면서 방사능 물질로 오염됐기 때문이다. 핵폭탄과 화생방 무기들이
　　　폭발한 뒤에 내리는 비를 맞아서는 안 된다는 것이다.

(48) 1殺我者誰. 2小頭無足. 3鬼不知. 4化在其中.

　　　(살아자수. 소두무족. 귀부지. 화재기중.)

해석문: ①나를 죽이는 자가 누구인가? ②작은 머리에 발이 없는 것이
　　　라. ③귀신도 모르니 변화가 있는 그 가운데라.

참고주해: 2절 小頭無足(소두무족)은 5. 말운론 p1의 小頭無足飛火落
　　　地(소두무족비화낙지)를 상기시키며, 불의 재앙을 일으키는 외계에서

날라온 행성을 가리키는 비유적인 표현이다. 별이 지구와 충돌하면, 귀신도 모르는 가운데서, 그때 세상에 변화가 일어난다는 뜻이다.

(49) 1話我者誰. 2十八加公. 3宋下止. 4深谷.

　　(화아자수. 십팔가공. 송하지. 심곡.)

　해석문: ①나에게 말하는 자가 누구인가? ②열여덟에 벼슬을 더하고, ③중국(송나라) 밑에 들어가서 머물며, ⑤깊은 골짜기에 들어가라 하네.

　참고주해: 2절 十八加公(십팔가공)의 18(十八)은 중국의 열여덟 역사 서를 의미하고, 가공(加公)은 벼슬이 더하다라는 의미이다. 따라서 "열여덟에 벼슬을 더하고"라고 해석한 본문은 중국이 세상 가운데 서의 지위가 높아졌다는 뜻이 된다.

　　③"중국(송나라) 밑에 들어가서 머물며"는 남북한의 전쟁이 일어난 뒤에 다시 중국이 남쪽 땅을 침략해 들어올 때 중국에게 굴복하고 중국의 보호를 받고자 하는 사람들이 나온다는 뜻이다. 또 깊은 골 짜기에 들어가서 환난을 피하자고 말하는 사람들도 있다. 그러나 이 런 자들은 영원히 멸망한다.

(50) 1話我者誰. 2豕上加冠. 3哥下止. 4樑底.

　　(화아자수. 시상가관. 가하지. 양저.)

　해석문: ①나에게 말하는 자가 누구인가? ②돼지 머리에 관을 씌우 고, ③노래하는 자 밑에 머물며 ④들보 밑이네.

　참고주해: ③"돼지 머리에 관을 씌우고"는 귀신을 섬기는 행위를 의미 하고,

③"노래하는 자 밑에 머물며," ④"들보 밑이네."은 굿을 하거나 제사를 지내면서 제문을 읽는 행위와 제삿밥을 들보 밑에 두는 행위를 의미한다.

(51) 1話我者誰. 2三人一夕. 3都下止. 4天坡.

(화아자수. 삼인일석. 도하지. 천파.)

해석문: ①나에게 말하는 자가 누구인가? ②세 사람이 하나인 저녁, ③도시 아래 머무는 ④하늘 언덕이네.

참고주해: "세 사람이 하나인 저녁" 이미 설명한 것처럼 아버지 하나님과 그리스도께서 선지자가 있는 섬의 산에 임하셔서 선지자와 함께 계시는 저녁을 의미한다.

3절 都下止(도하지)와 4절 天坡(천파)를 "도시 아래 머무는 하늘 언덕이네."라고 해석했다. 도시 아래 머문다는 것은 그곳이 큰 도시의 정해진 한 곳이라는 의미이고, 또 그 도시로부터 떠난 곳이란 뜻이다. 그리고 '하늘 언덕'이라는 것은 하늘과 가까운 곳이란 의미이고, 앞에서 말한 세 분 하나님께서 계시는 곳이란 뜻이다.

(52) 1虎性在山. 2如松之盛. 3見人猖獗. 4見松卽止.

(호성재산. 여송지성. 견인창궐. 견송즉지.)

해석문: ①호랑이의 성품은 산에 머무니라. ②솔나무 같이 보이는 자들이 무성해지고, ③하나님을 아는 사람을 보는 자들이 걷잡을 수 없이 많아지나 ④솔나무를 보고 즉시 멈추리라.

참고주해: ①"호랑이의 성품은 산에 머무니라."의 '호랑이'는 서쪽 방위의 신인 유럽이고, '산'은 세상 나라들을 상징한다. '성품이 산에 머

무'는 것은 세상 나라들을 지배한다는 뜻이며, 그것이 유럽의 본성이라는 뜻이다.

②"솔나무 같이 보이는 자들"의 '솔나무'는 선지자를 상징하므로 '같이 보이는'이란 거짓 선지자들이라는 의미이고, '무성해지'는 것은 그런 자가 많아진다는 뜻이다.

그때 하나님을 아는 사람을 즉, 선지자를 보고자 하는 사람들이 창궐한다. 그러나 하나님의 종이 세상에 나오자.

④"솔나무를 보고 즉시 멈추리라."고 한 것은 그런 사람들이 선지자를 좇지 않는다는 뜻이다.

(53) 1狗性在家. 2家給千兵. 3見雪猖獗. 4見家卽止.

(구성지가. 가급천병. 견설창궐. 견가즉지.)

해석문: ①개의 성품은 집에 머무는 것이라. ②가문(家門)이 많은 병사에게 급여를 하니, ③눈(雪)이 걷잡을 수 없이 쌓이는 것을 보겠고, ④가문이 즉시 그치는 것을 보리라.

참고주해: 앞에서 설명한 것처럼 "개"는 북한을 상징한다. ①"개의 성품은 집에서 머무는 것이라."는 것은 북한이 세상 나라들 가운데서 고립된 상태에 있다는 것을 의미하고, 그 나라의 통치자가 자기 나라 밖을 한 발자국도 나가지도 못하면서 집 안에서 짖어대는 개와 같이 큰 소리만 낸다는 의미이다.

②"가문(家門)이 많은 병사에게 급여를" 한다는 것은 김정은의 집안이 많은 병사들을 보유한 호위부대를 거닐고, 그들에게 특별한 대우를 하고 있다는 의미이다.

③"눈(雪)이 걷잡을 수 없이 쌓이는 것을 보겠고"는 자연의 재해에

의한 추운 겨울로 그 나라가 고통을 받게 된다는 의미이고,

④"가문이 즉시 그치는 것을 보리라."는 것은 김정은의 온 집안이 멸족을 당하게 된다는 의미이다.

(54) 1牛性在野. 2奄宅曲阜. 3見鬼猖獗. 4見野卽止.

　　　(우성재야. 엄택곡부. 견귀창궐. 견야즉지.)

해석문: ①소의 성품은 세상 밖에 있는 것이라. ②굽어진 언덕 위의 궁전이라. ③귀신이 걷잡을 수 없이 많아 짐을 보나, ④세상 밖을 보고 즉시 멈추리라.

참고주해: ①"소의 성품은 세상 밖에 있는 것이라." 선지자의 마음이 세상 사람들에게 향하여 있다는 의미이다.

②"굽어진 언덕 위의 궁전"은 선지자가 머무는 섬의 언덕 위에 있는 성도들의 모임을 가리킨다.

③"귀신이 걷잡을 수 없이 많아 짐을 보나"는 성도들의 모임이 이루어졌을 때 성도들을 시험하는 수많은 귀신들이 모여드는 것을 보게 된다는 뜻이다.

④"세상 밖을 보고 즉시 멈추리라."는 하나님의 성령의 역사가 강력하게 세상에 나타나고 있기 때문에 귀신들이 활동을 멈춘다는 것이다.

(55) 1利在宋宋. 2畵虎顧名. 3物名卽犢. 4音卽松下止.

　　　(이재송송. 화호고명. 물명즉독. 음즉송하지.)

해석문: ①이로움이 송(宋)과 송(宋)에게 있으니. ②그림 속의 유럽이 이름을 돌아보고, ③물건의 이름을 곧 읽으니 ④음성이 곧 솔나무 밑에 머문다 하네.

참고주해: "이로움이 송(宋)과 송(宋)에게 있으니" 송(宋)은 송나라 송 (宋) 자이다. 송(宋)에게 이로움이 있다는 것은 중국인들에게 이로 움이 있다는 뜻이다.

2절 畵虎顧名(화호고명)의 호(虎, 호랑이)는 유럽을 상징한다. 그래 서 "그림 속의 유럽이 이름을 돌아보고"라고 해석한 것이다.

④"음성이 곧 솔나무 밑에 머문다 하네."의 솔나무는 선지자를 상징 한다. 그러므로 앞에서 말한 송나라로 표현된 중국인들이 선지자 밑 에 머문다는 말씀이 되며, 그것은 중국인들이 선지자의 복음으로 변화된다는 의미이다.

(56) 1利在家家. 2畵狗顧簷. 3物名卽犬. 4音卽家下止.

　　(이재가가. 화구고첨. 물명즉견. 음즉가하지.)

해석문: ①이로움이 가족과 가족에 있다 하니, ②그림 속의 작은 강아 지(구狗)들이 처마를 보네. ③물건의 이름이 곧 큰 개(견犬)라. ④소 리인즉슨 가족 밑에 머문다 하네.

참고주해: 2절의 강아지 구狗는 북한 백성들을 상징하고, 3절의 큰 개 견犬은 김정은을 상징한다. 북한 백성들을 상징하는 "그림 속의 작은 강아지가 처마를 보"는 것은 북한 백성들이 미약한 존재들이 라는 뜻이고, "물건의 이름이 곧 큰 개"는 작은 강아지들인 북한 백 성들이 김정은의 보호를 받고자 한다는 의미이다.

그러므로 ①"이로움이 가족과 가족에 있다."는 것은 북한이 가부장 적인 김일성이 집안에 의해서 지배를 받는다는 뜻이고, 그 가족에게 만 이로움이 있는 나라라는 뜻이다.

④"소리인즉슨 가족 밑에 머문다."고 한 것은 북한 백성들이 김일성

의 가족의 보호를 받고 있다는 뜻이다.

(57) 1利在全全. 2畵牛顧溪. 3物名卽牝. 4音卽道下止.

  (이재전전. 화우고계. 물명즉빈. 음즉도하지.)

해석문: ①이로움이 온전함과 온전함에 있다 하니, ②그림 속의 소가 계곡을 보네. ③물건의 이름이 곧 암컷이라. ④소리인즉 속세를 떠나서 머문다 하네.

참고주해: ①"이로움이 온전함과 온전함에 있다."의 원문 온전할 전全은 몸과 마음을 바르게 하는 것을 의미한다. 그러므로 몸과 마음을 바르게 닦아야 이로움이 있다는 뜻이다.

②"그림 속의 소가 계곡을 보네."는 선지자가 마음으로 찾고 있는 것을 속세가 아닌 곳에서 찾는다는 의미이고,

③"물건의 이름이 곧 암컷이라."는 것은 선지자가 찾는 물건이 곧 자신의 짝이라는 뜻이다.

4절 音卽道下止(음즉도하지)의 도하지(道下止)만을 직역하면 '길 아래에서 거하다'이다. [참조; 59. 말중운 p10 및 p12 참고주해] 여기서 길 도道는 세상의 길 즉, 속세를 의미하고, 떨어질 하下는 벗어났다는 뜻이며, 거할 지止는 머문다는 뜻이다. 이 뜻풀이에 따라서 문장을 해석하면 "소리인즉 속세를 떠나서 머문다 하네."가 된다. 그러므로 도하지는 세상의 길에서 떠난 성도들의 모임을 의미하며, 선지자가 자신의 짝을 성도들의 모임에서 찾고 있다는 의미의 말씀이다.

(58) 1似草非草. 2二才前後. 3浮木節木. 4從木在生.

  (사초비초. 이재전후. 부목절목. 종목재생.)

해석문: ①풀 같기도 하나 풀이 아니라. ②두 재사(才士)가 앞과 뒤에 있네. ③떠다니는 나무와 절개(節概)의 나무라. ④나무를 따르면 살리라.

참고주해: ②"두 재사(才士)가 앞과 뒤에 있다"는 것은 그리스도와 선지자가 함께 활동한다는 뜻이다.

③의 "떠다니는 나무"는 그리스도를, "절개(節概)의 나무"는 선지자를 의미한다. 이 두 나무를 따르면 죽지 않고 영생을 한다.

(59) 1似野非野. 2兩上左右. 3浮土溫土. 4從土在生.

(사야비야. 양상좌우. 부토온토. 종토재생.)

해석문: ①세상 밖 같으나 세상 밖이 아니네. ②양쪽의 높은 것은 좌편과 우편이라. ③떠다니는 나라(土)와 따뜻한 나라라. ④나라를 따르면 살리라.

참고주해: ②"양쪽의 높은 것은 좌편과 우편이라."는 것은 이스라엘과 이 땅에 세워지는 동방국을 가리킨다.

③의 "떠다니는 나라"는 그리스도의 나라이다. 왜냐하면 복음이 이스라엘서부터 시작됐기 때문이다. 그리고 "따뜻한 나라"는 선지자의 나라를 의미한다. 왜냐하면 마지막 때의 구원이 선지자의 나라에 의해서 성취되기 때문이다.

④"나라를 따르면 살리라."는 것은 마지막 때에 그 두 나라들을 따르면 구원을 이룬다는 뜻이다.

(60) 1似人非人. 2人玉非玉. 3浮金冷金. 4從金從金在生.

(사인비인. 인옥비옥. 부금냉금. 종금종금재생.)

해석문: ①사람 같으나 사람이 아니라. ②사람이 옥이라 하나 옥이 아니라. ③떠다니는 하나님을 아는 지식이고, 냉철한 하나님을 아는 지식이라. ④하나님을 아는 지식을 따르고, 하나님을 아는 지식을 따르면 살리라.

참고주해: 1절 似人非人(사인비인; 사람 같으나 사람이 아니라)는 그리스도를 의미한다. 그리스도께서 세상에 재림하신 상황을 가리키는 말씀이다.

③"떠다니는 하나님을 아는 지식"은 그리스도를 가리키는데, 왜냐하면 재림하신 그리스도는 사람들의 눈에 보이지 않는 가운데서 하나님의 일을 하시기 때문이다. 그리고 "냉철한 하나님을 아는 지식"은 선지자를 뜻한다. 왜냐하면, 선지자가 세상의 모든 것을 하나님의 말씀으로 엄격하게 분별하기 때문이다. 그래서 ④"하나님을 아는 지식을 따르고, 하나님을 아는 지식을 따르면" 살게 된다.

(61) 1死運. 2人口有土. 3虎龍相鬪. 八年間. 4方夫觀.

(사운. 인구유토. 호룡상투. 팔년간. 방부관.)

해석문: ①죽을 운이라. ②성도의 입구에 나라가 있으리라. ③유럽과 미국이 서로 다투는 팔 년 간에 ④방위(方位)의 지아비들은 관망하리라.

참고주해: ①"죽을 운이라."는 무슨 의미일까? 말세의 사람들을 가리키며 모두가 죽음을 피할 수 없는 운명이라는 뜻이다.

2절 人口有土(인구유토)의 사람 인人은 하나님의 백성을 의미한다. 왜냐하면, 말세의 세상은 짐승과 사람으로 구분되기 때문이다. 입인구(人口)는 성도의 입구를 뜻하고, 유토(有土)는 나라가 있다는

뜻이다. 그러므로 하나님의 백성들의 성도의 입구에 나라가 있게 된
다는 뜻이 된다.

3절 虎龍相鬪(호룡상투)의 호虎는 서쪽 방위신인 유럽을 상징하고
룡龍은 동쪽 방위신인 미국을 상징한다. 상투(相鬪)는 서로 다툰다
는 뜻이다. 그러므로 유럽과 미국의 관계가 지금까지는 바늘과 실
같은 관계였으나 앞으로 서로를 비판적으로 보는 나쁜 관계로 돌아
서게 되며, 팔 년간 서로 다투게 될 것이다. 새 대통령 트럼프의 자
국의 이익을 우선으로 하는 정책을 유럽이 싫어하고, 유럽이 중국
을 우선시하는 정책을 미국이 비판적으로 보면서 관계가 악화될 것
이다. ④"방위(方位)의 지아비들"은 세상의 다른 나라들을 가리키는
것이고, "관망하리라."는 그 나라들이 유럽과 미국이 다투는 것을
보고 상관하지 않는다는 것이다.

(62) 1死運. 2重山不利. 3狗鼠鬪食. 4一夜間. 5由倒觀.

    (사운. 중산불리. 구서투식. 일야간. 유도관.)

해석문: ①죽을 운이라. ②깊은 산은 이롭지 않으리라. ③개와 쥐가
먹을 음식을 두고 싸우리니, ④하룻밤 사이에 그로 인해 ⑤넘어지
는 것이 보리라.

참고주해: 3절 狗鼠鬪食(구서투식)은 개와 쥐가 먹을 음식을 두고 싸
운다는 뜻이다. 실제로 이런 일은 있을 수 없다. 그러므로 이 구절
은 남북한의 관계에 대한 계시로 보아야 한다. '개'는 남쪽의 지도자
를 상징하고, 쥐는 북한의 지도자 김정은을 가리킨다. [김정은은 갑
자(甲子; 1984)년 생으로 알려져 있다] "먹을 음식을 두고 싸우리
니"는 남쪽과 북쪽이 서로의 이익을 두고 싸운다는 뜻이다. 아마 서

해의 NNL을 두고 싸운다는 의미일 것이다.

④"하룻밤 사이에" 5절 由倒觀(유도관)이라고 했다. "그로 인해 넘어지는 것이 보이리라."고 해석했다. '넘어지는 것(由倒)'은 유도무기 즉 탄도 미사일을 의미한다. 그러므로 그 다툼의 결과로 "하룻밤 사이에" 유도무기가 떨어지는 것을 보게 된다는 비유적인 표현이다.

(63) 1死運. 2六角八人. 3牛兎相爭. 4十日間. 5立十觀.

　　　(사운. 육각팔인. 우토상쟁. 십일간. 입십관.)

해석문: ①죽을 운이라. ②여섯 나팔과 여덟 사람이라. [참조; 1. 남사고비결 p7 1절 및 같은 장 p5 3절] ③소와 토끼가 서로 싸우리니 ④열흘 사이에 ⑤십자가가 일어서는 것을 보리라.

참고주해: ③"소와 토끼가 서로 싸우리니"의 "소"는 선지자이고, "토끼"는 이 나라의 유력한 정치인으로 나라가 멸망했음에도 여전히 이 땅에서 권력을 행사하고 있는 사람이다. 본문은 이 토끼띠의 권력자가 선지자를 핍박한다는 뜻이다. 그로 인해서 "열흘 사이에 십자가가 일어서는 것을 보리라."는 것은 그때 순교하는 사람들이 나오고, 복음이 더욱 강력하게 전파된다는 의미이다.

(64) 1宋字. 2十八加公. 3木公間生. 4不如松人擇. 5深谷. 6地名.

　　　(송자. 십팔가공. 목공간생. 불여송인택. 심곡. 지명.)

해석문: ①나라 송자(宋字)는 ②십팔사(十八史)에 벼슬(公)을 더하는 것이니, ③목木의 사람과 벼슬(公) 사이에 살리라. ④솔나무 같지 않은 사람을 택하니 ⑤깊은 계곡, ⑥땅의 이름이라.

참고주해: ①"나라 송자(宋字)는" 중국을 뜻하고, ②"십팔사(十八史)에

벼슬(公)을 더하는 것이니"는 앞의 p49 2절에서 설명한 것처럼 열여덟 역사서의 나라인 중국이 벼슬(公)을 한 국가가 됐다는 뜻이다. 즉, 세상 나라들 가운데서 목소리를 높이는 힘 있는 국가가 됐다는 뜻이다.

③"목木의 사람과 벼슬(公) 사이에 살리라."의 '목木의 사람'은 선지자를 가리키고, '벼슬(公)'은 강력해진 중국의 공산주의 정권을 가리킨다. 공산주의 나라인 중국에 선지자의 복음이 전파되어 중국인들이 양쪽으로 갈라진다는 의미이다.

(65) 1可字. 2豕着冠. 3火口間生. 4不如臥眠臥身. 5巡簷. 6簷名.

(가자. 시착관. 화구간생. 불여와면와신. 순첨. 첨명.)

해석문: ①옳을 가可자라. ②돼지에게 관을 씌우네, ③불과 성도의 입구 사이에 살리라. ④누워 잠자는 것 같지 않게 누워있는 몸이니, ⑤처마 밑을 돌고 ⑥처마의 이름이라.

참고주해: ②"돼지에게 관을 씌우네."의 '돼지'는 귀신을 섬기는 이 나라 백성들을 상징하며, '관을 씌우'는 것은 이 백성들에게 니느웨 백성들처럼 죄를 회개하라고 가르친다는 뜻이다.

③"불과 성도의 입구 사이에 살리라." 그들에게 죄에 대한 심판인 불의 재앙과 구원의 길이 함께 주어진다는 뜻이다.

④"누워 잠자는 것 같지 않게 누워있는 몸"은 불교의 와불(臥佛)을 가리키고, ⑤"처마 밑을 돌고"는 불교의 이른 아침 순행을 의미하며, "처마의 이름"은 그 도는 곳이 대웅전이라는 뜻이다.

(66) 1全資. 2十口入. 3兩弓間生. 4不如修道. 5正己. 5田名.

(전자. 십구입. 양궁간생. 불여수도. 정기. 전명.)

해석문: ①전 재물이라. ②십자가 성도의 입구로 들어가니, ③양 하나님의 종 사이에 살리라. ④도를 닦는 것 같지 않으나, ⑤몸을 올바르게 하는 ⑥성도들의 모임의 이름이라.

(67) 1三數之理. 2弓乙田. 3一理貫通. 4三妙之十勝. 5全全田田. 6陰陽兩田之間.

(삼수지리. 궁을전. 일리관통. 삼묘지십승. 전전전전. 음양양전지간.)

해석문: ①세 번을 셈하는 이치라. ②하나님의 종과 성도들의 모임이니 ③한 가지 이치로 관통하고, ④세 가지 미묘함의 십자가 승리가, ⑤온전하고 온전한 성도들의 모임이고 모임이니, ⑥음과 양 양쪽 성도들의 모임의 사이라.

참고주해: ④"세 가지 미묘함의 십자가 승리"는 세 가지 복음이 곧 십자가 승리라는 뜻이다.

⑥"음과 양의 양쪽 성도들의 모임의 사이"는 그리스도의 이스라엘 성도들과 선지자의 성도들의 사이라는 뜻이다.

(68) 1弓弓雙弓. 2左右背弓之間. 3乙乙四乙. 4轉背四方之間.

(궁궁쌍궁. 좌우배궁지간. 을을사을. 전배사방지간.)

해석문: ①하나님의 종과 종은 두 하나님의 종이라. ②좌와 우에 등을 진 하나님의 종의 사이라. ③성도와 성도는 네 성도들이고, ④등을 지고 사방에 있는 사이라.

참고주해: 앞의 p67에 이어서 그리스도와 선지자의 관계와 두 분과 성도들의 관계를 정의한 말씀이다.

③"성도와 성도는 네 성도들이고", ④"등을 지고 사방에 있는 사이라"는 온 세상에 두 분에게서 나온 성도들이 퍼져서 나간다는 의미이다.

(69) 1單弓武弓天上靈物. 2甘露如雨心火發白. 3永生之物. 4卽三豊之穀也. 5白石卽武弓.

(단궁무궁천상영물. 감로여우심화발백. 영생지물. 즉삼풍지곡야. 백석즉무궁.)

해석문: ①한 하나님의 종은 무(武)의 하나님의 종이고 하늘 위의 영물이라. ②비 같은 맛있는 이슬로 마음에 불을 발화하는 선지자라. ③영생의 물건이니, ④즉 세 가지 복음의 곡식이라. ⑤선지자 돌이 곧 무사인 하나님의 종이라.

(70) 1夜鬼發動鬼不知. 2恒鎖足鎖下獄之物. 3一名曰海印. 4善者生獲之物. 5惡者死獄之物. 6卽三物也.

(야귀발동귀부지. 항쇄족쇄하옥지물. 일명왈해인. 선자생획지물. 악자사옥지물. 즉삼물야.)

해석문: ①야귀가 발동해도 귀신은 알지 못하리라. ②항쇄와 족쇄를 씌워 지하의 옥에 가둘 물건이라. ③일명 말하기를 해인이라. ④선한 자가 생명을 획득할 물건이고, ⑤악한 자를 죽이는 지옥의 물건이라. ⑥곧 세 가지 물건이라.

(71) 1三物卽一物. 2生死特權之物也. 3單乙謂不死處. 4牛吟滿地. 5惡人多生之地. 6見不牛而牛聲出處.

(삼물즉일물. 생사특권지물야. 단을위불사처. 우음만지. 악인다생지지. 견불우이우성출처.)

해석문: ①세 가지 물건은 곧 하나의 물건이라. ②살고 죽이는 특권의 물건이네. ③홀로인 성도가 이르기를 죽지 않는 처소라 하네. ④소의 울음이 가득한 땅이네. ⑤악인이 많이 살아나는 땅이라네. ⑥소가 보이지 않고 소의 울음소리가 나오는 곳이라네.

(72) 1卽非山非野兩白之間. 2卽弓乙三豊之間. 3海印用事者天權鄭氏也. 4故曰弓乙合德眞人也.

(즉비산비야양백지간. 즉궁을삼풍지간. 해인용사자천권정씨야. 고왈궁을합덕진인야.)

해석문: ①곧 산도 아니고 들도 아닌 양 선지자의 사이이고, ②곧 하나님의 종과 백성들의 세 가지 복음의 사이이네. ③해인을 사용하는 자가 하늘의 권세를 가진 정씨라. ④이런 연고로 말하건대, 하나님의 종과 성도의 합덕을 이룬 진실하게 하나님을 아는 사람이라.

(73) 1兩白三豊之間得生之人. 2卽謂黎首之民矣. 3此意何意名勝末世矣. 4眞人居住之地也.

(양백삼풍지간득생지인. 즉위여수지민의. 차의하의명승말세의. 진인거주지지야.)

해석문: ①양 선지자와 세 가지 복음의 사이에서 생명을 얻는 사람이네. ②곧 말하건대, 머리가 검은 민족이라. ③이 뜻은 무슨 뜻인가? 말세의 이름난 곳이고, ④진실하게 하나님을 아는 사람이 거주하는 땅이라.

참고주해: ①"양 선지자와 세 가지 복음의 사이에서 생명을 얻는 사람"은 그리스도와 선지자가 전하는 세 가지 복음으로 생명을 얻은 사람이라는 뜻이고, 그 사람이

②"곧 말하건대, 머리가 검은 민족이라."는 것이다. 즉, 조선 민족이라는 뜻이며,

④"진실하게 하나님을 아는 사람이 거주하는 땅이라." 그곳이 곧, 선지자가 살고있는 땅의 사람들이라는 뜻이다.

(74) 1故曰十勝也. 2世人心覺知哉. 3柿謀者生衆謀者死矣. 4世末聖君木人. 5何木上句謀見字.

(고왈십승야. 세인심각지재. 시모자생중모자사의. 세말성군목인. 하목상구모견자.)

해석문: ①이런 연고로 말하니 십자가 승리라. ②세상 사람들은 마음으로 깨달아서 재앙을 알라. ③감람나무를 꾀하는 자는 살고 대중을 꾀하는 자는 죽으리라. ④말세의 성군은 나무 목木의 사람이라. ⑤어찌 목木의 위쪽 글구를 꾀하는 자가 보는 글자인가?

참고주해: ②"세상 사람들은 마음으로 깨달아서 재앙을 알라." 세상의 종말이 어떻게 오는지 마음으로 깨달아서 알라는 뜻이다.

③"감람나무를 꾀하는 자는 살고" 선지자를 좇는 하나님의 백성들은 산다는 뜻이다. 그러나 "대중을 꾀하는 자는 죽으리라." 세상을 좇으며, 선지자와 성도들을 헤치고자 하는 세상 사람들을 지적하는 말씀이고, 그런 자들은 반드시 죽는다.

⑤"어찌 목木의 위쪽 글구를 꾀하는 자가 보는 글자인가?"는 선지자를 어찌 해보려는 자들이 선지자가 누구인지 알아내려고 그의 이름

을 살펴본다는 의미이다.

(75) 1欲知生命處心覺. 2金鳩木兎邊木木村. 3人禁人棄之地. 4獨居可也. 5
朴故鄕處處瑞色也.

(욕지생명처심각. 금구목토변목목촌. 인금인기지지. 독거가야. 박고향처
처서색야.)

해석문: ①생명의 지식을 열심으로 알고자 하는 처소를 마음으로 깨
달아 알라. ②성령이 목(木)과 토끼해에 나무와 나무의 마을 옆에
임하리라. ③사람이 금하고 사람이 버린 땅이라. ④홀로 거함이 허
락되니라. ⑤박씨의 고향은 곳곳에 상서로운 빛이 감도네.

참고주해: 2절 金鳩木兎邊木木村(금구목토변목목촌)의 금구(金鳩)는
하나님의 성령을 의미한다. 마태복음 3:16에 기록된 그리스도께 임
하신 성령을 가리키는 것이다.

"예수께서 세례를 받으시고 곧 물에서 올라오실세, 하늘이 열리고 하
나님의 성령이 비둘기같이 내려 자기 위에 임하심을 보시더니,"

이 성령이 "목(木)과 토끼해에 나무와 나무의 마을 옆에 임하"신다
는 말씀이다.

그곳은 사람들의 출입이 금지되고, 사람이 버린 땅이나 선지자는 홀
로 거함이 허락된다. 성령이 선지자에게 임하신 후에

⑤"박씨의 고향은 곳곳에 상서로운 빛이 감"돈다. "박씨의 고향"이란
박혁거세가 태어난 땅을 가리키고, 선지자가 그곳에 머물고 있다는 뜻
이다.

(76) 1是亦十勝地矣. 2兩雄相爭長弓一射. 3二十九日疾走者. 4仰天通哭怨

   無心矣. 5又曰末世之運.

   (시역십승지의. 양웅상쟁장궁일사. 이십구일질주자. 앙천통곡원무심의.

   우왈말세지운.)

   해석문: ①이 역시 십자가 승리의 땅이라. ②양 영웅이 서로 싸우니

   큰 선지자가 한 번 쏘리라. ③29일 달린 자라. ④하늘을 우러러 통

   곡하니 원통하구나. ⑤또 말하기를 말세의 운이라.

   참고주해: ③"29일 달린 자"는 핵폭탄이 터진 이 나라 땅으로 달려온

   선지자를 가리키는 것이고,

   ④"하늘을 우러러 통곡하니 원통하구나."는 그가 핵폭탄이 폭발한

   이 땅을 보며 하늘을 우러러 통곡하며 운다는 뜻이며,

   ⑤"또 말하기를 말세의 운이라."는 이것이 정해진 말세의 운이라는

   뜻이다.

(77) 1張姓趙哥出馬. 2自衆之亂庚炎辛秋. 3怪變層生逆獄延蔓矣. 4壬三癸

   四子丑寅卯.

   (장성조가출마. 자중지란경염신추. 괴변층생역옥연만의. 임삼계사자축

   인묘.)

   해석문: ①장씨 성과 조씨가 노래하며 말을 타고 나가니라. ②내부의

   많은 사람의 난리는 경자(庚子, 2020)년 몹시 더운 여름서부터 신

   축(辛丑, 2021)년 가을이라. ③괴이한 변고가 계속해서 일어나고,

   반역자들을 옥에 넣는 일이 늘어나고 퍼지리라. ④세 임[壬:임진(壬

   辰; 2012), 임인(壬寅; 2022), 임자(壬子; 2032)) 년과 네 계(癸:계

   사(癸巳; 2013), 계묘(癸卯; 2023), 계축(癸丑; 2033), 계해(癸亥;

2043)]년의 자子(쥐띠, 2020년), 축丑(소띠, 2021년), 인寅(범띠, 2022년), 묘卯(토끼 띠, 2023년)의 때라.

참고주해: ②의 "내부의 많은 사람들의 난리"라고 해석한 원문 '自衆之亂(자중지란)'이 가운데 중(中)이 아니고 무리 중(衆)인 것은 많은 사람들의 내란을 의미하는 것이다. "경자(庚子, 2020)년 몹시 더운 여름서부터 신축(辛丑, 2021)년 가을이라."는 핵폭탄이 폭발한 2019년 이후 2년간이라는 뜻이다. 즉 이때 많은 혼란이 일어난다는 뜻이다.

(78) 1鼠候相爭千祖一孫. 2雙牛相鬪百祖一孫. 3虎龍相克百祖三孫. 4兔蛇噴火百祖十孫.

(서후상쟁천조일손. 쌍우상투백조일손. 호룡상극백조삼손. 토사분화백조십손.)

해석문: ①쥐띠의 해에 기후와 싸우면 천 조상에 한 손만 살고, ②두 소띠가 서로 싸우면 백 조상에 한 자손만 살고, ③유럽과 미국이 상극이 되면 백 조상에 세 자손만 살며, ④토끼의 해(계묘(癸卯) 2023년)에 중국(뱀)의 화산이 폭발하면 백 조상에 열 손이 살고,

참고주해: ①의 "쥐띠의 해"는 경자(庚子) 2020년을 가리키고, 이때 "기후와 싸우면"이라는 것은 핵폭탄이 폭발하면서 앞에서 설명한 것처럼 고온상태가 되었을 때 그 기후를 바꾸기 위한 노력을 하면 "천 조상에 한 손만 살"게 된다. 왜냐하면, 하나님의 뜻을 깨닫지 못하고 자신의 죄를 회개하지 않는 행동이기 때문이다. 그러므로 이 땅의 백성들은 스스로 고온의 기후를 바꾸려 하지 말고, 그것이 하나님께서 내리신 징벌임을 깨닫고 회개해야 한다는 뜻이다.

"두 소띠가 서로 싸우면" 선지자의 백성들이 서로 싸운다는 의미이고, 그럴 때 "백 조상에 한 자손만 살"게 된다.

3절 虎龍相克(호룡상극)은 앞에서 말한 것처럼 미국과 유럽의 관계가 악화되어 서로 다투게 된다는 계시이다. 이럴 때 백조상에 세 명이 산다.

④의 "토끼의 해"는 계묘(癸卯, 2023)년이다. 이때 "중국의 화산이 폭발하면"은 백두산 화산이 폭발하는 것으로 보이며, 이럴 경우 "백조상에 열 손이 살"게 된다.

(79) 1龍馬有事一祖十孫. 2觀覺此書. 3心不覺者下愚不移.

(용마유사일조십손. 관각차서. 심불각자하우불이.)

해석문: ①마귀와 선지자가 일이 있으면 한 조상에 십손이 되리라. ②이 책을 보고 깨달아 알라. ③마음으로 깨닫지 못하는 자의 밑에는 어리석음이 떠나지 않네.

참고주해: 1절의 용마(龍馬)의 용龍은 마귀의 상징이고, 말 마馬는 선지자가 세 번째 변화됐을 때를 상징한다. "일이 있으면"은 '선지자가 마귀를 사로잡는 일이 있으면'이라는 뜻이고, 이럴 경우 "한 조상에 십손"이 된다. 즉, 새천년시대의 사람들이 많은 후손을 두게 된다는 의미이다.

(80) 1上下分滅矣. 2上字之意. 3貪官誤吏富貴客. 4富不謀身沒貨泉. 5孔孟時書舊染班.

(상하분멸의. 상자지의. 탐관오리부귀객. 부불모신몰화천. 공맹시서구염반.)

해석문: ①상하가 분열하면 멸망하리라. ②윗 상 자(上字)의 뜻은, ③

탐관오리의 부귀가 떠나고, ④부자는 자신의 몸을 구할 계책이 없이 재물의 샘물에 빠지니라. ⑤공자와 맹자의 서책들은 양반의 구태에 물든 것이라.

(81) 1下字之意. 2牛往馬往一字無識. 3高人望見亦失時. 4出入從事不覺. 5上下兩人亦下愚不移.

(하자지의. 우왕마왕일자무식. 고인망견역실시. 출입종사불각. 상하양인역하우불이.)

해석문: ①아래 하자(下字)의 뜻은 ②소가 가고 말이 떠나 감은 일자무식이기 때문이라. 높은 분이 멀리 바라봄도 역시 때를 잃었으니, ③어떤 일의 나가고 들어오며 매달려야 하는지를 모름이라. ⑥높고 낮은 양쪽 사람도 역시 수준이 낮은 어리석음에서 벗어나지 못하니라.

(82) 1末動之死怨無心矣. 2嗟乎哀哉人人覺.

(말동지사원무심의. 차호애재인인각.)

해석문: ①마지막에 움직임의 죽음은 원통함이라. ②슬프고 슬프도다. 사람 사람마다 깨달으리라.

(83) 1五運之中. 2一運論則. 3赤血千里. 4四年間. 5二運論則. 6赤血千里. 二年間.

(오운지중. 일운론즉. 적혈천리. 사년간. 이운론즉. 적혈천리. 이년간.)

해석문: ①다섯 가지 운 중에서 ②첫째 운이 말하는 법칙은 ③붉은 피가 천 리에 퍼지는 ④사 년간이고, ⑤둘째 운이 말하는 법칙은 ⑥붉은 피가 천 리에 퍼지는 이 년간이고,

(84) 1三運論則. 2赤血千里. 一年間. 3四運論則. 4赤血千里. 月間. 5五運論
則. 6赤血千里. 日間.

(삼운론즉. 적혈천리. 일년간. 사운론즉. 적혈천리. 월간. 오운론즉. 적혈
천리. 일간.)

해석문: ①셋째 운이 말하는 법칙은 ②붉은 피가 천 리에 퍼지는 일
년간이고, ③넷째 운이 말하는 법칙은 ④붉은 피가 천 리에 퍼지는
한 달간이고, ⑤다섯째 운이 말하는 법칙은 ⑥붉은 피가 천 리에 퍼
지는 하루 사이라.

(85) 1二字空面無空里. 2漢都中央指揮線. 3東走者死西入生. 4上二字面下
二里. 5吉星指示面里明.

(이자공면무공리. 한도중앙지휘선. 동주자사서입생. 상이자면하이리.
길성지시면리명.)

해석문: ①이자(二字)의 빈 면이 비어 있지 않은 마을이네. ②서울(한
도漢都) 중앙에 지휘선이 있네. ③동쪽으로 달려가는 자는 죽고,
서쪽으로 들어오면 살리라. ④위쪽의 이자(二字) 자가 아래의 이(二)
마을을 향하면, ⑤길한 별이 지시하는 쪽의 마을이 밝아지네.

참고주해: 1절 二字空面無空里(이자공면무공리) 이 구절은 매우 난해
하다. 직역하면 "이자(二字)의 빈 면이 비어 있지 않은 마을"이 된다.
이자(二字)는 남북한을 가로지르고 있는 삼팔(휴전)선 양쪽의 군사
분계선을 가리킨다. 이곳은 사람이 들어가지 못하는 빈 공간인데,
그곳이 '비어 있지 않은 마을이' 되면, 즉 그 군사분계선이 무너져
사람들의 마을이 되면이라는 의미가 된다.
②"서울(한도漢都) 중앙에 지휘선이 있네."는 그 분계선이 무너지는

일을 서울에서 지휘하고 있다는 의미이다.

③"동쪽으로 달려가는 자는 죽고, 서쪽으로 들어오면 살리라." 앞에서 설명한 것처럼 전쟁을 피하여 해외로 도망가는 사람들을 가리키는 말씀이다. 이 땅에서 동쪽의 나라로 도망가는 사람들은 죽고, 이 나라를 떠나지 않고 서쪽으로 들어가는 사람들은 산다.

④"위쪽의 이자(二字) 자"는 북한 쪽을 가리키고, "아래의 이(二) 마을"은 남쪽을 가리키는 것이며, 북쪽의 '이자(二字) 자'가 남쪽을 향한다는 것은 북쪽에서 남쪽을 침략한다는 의미이다.

⑤"길한 별이 지시하는 쪽의 마을"은 선지자가 머물고 있는 섬의 마을을 의미한다. 그 "마을이 밝아지네."는 하나님의 진리의 영이 나타났다는 것이다.

(86) 1素砂範朴天旺地. 2富内曉星延壽地. 3東春新垈住地. 4蘇萊白桂樹地. 5桂陽朴村仙住地.

(소사범박천왕지. 부내효성연수지. 동춘신대주지. 소래백계수지. 계양박촌선주지.)

이 단락의 문장들은 앞의 p85에 나온 구절들과 아래의 남동면와우장수지(南東面臥牛長樹地)와 전혀 연결 고리가 없고, 앞뒤 문장들과 그 의미가 다른 내용이므로 그대로 두기로 한다.

이 단락의 앞 구절 소사(素砂)는 어떤 특정한 장소인 땅의 이름을 가리키는데, 격암유록의 다른 구절에서 볼 수 있는 소사(素砂)는 장소가 아니라 폭풍에 날리는 작은 모래를 의미한다. 즉, 하늘에서 별이 땅에 떨어질 때 일어나는 더운 공기와, 땅과 강력하게 충돌할 때 발생되는 압력이 일으키는 강한 폭풍이 흙먼지와 모래들을 하늘로

떠오르게 하는 것을 가리키는 것이다. 예를 들면 22. 농궁가 p27
의 마지막 구절 天崩地坼素沙立(천붕지탁소사립)이다. 이 말씀을 직
역하면, "하늘이 무너지고 땅이 터지고 작은 모래가 일어난다."이다.
그러므로 앞에서 말한 것과 같은 천재지변(天災地變)을 의미한다.
따라서 이 단락도 2. 세론시 p28과 같이 이 예언서를 종교적인 목
적에 이용하기 위해 특정한 자들이 가필한 것으로 판단된다.

(87) 1南東面臥牛長樹地. 2此地通合星照臨. 3海印龍宮閒日月. 4木人新幕
別乾坤. 5風驅惡疾雲中去.
(남동면와우장수지. 차지통합성조림. 해인용궁한일월. 목인신막별건곤.
풍구악질운중거.)

해석문: ①남동쪽으로 누워 있는 소와 큰 나무가 있는 땅이라. ②이 땅
에 통합하는 별이 내리 비추리라. ③해인이 마귀의 궁전을 할 일이
없는 날과 달이 되게 하리라. ④나무 목木의 사람은 하늘과 땅과 다
른 새로운 장막을 치리라. ⑤바람으로 악질을 몰아 구름 가운데로
떠나게 하고,

참고주해: ①"남동쪽으로 누워 있는 소와 큰 나무가 있는 땅"은 앞의
p85 ⑤"길한 별이 지시하는 쪽의 마을이 밝아"진 곳을 가리킨다. 그
래서
②"이 땅에 통합하는 별이 내리 비추리라."는 환난에 빠져 흩어진 이
땅의 백성들을 그리스도 안에서 하나가 되도록 놀라운 성령의 역사
가 나타난다는 뜻이다.

(88) 1雨洗冤魂海外消. 2別有天地非人間. 3武陵桃源弓弓地. 4聖山聖地吉

星地. 5兩白三豊有人處.

(우세원혼해외소. 별유천지비인간. 무릉도원궁궁지. 성산성지길성지.

양백삼풍유인처.)

해석문: ①비가 원혼들을 씻어서 바다 밖에서 소멸시키리라. ②다른
데 있는 하늘과 땅의 사람들은 인간이 아니라. ③신선들이 있는 곳
은 하나님의 종들의 땅이네. ④거룩한 산과 거룩한 땅은 길한 별의
땅이네. ⑤양 선지자와 세 가지 복음이 있는 사람들의 처소라.

(89) 1非山非野何處地. 2瀛州方丈蓬萊山. 3紫霞島中亦此地. 4聖住蘇萊老
姑地.

(비산비야하처지. 영주방장봉래산. 자하도중역차지. 성주소래노고지.)

해석문: ①산도 아니고 들도 아닌 곳은 어떤 처소의 땅인가? ②영주,
방장, 봉래산이라. ③자줏빛 노을의 섬 중앙이 역시 이 땅이라. ④
성자가 사는 잡초가 되살아 난 늙은 할머니(할매)의 땅이라.

참고주해: ②"영주, 방장, 봉래산이라." 중국의 전설의 삼신산(三神山)
이다. 앞의 p32에서 설명한 내용으로 이 구절 중의 봉래산은 부산
시 영도섬에 있다.

③"자줏빛 노을의 섬 중앙이 역시 이 땅이라."는 봉래산을 가리키는
것인데, 왜냐하면 봉래산만이 섬에 있기 때문이다. "자줏빛 노을"은
성령이 임하신 상태를 의미한다.

④의 "성자"는 선지자를 가리키고, "잡초가 되살아 난"은 생명이 다
시 살아났다는 의미이고, "늙은 할머니(할매)의 땅이라."는 그 섬의
사람들끼리 부르는 봉래산에 대한 속칭이다.

(90) 1人生造物三神主. 2東海三神亦此山

(인생조물삼신주. 동해삼신역차산.)

해석문: ①인간의 생명과 만물을 만드신 세 하나님의 주 여호와이시다. ②동해의 삼신(三神) 역시 이 산이라.

참고주해: ②의 "동해의 삼신(三神)"은 앞에서 말한 것처럼 중국의 사기(史記)에 나오는 전설의 삼신산(三神山)을 가리키는 것이며, "역시 이 산이라."는 것은 그 전설의 산이 바로 앞의 p89에서 말한 '영주, 방장, 봉래산'이라는 뜻이다.

二十八分前 上 (개정 증보판)

초판1쇄 2017년 10월 20일
개정1판1쇄 2019년 5월 7일

지 은 이 나원모
펴 낸 이 이기성
편집팀장 이윤숙
기획편집 장일규, 이민선, 최유윤, 정은지
표지디자인 장일규
책임마케팅 임용섭, 강보현
펴 낸 곳 도서출판 생각나눔
출판등록 제 2018-000288호
주   소 서울 마포구 잔다리로7안길 22, 태성빌딩 3층
전   화 02-325-5100
팩   스 02-325-5101
홈페이지 www.생각나눔.kr
이 메 일 bookmain@think-book.com

• 책값은 표지 뒷면에 표기되어 있습니다.
  ISBN 979-11-90089-07-4 (04230)
       979-11-90089-06-7 (세트)

• 이 도서의 국립중앙도서관 출판 시 도서목록(CIP)은 서지정보유통지원시스템 홈페이지
  (http://seoji.nl.go.kr)와 국가자료공동목록시스템(http://www.nl.go.kr/kolisnet)에서 이
  용하실 수 있습니다(CIP제어번호: CIP2019015858).